中国信托法重述

Restatement of Chinese Trust Law

高凌云 ○ 著

Lingyun Gao

复旦大学 出版社

推荐语

复旦大学高凌云教授近年来在金融信托法领域持续深耕,《中国信托法重述》一书是其集数年心血磨砺而奉献的又一力作。信托是金融业健康发展的基石。作者以睿智的学术观察力透视中国的信托法律问题,高屋建瓴地解析信托发展的背景、制度结构和社会现实,提出解决方案并试图规划其发展路径。高教授的研究已经具有了与国际接轨的前导定位,很值得点赞和推崇。我强力推荐这本书为大学法学等专业的经典教材,也为从事司法、律师、公司法务等相关专业人员的指引性学理解释原著。

甘培忠 中国商业法研究会会长,北京大学法学院教授

高凌云教授的《中国信托法重述》以立法为方向,将信托法律关系定性为民事法律关系,分别对《民法典》和《信托法》的增补修订提出具体的条文建议,开创了后《民法典》时代信托法研究的先河。凌云教授的比较法研究,考证不厌其烦、资料翔实准确。书中对普通法系国家和引入信托制度的非普通法系国家信托法的比较法解读,令人信服,在方法和内容上都值得细细品味。

楼建波 北京大学法学院教授

源于英美的信托制度,引入我国时继受了信托的本质和精髓,在信托财产独立性、受托人信义义务等方面与国际惯例保持一致。但有些内容结合国情作了变动,实现了信托原理的中国化、时代化,并由此引发了人们对诸多问题的纷争和议论。高凌云教授的这本新作,以《民法典》为统领,以比较为维度,以立法为方向,于纷然杂陈中抽丝剥茧,深度阐释和讲述中国的信托法,观点鲜明、专业、严谨,让诸多难点疑点豁然开朗,同时该书提供了详尽的信托法修改建议稿,是我们了解中国信托制度的一本非常好的专著。

蔡概还　《信托法》、《证券投资基金法》执笔起草人,中国慈善联合会慈善信托委员会主任

《中国信托法重述》以年久失修的《信托法》重新修改为讨论背景和预设目标,旨在将《信托法》纳入民法体系。本书多有洞见,例如以"总有"概念廓清原有的大陆法系一直以来对英美法"双重所有权"的迷思。提出信托合同可作为有名合同并入合同法体系。同时指出信托与信托合同、遗嘱信托的成立要件存在法律适用上的差异。本书还通过有因撤销与无因撤销的确定以协调信托与民法债权人保护制度设计。关于归复信托与推定信托等非意定信托的讨论,则拓展了现有《信托法》所局限的意定信托类别,对解决我国司法实践中诸多民事主体之间的"类信托关系"有很好的制度价值。当然,如何协调非意定信托与《民法典》既有的无因管理和不当得利制度之间的关系,也值得继续探讨。

倪受彬　同济大学教授,博士生导师,上海市金融法研究会信托法专业委员会主任

序 一

我国《信托法》自 2001 年颁布施行后,在促进和保障我国信托业的蓬勃发展中起到了重要规范作用;二十多年来随着国家金融信托业的改革与发展,信托法律制度与实体经济适配性不足,逐渐显示出其存在某些滞后于实践的地方。近年来很多学者和实务部门的人士开始对《信托法》的修订进行研究,希望能完善我国的信托法律制度。在这个背景下,复旦大学法学院高凌云教授的新著《中国信托法重述》的出版具有重要的意义。

在《中国信托法重述》一书中,高凌云教授对信托法理论与制度的研究提出了不少创新性观点。例如,她指出我国《信托法》对来自英美法系的信托制度最主要的修正在于"对其信托财产权利分置制度的否定"和"对信托设立人(委托人)给予的过度保护",并认为前者导致信托关系与委托代理关系相混淆,后者则削弱了受托人义务,模糊了受托人义务指向的对象,使得其他信托关系人对信托的监督变得无关紧要,因此需要修正。这种认为过度保护委托人会削弱受托人义务的观点令人耳目一新,或许这正是我国目前对受托人的信任尚未建立而急需培育合格受托人的原因之一。

高凌云教授还对信托关系在我国的规制路径提出了应以《民法典》为统领、以《信托法》为主体、以《涉外民事关系法律适用法》等其他相关法律为辅助的新观点。她认为信托关系中的信托财产所有权制度与大陆法系的一物一权制度并无冲突,并创新性提出其具有传统大陆法中的"总有"特征。这种试图挖掘古日耳曼法中的"总有"制度来设置信托财产所有权的思路非常新颖,也颇有启发性,这或许是解决信托在大陆法中水土不服问题的一个重要方法,值得进一步研究。

《中国信托法重述》一书的突出特点或最大贡献可能还在于她对《民法典》和《信托法》所提出的修法建议。这些逐条修法建议无疑给学界、实务界和立法部门提供了一种可供选择的思路。我相信《中国信托法重述》的出版,必定会进一步推动对修订《信托法》的研究和讨论,为健全我国现代信托法律制度,建设金融强国做出贡献。

应其邀,是为序。

徐孟洲

中国人民大学法学院教授、博士生导师

序　二

我国《信托法》自 2001 年颁布以来,至今已实施 20 余年。正是《信托法》的颁布实施,信托的实践才开始在中国开花结果。从私益信托到公益(慈善)信托,从自益信托到他益信托,从民事信托到商事信托,从营业信托到非营业信托,等等,名目繁多的各类信托在现实生活中不断涌现,信托所具有的优良财富治理功能和社会民生服务功能日益得到彰显,社会对信托这面"多棱镜"的认知也不断加深。同时,我们也看到,虽然有了一部《信托法》,但信托功能的充分全面发挥仍然受到诸多制约,其中一个刚性的制约来自《信托法》自身的诸多缺陷以及完整的信托法律体系的欠缺。要使信托更加充分发挥其优良的财富治理功能,切实服务于社会民生,我国需要构建更加完备的信托法律体系,这已成为业界和学界的一个普遍共识。

信托制度作为一项缘起于英美法系的优良财产转移与财产管理制度,大陆法系国家如何加以引进,既要体现信托制度的特色,又要与自身法律体系相融洽,这是一个高难度的立法挑战。通常的做法是通过制定单独的《信托法》加以解决,但这又会带来另一个问题,即难以与既有的民法体系相融洽,在法律理解与法律适用上造成诸多困难,从而影响《信托法》的实施效果。高凌云教授的《中国信托法重述》一书立足于在《民法典》的统领下,对中国信托法律体系的重构进行深入系统的研究,提出以《民法典》为统领、以《信托法》为主体、以其他相关法律为辅助的信托法律构建体系,无疑为大陆法系国家引入信托制度提供了一种新的解决路径。

本书不仅提出了重构中国信托法律体系的解决路径,更是以立法者的思维对具体法律条文的内容提出了详细的修改建议,这是本书的另一个亮点,也是最难能可贵之处。本书详细探讨了信托与民法的关系,创新性提出了用传统民法的"总有"制度来规范信托财产的所有权,在此基础上对《民法典》如何纳入信托关系提出了具体的修订建议,包括在总则编、物权编、合同编、婚姻家庭编和继承编中增加相应的接口条款,以此对信托制度进行统领性规范。本书还进一步从比较法的维度,比较分析了不同法域下信托的具体特征与优势功能,提出在《民法典》统领下、以比较法维度全面修改《信托法》的建议,并对《信托法》提出了具体的法条修订建议,同时对《仲裁法》《涉外民事关系法律适用法》进行分析,提出具体的法条修订意见,作为完整信托法制整体的一部分。

近年来,修改《信托法》的呼声很高,业界和学界关于《信托法》的修改建议也很多。高凌云教授在信托法研究领域耕耘多年,成果丰硕,其新著《中国信托法重述》是一本关于如何重构中国信托法体系的专著,站位很高,体系严谨,分析有据,立法建议中虽然不少观点还有商榷余地,但无不充满真知灼见,相信本书的出版对推动我国信托法的研究与信托法律体系的完备具有探索性的启迪作用。

周小明

《信托法》起草组成员,清华大学法学院金融与法律研究中心

联席主任,中国信托业协会专家理事

序 三

很早以前就拜读过高老师的《被误读的信托——信托法原论》(2010年第1版),但和高老师相识较晚,第一次是在上海财经大学组织的第一届两岸信托法论坛(2017年)上匆匆打过招呼;之后在2019年,高老师在纽约大学做访问教授,我在哥大访学,张永健教授在纽大法学院做客座教授,我和高老师一起去拜访张教授,参与了张教授的财产法课堂讨论,并在课后在纽大的教授餐厅做了短暂的交流。此后更多的交流是通过网络展开,高老师关于信托法的很多观点给我颇多教益。

高老师的这本著作,对信托法的很多关键理论问题做出非常精彩的论断。试举几例:

关于长期困扰大家的"双重所有权"问题,她指出:"英美信托法中基于普通法与衡平法请求权的两分而形成的信托财产权利状态,其实并不是部分大陆法系学者所认为的'双重所有权'。"之后她还在脚注中申明:"笔者之前也曾被这种观点所影响。"坦诚如斯!

关于对信托本质的理解,她认为:"现在大家呼吁要信托'回归本源',就是要让信托不要继续滑行在委托代理的轨道上,'受人之托,代人理财'应当被解读为'受信托人之托、代受益人理财'。"简洁清晰如斯!

关于信托是契约、财产还是组织体,她认为:"在我国,狭义的信托可能是一种商业组织形式,而广义的信托是一种民事法律关系,存在于信托或非以信托为名的其他关系中。"准确全面如斯!

流行的观点是,学习某个法律领域,就要追根溯源到该法的母国。高老师的信托法是在美国的法学院习得的,应该是相当纯正的美国信托法。这几年一直关注高老师的信托法研究,发现她似乎并没有以这种"纯正性"和"权威性"自居,相反,她十分关注信托法的中国化和民商法化。这和我这几年一直从事的工作方向是一致的。

记起2007年底我留学归来,听叶林教授教诲。他告诫我,无论在国外学了多少日本法、英美法,回国后做的仍然还得是中国法。意思很明确,即,"通过比较法,回到中国法"。

为了研习信托法,我看过很多英文的关于中国信托法的文献,不少学者(中外皆有)把中国信托法异国情调化之后介绍给国外的研究者。同样,国内的学者做信托法的比较研究的时候,也面临着类似的"翻译不当"问题。法学本身就是比较法,法律研究的一个重要侧面就是语言"转译"问题。需要有语言能力的研究者去解决比较法研究中的"翻译失真"问题。而高老师正处在这样一个重要的位置上。

在高老师的力著出版之际,作为信托法研究的同行者,写下几段文字,对高老师表示诚挚的祝贺。

赵廉慧

中国政法大学教授、博士生导师、信托法研究中心主任

目　录

绪 论
找寻路径之路径

近年来,信托逐渐成为一种重要的民事法律制度,然而在我国民事法律体系中却一直无处安放。究其原因,主要是人们对于如何将信托融入我国法律体系尚未达成一致意见。

英美法①中的"trust"是一种基于财产移转与管理且涉及三方关系人的关系或安排:一方(settlor,又称为 grantor/trustor/creator)将其财产转移给(transfer)第二方(trustee),由第二方为第三方(beneficiary)的利益持有并管理。②

我国《信托法》中的"信托"也基于财产管理,也涉及三方关系人③:一方("委托人")将其合法所有的财产委托给第二方(受托人),由第二方为第三方(受益人)的利益持有并管理。④

---

① 本书中的"英美法"系指"common law",指英美法系的一般性法律原则,并不特指某个英美法系国家或地区的法律;"英美信托"泛指英美法系国家和地区的信托。虽然"common law"在我国通常被译为"普通法",但笔者认为其确切译法应为"共同法",因而尽量避免用"普通法"的说法。然而,在下文探讨"common law"与"衡平法"之区别时,为读者理解的便利,有时也用"普通法"指代。

② 参见美国《信托法第三次重述》第 3 条。

③ 国内将"委托人"、受托人和受益人作为信托的三方当事人。确切而言,他们是信托的三方关系人,因为设立信托的行为可以是"委托人"的单方法律行为,就信托本身而言,并不一定总有三方当事人。当然,如果"委托人"和受托人签订信托合同,则"委托人"和受托人是"信托合同的双方当事人"。信托合同与信托并非同一个概念。本书采用"信托关系人"的说法以示区分。

④ 参见《中华人民共和国信托法》(2001 年)(以下简称为《信托法》)第 2 条。

通说认为,我国的信托制度系由英美"trust"制度引进而来。① 假定,无论从语言翻译的角度来说,还是从其实质性法律含义的角度来看,我国信托中的"委托人"就是英美 trust 中的"settlor/grantor/trustor/creator"②,"受托人"就是"trustee",而"受益人"就是"beneficiary",二者的确高度相似,很容易得出中国"信托"可以和英美"trust"画等号的结论。然而细究起来,这一假定并不一定成立。比如,"委托人"与"grantor"就不能画等号,因为后者是(土地的)让与人。"委托"与"让与"截然不同,后者涉及财产的移转,而前者并不涉及。

我们是否一定要引进或者借鉴需要将财产转移给受托人的 trust 制度,主要取决于我国现有的信托法律制度是否能够达到并且允许其达到 trust 在英美法系国家和地区所能达到的同样的目的。如果坚持将我国信托中的发起一方称为"委托人",则无须要求其转移信托财产,③但是因此而成立的法律关系与英美"trust"并不相同。

有人会说:搞这些虚头巴脑的东西有什么用,能做成信托业务才是硬道理。

这种说法在我国部分实务界人士中颇具代表性。然而,如果只为满足功利之需,不搞清楚这些理论上的问题,今天设计的信托架构明天就有可能被判定为非法交易。纠纷发生后,当事人、律师甚至法官,都不得不斟词酌句地希望从法律法规中找到法律依据。那时,这些所谓"虚头巴脑"的东西就成为最重要的东西。

---

① 例如,参见周小明:《信托制度比较法研究》,法律出版社 1996 年版,"序"第 1 页(信托作为一种转移与管理财产的制度,源起于英美信托法,后为大陆法系的一些国家所继受);又见王清、郭策:《中华人民共和国信托法条文诠释》,中国法制出版社 2001 年版,"序言"第 1 页(信托是源于英美衡平法有关财产管理的制度)。

② 事实上,与"trustee(受托人)"相对应的"settlor(信托人)"在传统英美信托中被称为"grantor(让与人)",因为早期的信托财产多为土地,而土地移转中的让与方是"grantor"。至今美国很多州,比如纽约州,仍然将信托的设立人称为"grantor"或者"creator(设立人)"。这里,"settlor"的准确译法应为"信托人";而"委托人"在英美法中是"principal",与"agent(代理人)"相对应。第九届全国人大常委会第十六次会议分组审议《信托法(草案)》的二次审议稿意见中曾有同志提出需要区分信托关系和委托关系,认为草案中不应使用"委托人"的概念,建议改为"信托人"。本书在提到英美信托时,用"信托人"或"信托设立人"来指代"settlor";在讨论我国目前的信托法时,有时沿用"委托人"的说法,而在对我国信托法的修改建议中,则全部以"信托人"或者"信托设立人"替代"委托人"。

③ 虽然我国台湾地区也将信托设立人称为"委托人",但是台湾地区的"信托法"要求(宣言信托之外的其他形式的信托的)信托财产转移给受托人。

事实上,我国信托实务界人士中已有很多深思远虑者开始对此进行反思。正如长安信托副总裁方灏博士在《大资管与信托实战之法》的序言中所云:

> 当前国内的大资管行业弥漫着一种彷徨和焦躁的气氛,一方面,外部环境和监管政策持续趋严,另一方面,业内急功近利的心态持续增长,应该到了需要安静思考一些问题的时候了。[1]

也有人会说:不就是英美信托要求信托的设立人把信托财产转移给受托人,而中国信托只要求信托的设立人把信托财产委托给受托人吗? 老生常谈啦。

不错,趁大幕还没拉开,音乐尚未响起,且让我们老生常谈一回。

第一节　所有权双重与请求权两分

英美法系的学者对信托制度评价甚高。英国著名法律史学家 Maitland 曾云:

> 在衡平法的所有丰功伟绩中,最伟大和最重要的是对信托的发明和发展……这或许是英国律师最杰出的成就。在我们看来,信托几乎是人类文明的精华;然而外国法中却没有任何与其相类似的制度。[2]

事实上,很多英美法系之外的国家和地区也意识到英美信托制度的精妙。比如,日本学者穗积陈重认为:"应将信托法称为文明法中的文明法,因为,该法以人类最高水准的德义为基础……"[3]

---

[1] 参见刘光祥:《大资管与信托实战之法》,中国法制出版社 2018 年版"序言二"。

[2] 笔者译自 Frederic W. Maitland, EQUITY: A COURSE OF LECTURES 23 (John Brunyate ed., 2d ed. 1936),转引自 Sitkoff & Dukeminier, WILLS, TRUSTS, AND ESTATES (10TH ED.) 385 (Wolters Kluwer Law & Business 2017) (Of all the exploits of Equity, the largest and the most important is the invention and development of the Trust. ... This perhaps forms the most distinctive achievement of English lawyers. It seems to us almost essential to civilization, and yet there is nothing quite like it in foreign law)。

[3] 转引自新井诚著:《信托法(第四版)》,刘华译,中国政法大学出版社 2017 年版,第 1 页。

然而,当大陆法系国家和地区以不同的方式将信托制度引进到自己的法律制度中时,却面临很多理念上和制度上的困难。比如,英美信托中顺理成章的信托财产的移转在大陆法系国家和地区就障碍重重。先来看一下英美法系中信托财产移转的情况。

英美信托法要求信托人把信托财产转移给受托人,受托人在收到信托财产后,对其持有"legal title(法律上的权利或产权)"或"legal ownership(法律上的所有权)",受益人对于信托财产持有"equitable title(衡平法上的权利或产权)"或"equitable ownership(衡平法上的所有权)"。① 所以有人说,英美信托中的受托人是信托财产的"法律上的所有人",而受益人是信托财产的"衡平法上的所有人"。这种说法引起不少大陆法系民法学者的恐慌,因为如果英美信托涉嫌"双重所有权",就与大陆法系的"一物一权"制度相冲突。② 对于英美信托中受托人取得的针对信托财产的权利是"完全所有权",还是"名义所有权",或者仅仅是"排他性的管理权",各方见仁见智。③

信托财产的移转之所以会让包括我国在内的很多国家和地区难以接受,有理论上的原因,也有社会原因。从理论上说,不愿接受信托财产移转的主要原因是信托财产转移之后,如何界定信托财产的归属这一问题无法解决。换言之,受托人和受益人之间谁拥有信托财产的所有权难以界定:如果双方都拥有,则有悖于大陆法系的"一物一权"制度;如果只有一方拥有所有权,那么另一方的权利属性为何这一问题至今没有一个圆满的答案。虽然如此,很多大陆法系国家和地区仍然决定引进英美信托法,但是采取了不同的路径。有些国家和地区为引进信托制度作出了妥协,对已有制度进行改革,也有些国家和地区在引进过程中决定对信托制度进行改良和创新。

一、对权利两分的接受

很多引进英美信托法的大陆法系国家和地区对本国或本地区传统的法律制度进行了程度不一的改革,接受了信托财产所有权转移这一架构,

① See George T. Bogert, TRUSTS (6TH ED.) 1 (West Group 1987).
② 例如,参见徐孟洲教授在其主编的《信托法》(法律出版社 2006 年版)第 2 页中的描述。
③ 参见卞耀武:"信托关系规范化及其现实意义",载卞耀武主编:《中华人民共和国信托法释义》,法律出版社 2002 年版,第 2 页。

而对其他问题暂时压下不提。比如日本于 1922 年颁布的《信托法》第 1 条规定：

> 本法所称信托，系指有**财产权转让和其他处理行为**，令别人遵照一定目的进行财产管理或处理。①

2006 年修订的日本《信托法》放宽了对信托的定义，其第 2 条规定：

> 本法所称信托，指以次条各款所载方法，特定人基于一定目的（专为该特定人之利益为目的者，除外。……），为**财产管理、处分或其他以达成该目的所必要之行为**者。

虽然新修订的日本《信托法》从字面上看，似乎不再以财产的移转为必要条件，然而这并不意味着信托财产转移的要求被废除。之所以产生这样的变化是因为日本正式引进了英美法中的宣言信托——即信托人本人担任受托人的信托，因此不需要转移财产，所以从信托的一般定义中删去了对财产的移转要求，但是信托财产为受托人所有的要求不变，且并不影响其他生前信托或遗嘱信托中财产的移转要求。该条第 3 款有关信托财产的规定就充分说明了这一点：

> 本法所称信托财产，指**属于受托人的财产**，且应依信托为管理处分之一切财产。

再如韩国 2017 年修订的《信托法》第 2 条规定：

> 信托是指创设信托者（"信托人"）基于信任关系，将某特定财产（包括部分生意或知识产权）**转移给**接受信托者（"受托人"），设立一种担保权益，或者为其他处分，并要求受托人为某特定人（"受益人"）之利益，或为某特定之目的，管理、处分、运营或者开发该财产或者从事其他必要的行为以实现信托目的之法律关系。②

韩国信托法自 2011 年起也参考日本 2006 年信托法承认了宣言信托，并

---

① 除非特别注明，本书引文中的加粗均非原文中的标注，系笔者所加。

② 本条由笔者依英文翻译为中文，原文参见 Korea Law Translation Center：https://elaw.klri.re.kr/eng_mobile/viewer.do?hseq=43240&type=sogan&key=9（于 2021 年 8 月 7 日最后访问）。

把宣言信托作为需要转移信托财产的一种例外。①

我国香港地区适用普通法传统,自然采取信托财产移转的制度,②而适用大陆法传统的我国台湾地区也于 1996 年颁布了第一部所谓"信托法",而后于 2009 年对其进行了修订。其中第 1 条要求信托财产转移给受托人,规定:

> 称信托者,谓委托人将财产权**转移或为其他处分**,使受托人依信托本旨,为受益人之利益或为特定之目的,管理或处分信托财产之关系。

这里所谓的"其他处分",是就"在财产权上设定用益物权或担保物权"而言。③

可见,日本、韩国的《信托法》和我国台湾地区的所谓"信托法"均接受了英美信托法中信托财产的所有权转移的权利两分架构。但是由于大陆法系没有普通法与衡平法之分,因此究其实质是由信托人将信托财产的所有权转移给受托人,但受托人在行使权利时受受益人的权利的限制。除了这种方式外,还有诸多大陆法系国家和地区在引进英美信托法时选择对其进行修正。

二、对权利两分的修正

引进英美信托制度的大陆法系国家和地区对于信托财产是否转移还有其他不同做法。例如,荷兰和南非采纳的信托制度是由信托人将信托财产的所有权全部转移给受益人,然后由受托人为其管理;加拿大魁北克省采取了"双财团"制度,即信托人将信托财产转移到一个独立的"财团"中,其所有权不属于任何一方。④ 这两种做法的共性是信托财产的所有权都不再属于信托人所有,易于做到信托财产与信托人的债务隔离,然而前者由受益人掌控信托财产,从而令受托人在管理信托财产时多有牵制;后者则因信托财产没有所有

---

① 参见韩国《信托法》(2017 年)第 3 条第 3 款;又见 Wu Ying-Chieh, *Trust Law in South Korea: developments and challenges*, in Lusina Ho & Rebecca Lee, TRUST LAW IN ASIAN CIVIL LAW JURISDICTIONS — A COMPARATIVE ANALYSIS 49 (Cambridge University Press 2013)。

② 参见何锦璇:"香港信托法和信托业业览",载朱少平、葛毅主编:《中国信托法——起草资料汇编》,中国检察出版社 2001 年版,第 77 页("设立人必须将其信托财产的所有权转让给受托人并制作信托声明")。

③ 参见王志诚:《信托法》(第四版),台湾五南图书出版股份有限公司 2015 年版,第 41 页。

④ See Lusina Ho, TRUST LAW IN CHINA 37 – 40 (Sweet & Maxwell Asia 2003).

人,因此无法充分发挥信托制度的优势。

德国和法国虽然也有"类信托"制度,但是与亚洲几个大陆法系国家和地区的做法不同,它们声称其信托制度来源于古罗马法信托,并非源自英美法信托。德国虽然没有信托立法,但是通过司法实践接受了 Treuhand 这一据说来源于古罗马法信托的理念,承认受托人是权利所有人,且通过《德国民法典》第 137 条有关"任何人不能通过法律行为排除或限制可让与的权利进行处分的权限"的规定,"禁止委托人对受托人的处分权进行物权上的限制"。① 法国也声称自己为古罗马法信托的承继者,它对于信托财产的所有权问题所持有的态度是将其完整让渡给受托人,然而这种所有权受到"临时性和目的性的限制",并且为了享受英美法信托的功能,还借鉴了其信托财产独立的理念。②

可见,全球范围内诸多大陆法系国家和地区虽然对信托财产的归属多选择避而不谈,但都通过立法要求信托财产从信托人处剥离,或者以某种方式转移给受托人,因为否则就无法充分利用信托制度的优势。我国却是个例外,2001 年颁布的《信托法》第 2 条规定:

> 本法所称信托,是指委托人基于对受托人的信任,将其财产权**委托给**受托人,由受托人按委托人的意愿以自己的名义,为受益人的利益或者特定目的,进行管理或者处分的行为。

显然,我国法律明确要求信托财产权应委托给而非转移给受托人,也就是说,我国的信托"委托人"仍然是信托财产的所有人,而受托人只不过是"委托人"的代理人。中国式信托的理念是"受人之托,代人理财",通俗解释就是,受托人受"委托人"委托,代"委托人"理财,不涉及信托财产所有权移转,这样似乎就完美地回避了信托财产的"双重所有权"问题。

纵观引进信托制度的世界各国和地区,设立信托不需要转移信托财产的做法的确是我国信托法非常独特的创造性规定之一,③虽然这种创造性是

---

① 孙静:"德国信托法探析",载《比较法研究》2004 年第 1 期。
② 李世刚:"论《法国民法典》对罗马法信托概念的引入",载《中国社会科学》2009 年第 4 期。
③ 有关我国信托法的其他创造性规定,参见张淳:"《中华人民共和国信托法》中的创造性规定及其评析",《法律科学》2002 年第 2 期。

否适当有待商榷。部分学者不愿意接受这种创造性的规定,他们试图从我国信托法的字里行间读出"信托财产需要转移"的含义,认为"委托给"等于"委托+给"。[①] 这种愿望可以理解,然而,针对具体的法律条文,与之相反的观点可能更有说服力。[②]

当然,我国《信托法》不要求信托财产转移还有其他原因。有人认为,如果要求把信托财产转移给受托人,"委托人"丧失其对信托财产的所有权,会使一些人接受起来"颇费思量";相反,如果将信托定位为委托代理的财产管理制度,则可能"便于(人们)接受"。[③] 另外,改革开放之初,国家参照英美信托制度,将在海外出资设立的一些企业登记在私人名下,[④]如果完全根据英美信托法,要求将信托财产转移给受托人,那么就有可能产生国有资产被私人侵吞的情况,因此人们也难以接受信托财产转移的观念。甚至在立法过程中还有人提出"不以受托人的名义管理运用信托财产行不行"这样的问题,这充分说明在制度创新方面,有时为了达到短期目的,可以非常功利。好在最后大家认为,"如果以信托的法律特性衡量,受托人是不可缺少的,应当用其名义",[⑤]这才形成了我们今天的信托法。换言之,我国能够最终有这样一部《信托法》出台,即便其不要求信托财产转移,也已经是我国信托界的幸运了,否则《信托法》完全可能变成一部"另类"的委托代理法。

但我国《信托法》不要求信托财产转移的主要原因还是对所谓的"双重所有权"的担忧。英美信托这种法律上的权利与衡平法上的权利相区别(separation of legal and beneficial ownership)的权利两分(bifurcation)被英美法学者认为是信托的独特性质,然而却被大陆法系学者认为与大陆法系的物

① 参见钟向春、周小明:"信托活动中的主要法律问题与对策",《中国金融》2001 年第 11 期;又见何宝玉:《信托法原理研究》,中国政法大学出版社 2005 年版,第 10—11 页。

② 参见张淳:《中国信托法特色论》,法律出版社 2013 年版,第 33—34、64—65 页;又见徐孟洲主编:《信托法学》,法律出版社 2006 年版,第 146 页。又见王莲峰主编:《商标资产运用及商标资产证券化》,法律出版社 2018 年版,第 50 页(我国信托法中将"信托"定义为一种"财产权委托",而非"财产或财产权转移")。

③ 参见卞耀武:"信托关系规范化及其现实意义",载卞耀武主编:《中华人民共和国信托法释义》,法律出版社 2002 年版,第 4 页(括号中内容为笔者另加)。

④ 参见江平、周小明:"论中国的信托立法",《中国法学》1994 年第 6 期。

⑤ 参见卞耀武:"信托关系规范化及其现实意义",载卞耀武主编:《中华人民共和国信托法释义》,法律出版社 2002 年版,第 15 页。

权法理论相冲突。事实上,英美法信托的这种权利两分的特征源自英美法系独特的衡平法制度。

第二节 普通法对外与衡平法对内

一、衡平法对法律的补充

英美法并没有边界清晰的物权法,所谓"法律上的权利"和"衡平法上的权利"所涉及的,并非大陆法下的所有权,而是源于英美法历史上普通法与衡平法之分。普通法法院保护某些确定的法律上的请求权,其他的请求权则只能通过衡平法院来保护。虽然现代英美法系国家和地区已经统一了这两类法院,但是目前英美法系国家和地区的法院仍然保持着法律救济与衡平救济的区分——法律救济主要包括金钱救济,衡平救济主要包括金钱所不能替代的其他救济措施,比如禁制令、实际履行或恢复原状等。[①] 因此,"法律上的所有人"所拥有的"法律上的权利",是指历史上普通法法院可以直接保护的权利,一旦这种权利受到第三人的侵害,法院会命令第三人给予受托人以金钱救济。而"衡平法上的所有人"所拥有的"衡平法上的权利"是指历史上普通法法院不受理、当事人只能到衡平法院起诉申请保护的权利,一旦这种权利受到受托人的侵害,法院会命令受托人给予受益人以衡平法救济。

例如,甲把一栋房产转让给乙作为受托人,由乙为丙的利益出租给丁并收取租金。假如租客丁违约,拒付租金导致信托财产受损,丙作为受益人,没有任何法律(普通法)上的权利去普通法法院起诉丁,只有乙作为受托人才有法律上的权利去普通法法院请求救济,而普通法法院会判定丁赔偿信托的损失。如果受托人乙出于懈怠,未能及时到普通法法院起诉丁,以至于信托遭受的损失无法弥补,此时受益人丙有权到衡平法院起诉乙违背了受托人的信义义务,衡平法院会命令乙针对丁提起法律上的诉讼,讨还所欠租金或将房产收回,否

[①] See James E. Pfander & Wade Formo, *The Past and Future of Equitable Remedies: An Essay for Frank Johnson*, 71 ALABAMA L. REV. 723 (2020).

则所有损失由乙承担。这里,乙的权利就是所谓的"legal title",而丙的权利是"equitable title"。

假设同一个例子,受托人乙为了自己的利益私自处分了作为信托财产的房产,受益人丙没有任何法律(普通法)上的权利去普通法法院起诉乙,但是丙作为衡平法利益的持有人,有权到衡平法院起诉乙违背了信义义务,衡平法院则会要求乙将信托财产恢复原状,以便受益人丙可以继续获得信托利益。

这就是英美信托法中基于普通法与衡平法请求权的两分而形成的信托财产权利状态,其实并不是部分大陆法系学者所认为的"双重所有权"。①

值得注意的是,认为英美信托的受托人持有信托财产的法律上的权利的说法也不能一概而论,因为信托人只能把自己拥有的财产权利转移给受托人,如果信托人对该财产所拥有的权利本身只是衡平利益,那么他只能将该衡平利益作为信托财产转移给受托人,此时受托人所持有的也只能是衡平利益,而并非某种法律上的权利。比如,信托人将其持有的甲信托的受益权作为信托财产设立乙信托,此时乙信托的受托人所取得的信托财产(即甲信托的受益权)只是一种衡平利益,而非法律上的权利。

现在,英美法系国家和地区的同一个法院既可以受理普通法上的请求,又可以受理衡平法上的请求,只不过在救济方式上仍然有所不同。另外,因为有关信托的案件大多属于衡平法的管辖范围,一般由法官直接审理,没有陪审团参与。这种情况在大陆法系国家和地区或者在我国并不存在,因为我们没有普通法和衡平法两分的传统。

在"信托法"颁布之前,我国台湾地区的"法院"认为信托的受托人对信托财产拥有完全的所有权,而"委托人"对信托财产享有债权。这样一来,"委托人"或受益人对受托人只是一种内部的关系,不能对抗受托人的个人债权人。受托人一旦破产,信托财产就会成为其破产财产的一部分。这种观点被认为符合大陆法的"一物一权"和物权法定原则,然而与英美信托法的理念大相径庭。② 后来,我国台湾地区颁布了所谓"信托法",规定"委托人"

---

① 笔者之前也曾受这种观点影响。

② See Wang Wen-Yeu, Wang Chih-Cheng, and Shieh Jer-Shenq, *Trust Law in Taiwan: history, current features and future prospects*, in Lusina Ho & Rebecca Lee, TRUST LAW IN ASIAN CIVIL LAW JURISDICTIONS — A COMPARATIVE ANALYSIS 68, Cambridge University Press (2013).

需将信托财产转移给受托人,①同时,信托财产与受托人的固有财产相区别,不受受托人个人债权人的追索,②这样才解决了上述问题,使得信托可以达到破产隔离的目的。

因此,有学者认为,"几乎没有任何一个法律制度比信托更能够充分地证明西方世界两大法律体系的根本差异"了。③

二、衡平法对法律的纠正

有关普通法与衡平法的考察还可以继续深入一些。

例如,美国有些州颁布了"杀人者不得继承"的规则,禁止杀人者依据继承法或遗嘱、信托条款④继承被害人的遗产或取得其遗产份额。⑤ 但是也有些州没有规定这样一条规则。在没有规定"杀人者不得继承"规则的州(也就是说,该州的"普通法"默许杀人者可以继承被害人的遗产),如果妻子杀害了丈夫,妻子能否继承丈夫的遗产呢? 法院通常的做法是,首先根据法律(普通法),允许妻子继承丈夫的遗产(因为普通法对此并无禁止);然后根据衡平法的"良心"原则,判定妻子不应继承丈夫的遗产。至于其依据普通法已经"继承"的遗产,妻子只能作为"推定信托(constructive trust)"的受托人,为丈夫的其他继承人的利益而持有之,并有义务将遗产分配给其他继承人。⑥这里的"推定信托"是美国衡平法院为实现公平正义而采取的一种救济措施。⑦ 这个例子更清楚地说明了普通法与衡平法的区别。

英美信托制度之所以会涉及普通法与衡平法的区分,是因为信托的前身是 use("用益"或"尤斯"),任何一本有关信托法的书中都会对此有所提及。

---

① 参见我国台湾地区所谓"信托法"(1996 年)第 1 条。
② 参见我国台湾地区所谓"信托法"(1996 年)第 10—11 条。
③ 转引自海因·克茨著:《英美信托与德国信托的比较法研究》,白媛媛译,法律出版社 2021 年版,第 3 页。
④ 由于信托既可以通过书面形式成立,也可以通过口头方式成立,为避免行文啰唆,英美信托法一般用 terms of trust(信托条款)来指代信托据以设立的书面文件(信托文件)及其条款,或者口头信托条款,因此本书用"信托条款"统指书面信托文件及其条款和口头信托条款。
⑤ 我国《民法典》(2020 年)第 1125 条也有类似的规定。
⑥ See In re Estate of Mahoney, 220 A.2d 475 (Vt. 1966).
⑦ 有关"推定信托"请见第一章第一节第四部分中有关信托类型的介绍。

简言之,use 的出现是为了规避当时的法律限制。法律规定某些人不能拥有某些财产,用英美法的语言来说,这些人如果拥有了这些财产,普通法法院不会保护他们的权利。也就意味着,一旦他们的权利受到侵害,只有衡平法院才有可能保护他们的权利。因此,人们就让那些法律允许其拥有这些财产的人,作为这些财产的所有人(受托人),受普通法法院的保护;同时,又让那些真正想享有这些财产的利益而法律却不允许他们拥有这些财产的人(受益人),拥有这些财产的利益。然而,由于法律并不保护受益人的受益权,受益人的权利保护全靠受托人的"良心",一旦受托人违背信托人的旨意,受益人无法到普通法法院去起诉受托人,因此,信托法为他们设置了衡平法上的权利,一旦利益受到侵害,他们可以到衡平法院去起诉受托人。所以衡平法的核心是良心,衡平法院又被称为"良心法院"。①

如果把受托人和受益人划进同一个圈内,法律上的权利是指受托人为了保护信托财产而针对圈外的人所拥有的权利,衡平法上的权利是指受益人为了保护自己的受益权,针对圈内受托人所拥有的权利。前者是一种对外权利,后者是一种对内权利。这与现代公司制度有着殊途同归的效果。

虽然笔者的这一观点是基于对英美信托法的考察得来,然而,日本学者岩田新基于日本信托法的情况,在其《信托法新论》中提出的"相对性权利转移说"或者"限制性权利转移说"的观点,亦异曲同工。他认为,信托财产的所有权对内虽然归属于受益人,对外却归属于受托人。②

后来,英美法系国家和地区的人们发现通过信托这种架构不仅可以规避有关限制拥有土地的法律,还可以规避其他法律,达到各种目的。比如,信托可以作为遗嘱的替代形式,避免英美法特有的遗产检验(probate)③程序,还可以避税,保护个人隐私,并由专业人士管理财产等。

可以说,英美信托的产生,是为了规避法律;其发展,也是为了规避法律。

① 后来英国在 16 世纪颁布了《用益法》对用益进行限制,然而这部法律不久就被废除了。学者们认为这部法律是"立法干预法律的一个失败范例",制订得非常仓促,"弄出了一套难以操作的制度,让情况变得愈加混乱"。参见[英]波洛克著:《普通法的精神》,杜苏译,商务印书馆 2016 年版,第 68 页。
② 参见岩田新:《信托法新论》,有斐阁 1933 年版,第 97—99 页,转引自新井诚著:《信托法(第四版)》,刘华译,中国政法大学出版社 2017 年版,第 37 页。
③ 也有人译为"遗产验证"或者"遗嘱验证"。

所以有比喻说,信托的父亲是欺诈,母亲是恐惧,而良心法院(即衡平法院)则是信托的保姆。①然而,信托之规避法律,是合法地规避法律,因为其规避法律的形式均未被当时的法律所禁止。可以说,信托制度被不断发扬光大,成为英美法的主要制度之一,主要原因就是这种制度可以用来合法地规避法律,而信托财产的移转是用以规避法律的最重要的手段。

根据前述分析可以看出,英美法中的 legal ownership 并非某项财产上完整的所有权, legal ownership 和 equitable ownership 之和才是。② 换言之,信托关系中,信托最主要的功能就是将财产的管理权与财产的受益权进行分割:受托人所持有的法律上的权利加上受益人所持有的衡平法上的权利之和才是完整的财产所有权。这种区分与大陆法系的物权法将物权分为所有权、用益物权和担保物权并规定所有权人对自己的不动产或者动产,依法享有占有、使用、收益和处分的权利(权能)③的区分有着类似的效应。如果某项财产的占有、使用、收益和处分的权利分别由不同的人持有,每一项权利都是物权(所有权)的一部分,不能说这就是"四重所有权",因为这四项权利之和才等于完整的所有权。在信托中,其实就是将占有、使用和处分权授予受托人,而将收益权授予受益人。有学者因此提出,我国应当通过信托法确立一种新型的信托财产权,其内容包含受托人占有、使用和处分信托财产的权利,而收益权则归属于受益人。④

正因为信托关系中受托人针对信托财产所持有的法律上的权利不是完整的所有权,所以信托财产才独立于受托人的固有财产,不受受托人个人债权人的追索。同样,因为受益人对信托财产所持有的衡平法上的权利也不是完整的所有权,因此,信托财产也独立于受益人的固有财产,不受受益人个人债权人的追索。另外,由于信托人设立信托时一般都放弃了对信托财产的权利,因此,信托财产也独立于信托人的其他财产。信托财产因此成为破产隔离或债

---

① See George T. Bogert, TRUSTS (6TH Ed.) 7 (West Group 1987).

② See Lusina Ho and Rebecca Lee, *Emerging principles of Asian trust law*, in Lusina Ho & Rebecca Lee, TRUST LAW IN ASIAN CIVIL LAW JURISDICTIONS — A COMPARATIVE ANALYSIS 259 (Cambridge University Press 2013).

③ 参见我国《民法典》第 240 条。

④ 参见徐孟洲主编:《信托法学》,法律出版社 2006 年版,第 147 页;又见钟瑞栋:"信托财产权、信托法与民法典",《甘肃政法学院学报》2007 年第 2 期。

务隔离的财产。事实上,正因为信托财产可以隔离破产的风险,很多大陆法系国家和地区才决定引进信托制度。

再如,信托具有"避税"功能,一方面是因为英美法系国家和地区针对信托本身在一般情况下不征收实体税,另一方面也因为信托人的这部分财产已经转移给受托人,所以信托人针对这部分财产所得的收益也不再有税收负担。如果没有信托财产的移转,就没有管理权与受益权分置,就无法达到合法规避法律的目的,也无法实现上述功能。这样,信托在英美法系国家和地区就没有了存在的必要和价值。因此,信托财产的移转虽然是历史使然,却成为英美信托制度的精髓,信托制度所能达到的诸多目的皆因此而来。所以,信托被认为是"盎格鲁·撒克逊人的守护天使"①,难怪英国法律史学家 Maitland 曾说过:

> 如果有人问我英国人在法学领域取得的最伟大、最辉煌的成就是什么,那就是历经数百年发展起来的信托思想。我相信再没有比这更好的答案了。②

在引进信托法的亚洲国家和地区,一般都通过立法解决了信托财产转移的问题。有些国家和地区,比如日本、韩国,通过立法明确规定了信托财产需要转移给受托人;我国《信托法》虽然没有要求信托财产转移,却也通过立法赋予信托财产以独立性,试图达到英美信托所能达到的目的。

那么,这种以财产为中心的信托制度能在《民法典》中找到安身之处吗?

---

① 参见[英] D. J. 海顿著:《信托法(第4版中英文本)》,周翼、王昊译,法律出版社 2004 年版,第1页。

② 参见梅特兰:*Selected Essays*(1936),转引自[英] D. J.海顿著:《信托法(第4版中英文本)》,周翼、王昊译,法律出版社 2004 年版,第3页(笔者针对个别词句重译)。

第一章
信托制度之救赎——以《民法典》为统领

　　《中华人民共和国信托法》自2001年颁布实施以来,已有20年的历史。然而,无论在理论上还是在实践中,信托关系在我国并未理顺。信托实务界采取了一种务实的态度:只管信托业务创新,不管信托法理论的发展。对于实务界而言,这是一种正确的态度,因为有立法者设定边界,有司法者解决纠纷,创新只要在边界之内即可。对于法律界和学术界而言,对信托关系的忽视则是一种难以被原谅的懈怠。

　　造成这种懈怠有多重原因。由于信托法在我国传统法律体系中没有一席之地,因此大家普遍认为这是一部很边缘的法律,只服务于很窄的一部分商事领域,在法律体系中可以忽略不计。虽然近年来,我国商事信托资产规模日益增大,家族信托也开始成为热点,越来越多的学界和业界人士开始研究信托法制,更有学者提出将信托法纳入民法典的建议,①但这些努力都如石沉大海,所以有学者认为信托法是我国最没用的一部法律。②

　　这种懈怠是错误的。假如我国实践中的信托规模小,可有可无,那么信托法理论的发展放一放也许暂时没有关系。然而,早在2014年,我国信托业就

---

① 例如,王利明教授于2011年10月9日在"独墅湖畔人大法学论坛第四十九期"的发言:"论法律体系形成后民法典的制定",载《法律图书馆》:http://www.law-lib.com/fzdt/newshtml/26/20111114153312.htm(2021年7月23日访问)。

② 笔者于2015年秋季在美国纽约大学访问期间,参加过一个有关中国民法典立法情况的小型研讨会,会上有来自国内的学者对信托法作出如是评价。

超越券商、基金及保险,成长为仅次于银行业的第二大金融部门,[1]这在其他国家和地区是不可想象的。我国的信托又主要服务于金融业和资本市场,资金规模越大,潜在风险就越高。如果信托法律关系既没有理顺,也没有得到重视,继续任由企业随意设立信托项目、发行信托凭证,继续让公众稀里糊涂地购买信托产品,是非常危险的。必须确定信托在法律制度中的位置,有完善的信托法明确规范信托关系,有完善的信托业法明确规范信托公司,企业和个人才能了解设立信托的边界,一旦发生信托纠纷,才可以合理预测法院将会如何判定各方责任。

在绪论中分析了信托这种舶来制度的抽象性特征之后,下面分析信托在我国民事法律制度中应有的位置。

第一节 无处安放的信托

从其他采纳信托制度的大陆法系国家和地区的经验来看,无论他们对信托制度是移植、嫁接或创新,也无论他们对信托财产的定性如何犹豫不决,最终都把信托制度纳入民法体系中加以规范。在我国,毋庸置疑,信托也应当由《民法典》调整。首先,民事信托创设的法律关系是平等主体之间的以财产为中心、以权利义务为内容的典型的民事法律关系,天然应由民法调整。其次,商事信托无论是否以商业实体的面目出现,其涉及的内外部法律关系也与民事信托并无二致,也必须由民法调整,只不过商事信托还应同时遵守商法等其他法律的规范,并且作为特定目的载体的商事信托也应是《民法典》所规范的非法人组织之一。另外,还有许多未以"信托"为名的法律关系也应被认定为信托关系,从而也应遵守民法的规范。

---

[1] 参见《信托业规模突破十万亿,仅次于银行业成第二大金融部门》,载凤凰财经网:http://finance.ifeng.com/a/20140627/12620942_0.shtml(2017 年 11 月 19 日访问);也见徐巧:"信托去通道进行时:从银信合作降温说起",载中国信托业协会官网(2018 年 3 月 8 日):http://www.xtxh.net/xtxh/industry/44045.htm(2021 年 7 月 23 日访问)。

一、信托与大陆法的融合

以下先考察几个典型的大陆法系国家和地区的信托法实践,通过比较,为我国通过民事法律制度对信托关系进行调整寻找路径。

(一)部分亚洲国家和地区:英美法信托的本土化实践

虽然亚洲大陆法系国家和地区传统上并无类似于英美信托的制度,但是20世纪以来,这些国家和地区基于各种目的,纷纷引进了英美信托制度。

日本于1905年正式引进信托制度,短时间内国内出现了数百家信托公司。然而这些公司并未从事真正意义上的信托业务,从而导致了信托的滥用现象。这种情况与我国信托法颁布之前的局面颇为相似。为了对信托正本清源,并治理信托业界的混乱局面,日本于1922年制定了《信托法》和《信托业法》。日本信托法的颁布初衷并非为了促进家族信托的发展,而是为了引进外资,并限制和约束从业者,因此与英美法国家和地区的情况完全不同。虽然目的不同,然而日本的信托制度的确是从美国信托法引进的,而美国的信托制度是继承英国由use制度发展而来的制度,因此,日本学者认为日本信托法存在着英国→美国→日本这一法律传承过程,并认为这种说法是有关信托起源的"通说定论"。① 具体而言,日本的信托法是对英美判例法中体现出来的信托规范的法典化。由于判例法的规范较难翻译,因此在制定具体条文时又着重参考了成文法《印度信托法》和美国加利福尼亚州《民法典》中的相关规定,②可以说,日本的信托立法,其母法主要是英美法,尤其是美国法。然而,日本《民法典》中却没有信托的踪影。

韩国受日本1922年《信托法》的影响,于1961年颁布了《信托法》。这部法律并非是直接对英国或美国信托法的移植,而是通过借鉴日本信托法,间接引进了英美信托法。③ 加之没有税收等配套法律的支持,且本土的文化与法

---

① 参见新井诚著:《信托法(第四版)》,刘华译,中国政法大学出版社2017年版,第4页。

② Yamada Akira, SINAK RIPPO KATEI NO KENKYU [STUDY ON THE PROCESS OF LEGISLATION ON TRUSTS] (Tokyo: Keisoshobo Publishing, 1981) 97, cited in Wu Ying-Chieh, *Trust Law in South Korea: developments and challenges*, in Lusina Ho & Rebecca Lee, TRUST LAW IN ASIAN CIVIL LAW JURISDICTIONS — A COMPARATIVE ANALYSIS 46 (Cambridge University Press 2013).

③ Wu Ying-Chieh, *Trust Law in South Korea: developments and challenges*, in Lusina Ho & Rebecca Lee, TRUST LAW IN ASIAN CIVIL LAW JURISDICTIONS — A COMPARATIVE ANALYSIS 46 (Cambridge University Press 2013).

律实践不倾向于将信托用于家族财富规划、继承或慈善,因此,韩国信托法也主要用于金融目的,很少被用于继承或慈善目的。这一点与我国很相似。因此,尽管韩国信托法中包含了家族信托和慈善信托的条款,信托法却主要作为金融法的一部分,以单行法的形式存在。①

我国台湾地区的所谓"信托法"的发展与我国大陆的相类似。20 世纪 50 年代起我国台湾地区开始出现信托投资公司,但是这些公司从事的业务与银行相类似,并不是典型的信托业务。1988 年起又引入证券投资信托公司,经营共同基金,从海外聚集资金,也与传统的英美信托不同。后来我国台湾地区在 20 世纪 70、80 年代先后出现了几个与信托相关的案子,然而这些案子都没有提到信托关系的本质。1983 年开始起草的"信托法",最终于 1996 年颁布,成为我国台湾地区有关信托制度的基本规定。② 2000 年,我国台湾地区又颁布了所谓"信托业法",从此商事信托步入了快速发展时期。为了给信托的发展提供良好的法律环境,我国台湾地区近年来陆续修订了所谓"信托法""信托业法",以及与信托相关的其他配套规定,有"信托法"规范个人信托和慈善信托,也有"信托业法""金融资产证券化法"和"不动产证券化法"等规范商业信托和商事信托;另外,还有"信托税法"等相关规定规范信托产品的设计与税收实务等。③ 所以我国台湾地区的信托制度虽然没有在"民法典"中出现,但相对来说自成体系。

综上可看出,日本、韩国和我国台湾地区的信托制度均源自英美信托,都采单独立法模式,在"民法典"或"民法"中对信托均无明文规定。

(二) 部分欧洲国家和地区:改良后的罗马法信托传统

1. 法国的 Fiducia

在为我国信托法草案提供意见时,法国学者 Francois Barriere 认为,在法

---

① Wu Ying-Chieh, *Trust Law in South Korea: developments and challenges*, in Lusina Ho & Rebecca Lee, TRUST LAW IN ASIAN CIVIL LAW JURISDICTIONS — A COMPARATIVE ANALYSIS 47 (Cambridge University Press 2013).

② Wang Wen-Yeu, Wang Chih-Cheng, and Shieh Jer-Shenq, *Trust Law in Taiwan: history, current features and future prospects*, in Lusina Ho & Rebecca Lee, TRUST LAW IN ASIAN CIVIL LAW JURISDICTIONS — A COMPARATIVE ANALYSIS 63 – 65 (Cambridge University Press 2013).

③ Wang Wen-Yeu, Wang Chih-Cheng, and Shieh Jer-Shenq, *Trust Law in Taiwan: history, current features and future prospects*, in Lusina Ho & Rebecca Lee, TRUST LAW IN ASIAN CIVIL LAW JURISDICTIONS — A COMPARATIVE ANALYSIS 67 (Cambridge University Press 2013).

国的法律体制中,没有信托这种方式的存在。然而,他指出,当时"法国正在考虑在其民法典中加入一个关于信托事务的章节",这个章节"相当于英美法中的信托";另外他还认为,"如果仔细审视法国法律中的诸多条文,其实在法国存在着许多类似信托的手段"。① 在谈到为什么法国开始考虑"引入英美信托制度"时,他说:

> 如果一个公司在其国内的法律制度中,不能寻求到合适的手段,它往往会**到别的地方去尽量地寻找**。因此,从这个角度来讲,很多的法国公司都决定使用**英美法系中的信托制度**,其原因就在于在法国的法律制度中,没有相类似的制度。
>
> 法国政府已经不能继续忍受仅仅由于法律上存在漏洞,而在上述情况中适用外国的手段。②

为此,法国政府于 1992 年 2 月向议会提交了一份法律草案,在草案中引入了信托的概念。2007 年 2 月,《法国民法典》终于增加了 fiducia 这一章。其中对 fiducia 的定义是:

> A fiducia is the operation by which one or more grantors transfer assets, rights, or security rights, or a set of assets, rights, or security rights, present or future, to one or more fiduciaries who, keeping them separate from their own patrimonies, act to achieve a specified goal for the benefit of one or more beneficiaries.③

---

① Francois Barriere:"法国信托业和信托法概述",载朱少平、葛毅主编:《中国信托法——起草资料汇编》,中国检察出版社 2002 年版,第 79 页。也有学者认为法国的信托制度是以罗马法的信托概念为基础,借鉴英美信托法的经验所确立的。参见李世刚:"论《法国民法典》对罗马法信托概念的引入",载《中国社会科学》2009 年第 4 期。

② 转引自 Francois Barriere:"法国信托业和信托法概述",载朱少平、葛毅主编:《中国信托法——起草资料汇编》,中国检察出版社 2002 年版,第 80 页。上述引文也完全适用于我国。我国的信托是从实务界发展起来,法律滞后于实务的发展。之所以会这样,也是因为 2001 年以前我国的法律制度中没有类似于英美信托的制度,所以企业和高净值人士就到其他国家和地区的制度中去"尽量地寻找"。

③《法国民法典》第十四编第 2011 条,参见法国政府官方网站:https://www.legifrance.gouv.fr/affichTexte.do?cidTexte=JORFTEXT000000821047&fastPos=2&fastReqId=2050788168&categorieLien=cid&oldAction=rechTexte (于 2021 年 8 月 7 日最后访问)。

如果把"fiducia"翻译成"法式信托",上述定义可以译为:

> 法式信托系指如下运作:一个或多个**让与人**,将其一个或多个现时或未来资产、权利或担保利益,**转移给**一个或多个信义义务人,后者将「上述资产、权利或担保利益」与其固有财产区分,并为实现特定目的而为一个或多个受益人的利益行事。①

然而,并非所有的法国学者都认同法国信托起源于英美信托制度的说法。持反对意见的学者认为,上述定义中的法式信托(fiducia)其实承继的是罗马法信托,信托财产的"所有权完整让渡"给受托人,再借鉴英美信托法的经验对其进行了改良,对这种所有权进行了"临时性和目的性的限制",同时又采纳了英美信托法中的信托财产独立原则。② 究其实质,法国信托可以说是罗马法信托与英美信托结合后的产物,这与日本、韩国等亚洲国家和地区的做法不同。

法国信托制度最重要的特点是,自设立之始,它便成为《法国民法典》的一部分,从第 2011 条到第 2031 条,除了已经废止的两条,总共有 19 条规范。③根据熟谙法语和法国民法的李世刚教授的介绍,"信托编"被安置在《法国民法典》第三卷中,而该卷的标题是"取得所有权的不同方式"。这说明信托人设立信托时从事的是信托财产的所有权转移行为,受托人取得的是信托财产的所有权,不过这种所有权受到"临时性和目的性的限制"。另外,《法国民法典》中的"信托编"主要正式确立了"信托合同"这样一种新的有名合同,而债法成为"信托运作的基调,贯穿始终"。④

与英美法信托最大的不同是,法国信托不能是赠予性信托,即不能"具有赠与受益人的意图",否则与公共秩序相悖,⑤因此法国法只承认"担保信托"和"管理信托",前者用于担保债务的履行,后者用于对财产的管理。⑥ 然而这

---

① 笔者依其英文版翻译。

② 参见李世刚:"论《法国民法典》对罗马法信托概念的引入",《中国社会科学》2009 年第 4 期。

③ 参见法国政府官方网站:https://www.legifrance.gouv.fr/affichTexte.do?cidTexte = JORFTEXT000000 821047&fastPos = 2&fastReqId = 2050788168&categorieLien = cid&oldAction = rechTexte(于 2021 年 8 月 7 日最后访问)。

④ 参见李世刚:"论《法国民法典》对罗马法信托概念的引入",《中国社会科学》2009 年第 4 期。

⑤ 参见《法国民法典》第 2013 条。

⑥ 参见李世刚:"论《法国民法典》对罗马法信托概念的引入",《中国社会科学》2009 年第 4 期。

并不意味着《法国民法典》只承认商事信托而不承认民事信托,因为"管理信托"并不一定涉及受托人支付对价的问题。如果信托人转移信托财产不收取对价,那么这个信托就可以归类为民事信托。不过根据上述规定,设立以其他家庭成员为受益人的家族信托的可能性就很小了,这种民事信托只能为信托人自己的利益设立。这是法国信托的一个局限性。

2. 德国的 Treuhand

德国的信托制度被称为"Treuhand"。据称在 19 世纪 80 年代,Regelsberger 教授就依据罗马法信托的理念提出了德国信托的概念,并逐渐被法律界接受。[①] 1910 年,Ernst Heymann 教授认为,"信托法律关系在德国的应用日益广泛",并预测这种"值得期待的发展也许有一天将通过制定一部信托法"来实现。[②] 然而,德国一直没有信托立法,而是通过司法实践接受了 Treuhand 的理念,承认信托财产的全部权利转让给受托人,从而受托人成为权利所有人,且通过《德国民法典》第 137 条有关任何人不能通过法律行为排除或限制可让与的权利进行处分的权限的规定,"禁止委托人对受托人的处分权进行物权上的限制"。[③] 对此,德国的克茨教授认为"受益人的权利得到了物权化的加强"。[④]

根据国内较早介绍德国信托法的学者孙静的介绍,根据德国法,只有当信托合同成立,且信托人将信托财产转让给受托人时,信托才成立。[⑤] 然而,德国的做法与法国的做法不同,因为德国并没有通过立法的形式确立信托制度。《德国民法典》中并没有信托的章节条款,也没有把信托合同作为一种有名合同加以规范。根据学者孙静的文章,在德国信托法的实践中,"有偿"的信托合同被视为"有偿事务处理","无偿"的信托合同被视为"委托",他益信托合同被视为"第三人受益合同",分别由《德国民法典》第 675、662 和 328 条规范。其他信托问题均适用《德国民法典》中的一般规定。[⑥] 据现有资料,这里的"有偿"和"无偿"是指接受信托财产的受托人是否为取得信托财产而支付对价,

---

① 参见孙静:"德国信托法探析",《比较法研究》2004 年第 1 期。
② 转引自海因·克茨著:《英美信托与德国信托的比较法研究》,白媛媛译,法律出版社 2021 年版,第 166 页。
③ 孙静:"德国信托法探析",《比较法研究》2004 年第 1 期。
④ 海因·克茨著:《英美信托与德国信托的比较法研究》,白媛媛译,法律出版社 2021 年版,第 171 页。
⑤ 参见孙静:"德国信托法探析",《比较法研究》2004 年第 1 期。
⑥ 同上。

还是指信托人是否为受托人的服务支付报酬并不明确。如是前者,则二者是英美法中的商事信托与民事信托的区别;如是后者,则无法判别信托的民事或商事性质。

德国没有《法国民法典》那种禁止赠与性信托的规定,然而与法国信托制度类似的是,德国的信托也分为管理信托和担保信托,前者是指为其他目的或为他人利益而设立的信托,主要用于财产管理、经营或监督管理,类似于他益信托;后者指为担保受托人债权而设立的信托,类似于自益信托。① 克茨教授对罗马法式的管理信托作了点评,认为虽然这种制度与英美法信托功能相似,然而有很明显的缺陷,"直接性原则、代位禁止、受让问题和混合问题上不完善的解决方案是罗马法式信托的主要弱点",对受益人的保护不足也是其主要的问题之一。②

德国学者们曾经针对英美信托与德国民法体系的相容性有过激烈的讨论,至今未达成一致观点。有的学者认为,大陆法系的所有权概念、物权法定原则等使得信托在大陆法系的继受非常难以实现;也有学者认为,这种观点毫无根据。根据克茨教授的书中的观点,这些物权法原则都不是阻碍:③

"……只要德国法需要继续发展古罗马信托,就有必要继受信托规则。我们试图指出,这样的继续发展不仅不会因为德国物权法的基本原则而失败,而且各方在这种继续发展过程中不断变化的法律地位,能够在经过相应调整的物权法体系中得到令人满意的分类。"④

具体而言,关于德国民法典中的所有权概念,克茨教授在20世纪60年代就提出了目前看来仍然非常创新的观点:

"……即使是德国法上所谓的所有权概念,也从一开始就不排除我们提出的对古罗马信托进行扩张的观点。相反,这个问题必须反过来:只有当为管理信托引起的个别问题找到妥善解决办法的尝试,导致受益人的法律地位借鉴普通法的原则得到物权性的加强时才会产生如何在德国

① 参见孙静:"德国信托法探析",《比较法研究》2004年第1期。
② 海因·克茨著:《英美信托与德国信托的比较法研究》,白媛媛译,法律出版社2021年版,第177页。
③ 同上书,第178页。
④ 同上书,第181页。

物权法体系中对形成的法律地位进行分类的问题。如果发现，基于通常的体系概念不可能得到令人满意的分类，那么就只能相应地重建体系。"①

而对于物权法定原则，克茨教授的观点也令人耳目一新：

"……物权法定原则无外乎是指，出于物权法的清晰性和明确性，有必要保持物权数量的透明，以便第三人不必考虑未知的物权负担……限制物权数量的原则是有意义的；但是，这丝毫不妨碍法官或立法机关在权衡利益之后得出结论：为了满足迫切的交易需要有必要创设新的物权类型，并必须通过制定法律或通过形成判例规则来实现。"②

综上所述，法国和德国的信托制度均源自古罗马法信托的理念，属于"类信托"制度，在发展过程中吸收了英美法信托的部分内容。法国的做法是直接立法，在《法国民法典》中将改良后的信托制度纳入其中；德国没有通过立法形式，而是在司法实践中通过个案，将《德国民法典》的条文建设性地运用到信托制度中。然而无论是法国的还是德国的信托制度，在很多大陆法系学者认为与物权法相冲突的信托财产所有权方面，却与英美法的做法一致，要求将信托财产转移给受托人，由受托人享有信托财产的所有权，然后对这种所有权进行一定的限制。这其中对于物权法定等大陆法理论的突破对我国的信托法实践颇有借鉴意义。

（三）我国的信托制度：高起点的创新

1. 我国信托制度的起源

通说认为我国的信托制度来源于英美信托制度③，但是，是直接来源于英美信托制度，还是间接来源于英美信托制度，并没有定论。日本新井诚教授在其专著中认为，中国的信托法是"以日本信托法为母法"④。这不免有失武断，因为据不完全统计，我国信托法的起草至少借鉴了美国、澳大利亚、法国、德国、日本、韩国等国和地区的信托法的经验，并非仅仅借鉴了某一个国家或地

① 海因·克茨著：《英美信托与德国信托的比较法研究》，白媛媛译，法律出版社2021年版，第180页。
② 同上书，第179页。
③ 参见王清、郭策：《中华人民共和国信托法条文诠释》，中国法制出版社2001年版，"序言"，第1页（文中提到"信托法的源头——英美法"）。
④ 参见新井诚著：《信托法（第四版）》，刘华译，中国政法大学出版社2017年版，第32页。

区的信托法。在这些国家和地区中,美国、澳大利亚的信托法本身就属于英美信托法的分支,法国和德国的信托法学者认为,他们国家的信托制度源自罗马信托与英美信托的结合,因此与英美信托有着千丝万缕的联系。虽然我国在制定信托法时参考了多个国家和地区的信托制度,但最终没有选择法国在民法典中直接立法或者德国通过司法实践确立信托制度的做法,而是以更接近日、韩等国家和地区的方式制定了信托单行法律。而后者的信托制度来源于英美信托。

英美信托始于家族信托[1],继而发展到商事领域,出现了单位信托、年金信托、特定目的信托等,尤其特定目的信托在结构性融资方面起到了巨大作用,甚至有人认为它是 2008 年美国次贷危机的罪魁祸首。[2] 一个非英美法系的国家和地区是否需要这种在英美法系国家和地区为规避法律而产生的信托制度,这是在引进这种制度之前应该考虑的问题。首先要看本国法律是否有一些限制性规定,导致当事人必须采取信托这样一种"曲线救国"的方式;第二要看本国法律是否允许用这样的方式来规避法律。信托在英美法系国家和地区的产生和发展完全因为其具有能够合法规避法律的特点,如果法律不允许通过这种途径规避法律,那么信托制度就没有了存在的合法性。

很多亚洲国家和地区在引进英美信托法时,或许并没有首先考虑这个问题。信托作为一种财产管理制度,具有民法制度中已有的委托、代理、保管等财产管理制度所不能实现的独特功能。诸多大陆法系国家和地区引进英美信托制度的主要原因是被商事信托在英美法系国家和地区所取得的成就所吸引,从而决定引进信托制度。我国也是如此。我国在 20 世纪 20 年代就出现了各种以信托命名的公司,然而并非从事信托业务,而是为了搭建一个从国际市场融资的平台。中间又因为各种政治与监管原因停业数十年,直到改革开

---

[1] 如前所述,由于我国的信托业首先从商事信托发展起来,大家普遍以商事信托为信托的常态,因此,近年来"家族信托"反而作为新生事物,逐渐热起来。然而在信托的发源地英美法系国家,传统的信托指为家庭财富规划与传承目的而设立的信托,虽然偶尔也会称之为"family trust",但一般都无须特意注明"家族"两字,反而用于商事交易中的信托会被特意指出是商业实体或者商事信托,以区别于传统信托。因此,在对我国新出现的所谓"家族信托"溯源时,不要被名称所误导。

[2] 参见史蒂文·西瓦兹著:"安然及其在公司架构中对特定目的机构对利用与滥用",载史蒂文·西瓦兹著:《金融创新与监管前沿文集》,高凌云等译,上海远东出版社 2015 年版,第 67 页。又见美国联邦最高法院于 2017 年 1 月 18 日判决的 Lightfoot v. Cendant Mortgage Corp 案[580 U.S. 82(2017)]。

放政策开始实施以后,才又逐渐复兴起来,并出现了各种不正常的商业金融行为。因此,我国2001年出台的《信托法》的目的很明确,首先是为了纠正当时乱象丛生的信托投资公司的行为,其次是为了解决我国企业的融资难问题,运用集合资金为企业融资提供新的渠道;三是为证券投资基金的发展提供法律根据。普通民众没有任何利用信托进行财富管理与传承的概念或需求,这与日本、韩国的情形非常相似,因此我们在制定《信托法》时重点关注了这些国家和地区的信托法就不足为奇了。

近年来,国内出版了很多这些国家和地区的学者的相关文章和专著,对于展示吸收普通法信托制度的大陆法国家和地区如何克服两大法系的冲突很有价值。这些学者均认为,其各自国家和地区的信托制度来源于英美信托法。因此,我国信托制度的渊源亦应是英美信托法。[①]

2. 我国信托制度的创新及其评价

我国《信托法》的制定时间相对较晚,这使得我们有更多时间充分研究其他国家和地区的信托法制,能够站在一个更高的起点进行制度创新。

张淳教授曾对我国信托法的创新点有过精辟的总结,其中包括确认信托财产所有权由"委托人"所有,确认信托合同为诺成合同,确认登记为信托的生效要件,确认讨债信托为无效信托,将关于通过自己的行为干预信托运作的系列权利以及请求法院撤销受托人的不当处分信托财产行为的权利授予"委托人",以及确认信托受益权为债权等。[②] 这些创新的努力使得我国《信托法》在2001年顺利通过,并在接下来的二十多年里为信托理念的普及以及我国信托制度的发展起到了重要作用。然而二十多年后的今天,这些创新的制度或

[①] 参见王清、郭策:《中华人民共和国信托法条文诠释》,中国法制出版社2001年版,"序言",第1页。国内已有很多介绍英美信托法的书籍,因此本书对英美信托法不作完整与详细的阐述,只针对与我国信托法的改革相关内容进行评议。如欲了解更多国内信托法的理论与实务,可看看国内其他学者的著作,比如江平、沈达明、周小明、张淳、徐孟洲、何宝玉、吴弘、王涌、楼建波、余辉、赵廉慧、李宇、贾希凌等学者的文章或著作。国内的信托法学者最初对英美信托及信托在我国的发展情况作比较分析,后来,学者的视角逐渐从国内信托拓展到国际信托,也从商事信托回归到民事信托,近年来越来越多的学者开始考虑《信托法》的修订问题。王连洲(2013年)对信托法立法史的回顾以及张军建(2016年)对信托法提出的修改建议等颇具代表性。近年来又有更多的新生代学者加入信托法的研究中,研究成果层出不穷,这里不一一列举。

[②] 参见张淳:《中国信托法特色论》,法律出版社2013年版。

许需要再次被审视。

笔者认为,我国《信托法》对英美信托制度最主要的修正其实在于对其信托财产权利分置制度的否定以及对信托设立人("委托人")给予的过度保护。前者或许可以避开信托制度与大陆法系"一物一权"原则的冲突,但同时也造成信托关系与委托代理关系的混淆;而后者则削弱了受托人义务,模糊了受托人义务指向的对象,使得其他信托关系人对信托的监督变得无关紧要。之所以会这样,是因为我国信托法在制订过程中,仍然受到许多理论上的束缚。由于存在英美信托架构中的"legal ownership"与"equitable ownership"与我国物权法制度有冲突的误解,立法者决定不要求信托财产转移,导致中国式信托无异于委托代理,却希冀达到委托代理所无法达到的目的。

波洛克曾云:

> 我们不能急急忙忙、原封不动地将外国法律的各种细节都照搬进来,这么做通常会引发混乱,至少也会破坏法律系统的匀称性。当你准备在外来制度或外来思想上大做文章的时候,无论你是要模仿还是要批判,你首先必须保证,你对模仿和批判的对象已经有了完整的理解。毕竟,相对于我们自己的法律而言,外来的法律更容易被我们所误解。[1]

因此,笔者认为,如果决定引进英美信托制度,就应当注意引进那些在英美法系国家和地区已经被证明是让信托取得成功的实用的规则,否则就达不到目的,反而不伦不类。[2] 英美信托有很多优势。比如,受托人有权不受信托人和受益人的影响,只按照信托条款的规定独立管理与分配信托财产,同时,受托人对受益人负有极高的信义义务,必须诚实、善意地为受益人的最大利益行事,不得损害受益人利益,否则应承担责任;明知受托人未经授权而接受信托财产的第三人亦应承担责任。另外,信托财产一般情况下不受信托人、受托人和受益人的个人债权人的追索等。信托之所以能够具备上述优势,主要因为英美信托法中的受益人针对信托财产所持有的衡平法上的权利是一种对世

---

① 波洛克著:《普通法的精神》,杜苏译,商务印书馆 2016 年版,第 157 页。

② 笔者非常赞同江平教授、周小明先生等在我国《信托法》颁布之前就撰文表达的观点:"中国要么不引进信托制度,如欲引进,则必须坚持规范意义上的信托,这意味着,中国的信托立法必须充分借鉴国外定型化了的信托法理,包括英美固有的信托法原则和日、韩等大陆法系国家发展了的信托法原理。"参见江平、周小明:"论中国的信托立法",《中国法学》1994 年第 6 期。

权,附着于信托财产之上,可以对抗任何未经许可试图从受托人处得到信托财产的第三人,除非该第三人是善意买受人。①

我国信托法在一定程度上吸收了英美信托法的部分规定,比如,受托人违反信托目的处分信托财产,"委托人"或受益人有权要求受托人恢复原状或予以赔偿,该信托财产的受让人明知是违反信托目的而接受该财产的,应当予以返还或者予以赔偿。② 这说明根据我国信托法,信托受益人对信托财产的权利至少具有物权属性,与物权法中的规定并无二致。③ 德国的克茨教授就认为,"在古罗马信托中,受益人的权利得到了物权化的加强"。④

2019 年春,笔者与美国纽约大学法学院的财产法教授 Upham 老师以及卡多佐法学院的信托法教授 Sterk 老师进行访谈,探讨是否可以在不转移信托财产的情况下实现英美信托所能实现的目的。在认真考虑之后,Sterk 老师说:"那就需要创设一种 irrevocable agency(不可撤销的代理)制度。"Upham 老师说:"除非有一种 permanent agency(永久代理)制度。"⑤ 两位美国学者的观点不约而同。他们的观点值得我们思考。以委托代理制度为例,我国《民法典》规定了被代理人死亡后代理人实施的代理行为有效的几种情形,其中"被代理人的继承人予以承认"和"被代理人死亡前已经实施,为了被代理人的继承人的利益继续代理"⑥ 两项已经突破了之前《民法通则》的规定,尤其后者也隐隐出现了受益人的影子,但是这仍然无法与信托关系中受托人可以在信托人死后继续按照信托条款的规定管理信托的制度相提并论。同样是创设新的制度,如果认为要求信托财产转移与我国现有的民法制度相冲突的话,那么在我国现有的民法制度下创设一种永久的不可撤销的代理制度或者双财团制度难

---

① See Lusina Ho and Rebecca Lee, *Emerging principles of Asian trust law*, in Lusina Ho & Rebecca Lee, TRUST LAW IN ASIAN CIVIL LAW JURISDICTIONS — A COMPARATIVE ANALYSIS 259, 261 (Cambridge University Press 2013).

② 参见我国《信托法》第 22、49 条。

③ 例如,《民法典》第 311 条规定的对所有权人的保护与《信托法》第 22 条对受益人的保护如出一辙,虽然有些谨慎的民法学者不愿意将二者进行类比。

④ 海因·克茨著:《英美信托与德国信托的比较法研究》,白媛媛译,法律出版社 2021 年版,第 171 页。

⑤ 2019 年 5 月 16 日,笔者与 Upham 和 Sterk 两位学者在卡多佐法学院 Sterk 教授的办公室内进行讨论时提到这一观点。

⑥ 参见我国《民法典》第 174 条。

道就更加可行吗?

显然,这种建议目前并不可行。首先,上述问题(创设一种不可撤销的永久性代理制度或者创设双财团制度等)在短时间内同样难以解决。其次,我国的信托制度已经正式确立,且成为信托业赖以生存的重要法律制度。最后,现在大家呼吁要信托"回归本源",就是要让信托不要继续滑行在委托代理的轨道上,"受人之托,代人理财"应当被解读为"受信托人之托,代受益人理财"。因此,在《信托法》颁布20多年后的今天,我国的信托制度需要继续变革和完善。这一努力首先应从理顺信托与民法之间的关系开始。

二、信托与民法的关系

关于信托的定位,英美法国家和地区的学者持一种变化的态度。如前所述,传统英美法将信托看作"一种信义关系,(在该信义关系中的)一方持有财产的所有权并负有为他人利益管理处分该财产的衡平法上的义务"。[1] 这是因为传统信托一般是私人民事信托,信托目的均为管理家族财产。由于受托人无须支付对价即可接受信托财产,其地位类似于赠予关系中的受赠人,因此他们的信义义务非常重要,没有这种义务,信托就失去了存在的基础。在这种情况下,信托形成了一种独特的法律关系。在这种关系中,信托本身不能诉或被诉,不能持有财产或者以其名义进行交易,只有受托人才能诉或被诉,持有财产,并以信义义务人的身份针对信托财产进行交易。

现代英美信托法在商事领域取得了极大的发展,设立商事信托的主要目的从传统的家族财富传承,发展为共同基金、养老基金等形式的财富管理以及结构性融资等,虽然信义关系仍然重要,但是由于在结构性融资交易中,受托人为接受信托财产支付了对价,这种信义义务的内容有所变化。在选择以何种方式进行融资时,企业更重视的是信托与其他商业组织形式相比所具有的优势。此时,商事信托成为其他商业组织形式的替代,[2]其本身也日益被承认为一种商业组织形式。另外,为了给商事信托提供设立的便利与税收的优惠,美国很多州都通过制定法创设了商业信托,作为一种与公司、合伙等并列可选

---

[1] See George T. Bogert, TRUSTS (6TH ED.) 1 (West Group 1987).

[2] 参见史蒂文·西瓦兹著:"作为商业组织形式的商事信托:为比较法学者抛砖引玉",载史蒂文·西瓦兹著:《金融创新与监管前沿文集》,高凌云等译,上海远东出版社2015年版,第447页。

的商业组织形式。随着现代信托法对信托治理的重视,更多学者把信托看作是一种商业组织形式。① 因此,正如英美判例法与制定法对信托的描述,信托是一种以财产为中心的民事法律关系,又是一种财产管理的组织形式,这是信托在英美法中比较独特的定位。

我国的信托制度起步较晚,主要盛行于商事领域。目前我们对待信托的态度有些矛盾。比如法律不要求转移信托财产,但是又承认信托财产的独立性;业界在操作信托时非常强调信托的破产隔离功能与"真实出售"要求,在出现诉讼纠纷时法院却无从考虑信托财产的归属问题。② 虽然实务界普遍倾向于承认信托的物权属性,但立法与实践又带有浓重的合同印记⋯⋯英美信托界人士在介绍信托时,会把"信托人""受托人"和"受益人"三方的关系架构称为"信托",而我国信托业界人士在介绍信托时,会把"信托"与信托人、受托人和受益人三方并列,导致读者无法理解什么是"信托"。换言之,假如信托是一个圆圈,圆圈内就是信托关系,信托人、受托人和受益人三方关系人在这个圆圈内应各居一角。然而,我国业界的理解经常是信托人、受托人和受益人三方不仅在"信托"这个圆圈之外,还与这个"信托"处于平行地位,似乎这个"信托"具有与三方关系人同样的主体地位,事实上这在《民法典》中并无迹可寻。

在有关信托定位的学说方面,笔者认为日本学者能见善久教授的观点值得称许。他把信托分为三种模式:财产管理模式、契约模式和制度模式。第一种模式指的是英美法中的传统信托类型,主要包括遗嘱信托和生前信托等典型家族信托,主要目的是财富传承与管理。第二种是商事信托,由信托人与以信托为业的受托人为融资和理财等商事目的订立交易合同所成立的信托。第三种是英美法中的商业信托,它作为一种商业组织形式,具备与其他商事组织相类似的功能,例如集合资金信托计划和结构性融资计划就是这一类型中的典型。③ 前两类信托应受民事法律制度的规范,而第三类信托应同时受商

---

① See Robert H. Sitkoff, *Trust as "Uncorporation": A Research Agenda*, Research Paper No. 05 – 13, Northwestern University School of Law; Steven L. Schwarcz, *Commercial Trusts as Business Organizations: Unraveling the Mystery*, 58 Bus. Law. 559 (2003).

② 参见安信信托诉昆山纯高案[上海市高级人民法院(2013)沪高民五(商)终字第 11 号民事判决书]。

③ 参见能见善久:"现代信托法讲义",转引自新井诚著:《信托法(第四版)》,刘华译,中国政法大学出版社 2017 年版,第 48 页。

事法律制度的调整。

同样,在我国,狭义的信托可能是一种商业组织形式,而广义的信托是一种民事法律关系,存在于信托或非以信托为名的其他关系中。有学者将信托与民法中的代理、委托、保管以及商法中的隐名合伙、行纪相并列,这也从侧面佐证了信托的定位。下面针对不同类型的信托分析其法律关系的属性。

(一)民事信托天然应由民法调整

根据本书第二章第一节第四部分中对信托类型的探究可知,民事信托是与商事信托相对的信托类型,以家族信托为代表。事实上,英美法信托就是从家族信托(family trust,或称之为"家庭信托")发展而来的。信托人在设立家族信托时,意图将其财产无偿赠予受益人,并不要求后者支付任何价款,所以财产从信托人(家长)到受托人,再到受益人(子孙后代),是单向流动,①其本质上具备赠与的性质,但是又与直接赠与不同。因为赠与在赠予物交付之时即告完成并结束,家族信托却在"赠予物(信托财产)"交付之时才成立,信托法律关系才开始,并且家族信托一般跨代存续,需要制定长期的管理规划。家族财富管理需要利用信托这种形式,主要因为财产所有人希望对未来作出最佳安排,然而未来却无法预测。通过家族信托制定一个长期规划,将财产的管理权与受益权分置,可以消除上述担心。因为信托允许财产所有人把作出有关投资和分配等重要决定的时间推迟,并可授权受托人根据不断变化的市场条件和受益人的状况作出最佳的投资和分配决定。因此,家族信托是一种可以跨代实现财产所有人的自由分配意愿的有效工具。

家族信托之所以能够在英美法国家和地区兴盛不衰,离不开英美法律制度对信托培育的优良土壤。首先,衡平法院是信托的监督人,可以给受托人下达指令,并在必要时执行信托。其次,受托人有独立的"权力(power)",②为受益人的利益行使所有权。此外,受托人与受益人之间的信义关系为信托的发展提供了一个"权力关系"的抗衡与制约。这种赠与性质的家族信托被认为

---

① 关于民事信托中财产的单向流动以及下文提到的商事信托中财产的双向流动的特点,系笔者根据前人的研究作出的总结。

② 需要注意的是,在英美信托法中,受托人所负有的信义义务使得受托人对信托财产不能拥有任何除根据信托文件收取信托报酬之外的"权利(rights)",但却拥有决定信托事务的"权力(power)",因此本书沿用英美信托法的一般理论,将受托人的"权利"与"权力"分别讨论。

是英美法律传统中最显著的特色,其重要性远超后来才发展起来的商事信托。

从历史上看,家族信托在英美法系之外的其他国家和地区却非常罕见,人们对信托和类信托制度的兴趣一般都在于商事领域。例如,在德国和法国,"信托"一般只包括"管理信托"和"担保信托",而不存在"家族信托",①日本、韩国等亚洲国家和地区吸收信托制度的主要原因也是为了利用信托在商事领域的作用,极少用于民事目的。② 有美国学者认为这是因为这些国家和地区一般都有法定继承份额以及对自由处置个人财产的限制,③因此利用信托分配家族财富的空间和需求都有限。这种看法有失偏颇。对法定继承份额予以保护并不意味着人们就无法在法律规定的范围内自由处置自己的财产。事实上亚洲国家和地区设立家族信托的需求也很迫切,很多亚洲富人为了管理自己的家族财富,聘请税务和家族资产规划顾问,得到的建议却往往是到海外设立信托,这样貌似在本国的需求就少了。而普通百姓付不起信托公司的费用,其他个人或私人机构又不能介入信托业务,这成为亚洲国家和地区发展民事信托的一个障碍。

然而,大多数引进信托制度的大陆法系国家和地区都为民事信托留下了一席之地。比如,我国《信托法》一直承认民事信托的合法性。近年来,随着人民生活水平的不断提高,个人财富积累不断增加,寻求通过家族信托来管理私人财富的需求越来越多,而信托公司等实务界也为拓展业务纷纷关注起家族信托。日本的情形与我国类似。虽然日本的信托更多地用于商事目的,用于遗嘱、成年意定监护等情形很少,④但是在引进英美信托之前,日本民间其实就已经有民事信托的萌芽,不过,这种自发生成的信托观念却没能延续下

① 参见孙静:"德国信托法探析",《比较法研究》2004 年第 1 期;又参见李世刚:"论《法国民法典》对罗马法信托概念的引入",《中国社会科学》2009 年第 4 期。
② 例如,参见新井诚著:《信托法(第四版)》,刘华译,中国政法大学出版社 2017 年版,第 22 页;又如 Wu Ying-Chieh, *Trust Law in South Korea: developments and challenges*, in Lusina Ho & Rebecca Lee, Trust Law in Asian Civil Law Jurisdictions — A Comparative Analysis 47 (Cambridge University Press 2013)。
③ See Sitkoff & Dukeminier, Wills, Trusts, and Estates (10th Ed.) 400 – 401 (Wolters Kluwer Law & Business 2017)。
④ See Makoto Arai, *Trust Law in Japan: Inspiring Changes in Asia*, 1922 and 2006, in Lusina Ho & Rebecca Lee, Trust Law in Asian Civil Law Jurisdictions — A Comparative Analysis 44 (Cambridge University Press 2013)。

来。有学者认为,其主要原因是 1898 年日本实施了民法典,引进了大陆法系的绝对所有权原则,从而认为该原则与信托制度矛盾,因此这种原始的信托观念逐渐消亡。不过有意思的是,日本民间一直都有设立家族信托的社会需求,而 1922 年以来的日本信托法并非以满足人民需求的目的而制定。[①] 不仅在日本,在其他大陆法系国家和地区的情况也是如此。

以一个生前设立的家族信托为例来具体分析民事信托。信托人将信托财产转移给某自然人或者某机构,该自然人或机构为受托人,信托成立,受托人有权按照信托人在信托文件中的意思表示对信托财产进行管理和运作,并按照信托文件的规定将信托财产及其收益定期分配给指定的受益人,直到所有信托财产分配完毕,信托终止。信托关系的客体是信托财产,其涉及的主体包括信托人、受托人和受益人,他们之间享有不同的权利,也负有不同的义务。比如,受托人享有按照信托文件对信托财产进行管理和分配的权利,对受益人和可撤销信托的信托人负有信义义务;受益人享有信托受益权,受益人和可撤销信托的信托人享有对受托人的监督权等。很明显,民事信托是一种财产管理制度,信托法律关系发生在平等主体之间,以信托财产为中心,以受托人的信义义务等为主要内容,完全符合民事法律关系的定义[②],应由民事法律规范调整。

然而,大陆法系的民法制度中已有委托、代理、保管、遗嘱执行等财产管理制度,是否还有必要另行设立信托这样一种"新"的制度呢? 这也是大陆法系国家和地区在决定是否允许信托制度时的一个重要考量。事实上,信托在赠与和传承方面有着其他民法上的财产管理制度所不能实现的独特功能,其作用甚至大于上述几种财产管理制度之和,并且这些独特的功能都无法改变信托关系属于民事法律关系的属性。

第一,民事信托可以跨越信托关系中的自然人主体的生死,既可以起到大于委托代理的作用,也可以起到遗嘱替代的作用。例如,民事信托中的生前信托基于信托人生前转移财产(或者作出信托宣言)的行为而成立。生前信托既规定了信托财产在信托人生前如何分配,也规定了信托财产在信托人死后

---

① 参见新井诚著:《信托法(第四版)》,刘华译,中国政法大学出版社 2017 年版,第 22 页。

② 彭万林:《民法学》,法律出版社 2000 年版,第 36 页。

如何分配,因此,生前信托对信托财产的分配可以划分为两个阶段,以信托人的死亡作为分界线。信托人死亡后信托仍然存续,而受托人的缺位也不影响信托的效力。由于家族信托中的生前信托规定了信托人死后财产如何分配以及分配给哪些受益人,起到了遗嘱的作用,因此在美国也被称为遗嘱替代,日本信托法将其称为"遗嘱代用信托"。① 英美信托法要求作为遗嘱替代的生前信托的信托人必须具备法律规定的遗嘱人所必须具备的行为能力。② 无论信托遗嘱还是作为遗嘱替代的生前信托,信托人在死亡之前都可以将其撤销,除非生前信托是不可撤销的信托。法律上的这种规定是为了充分保障信托人自由行使其处分财产的权利,这也正是民法所保护的权利。③

　　第二,民事信托可以实现对财产的长期管理,这一功能将其与委托代理关系明显区别开来。委托代理关系一般只在关系人存续期间有效,而信托关系不受关系人存续期限的影响,可以长期有效。除非法律允许永久性代理或者不可撤销委托,否则委托代理制度无法实现信托所能实现的长期管理财产功能。信托的这一功能意味着信托人可以把信托财产长期置于受托人手中,并由受托人根据信托人的意愿对信托财产进行管理和分配。这一点对于家族信托尤为重要,因为家族信托的部分功能需要在信托人身故(或者失去行为能力)后才实现,而此时如何揣摩信托人的真实意愿非常困难,通过信托条款可以事先将信托人的意思明确,即便在信托人死后,其意愿仍然可以由受托人来执行和实现。信托不因信托人的死亡或失去行为能力而终止。④ 信托的这一特点说明信托在日趋老龄化的社会中非常有价值。当然,信托的长期性对受托人的信义义务与专业能力提出了更高的要求,需要法律进行规范;同时,期限太长的信托可能会经历信托人所无法预料的一些变故,也需要法律对此进行相应的规范,比如需要授予法院因情势变更而对信托条款进行相应变更的

---

① 参见日本《信托法》第 90 条。

② 参见第二章第三节的分析。

③ 也正因为如此,信托公司等专门经营信托业务的机构对家族信托的管理不太积极,因为信托遗嘱的设立、信托合同的签订都无法保证信托人死亡之前不撤销信托或者不对信托的内容进行变更。如果要发展家族信托,应当允许自然人或者其他机构担任受托人,或者鼓励信托公司承担可能因信托人撤销遗嘱导致受托人业务无法做成的风险而担任家族信托的受托人。还可以考虑专门设立一个公共受托人机构,承担民事信托的受托人职责。

④ 参见美国《信托法第三次重述》第 31 条。

权限等。①

第三,民事信托可以令不同的受益人在不同的时间和空间上连续受益。信托人在设立信托时,既可以将受益权切割后在同一个时间段分配给不同的受益人,也可以将全部受益权在不同的时间段分配给不同的受益人。我国商事信托中出现的优先级受益人与劣后级(次级)受益人就是在空间上的受益人连续情况。目前我国还很少出现在时间上的连续受益人。事实上,传统的英美信托更主要的功能是在时间上的受益人连续。在先受益人去世后,其受益权不作为其遗产,而是由连续的在后受益人享有。这种通过世代更迭发生的受益权承继才能实现在信托人死后,信托财产仍然能按照信托人的意愿进行分配的目的。我国信托法对于受益人的连续功能并没有规定,但是其他一些大陆法系国家和地区的立法者已经注意到该功能。例如,日本将这种受益人的连续安排与"后继遗赠型的财产继承"进行类比,并在日本《信托法》第91条最终承认了后继遗赠型的财产继承。②

第四,民事信托除上述功能外,还具备灵活安排财产管理与传承的其他功能。比如,信托人可以赋予受托人一定的自由裁量权,受托人可以根据信托条款中所确定的标准,决定向受益人中的哪些人进行分配、分配信托原物还是信托收益、向每个受益人分配多少等。这种裁量权在家族信托中很常见,因为长期信托的信托人担心未来受益人会发生一些信托人生前无法预料到的情况,无法根据当时的情势变更及时调整信托利益的分配。我国目前没有这种自由裁量信托。其他大陆法系国家和地区的信托大部分也属于信托人握有很大权力的非裁量型信托。英美法系之外的其他国家和地区对受托人赋予裁量权的普遍很少,原因也是民事信托不够发达。信托在英美法系国家和地区还有重

---

① 参见新井诚著:《信托法(第四版)》,刘华译,中国政法大学出版社 2017 年版,第 70—71 页。我国信托法没有对信托的期限加以限制,当然这并不一定说明我国立法本意是允许长期信托,或许因为之前只有商事信托,而商事信托一般是短期自益性信托,现实中并没有长期商事信托的缘故。更有可能是因为我国目前并没有跨代传承的家族信托,也因此还没有发生纠纷,所以立法者还没有意识到信托的期限问题。纵观其他国家和地区(包括我国香港特别行政区)的做法,一般都允许信托长期存在。

② 日本新井诚教授认为后继遗赠遵循的不是民法而是信托法,因为根据大陆法系的民法,这种做法没有理论支持。参见新井诚著:《信托法(第四版)》,刘华译,中国政法大学出版社 2017 年版,第 72—73 页。虽然笔者对新井诚教授似乎将信托法与民法割裂开来的观点并不认同,但是日本立法对受益人的连续安排对我国信托法的修订与发展应有启示。

要的合法避税①以及避免遗产检验等功能。

信托最大的特点是其灵活性，只要不违背法律，信托可以帮助信托人达成远远超出财产管理的目的。比如，信托人希望自己的孙女以后当医生，可以在信托条款中规定，孙女只要考上医学院，受托人就给她支付学费，或者按月支付一定数额的生活费。甚至信托人为了鼓励自己的孩子结婚生子，还可以规定信托的受益人为孙子女，如果没有孙子女，所有财产捐给公益组织。通过这种安排，信托人不仅可以决定自己的财产分配，还可以引导自己的后代选择一种信托人希望他们选择的生活方式。所以说，信托不仅有利于财产的规划，还有利于家风的传承。当然这种对后代的影响并非毫无限制，必须符合公共政策和公序良俗。

综上所述，民事信托的独特功能是其他财产管理制度所无法涵盖的，而信托关系是一种民事法律关系，应受民事法律规范的调整，因此，《民法典》中应该有信托的位置。我国《信托法》的立法目的是为了"调整信托关系，规范信托行为，保护信托当事人的合法权益，促进信托事业的健康发展"。② 事实上，我国《信托法》中大量篇幅都在规范信托"当事人（其实是"关系人"）"之间的权利义务关系，这正反映了信托关系是一种民事法律关系的事实。作为一种民事法律关系，信托重新界定了各方关系人之间的权利义务。一旦发生纠纷，法院应该根据民事法律规范进行判断。

（二）商事信托的基础也是民事法律关系

家族信托是英美信托的传统形态，而商事信托是近现代以来才开始发展起来的新的信托类型，逐渐成为商事领域重要的财产管理与融资工具。家族信托与商事信托的区别主要在于前者具有赠与性质，而后者是一种商事交易。

---

① 信托在英美法系国家和地区还有重要的避税功能。几十年前在美国隔代信托非常盛行，比如某人设立信托，不将财产直接留给儿子，而是由儿子享有终身信托利益，儿子死后再将信托财产留给孙子，通过这种做法，可以将财产从祖父到儿子这个继承过程的税免掉，只承担财产给孙子时的税。当然在美国这种做法目前也不流行了，因为美国税法不断根据情况进行修订，试图堵住所有的漏洞。近年来隔代信托的目的主要是为了达到其他财产传承与规划目的，而非避税。当然在我国信托之避税还只是理论上的探讨，实践中并没有特别的意义，因为我们还没有遗产税或继承税。将来设立新的税种时，应全盘考虑是否允许通过信托避税。如果政策上不允许，那么避税将不是我国信托的一个功能。当然信托的功能很多，设立信托也并不一定只为避税目的。

② 参见我国《信托法》第 1 条。

家族信托中的信托财产是从信托人到受托人,再到受益人的单向流动,而商事信托作为一种交易需要支付对价,涉及财产的双向流动,信托财产从信托人到受托人,然后再到受益人,而信托财产的对价则从受益人到受托人,然后再回到信托人手中。虽然美国很早就出现了有关统一信托法的活动,但是这些示范法的主要规范对象是家族信托,鲜有对商事信托进行规范的示范法。直到2009年,美国统一州法委员会才颁布了《统一法定信托实体法》(Uniform Statutory Trust Entity Act),但它仅试图对以商业组织形式出现的商业信托提供一个规范模版,并非对所有商事信托的规范。这是因为调整商事信托与家族信托的基本法律规范是一致的。

在大陆法系中可以与信托相比较的商法上的财产管理制度有隐名合伙和行纪,但它们均不具备财产的集合管理功能和破产隔离功能。正因为商事信托在英美法系国家和地区所取得的巨大成就,才让很多大陆法系国家和地区将英美法系的信托制度引入自己的法律制度中,或者试图"激活"自己的法律传统中的类信托制度。很多大陆法系国家和地区的信托,其发展路径与英美信托的发展路径正好相反,先从商事信托起步,而后才慢慢往家族信托方面延伸,这样就导致人们误以为信托应受商法调整,当民事信托开始出现的时候,就产生了不知该适用什么法律的情况。

与专注于家族财富管理与传承的家族信托不同,商事信托主要用于资金融通与资产管理,它具有独特的功能和鲜明的特征。以下通过对几种典型的商事信托的分析,可以看出其中的法律关系也应受民事法律规范的调整。

第一,商事信托经常被用于结构性融资交易中,资产证券化就是一种最经典的结构性融资模式。信托人将其持有的金融资产打包出售给资产证券化信托的受托人,这些金融资产的移转并非赠与,而是公平交易,因此,受托人需要为其支付对价。为筹集款项用以支付购买这些金融资产的价款,受托人将该信托受益权出售给其他投资人,以所收取的价款支付给信托人。该融资交易结束后,由受托人管理这些金融资产,向借款人收取按揭还款,并对投资人负有信义义务。除了转移金融资产的行为并非赠与而需要收取对价外,该结构与家族信托并无二致,所形成的法律关系也是平等主体之间发生的以财产为中心、以权利义务为内容的民事法律关系,因此也应受民事法律规范的调整。

然而,结构性融资交易中的信托关系的辨识是一个比较复杂的问题,因为这种信托涉及两股流向正相反的财产/资金流。一方面,作为有融资需求的企业信托人将其金融资产作为信托财产,转移给信托公司作为受托人,目的是为了取得融资款(转移信托财产的对价),而受托人将融资款支付给信托人,从而取得信托财产的所有权,成为信托财产的所有人,为受益人的利益管理信托财产。另一方面,作为受托人的信托机构往往不会用自有资金作为融资款付给信托人(或因为法律不允许,或因信托公司本身不会有这么多资金),因此需要从资本市场上募集。通常信托公司会采用发行信托凭证的方式,将信托财产拆分成单位凭证后发行募资,公众投资人则将资金投给信托公司。然后信托公司将募集的资金支付给信托人,交易结束。这两个步骤看上去有先后,但实际操作中是同步完成的。对于这一交易中的信托关系有不同的理解。

一种理解是将整个结构性融资交易看作一个信托关系。这样,需要融资的企业为信托人,信托公司为受托人,公众投资人作为优先受益人,企业作为劣后受益人。这样分析的好处是将关系简单化,比较直观。笔者持另一种观点,即认为这个结构性融资交易中存在两个信托关系。第一个信托是商事信托,即发起结构性融资的企业所设立的以融资为目的的信托。在这个信托中,该企业为信托人,信托公司为受托人,信托财产为企业的金融资产,受益人为企业本身。因此,这是一个以融资为目的的自益、营业性的商事信托。同时,这一交易还涉及另外一个资金信托,其中公众投资人为信托人,同一个信托公司为受托人,信托财产为资金,信托目的是财产管理,受益人包括认购第一个商事信托受益权凭证的公众投资人,以及据此已经取得融资的企业——如果第一个商事信托设定了优先与劣后受益人的话,企业是劣后受益人,将取得信托的剩余财产利益。因此,这是一个以财产管理为目的的自益、营业性的民事信托。如此一来,两个信托对接,第一个是财产权信托,第二个是资金信托;第一个是商事信托,第二个是民事信托;二者均为私益和自益信托,都受民法调整。

第二,商事信托还是基金的一个重要载体。美国的共同基金就是利用信托设立基金最经典的例子。投资人将资产交由基金管理人,由后者将这些资产放入一个共同的资产池,由基金管理人作为投资顾问对其进行管理。这个资产池就是共同基金,投资人取得该基金的份额。共同基金可以达到规模经济的效应,允许专业的投资组合管理,能为投资人提供多样化投资的便利,并且在管理该共同基金时,基金管理人对投资人负有信义义务。因此共同基金颇受投资者青睐。美国很多公司企业的员工退休金也是通过基金来管理的。一般而言,雇主承诺员工将后者工资的一定百分比放到一个为该特定员工的利益而设立的退休金信托中,在该员工退休之前,由专业受托人管理该退休金信托,受托人对该员工负有信义义务。在该员工退休之时,基金中的所有利益均支付给该员工。如果不采取信托形式持有退休金,这些退休金就极易被挪用、亏损,最后员工退休时可能会一无所有。

从上述两个例子可以看出,基金与一般的商事信托的区别在于基金的信托人为多数信托人,其法律关系的实质不变。在实践中,也有基金是以信托之外的其他商业组织形式设立的,比如公司型或者合伙型基金。这些基金虽然其组织形式并非商事信托,但是其内在的法律关系仍然是信托关系,信托人、受托人和受益人的三方关系人架构与信托型基金并无二致,基金管理人对于基金份额的持有人负有信义义务。

第三,美国的商事信托中有一类特殊的信托叫作“商业信托(business trusts)”,其起因是在 19 世纪末 20 世纪初,公司这种商业组织形式尚未成熟之际,美国的很多大规模商业组织通常都以信托形式存在,目的是为了逃避当时对公司的严格监管。这种信托就是商业信托。例如,洛克菲勒的石油公司其控股实体并非公司而是信托。当时在美国的马萨诸塞州,法律禁止公司持有不动产,因此,商业信托特别盛行,以至于“马萨诸塞州信托”成了商业信托的代名词。商业信托在美国的普及导致美国的反不正当竞争法(或曰反垄断法)自始就被称为 antitrust law(音译是“反托拉斯法”,意译就是“反信托法”)。后来,美国各州,以特拉华州为代表,通过立法逐渐缓和了对信托的敌意,甚至允许投资人在设立企业时可以将商业信托作为与公司、合伙企业相并列的一种商业组织形式,在企业注册与税收方面给予其优惠政策。同时,通过放宽对其他形式的企业的监管要求,也降低了商业信托的优势。最终导致商业信托成为商业组织形式的一种常态类型。这一类商业信托属于“法定商业信托(statutory business trust)”。①

商业信托与其他商事信托一样,其所创设的信托关系仍然是一种平等主体

---

① See Sitkoff & Dukeminier, WILLS, TRUSTS, AND ESTATES (10TH ED.) 400 (Wolters Kluwer Law & Business 2017).

之间的财产权利义务关系,需要受民事法律规范的调整只不过作为一种商业组织形式,无论是以特定目的信托还是以其他形式的机构存在,商业信托的确是可以与合伙和公司并列的一种选择。虽然它们具有不同的成立方式、治理要求及经营目的,但都是为实现某种商业目的而存在。美国 Langbein 教授认为,凡是可以通过公司从事的行为或达成的目的,通过信托全都可以从事或达成。[①] 将信托作为商业组织形式还会为将来我国税法的完善提供理论基础。因此,商业信托应当作为一种民事法律主体(非法人组织)纳入《民法典》的调整范围。

综上,商事信托从民事信托发展而来,虽然具有商事特征,但是其中的法律关系承继了所有民事信托的特征,故亦须遵守民事法律规范的要求。当然,作为商主体的信托,也应受到商法的规范。

(三) 非以"信托"为名的信托关系也是民法的调整对象

我国《信托法》在制定时采取了调整范围较宽的立法思路,即试图将具有信托特征的社会行为、经济活动都涵盖进去,以确立适应现实需要的信托法律制度。[②] 这种思路无疑是正确的,然而,《信托法》只是把民事、营业、公益信托活动包括进来,除了上述这些"有名"信托外,还有很多不以"信托"为名的活动也涉及信托关系,也需要民法和信托法来调整。例如,关系人或许在不了解法律的情况下在相互之间设立了实质上为信托关系的民事法律关系,虽然这些法律关系名称不是"信托"。也就是说,信托关系不仅仅存在于信托这种组织形式中,还有可能存在于其他并不一定被命名为信托的民事关系中。

信托法所规范的信托关系在现实生活中会有多种表现形式。比如,一位常年旅居国外的中国人某乙因暂时不便回国,便出钱让其国内的侄子某甲在国内购买一套房屋,落户在某甲名下。某乙回国后,发现某甲全家住在该房屋内不肯搬出。该如何判断甲乙两人对该房屋的权利呢? 根据美国法的规定,除非甲能够证明乙有赠与的意图,否则甲作为归复信托的受托人为乙的利益持有该套房屋。[③] 经受益人要求,受托人必须将财产转移给受益人。这是英

---

① 2019 年 4 月 26 日,笔者与耶鲁大学法学院 Langbein 教授在其办公室就中美信托法进行的访谈中谈到此事。

② 参见卞耀武:"信托关系规范化及其现实意义",载卞耀武主编:《中华人民共和国信托法释义》,法律出版社 2002 年版,第 6 页。

③ 参见美国《信托法第三次重述》第 7 条评注 a。

美法中典型的购买金归复信托。在我国是否也可以根据信托关系处理这种纠纷呢？当然，如果该案的背景是某乙因限购政策无法购房，才让某甲代购，情况会更加复杂，还涉及信托的合法性问题。再如，目前存在的银行理财以及某些服务行业出售的预售消费卡等行为，究其实质，很多也都是信托关系，完全可以用信托法来规范。然而，因为信托是一种近年来才被引入我国的制度，传统上大家没有这个概念，因此，才没能将各种事实上属于信托法律关系的行为纳入信托行为的范围中。

日本最高法院就将其信托法适用于当事人并未明确表示设立信托的情况。在 2002 年日本最高法院审理的一个案子中，聘请承包商盖楼的一方将首笔建筑费用汇入承包商单独的银行账户，条件是后者只能将该款项用于建筑项目。后来承包商被清算，在判断这笔存款属于付款方还是属于清算财产时，日本最高法院就灵活适用了信托原理，推断出付款人的意愿是不承受承包商的破产风险，因此，付款人得以从银行账户中将这笔存款全额取回。① 早在 1957 年日本最高法院还审理了另一个案子：一方为另一方提供资金并存入一个固定的账户，法院认为该固定账户内的资金，其法律上的权利持有人仅仅为付款人的利益以信托持有。② 这与英美信托中的购买金归复信托如出一辙。说明当某人明确表达出将置入他人之手的财产与自己的固有财产相区分的意愿时，日本法院愿意适用信托法承认这种信托关系。

我国也已经出现类似的案例。中国音乐著作权协会作为国家批准成立的音乐作品著作权集体管理机构，与其会员分别签署了音乐著作权格式合同，约定著作权人同意将其音乐作品的公开表演权、广播权和录制发行权授权中国音乐著作权协会以信托的方式管理。这种著作权集体管理正是信托设计的典型范例，其确立的信托关系已被法院承认。③ 在规范信托关系时，只关注已有

---

① 参见日本最高法院案例 No. (Ju) 1671 of 2000 (17 January 2002), in Makoto Arai, *Trust Law in Japan: Inspiring Changes in Asia*, 1922 and 2006, in Lusina Ho & Rebecca Lee, TRUST LAW IN ASIAN CIVIL LAW JURISDICTIONS — A COMPARATIVE ANALYSIS 33 (Cambridge University Press 2013)。

② See Makoto Arai, *Trust Law in Japan: Inspiring Changes in Asia*, 1922 and 2006, in Lusina Ho & Rebecca Lee, TRUST LAW IN ASIAN CIVIL LAW JURISDICTIONS — A COMPARATIVE ANALYSIS 33 (Cambridge University Press 2013)。

③ 参见中国音乐著作权协会与河南电子音像出版社、北京正普科技发展有限公司著作权侵权纠纷案 [北京市海淀区人民法院(2003)海民初字第 19102 号《民事判决书》]。

的一些信托机构的活动远远不够,确立和完善信托法律制度需要有更为开阔的视野,应着眼于如何最大限度发挥信托制度应有的功能。鉴于此,应承认这类未以"信托"为名的信托,从而也将其纳入民法体系,受民事法律规范的调整。

至此,笔者认为,信托制度不应游离于《民法典》之外,应当回到《民法典》的怀抱。

第二节　《民法典》关怀下的信托

我国的信托法制应当是在《民法典》统领下,以《信托法》为主、以其他相关民事法律为辅而构成的一个完整体系。但是信托制度应以何种形式、如何融入《民法典》,首先需要解决的是信托财产的所有权关系问题。只有这个问题解决了,才能进一步考虑信托在《民法典》体系中如何恰当安放。本节首先分析信托的民法基础,然后尝试在《民法典》中为信托制度找到合适的位置。

一、信托之民法基础

(一) 信托是否入《民法典》: 观点之碰撞

既然民事信托和商事信托所涉法律关系均为民事法律关系,那么如何通过民事法律制度对其加以规范,学界作了很多研究,也出现了很多颇有意义的观点。

有关信托与《民法典》之间的关系问题,有以下几种代表性观点。第一种观点认为,信托不应纳入《民法典》中,因为信托法是商法的特别法,应纳入商法通则或商法编中。[①] 持这种观点的学者认为,编纂一部包括公司、证券、信托等商事制度在内的《民法典》可能"既不利于保持民法所应具有的稳定性,又影响商事法律所应具有的对社会经济发展的适应性"。[②] 第二种观点是,信

[①] 参见梁慧星教授于 2017 年 6 月 1 日在中南财经政法大学法学院的发言:"民法总则若干问题",载中南财经政法大学官网: http://law.zuel.edu.cn/2017/0606/c3603a167942/page.htm(2021 年 8 月 9 日最后访问);又见刘凯湘:"剪不断,理还乱: 民法典制定中民法与商法关系的再思考",《环球法律评论》2016 年第 6 期。

[②] 参见柳经纬:"编纂一部商事品格的民法典",《比较法研究》2016 年第 1 期。

托应当作为民法的特别法单独立法,①因为信托是一种特殊的财产管理制度,不适合纳入民法中的任何部门。② 第三种观点认为,信托应当在《民法典》中独立成编,或者至少要纳入《民法典》分则中的物权、合同、继承等编中。加拿大魁北克民法典③和法国民法典④均将信托纳入其中,尤其后者既采用罗马法,规定信托财产由受托人享有,又接受英美法,规定信托财产的独立性。这值得我国借鉴。⑤

上述第一种观点认为信托体现的是商事关系而非民事关系,并且只有将来商法能够独立成典才有可能将信托纳入未来的商法典。然而这种观点的前提并不牢固,因为信托关系是一种民事法律关系的事实早已在《信托法》中承认。刘士国教授认为,《信托法》本属市民法的一部分,是"市民之间的事",就是"市民关系",然而其颁布后,却一直没有引起民法学者的足够重视,⑥反而部分学者将信托排除出民法之外。即便将来商法能够独立成典,也只有以商事组织形式设立的信托(类似于美国的"商业信托"或者"法定商业信托"的特定目的信托)才有可能成为商法的规制对象,而信托关系不可能成为商法的规制对象。虽然目前我国商事信托发展较快,但根据引进信托法律制度的其他大陆法系国家和地区的经验,商事信托的发展具有阶段性,而民事信托作为人民群众日常生活中的一种财产管理与财富传承方式,其生命力会更强、更久。

笔者认为,综合上述第二、三种观点较为合理。应当在《民法典》的总则编、物权编、合同编、婚姻家庭编和继承编中针对信托所涉及的不同法律关系进行规范,仅仅通过信托单行法律来规范远远不够。很多学者提出了各种有

---

① 参见赵廉慧:"作为民法特别法的信托法",《环球法律评论》2021年第1期。

② 参见江平、周小明:"论中国的信托立法",《中国法学》1994年第6期;又见刘士国:"关于中国民法典的制定——以草案建议稿为中心",载中国民商法律网(2002年11月4日),原文链接:http://old.civillaw.com.cn/Article/default.asp?id=10975(2021年8月9日最后访问)。

③ 王胜明、魏耀荣、杨振山于2002年11月19日在中国政法大学民商经济法学院主办的"中国民法典论坛"第二场的发言:"中国民法典制定中的重大问题",载中国民商法律网:http://old.civillaw.com.cn/article/default.asp?id=10865(2021年8月9日最后访问)。

④ 参见陈华彬:"民法的现状及其展望——从世界的角度",《法治研究》2011年第1期。

⑤ 参见李世刚:"论《法国民法典》对罗马法信托概念的引入",《中国社会科学》2009年第4期。

⑥ 参见刘士国:"关于中国民法典的制定——以草案建议稿为中心",载中国民商法律网(2002年11月4日),原文链接:http://old.civillaw.com.cn/Article/default.asp?id=10975(2021年8月9日最后访问)。

价值的建议。例如,王利明教授认为,民法体系不应排斥信托,应在民法典分则中纳入信托的内容;①钟瑞栋教授认为,信托财产权是一种独立的民事权利,应该在民法典中有所反映。② 至于信托与民法体系如何对接,学者们也有不同观点。王涌教授认为,"民法典应具有体系性和全面性",容纳私法中所有的财产权类型,因此民法典"应有信托的一席之地"。具体而言,王涌教授建议,在民法典中设置关于信托的"接口条款",可以在民法总则的民事主体部分、合同法部分,或者物权法部分写入信托。③ 有的学者认为,信托应当纳入物权法或者财产法编。④ 也有学者认为,信托法中的合同抽象化后应加入民法典的合同编,⑤比如在法国民法典和意大利民法典中信托合同被作为一种有名合同。⑥ 还有学者认为,应在继承编中规定遗嘱信托,⑦或者将遗嘱信托与遗赠合并。⑧ 杨立新教授则认为,继承法要肯定遗嘱信托,但具体规则应由信托法规定。⑨ 如今遗嘱信托已经成为《民法典》继承编中的内容,部分实现了学者们的建议,然而第 1133 条第 4 款除了表达出法律允许自然人通过订立遗嘱设立信托,以及承认其为民事法律制度的一部分外,并不能有效适用于

---

① 参见王利明教授于 2011 年 10 月 9 日在苏州研究院第 49 期"独墅湖畔法学论坛"的发言:"论法律体系形成后民法典的制定",载中国法学网:http://www.iolaw.org.cn/showNews.aspx?id = 28933(2020 年 10 月 18 日最后访问)。

② 参见钟瑞栋:"信托财产权、信托法与民法典",《甘肃政法学院学报》2007 年第 92 期。

③ 参见王涌:"财产权谱系、财产权法定主义与民法典《财产法总则》",《政法论坛》2016 年第 1 期。

④ 参见马俊驹、尹梅:"论物权法的发展与我国物权法体系的完善",《武汉大学学报(哲学社会科学版)》1996 年第 5 期;又见楼建波:"信托财产关系与物权法原则的冲突——兼论信托财产关系的民法典表达",载《交大法学》2019 年第 2 期;赵廉慧:"财产权视野下的物权法定原则",《洪范评论》2008 年第 10 辑,载于微信公众号"InlawweTrust"(2018 年 1 月 31 日),原文链接:https://mp.weixin.qq.com/s/844q-hqwU0_2q5y6UpYwTQ(2021 年 8 月 9 日最后访问);又见刘正峰:"财产独立管理委托的信托性质与信托制度融入民法典研究——从财产管理委托的类型化分析展开",《北方法学》2014 年第 6 期。

⑤ 参见陈甦:"论民法典形成机制的时代性与科学性",《法学杂志》2015 年第 6 期。

⑥ 例如,参见李世刚:"论《法国民法典》对罗马法信托概念的引入",《中国社会科学》2009 年第 4 期;李建伟:"我国民法典合同法编分则的重大立法问题研究",《政治与法律》2017 年第 7 期。

⑦ 参见郭明瑞教授于 2002 年 12 月 29 日在中国政法大学"民商法前沿"第 78 期系列讲座所做的演讲:"《民法典·继承篇》立法中的若干问题",载中国民商法律网:(2021 年 8 月 9 日最后访问)。事实上正式颁布的《民法典》的确在第 1133 条中增加了第 4 款,承认了遗嘱信托。

⑧ 参见费安玲:《罗马继承法研究》,中国政法大学出版社 2000 年版,第 266 页。

⑨ 参见杨立新:"《民法总则》通过后对民法分则编修的影响",载《中国民商法律网》,2017 年 5 月 13 日。

其他信托法律关系,而其他编中却仍然不见信托关系的踪影,实属遗憾。

虽然《民法典》最终没有将信托关系纳入其中进行规范,然而,如何在民法制度中界定和规范信托,理顺信托关系,处理可能突发的信托纠纷,仍然是必须要面对的问题。由于信托与物权、合同、继承等法律深度相关,仅在《信托法》中对其关系进行规范远远不够。另外,我国《信托法》对民事信托和营业信托的界定不清,定位不明,使二者事实上成为交叉重叠的两类信托,给人造成商事信托与民法无关、民事信托与商事行为无关的错觉,给学界和业界带来困扰。这种情况亟须改变。

(二) 信托财产所有权:路径之选择

要将信托纳入民法体系,首先要解决的是信托财产所有权的定性问题。此问题一般为我国和其他大陆法系国家和地区所独有,从英美信托法较难找到可借鉴之处。

1. 大陆法系有关信托财产的学说

有关信托财产的权利性质极为特殊,表现为"所有权与利益相分离":

> 一方面,受托人享有信托财产的所有权,他可以像真正的所有权人一样,管理和处分信托财产,第三人也都以受托人为信托财产的权利主体和法律行为的当事人,而与其从事各种交易行为。但是,另一方面,受托人的这种所有权又不同于我们非常熟悉的大陆法系民法上的所有权观念。受托人不能为自己的利益而使用信托财产,其处分权也不包括从物质上毁坏信托财产的自由,更不能将管理处分信托财产所生的利益归于自己享受。相反,受托人必须妥善地管理和处分信托财产,并将信托财产的利益交给委托人指定的受益人,在一定时候将信托财产的本金也交给受益人。[1]

很多大陆法系国家和地区,虽然引进了英美信托中要求信托财产转移的做法,但是认为这种情况涉及"双重所有权",因此难以接受,更容易认为只有受托人享有信托财产的所有权,受益人只持有债权。日本新井诚教授在其著作中对于日本信托法学界的几种理论进行了介绍。他认为,日本信托法学界

---

① 参见勒内·达维德:《当代主要法律体系》,上海译文出版社 1984 年版,第 331 页,转引自周小明:《信托制度比较法研究》,法律出版社 1996 年版,第 12 页。

对信托财产归属的通说是债权说,①即信托财产权完全转移给受托人,然而,受托人的这种所有权受受益人的债权请求权限制。换言之,信托财产转移给受托人是一种物权层面的完全所有权的转移,受益人对受托人有债权限制,这种"物权效果和债权效果"相结合的架构就形成债权说。学者们认为,这种理论的始祖也许可以追溯到罗马法,或者承继了德国法中关于 Treuhand 的通说解释。② 事实上法国信托法也采纳了这种理论。③

　　然而,这种债权说受到了实质性法主体说的批判。后者的代表学者为日本学者四宫和夫。他认为,信托制度起源于并无物权、债权区别理念的英美法系,援引以物权、债权区别为前提的大陆法体系的法律,这本身就有问题。他认为,正确的做法是以英美法体系作为理解信托的基本依据。④ 可见,很多大陆法系国家和地区即便承认信托财产的移转,也对信托财产的权属性质予以回避,而是单纯强调受托人对信托财产的实际控制权。⑤ 对此,德国克茨教授提出的观点较为合理:

　　　　"……如果按照我们建议的方向进一步发展罗马法式管理信托,则只有在对受托人和受益人的法律地位采取能够从中看到被统称为'所有权'的权限在功能上的区分的体系性分类时,才能最终理解此种信托的意义。因此,我们建议,在罗马法管理信托存续期间内,**应将受托人和受益人视为并列所有权人,他们的法律地位相互补充以形成完整的所有权。**与此同时,受托人有权行使由所有权产生的权利,只有这样做才符合将信托财产转让给他的目的,即对信托财产进行适当的管理,通常包括根据实际需要对财产的处分。另外,受益人是所有权权能的持有人,只要他需要这些权能来确保信托财产得到适当的管理,以及确保其获得信托财产收益的权利不会削减。"⑥

---

① 日本法务大臣在审议新信托法时提到,新信托法的立法是基于债权说。参见新井诚著:《信托法(第四版)》,刘华译,中国政法大学出版社 2017 年版,第 50 页。

② 参见新井诚著:《信托法(第四版)》,刘华译,中国政法大学出版社 2017 年版,第 35—36 页。

③ 参见本节第一部分有关法国 Fiducia 的介绍。

④ 参见四宫和夫:《信托法》,有斐阁 1958 年版,转引自新井诚著:《信托法(第四版)》,刘华译,中国政法大学出版社 2017 年版,第 38 页。

⑤ 参见徐孟洲主编:《信托法》,法律出版社 2006 年版,第 135—136 页。

⑥ 海因·克茨著:《英美信托与德国信托的比较法研究》,白媛媛译,法律出版社 2021 年版,第 181 页。

当然也有学者认为,"这一问题具有重大的理论意义,但是在实践中却不一定很重要"。① 这种观点也有一定道理。有时,的确无须用一种权利去解释另一种权利;需要搞清楚的是,这些权利是怎么来的,内容是什么,应当如何行使。②

在全球范围内,采纳信托制度的大陆法系国家和地区对于信托设立后信托财产的所有权问题大致有四种不同的做法。③ 第一,信托人将信托财产的所有权全部转移给受托人,但是受托人的权利受限于受益人的权利;第二,信托人将信托财产的所有权全部转移给受益人,然后由受托人为其管理;第三,信托人将信托财产转移到一个独立的"财团"中,其所有权不属于任何一方;第四,我国独特的做法,即信托人不转移信托财产,只将信托财产委托给受托人,并与受托人订立财产管理协议。

其中,第一种做法最接近英美法的实践,日、韩等部分亚洲大陆法系国家和地区即采纳了这种方式,通过立法要求信托人将信托财产转移给受托人。比如,日本信托法规定,除非是宣言信托,信托财产应当转移给受托人。④ 韩国效仿日本信托法,也对英美信托法中的信托财产的移转要求全盘吸收,规定如果信托财产包含需要登记的财产权,则该财产不仅需要登记在受托人的名下,还需要在登记簿中显示该财产权为信托所持有。⑤ 我国台湾地区的所谓"信托法"也采取了类似的制度,⑥规定"受托人因信托行为取得之财产权为信托财产"。⑦ 受托人不仅名义上持有信托财产,实际上也被当作信托财产

---

① 参见何宝玉:《信托法原理研究》,中国政法大学出版社 2005 年版,第 143—144 页。
② 参见施天涛、余文然:《信托法》,人民法院出版社 1999 年版,第 133 页,转引自何宝玉:《信托法原理研究》,中国政法大学出版社 2005 年版,第 53 页。有关信托财产的权利,还有很多文章和专著对此进行分析,例如唐义虎:《信托财产权利研究》,中国政法大学出版社 2005 年版。
③ Lusina Ho, TRUST LAW IN CHINA 37 – 40 (Sweet & Maxwell Asia 2003).
④ 参见本书第一章第二节的介绍。
⑤ 参见韩国《信托法》第 4 条。
⑥ 参见我国台湾地区所谓"信托法"第 1 条,载李智仁、张大为:《信托法制案例研习》,台湾元照出版有限公司 2015 年版,第 2 页。然而有趣的是,我国台湾地区并不将名义所有权归类为信托。例如,甲将财产转移给乙作为名义所有人消极持有,如果该安排非为非法目的,则被承认有合法性,但是仅作为一个名义上的所有权合同安排,并非为信托。因为信托法对信托的定义是受托人需要对信托财产负有管理和处分的责任。See Wang Wen-Yeu, Wang Chih-Cheng, and Shieh Jer-Shenq, *Trust Law in Taiwan: history, current features and future prospects*, in Lusina Ho & Rebecca Lee, TRUST LAW IN ASIAN CIVIL LAW JURISDICTIONS — A COMPARATIVE ANALYSIS 75 (Cambridge University Press 2013).
⑦ 参见我国台湾地区的所谓"信托法"第 9 条。

的法律所有人,尽管受益人享有实质性的利益。

采取第二、三种做法的国家和地区主要是因为无法解决信托财产转移后的所有权归属问题。其实这一问题并非大陆法系国家和地区所独有。在信托的起源地英国,也曾经发生过对信托财产所有权转移给受托人的敌视。英国议会于1535年曾颁布《用益法》(The Statute of Uses)对此进行限制,规定信托财产的所有人为受益人而非受托人。后来该法逐渐被历史淘汰,这才出现了现代信托。① 英国议会所担心的是王权旁落,而采纳这种方式的大陆法系国家和地区的主要担心是受托人的权力太大、容易膨胀,从而损害受益人(或许还有信托人)的利益。

上述第四种方法系我国独有,信托人不转移信托财产,只将信托财产委托给受托人。下面分析我国有关信托财产的学说。

2. 我国有关信托财产的学说

我国《信托法》回避了信托财产的归属和受益权的性质之类的问题,而采取了"就事论事的立法方式,直接明确规定了当事人各方的权利义务关系,以及信托财产的独立性等特殊事宜",②最终采取了一种信托财产的所有权可能仍属于信托人的做法。支持这种做法的理由是:

> 信托的实质是"受人之托,代人理财",委托人将一定的财产委托给受托人管理、运用、处分,是否将财产的所有权转移给受托人,应由委托人决定。委托人如不愿出让财产的所有权,可以继续享有信托财产的所有权。这样便于与民法上的委托代理制度相衔接,并且有利于防止委托人利用信托制度逃避税收和债务,从而保护委托人的债权人的利益和国家税收。③

这种观点将信托制度与民法中的委托代理制度等同,希冀利用一个类似于委托代理的制度,来达到委托代理制度所不能达到的目的。事实上,信托制度如果真有"受人之托,代人理财"的功能,也应理解为"受信托人之托,代受

---

① See Scott, Frantcher & Ascher, 1 SCOTT AND ASCHER ON TRUSTS (5TH ED.) 11 – 12 (Aspen Publishers 2006).

② 参见何宝玉:《信托法原理研究》,中国政法大学出版社2005年版,第53页。

③ 同上书,第142页(系笔者列举的四种观点之一)。

益人理财",而非"受信托人之托,代信托人理财"——后者不是信托而是委托代理。另外,就上述观点中认为需要防止信托人利用信托制度逃避税收和债务这一点而论,信托财产所有权不明恰恰能给信托人避税逃债提供机会。信托的主要目的一直包括合法地避税以及破产隔离或者债务隔离,但这个前提是信托人完全放弃对信托财产的所有权;如果信托人仍然持有信托财产的所有权却可以通过信托架构将信托财产做成破产隔离的资产,那才会真正损害信托制度的原意。

对于我国《信托法》立法中的模糊处理,学界有不同的看法。即便《信托法》并未要求信托财产权转移,仍然有学者坚持认为信托必须存在财产权的移转,认为《信托法》中要求信托财产权"委托给"受托人其实就是要求财产权转移,即信托中,由拥有财产权的信托人将其财产权中的财产管理权和处分权转移给受托人。因此,受托人享有信托财产的处分权却不享有收益权,而且必须按信托人的意愿以自己的名义行使处分权;信托人的财产权中的所有权通过信托关系将其中的财产收益权转移给受益人,使受益人享有信托财产的收益权,也就是说,受益人可以从信托财产上获取一定的经济利益。[①] 这种观点非常接近信托本旨。

也有民法学者认为,财产的处分权是财产所有人最基本的权利,也是财产所有权的核心内容。处分权作为所有权的一项权能,也可以与所有权分离,且不一定导致所有权的丧失。[②] 因此:

> 英美法系的双重所有权实质是所有权中的管理权与其他三项权能发生分离的结果。……受益人享有的受益权是所有权的一个权能,并基于该权能衍生出其他一些权利,如撤销权、追及权等;受托人享有所有权的其他三项权能,对信托财产享有不完整的所有权,可以占有并以自己的名义管理信托财产,但使受益人获得信托利益。在受托人与受益人之间只存在信赖关系,而非财产关系。[③]

[①] 参见徐孟洲主编:《信托法》,法律出版社 2006 年版,第 4 页。

[②] 参见王利明主编:《民法》,中国人民大学出版社 2000 年版,第 159 页,转引自徐孟洲主编:《信托法》,法律出版社 2006 年版,第 4 页。

[③] 参见孙秀娟:"对信托财产法律性质的浅析",《当代法学》2003 年第 5 期,转引自何宝玉:《信托法原理研究》,中国政法大学出版社 2005 年版,第 142—143 页。

这一观点亦有可取之处。

虽然学者们一般认同信托的特征是信托人的财产所有权转化为信托财产所有权,在受托人与受益人之间进行分离,①却没有进一步分析谁是这种所有权的所有人,似乎是受托人与受益人共同所有。也有学者认为,信托作为英美法的产物,其性质上不能单纯地划为物权或者债权性质,而是二者兼具。②

我国司法实践中对于信托财产所有权归属的观点也并不统一。有的法院认为,即便信托财产所有权已经转移给受托人,信托财产真正的所有人也应该是信托人或者受益人,而非受托人,③这正是前述第二、三种观点的体现。也有学者认为,我国信托法不要求信托财产转移也没有关系,主要要看中国的法律是否也像加拿大魁北克民法典中所规定的,受托人有权针对信托财产行使所有的相关权利。然而,我国信托法并没有授权受托人行使所有权人的权利。另外,魁北克民法典规定信托财产不属于任何人,因此不用担心信托人控制受托人,而我国信托法只要求信托人将信托财产委托给受托人,这样信托人始终持有信托财产的所有权,对于受托人的控制就不可避免,从而受托人无法享有管理和处分信托财产的基本权力。④

(三)信托财产所有权:以新型共有为基础

笔者认为,所有权权能分割理论可能有助于理解信托财产的性质与归属。虽然所有权本身不可分割,但是所有权的几项权能却可以从中分离出来,即所有权中的占有、使用和处分信托财产的权能均由受托人行使,而收益的权能则由受益人享有。受托人或者受益人都不享有完整的所有权,二者之和才是完整意义上的所有权。英美信托法中有关"法律上的"与"衡平法上的""ownership"并不等同于大陆法系民法中的所有权。"法律上的"与衡平法的"ownership"的区分主要是因为普通法与衡平法的请求权二分所致,并非所有权双重。这样一来,信托财产所有权与大陆法的一物一权原则

---

① 参见徐孟洲主编:《信托法》,法律出版社 2006 年版,第 6 页。

② 参见江平、周小明:"论中国的信托立法",《中国法学》1994 年第 6 期。

③ 例如,北京海淀科技发展有限公司诉深圳市新华锦源投资发展有限公司等财产权属纠纷案〔(2006)渝高法民初字第 14 号〕。

④ See Lusina Ho and Rebecca Lee, *Emerging principles of Asian trust law*, in Lusina Ho & Rebecca Lee, TRUST LAW IN ASIAN CIVIL LAW JURISDICTIONS — A COMPARATIVE ANALYSIS 263 (Cambridge University Press 2013).

并无冲突。

因此,笔者认为,信托财产的完整的所有权由受托人和受益人共同持有。这与德国克茨教授的观点也不谋而合,这里再次引用其相关论述:

> "……我们建议,在罗马法管理信托存续期间内,应将受托人和受益人视为**并列所有权人**,他们的法律地位**相互补充以形成完整的所有权**。与此同时,受托人有权行使由所有权产生的权利,只要这样做符合将信托财产转让给他的目的,即对信托财产进行适当的管理,通常包括根据实际需要对财产的处分。另外,受益人是所有权权能的持有人,只要他需要这些权能来确保信托财产得到适当的管理,以及确保其获得信托财产收益的权利不会削减。"[1]

然而,目前《民法典》中没有任何一条可以明确援引用以规范信托财产的所有权,即便第1133条第4款有关"遗嘱信托"的规定对此也毫无帮助。必须在《民法典》中明确信托财产的所有权形态。这种由受托人和受益人共同持有信托财产的完整所有权的形态显然应当属于共有的一种类型。目前《民法典》中规定的共同共有和按份共有均无法将信托财产的共有情况涵盖进去,因为信托关系中的共有是一种特殊的共有,共有人(受托人和受益人)对共有物(信托财产)享有不同的权能,而非不同的份额。所幸这种共有形态并不需要从无到有地创造,因为大陆法系的传统民法中的多人共有产权理论中就有这样一种特殊的共有制度,即"总有(Gesamteigentum, propriété collectire)"。

从仅有的几篇有关总有的中文文献中可以看出,一般认为,总有是古代日耳曼法村落共同体的所有形态,在总有制度下,财产的管理、处分权能全部归属于集体(村落),收益权能分属于各集体成员(村落住民),所有权包含的管理权能和收益权能是完全相分离的,各共同所有人并不具有共有中的份额权。[2] 从这个定义来看,的确,信托中的所有权关系与总有关系高度相似,这种所有形态"团体性最强,是对集体产权的各项权能进行了纵向的、质的分割,成员个人的权利要受到集体的规制和制约"。[3]

---

① 海因·克茨著:《英美信托与德国信托的比较法研究》,白媛媛译,法律出版社2021年版,第181页。
② 参见崔建远:《物权法》(第五版),中国人民大学出版社2021年版,第248—249页。
③ 肖盼晴:"从总有到共有:集体产权权能重构及治理效应",《财经问题研究》2020年第2期。

我国学者对日耳曼法的总有制度总结出以下几个特点。第一,总有将所有权分割,其管理、处分等支配权能属于团体,而收益权能分别属于团体的成员。第二,团体成员的收益权与其团体成员的身份有密切关系,因团体成员身份的取得和丧失而取得和丧失,不得脱离其身份而取得财产权。第三,总有团体的成员人数很多,团体性比较浓厚。① 第四,总有并未对团体赋予法律人格,因此总有是不具有民事主体资格的团体。②

信托财产基本上符合上述特点。第一,信托财产的所有权在受托人与受益人之间分割,其管理、处分等支配权属于受托人,而收益权则属于受益人。第二,受益人之所以享有收益权,是因为他们具有受益人的身份,或可认为是"受益人团体成员"的身份,不得脱离其身份而取得财产权利,即非受益人无权取得信托利益。第三,关于总有的"成员人数很多"这个特点不能一概而论,因为信托的受益人有时较多,有时较少,比如公益信托的受益人可能非常多,家族信托的受益人相对较少,但这不影响受益人整体作为一个团体享有信托财产的收益权的情况。第四,有关信托的民事主体资格,传统的英美法信托也不具有民事主体资格,因此信托以受托人名义行事。后来由于商事信托和税法的发展,现代英美法已逐渐承认信托的民事主体地位,然而受托人仍然是信托的代表。

学者们认为,随着社会经济的发展,总有权形式已经转化为法人的独立财产权,在当代各国民法中,已基本上不存在作为一项独立的财产权的总有权制度。③ 然而,认为总有权已经转化为法人的独立财产权这一点并不确切。例如,在我国《物权法》的立法讨论中,学者们认为我国集体土地所有制度面临着两种选择:一种是将其视为"总有"的所有权特殊形态;另一种是将其视为"法人"所有的特殊形态。④ 这从侧面说明,总有制度并未完全"转化为法人财产形态",总有制度是可以与法人制度并存的,否则学者们也不会将上述二者作为并列选项。

对总有制度的研究目前仅存在于我国集体土地所有制领域。研究者发

---

① 参见王利明:《物权法研究》(修订版·上卷),中国人民大学出版社 2007 年版,第 681—682 页。
② 参见王铁雄、王琳:"农民集体所有的民法典解释论",《河北法学》2021 年第 11 期。
③ 参见王利明:《物权法研究》(修订版·上卷),中国人民大学出版社 2007 年版,第 681—682 页。
④ 参见江平、木拉提:《中国民法典集体所有权的理解与适用》,《政法论坛》2021 年第 2 期。

现,日本在 20 世纪初引入日耳曼法系中的总有权理论,设立了农村集体产权制度,①并以此作为比较对象对我国的集体所有制进行比较。据说 2000 年后,认为我国的集体所有权形态为总有或者新型总有的观点曾"日渐成为学界的有力学说",②不过最终在《民法典》中我国农村集体经济组织被认定为法人,总有学说未被采纳。

总有制度虽然长期以来处于休眠状态,"已基本上不存在作为一项独立的财产权的总有权制度",且其"目前已经转化为法人财产形态",但这并不意味着总有制度就不可能继续发挥作用。正如德国和法国的信托制度是"挖掘"了古罗马信托才形成的,我们也可以引用古日耳曼法中的"总有"制度来为信托找到安身之地。③

综上,我国《信托法》对英美法系的信托制度大胆引进,然而又与大陆法系的物权原则深度妥协,因此在法理上存在一定的矛盾。没能在一开始就明确信托在民法体系中的地位,这也直接限制了信托理论与实务的深化。结果是,我国的家族信托难以发展,商事信托也具有浓厚的委托烙印。在我国目前的情况下,信托基本上被误认为合同,而在《民法典》合同编的分则中也没有为其立名。有些信托法理念没有理顺,也导致人们对信托制度的曲解。

事实上,针对信托本身所适用的法律与针对信托据以设立的其他基础关系所适用的法律不同。《民法典》作为统领之法,应确立信托财产的所有权形态,并应明确据以设立生前信托的信托合同应受《民法典》合同编的规制,据以设立遗嘱信托的信托遗嘱应受《民法典》继承编的规制,而无论根据信托合同还是根据信托遗嘱设立的信托关系都应受《信托法》的规制。我们不应继续将信托与信托合同、信托遗嘱或者委托代理混淆。

基于上述分析,下面试图为信托在《民法典》中找到合适的位置。本书认为《民法典》调整信托关系的路径应当是在《民法典》中增加有关信托的内容,同时修订《信托法》以及其他相关法律,共同形成信托法律规范。

---

① 曹斌:"日本农村集体产权制度的演进、特征与构成",《中国农村经济》2020 年第 10 期。

② 参见肖盼晴:"从总有到共有:集体产权权能重构及治理效应",《财经问题研究》2020 年第 2 期。又见王利明、周友军:"论我国农村土地权利制度的完善",《中国法学》2012 年第 1 期。

③ 笔者在与李世刚教授探讨信托财产的所有权形态时,受其启发和鼓励,初步形成了这一不成熟的观点。

二、信托在《民法典》总则编和物权编中的位置

首先,建议在《民法典》的总则编为信托留出位置,将"信托财产权"作为民事主体的民事权利之一,将"商业信托"作为民事主体纳入非法人组织之中,并明确规定商业信托的受托人为其代表。同时,在物权编中规定信托财产由受托人和受益人以总有方式共有。

(一) 有关信托财产所有权

如前所述,有关信托财产所有权的归属在大陆法系国家和地区一直难以确定,因此信托受益权的性质也难以确定。在这种背景下,相当多的学者认为信托受益权的实质既是债权性物权,又是物权性债权,是一种新型的财产权,难以纳入大陆法系的民法体系中。然而笔者认为,受托人与受益人对信托财产各自拥有不同权利的架构正好符合传统大陆法的"总有"制度,因此建议在《民法典》总则编增加一条有关"信托财产权"的规定,在物权编第二分编"所有权"的第八章"共有"中增加有关承认信托关系为传统"总有"关系的规定。需要注意的是,笔者暂时尚未发现目前存在需要"总有"制度的其他法律关系,因此,以下对"总有"制度的立法建议仅限于信托关系的场景。

第一,建议在第 125 条~第 126 条之间插入有关信托财产权的规定:

第 125.5 条　【信托财产权】

民事主体依法享有信托财产权。

信托财产包括信托人用以设立信托并依法转移或处分给受托人的财产及其收益。信托关系中的受托人和受益人以总有方式享有对信托财产的权益,信托财产的占有、使用和处分权由受托人享有,信托财产的收益权由受益人享有。

符合法律规定的信托财产独立于信托人、受托人和受益人的个人或者固有财产。信托财产权的设立、变更、转让和终止以及信托财产权的行使应当符合本法和《中华人民共和国信托法》的规定。

这里第一款能够顺利插入前后法条中,第二款和第三款就法条的上下文来看可能有些突兀;然而考虑到信托财产权的特殊性,且在总则编的其他地方没有有关信托的专门规定,因此建议在这里增加这两款。一款说明信托财产

包括原物和收益,①并由受托人和受益人以总有的方式共有,且受托人和受益人的信托财产权内容并不相同,以此为在物权编的所有权分编中增加有关"总有"的内容提供原则基础;另一款明确信托财产的独立性,②且信托财产权的变动等需遵守《民法典》和《信托法》的规定。

第二,建议在物权编第一分编"通则"的第二章第三节的第 231 条～第 232 条之间插入具体规定"因信托发生物权变动"的条款,进一步明确信托设立后,信托财产应转移给受托人和受益人共有:

第 231.5 条 【因信托发生物权变动】

因权利人设立信托将其合法所有的财产或财产权转移或处分给受托人的,其物权由受托人和受益人以总有方式持有,自相关财产或财产权转移或处分完成时发生效力。

第三,关于"总有"制度,则建议规定在物权编的第二分编"所有权"中的第八章"共有"中,具体建议在第 297 条中增加"总有"作为"共有"的类型之一,然后在第 310 条之后增加四个条文,对"总有"制度进行规范:

第 297 条 【共有及其类型】

不动产或者动产可以由两个以上组织、个人共有。共有包括按份共有、共同共有和总有。

第 311 条 【总有】

总有关系中的受托人按照法律和信托文件享有对共有的不动产或者动产的占有、使用和处分权,总有关系中的受益人享有对共有的不动产或者动产的收益权。

第 312 条 【总有关系的设立与终止】

权利人可以依法通过信托书、信托宣言、信托合同、信托遗嘱或者其他《中华人民共和国信托法》允许的等信托条款(统称为"信托条款")设立信托,为受托人和受益人创设总有关系。

在总有关系结束时,共有的动产或者不动产按照信托条款的规定确

---

① 有关信托财产"原物"与"收益"问题,详见第二章第二节第三部分中的介绍。

② 有关信托财产的"独立性"问题,详见第二章第二节第二部分中的介绍。

定归属。信托条款没有规定的,共有的动产或者不动产归属于剩余利益受益人;没有剩余利益受益人的,归属于信托人或者信托人的继承人。法律另有规定的,依照其规定。

第 313 条　【总有的特别规定】

总有关系中的受托人在对共有的不动产或者动产进行占有、使用和处分时,对受益人负有信义义务,并依法接受监督。总有关系中的受益人有权按照信托文件的规定以及《中华人民共和国信托法》的规定,对共有的不动产或者动产享有取得其收益利益和原物利益的权利。

第 314 条　【总有须遵守信托法要求】

总有权的设立、登记、行使、转让、继承、终止,以及对共有物的管理、分割、处分及因共有物产生的其他债权债务关系等应依照《中华人民共和国信托法》和本法的有关规定。

在上述有关总有的规定中,第 311 条对总有关系中的受托人和受益人各自不同的权利加以界定,以与其他共有人的权利相区别;第 312 条对总有关系的设立、终止方式与后果进行规范,与《信托法》统一;第 313 条对受托人的信义义务以及受益人的收益权指向的对象作特殊规定,以示信托关系的特殊性;第 314 条规定总有权的设立、终止与变动等事项应同时遵守《信托法》的规定。

在《民法典》没有对信托制度进行专章规定的背景下,可以通过上述新增条文为信托制度提供一般性规范。

（二）有关商业信托的民事主体地位

基于本章第一节第二部分中的分析,商事信托中具有商业组织特点的商业信托具备民事主体的特征,建议纳入"非法人组织"的范围。具体建议在《民法典》总则编中的第四章"非法人组织"的第 102 条中增加"为特定目的设立的商业信托"作为非法人组织的一种形态,并在第 105 条中明确商业信托的受托人为其代表。具体建议如下:

第 102 条　【非法人组织的定义】

非法人组织是不具有法人资格,但是能够依法以自己的名义从事民事活动的组织。

非法人组织包括个人独资企业、合伙企业、**为特定目的设立的商业信**

托、不具有法人资格的专业服务机构等。

第105条 【非法人组织代表】

非法人组织可以确定一人或者数人代表该组织从事民事活动。

商业信托的受托人代表商业信托从事民事活动。

（三）有关瑕疵占有与善意取得中的推定信托

如果在《民法典》中确立了信托制度以及信托财产的所有权为基于总有的共有制度，那么在物权编中还有两处可以将信托纳入。第一处是在物权编第一分编"通则"第三章"物权的保护"中，将信托关系①运用到瑕疵占有的情形。这样对权利人的保护更为有利，因为他们不仅能够请求返还原物，还有权请求取得非法占有人在非法占有期间所取得的所有利益：

第235条 【无权占有与推定信托】

无权占有不动产或者动产的，权利人可以**基于推定信托关系**请求返还原物**以及在非法占有期间取得的所有利益**；但是，应当支付善意占有人因维护该不动产或者动产支出的必要费用。

出于同样的原因，在第九章"所有权取得的特别规定"的第311条中也建议增加推定信托的内容：

第311条 【善意取得】

无处分权人将不动产或者动产转让给受让人的，所有权人有权**基于推定信托关系**追回原物**以及在不当处分期间取得的所有利益**；除法律另有规定外，符合下列情形的，受让人取得该不动产或者动产的所有权：

（一）受让人受让该不动产或者动产时是善意；

（二）以合理的价格转让；

（三）转让的不动产或者动产依照法律规定应当登记的已经登记，不需要登记的已经交付给受让人。

受让人依据前款规定取得不动产或者动产的所有权的，原所有权人有权向无处分权人请求损害赔偿。

当事人善意取得其他物权的，参照适用前两款规定。

---

① 这里是指推定信托，具体详见第二章第一节第（四）部分有关"意定信托与非意定信托"的介绍。

有关瑕疵占有与善意取得规则的具体分析详见第二章第二节第一部分。

三、信托在《民法典》合同编中的位置

在英美法系国家和地区,信托与合同是两个完全不同的法域,尽管近年来也有学者提出信托具有契约的特点,但主流信托法学者们还是认为合同法不能约束信托。即便认为信托具有契约属性的美国学者,也强调信托不是合同,而是一种与财产相关的制度。[1] 我国的情况与英美法系国家和地区的情况不同,我们的信托是晚近才引入,信托法更是直到 2001 年才颁布,此时我国的合同法已经非常完善,在人们头脑中还没有信托的概念时,用合同法来理解和约束信托顺理成章。所以,根据我国《信托法》,信托合同一经成立,就有效设立了信托,[2]因此造成信托合同等同于信托的假象。

这种情况在吸收信托法的其他大陆法系国家和地区也存在。例如,在法国修订民法典的议案中,将信托界定为一种"合同,通过该合同,委托人将其全部或部分财产转移给受托人,由其单独持有这些财产,将其与他自己的其他财产相隔离,并根据合同中的条款和条件,为了一个或多个受益人的利益采取行动,以圆满地完成具体的目标"。[3] 我国台湾地区"信托法"颁布之前,台湾地区的"法院"认为信托关系于信托人与受托人订立信托合同后成立,所以以信托人与受托人有信托契约之合意为其成立要件。而信托合同被视为与委托代理合同类似的合同,可以类推适用民法的规定。[4] 在我国台湾地区"信托法"颁布后,"法律"规定信托行为在性质上属于要物行为,没有信托财产的移转信托不成立。即便信托人与受托人签订了信托合同,只要未将信托财产权转移给受托人,信托仍不成立。因此,虽然在我国台湾地区信托与合同被等同对待,但是信托物权的移转为信托合同成立的特别要件。[5] 日本法律通说对信托行为性质的理解是"诺成合同说",认为信托人和受托人之间就信托合同的

---

[1] 笔者于 2019 年春天在耶鲁法学院与 Langbein 教授会面时,Langbein 教授几次强调：信托事关财产 (Trust is a property thing),并赞同笔者"信托有契约基础,但是信托并非契约"的观点。

[2] 参见《信托法》第 8 条。

[3] 参见 Francois Barriere："法国信托业和信托法概述",载朱少平、葛毅主编：《中国信托法——起草资料汇编》,中国检察出版社 2002 年版,第 81、388 页。

[4] 参见王志诚：《信托法》(第四版),台湾五南图书出版股份有限公司 2015 年版,第 14—15 页。

[5] 同上书,第 40 页。

性质达成一致,信托即成立,然而信托可能尚未生效。信托合同的生效时间是信托人根据信托合同的内容,对要成为信托财产的财产权进行转移及其他处分的时间。也有日本学者,如青木博士,持"要物合同说",认为只有已经进行了信托财产的转让和其他处理行为,才承认信托关系成立。理由是信托原则上是无偿合同,类似于赠与,应于目的物移交之后才成立并生效。① 新井诚教授认为,要物说更具合理性。② 他认为,必须坚持以信托的要物合同性为原则,承认诺成合同性为例外。后者应只限定于证券化等结构性融资交易中的商事信托,不代表整个信托领域。③ 韩国法律也将信托作为一种合同来对待。④

然而,将信托作为合同会产生一些严重的问题。例如,受托人违背了信托义务,受托人根据信托"合同"对受益人负有责任,其责任的性质是债权。如果同样的违背义务的行为发生在遗嘱信托或者宣言信托的情况下,在这种没有合同的情况下受托人负有的责任是否是合同责任? 如果后者的责任不是合同责任,那么是否产生合同责任只能取决于设立信托的模式,即使受托人违背信托的性质相同。这些结果很难调和,也对那些采取合同路径来概念化信托性质的大陆法系国家和地区提出了理论上的挑战。

即便在我国,信托与合同也不能同日而语。信托合同是信托成立的方式之一,而信托合同作为一份合同,当然需要由合同法来规制。因此,凡涉及信托合同的成立与效力问题,可以依照合同法的规定来解决;然而,凡涉及信托的成立与效力问题,则只能依据《信托法》的规定来解决。

下面进一步辨析信托合同与信托之间的关系,然后对《民法典》合同编如何纳入信托合同提出具体修订建议。

(一) 信托合同不等于信托

根据我国合同法理论,合同成立与生效是两个不同的概念,合同可能成立了却未生效,因此,信托合同有可能已经成立,却并未生效。有人适用合同法

① 参见新井诚著:《信托法(第四版)》,刘华译,中国政法大学出版社 2017 年版,第 99 页。
② 同上。
③ 同上书,第 103 页。
④ Wu Ying-Chieh, *Trust Law in South Korea: developments and challenges*, in Lusina Ho & Rebecca Lee, TRUST LAW IN ASIAN CIVIL LAW JURISDICTIONS — A COMPARATIVE ANALYSIS 49–50 (Cambridge University Press 2013).

的理论来分析信托,认为信托也可能成立后不会马上生效。而笔者认为,信托成立后即生效。

还有人将信托合同与信托画等号,认为信托合同成立,则信托成立,由此得出,无论以合同、遗嘱还是其他形式设立信托,只要合同、遗嘱或其他书面文件具备了法定的成立要件,不管信托财产是否交付给受托人,信托均依法成立,待信托人将信托财产转移给受托人时,信托生效。

然而,信托与信托合同不是一回事。信托合同的成立未必意味着信托的成立,正如信托遗嘱的成立并非意味着遗嘱信托的成立一样。如果没有信托财产的移转,或者其他设立信托的要件没有满足,即便信托合同或遗嘱合法成立,信托也没有成立。① 事实上,《民法典》第215条为将来《信托法》的修订提供了借鉴。该条规定:"当事人之间订立有关设立、变更、转让和消灭不动产物权的合同,除法律另有规定或者合同另有约定外,自合同成立时生效;未办理物权登记的,不影响合同效力。"这里就将物权与设立、变更、转让、消灭物权的合同分别开来。

从另一个角度来看,信托不是合同,并不是说当事人不可以订立一个有关设立信托的合同。如果甲乙双方签订协议,甲承诺将以其财产设立信托(意味着将会把该财产转移给受托人),由乙作为受托人管理信托财产,并将信托收益交由丙。如果该合同符合合同法的要求,则该合同成立,但并不意味着信托成立。如果甲没有如约将其财产转移给受托人,则信托不成立,乙和丙可以以不同的身份——合同当事人及第三方受益人的身份——针对甲提起违约之诉。在英美法国家,这种违约之诉的救济是普通法的救济(金钱救济),而非衡平法的救济,因此法院不会迫使甲转移财产所有权给乙从而设立信托。这纯粹是违约问题,与信托无关。因此,英美信托的设立文件一般被称为"trust instrument",或者,在口头信托的情况下是"the terms of trust",与上述有关设立信托意向的合同相区分。在没有普通法与衡平法之分的大陆法系国家和地区,这种违约之诉的救济也只应是金钱救济,不应强制信托人设立信托。

对信托的成立与信托合同的成立予以甄别,对司法部门判定信托纠纷意

---

① 更多分析参见高凌云:《被误读的信托——信托法原论》(第二版),复旦大学出版社2021年版,第69—70页。

义重大。以上海市第二中级人民法院和上海市高级人民法院审理的安信信托诉昆山纯高一案为例,该案中的当事人将信托合同的有效性与信托的有效性混为一谈,法院判决书也只粗略地分析了信托合同的有效性,对于信托是否成立未置一字。在分析信托合同的有效性时,法院只是根据合同法中的规定,认为该合同系双方当事人的真实意思表示,且未违反法律法规的强制性规定,因而有效,[①]并未根据《信托法》分析信托是否合法成立。作为我国信托纠纷第一案而言,该案判决中这一点不能不说是一大缺憾。

(二) 将信托合同纳入《民法典》

信托不是合同,且设立信托本身可以是单方法律行为,但是信托却可以通过双方契约行为成立,这样成立的信托可以称为合同信托(或者契约信托),而据以设立该信托的合同可以称为信托合同。信托合同是设立合同信托的基本法律文件,它由信托人与受托人签订,以受托人同意接受信托财产并为受益人的利益对其进行管理和分配为内容。从性质上看,信托合同是平等主体之间设立、变更、终止民事权利义务关系的协议,既与赠与合同、买卖合同、委托合同、行纪合同等有相似之处,也有其独特的特点,因此,信托合同应当作为一种典型合同规定在《民法典》合同编的分则中。建议在合同编的第二分编"典型合同"中增加一章:

第 X 章　信 托 合 同

第一条　【信托合同的定义】

信托合同是信托人基于对受托人的信任,与受托人约定设立信托的合同。

信托人应当依照约定向受托人交付信托财产,受托人应当依照约定接受信托财产,并按照信托人的意愿,以自己的名义,为受益人的利益或者特定目的,持有、管理信托财产并向受益人分配信托利益。

第二条　【信托条款的定义】

信托条款是有关受托人管理信托财产、分配信托利益、履行受托人义务等有关信托实体内容的书面或口头条款。订立信托条款是设立信托的必备要件之一。

---

① 参见上海市第二中级人民法院(2012)沪二中民六(商)初字第 7 号民事判决书。

信托人可以单独订立信托条款,也可以将信托条款纳入信托合同中,供受托人遵守。

依据信托合同有效成立的信托,信托合同终止的,信托条款根据《中华人民共和国信托法》有效的,仍然有效。

第三条　【信托的成立】

信托合同成立后,信托人没有依照约定交付信托财产,或者受托人不接受信托财产、拒绝担任受托人的,信托是否成立须根据《中华人民共和国信托法》确定。

第四条　【受托人和受益人的请求权】

信托人不交付信托财产的,受托人和支付了合理价款的、信托人之外的其他受益人有权请求信托人交付信托财产。信托人拒不交付的,应当赔偿受托人和该受益人因其违约遭受的直接损失。

受托人不接受信托财产或者拒绝担任受托人的,应当赔偿信托人因其违约造成的直接损失。

民事信托的信托人在信托财产转移之前可以撤销信托合同。

第五条　【受托人义务】

受托人负有信义义务,应当遵守信托条款和《中华人民共和国信托法》的规定,为受益人的最大利益处理信托事务。受托人除依信托合同、信托条款和法律规定取得报酬外,不得利用信托财产为自己谋取利益。

第六条　【受托人严格遵守信托条款】

受托人应当严格按照信托条款和《中华人民共和国信托法》的规定履行其信托职责。受托人在管理信托财产和分配信托利益时可以根据信托条款的授权行使裁量权。

第七条　【信托合同的终止】

信托人死亡、丧失民事行为能力、终止,或者信托的唯一受托人死亡、丧失民事行为能力、终止的,信托合同终止,但构成信托条款的内容依然有效。信托合同终止不影响已经合法成立的信托的运行。

因唯一受托人死亡、丧失民事行为能力或者被宣告破产、解散,致使信托合同终止的,受托人的继承人、遗产管理人、法定代理人或者清算人应当及时通知信托人和受益人。因信托合同终止将损害信托人或者受益

61

人利益的,在新受托人就任之前,受托人的继承人、遗产管理人、法定代理人或者清算人应当采取必要措施保护信托财产。

第八条 【信托实体内容适用信托法】

在通过合同设立信托阶段,信托合同当事人的行为应当遵守本法的规定。

信托成立后,信托人和受托人的权利义务、受托人处理信托事务的费用支出、信托财产的登记以及其他与信托的管理、分配相关的权利、义务受信托条款、《中华人民共和国信托法》、本法及其他相关法律的约束。

第一,"信托合同"是信托人与受托人之间订立的约定设立信托的合同,据此双方当事人享有不同的权利,负有不同的义务。第二,信托合同与信托文件(条款)不同,信托文件可能是一份单独的文件,也可能被包含在信托合同之中;即便被包含在信托合同之中,信托文件也仍然独立于信托合同,二者不能混为一谈。另外,由于信托既可以通过书面形式,也可以通过口头形式成立,"信托文件"有强调书面文件的感觉,因此称之为"信托条款"更为合适。"信托条款"既包括书面信托合同的条款,也包括口头信托合同的条款。由于信托与信托合同不同,因此在信托合同终止后,信托条款可能继续有效。第三,将信托的成立与信托合同的成立区分开来,信托合同成立后,信托可能并未成立;要判断信托是否成立,需依照《信托法》来确定,主要是看信托财产是否转移给受托人,以及其他信托成立的要件是否得到满足。第四,需要确定信托合同成立,而信托未成立的后果。信托合同成立后,如果信托因一方违约导致信托未成立,则违约方应承担损害赔偿责任。信托人不交付信托财产导致信托不成立的,请求权人包括受托人和受益人,但不包括在自益信托中同时作为受益人的信托人;受托人不接受信托财产或者拒绝担任受托人导致信托不成立的,请求权人包括信托人。同时,因为信托人可以撤销信托,因此允许民事信托的信托人在转移信托财产之前可以撤销信托合同。第五,由于信托关系中的受托人义务非常重要,建议增加一条有关受托人义务的条款,与《信托法》衔接。第六,明确受托人在执行管理信托财产和分配信托利益这两大信托职责时应严格遵守信托条款,并根据信托条款的授权可以行使自由裁量权。第七,规定信托合同终止不影响信托的运行,再次明确信托合同与信托不能等同。信托合同根据《民法典》合同编的规定成立、终止,而信托根据《信托法》的规定成立、终止。第八,再次强调信托合同受《民法典》规范,而信托的实体内容则应适用《信托法》的规定。本书第二章对以上法条建议有进一步的说理。

四、信托在《民法典》婚姻家庭编中的位置

信托作为一种以财产为中心的制度,可能会影响家庭财产的归属与分配。建议在《民法典》婚姻家庭编的第三章第一节"夫妻关系"部分增加相关内容。

首先,建议在第 1062 条的"夫妻共同财产"中增加有关信托受益权的内容。如果夫妻一方设立以自己为受益人的自益信托,无论设立信托的信托财产是个人财产还是夫妻共同财产,其基于信托受益权取得的信托利益均归属于夫妻共同财产。这与最高人民法院对《民法典》婚姻家庭编的解释精神相符,即"一方以个人财产投资取得的收益"归"共同所有的财产"[1]。具体修订建议如下:

第 1062 条　【夫妻共同财产】

夫妻在婚姻关系存续期间所得的下列财产,为夫妻的共同财产,归夫妻共同所有:

(一)工资、奖金和其他劳务报酬;

(二)生产、经营、投资的收益;

(三)知识产权的收益;

(四)继承或者受赠的财产,但是本法第一千零六十三条第三项规定的除外;

(五)**基于自益信托的信托受益权所取得的信托利益;**

(六)其他应当归共同所有的财产。

夫妻对共同财产,有平等的处理权。

其次,建议在第 1063 条的"夫妻个人财产"中也增加有关信托受益权的内容。如果夫妻一方作为他人设立的信托的受益人,则其取得的信托利益归属于其个人财产。一般指夫妻一方的家人设立家族信托,并指定该方为受益人的情形,应理解为信托设立人的意图是由受益人本人享有信托利益,至于取得该信托利益之后如何享用、是否作为家庭财产使用,除非信托文件另有规定,

---

[1] 参见《最高人民法院关于适用〈中华人民共和国民法典〉婚姻家庭编的解释(一)》。

一般由受益人决定。具体修订建议如下：

第 1063 条 【夫妻个人财产】

下列财产为夫妻一方的个人财产：

（一）一方的婚前财产；

（二）一方因受到人身损害获得的赔偿和补偿；

（三）遗嘱或者赠与合同中确定只归一方的财产；

（四）基于他益信托的信托受益权所取得的信托利益；

（五）一方专用的生活用品；

（六）其他应当归一方的财产。

再次，建议增加第 1067 条，针对夫妻共同设立信托的情形加以规范。一方面，夫妻一方可以利用其个人财产设立以他人为受益人的信托，这种信托既可以是可撤销信托，也可以是不可撤销信托。如果是不可撤销的他益信托，一旦该信托成立，这部分信托财产转移给信托受托人，独立于该方的其他个人财产，在符合法律要求的情况下，其个人债务人也没有请求权。另一方面，夫妻双方可以设立共同信托，共同指定受托人和受益人。信托财产既可以是夫妻共同财产，也可以是夫妻各方的个人财产，还可以既包含共同财产也包含个人财产。这种信托既可以是自益信托，也可以是他益信托；既可以是可撤销信托，也可以是不可撤销信托。如果是自益信托，受益人为夫妻双方，信托利益属于夫妻共同财产。如果是他益信托，则受益人是夫妻双方之外的第三人。如果是不可撤销的他益信托，则信托财产独立于夫妻双方的其他共同财产以及个人财产，在符合法律条件的情况下，夫妻共同债权人以及个人债权人均对其无请求权。最后一个问题是夫妻共同信托设立后的撤销问题。谁能撤销，撤销后果及于整个信托的财产，还是只及于撤销一方的财产，要区分信托财产的来源以及信托撤销的时间来具体规定。具体修订建议如下：

第 1067 条 【夫妻设立个人信托、共同信托】

夫妻一方可以将其个人财产设立他益信托；设立不可撤销的他益信托的，信托财产转移给信托受托人后独立于该方的其他个人财产。

夫妻双方可以共同设立信托。可撤销信托的信托财产是夫妻共同财产的，夫妻一方有权撤销信托，信托撤销后，信托财产仍归属于夫妻共同财产;可撤销信托的信托财产是夫妻个人财产的,夫妻一方只有权撤销信托财产中自己出资部分,撤销后信托存续。夫妻一方在未行使信托撤销权前死亡,该方出资部分的信托转为不可撤销信托,另一方仍对其出资部分保留撤销权。

此外,为了发挥信托对有特殊需求的家庭成员的保护作用,建议在《民法典》婚姻家庭编的第三章第二节"父母子女关系和其他近亲属关系"部分增加相关内容:

第1076条　【父母子女互设保护信托】

父母可以为未成年子女或者不能独立生活的成年子女设立保护信托,由父母或者其他自然人、法人、非法人组织作为受托人,为子女的日常生活或者医疗需要管理信托财产并分配信托利益。

成年子女可以为缺乏劳动能力、重病或者生活困难的父母设立保护信托,由子女或者其他自然人、法人、非法人组织作为受托人,为父母的日常生活或者医疗需要管理信托财产并分配信托利益。

依照前两款规定设立的保护信托,在满足受益人的日常生活或者医疗需要的范围内,信托财产独立于设立信托的父母或者子女的其他财产。

本条规定可以适用于其他家庭成员之间设立的保护信托,且应当符合《中华人民共和国信托法》的规定。

增加这一条的目的是为了保护有特殊需求的家庭成员,保证信托财产独立于设立信托的父母或者子女的其他财产。

五、信托在《民法典》继承编中的位置

(一)遗嘱信托不等于遗嘱

遗嘱信托是信托人通过遗嘱安排在其死后设立的信托。[①] 具体而言,信托人通过遗嘱,将遗产处分至信托,由信托的受托人持有、管理和分配。含有

[①] 我国《信托法》没有明确写明生前信托和遗嘱信托这两种信托的名称,只是在第8条规定设立信托应采取的书面形式包括"信托合同、遗嘱或者法律、行政法规规定的其他书面文件等",因此,我国学者将这两种信托叫作"合同信托"与"遗嘱信托"。参见何宝玉:《信托法原理研究》,中国政法大学出版社2005年版,第27页;又见赵廉慧:《信托法解释论》,中国法制出版社2015年版,第100页。

设立遗嘱信托内容的遗嘱可以叫作"信托遗嘱"。显然,遗嘱信托是一种信托,而信托遗嘱是一种遗嘱,二者性质不同,适用的法律也不同。遗嘱信托在英美法中是一种常见的家族信托,受普通法规范;信托遗嘱则需要符合当地的继承法或者遗嘱法的要求,这些要求一般出现在制定法中,而制定法往往对遗嘱规定了非常严格的形式要求。

我国《信托法》规定,设立遗嘱信托,应遵守《继承法》中关于遗嘱的规定。① 《民法典》第 1133 条第 4 款规定:"自然人可以依法设立遗嘱信托。"从上述两部法律的规定可以看出,我国法律对于遗嘱信托和信托遗嘱没有明确加以区分。按理说,在《信托法》中应当对遗嘱信托有所规定,而在《民法典》的继承编中应当对信托遗嘱有所规定,然而在原应对信托遗嘱进行规范的《民法典》的继承编中却只提到"遗嘱信托"。或许是因为《民法典》第 1133 条第 4 款是在《民法典草案》审议通过之前匆忙增加,因此来不及细化。正如《信托法》虽然不够完美,但是它为我国信托制度的确立作出了巨大贡献一样,《民法典》中有关遗嘱信托的规定虽然相对粗糙,但这一条款的增加也为信托制度正式融入我国的民事法律制度作出了重大贡献,对于家族信托的发展起到了里程碑式的作用。

然而,为了完善信托制度,需要在《民法典》和《信托法》中增加进一步规范信托遗嘱的相关内容,使之协调统一。

1. 遗嘱信托的设立形式与成立时间需统一

《信托法》第 13 条规定,设立遗嘱信托,应遵守《继承法》中关于遗嘱的规定。根据《民法典》第 1134~1139 条的规定,遗嘱的形式包括自书遗嘱、代书遗嘱、打印遗嘱、录音录像形式立的遗嘱、口头遗嘱和公证遗嘱等。既然遗嘱信托是根据信托遗嘱而设立,那么,信托遗嘱也应当包括上述形式。然而《信托法》第 8 条规定设立信托必须采取书面形式,如果被继承人订立了符合《继承法》(现在的《民法典》继承编)要求的口头或以录音录像形式立的信托遗嘱,符合继承法的要求,但是不符合信托法的要求,②那么结果很可能是立遗嘱人的心愿无法达成,原应成为信托财产的那部分遗产不得不按照法定继承

---

① 参见我国《信托法》第 13 条。

② 有关我国《信托法》对口头信托的限制的讨论,参见吴弘、贾希凌、程胜:《信托法论——中国信托市场发育发展的法律调整》,立信会计出版社 2003 年版,第 364 页。

处理。这种做法是否合理，是否应当允许遗嘱信托依据口头遗嘱设立，在《信托法》修订时需要考虑。

根据继承法，信托遗嘱作为遗嘱，在立遗嘱人死亡后才生效，因此，依据该信托遗嘱设立的遗嘱信托也只有在立遗嘱人死亡后才可能成立。这又与《信托法》的规定相悖。根据《信托法》第 8 条的规定可以推断，以遗嘱方式设立信托的，受托人承诺信托时，信托成立。这明显违背了继承法的理论。在信托遗嘱订立之时，即便受托人当即承诺了信托，该承诺也毫无意义，因为该承诺并不能使遗嘱立即生效。如果遗嘱没有生效，那么根据遗嘱设立信托也就无从谈起。① 为了强调遗嘱在立遗嘱人死亡之前不生效这一点，《民法典》第 1142 条将原《继承法》中的"撤销遗嘱"改为"撤回遗嘱"，允许立遗嘱人随时变更或撤回遗嘱。在《信托法》修订时也应对此予以应对。

2. 遗嘱信托受托人的身份与地位需统一

我国继承法理论通说认为，只要继承财产者不是死者的法定继承人，则只能算受遗赠人。在死者立有信托遗嘱的情况下，假设信托在立遗嘱人死后有效成立，则遗产应当"分配"给受托人，受托人很可能并非被继承人的"法定继承人"，甚至可能是机构。除非受托人是死者的法定继承人，否则只能被认定为"受遗赠人"。此时，作为受托人的机构是否符合继承法中对继承人或"受遗赠人"的界定，原《继承法》对此语焉不详。好在《民法典》的继承编中明确了立遗嘱人可以"将个人财产赠与国家、集体或者法定继承人以外的组织和个人"，从而为信托遗嘱的执行提供了制度框架，信托的受托人可以成为合法的继承主体，其"继承"行为的合法性也于法有据了。然而，我国《民法典》继承编对于受遗赠人有一些特殊规定，这些特殊规定有可能使得遗嘱信托仍然无法在现有的法律框架下顺利成立。

首先，我国《民法典》继承编并未平等对待法定继承人和受遗赠人。继承开始后，法律推定"继承人"接受继承，除非其在遗产处理之前作出放弃继承的表示；而推定受遗赠人放弃遗赠，除非其在知道受遗赠后 60 日内作出接受遗赠的表示。② 在遗嘱信托的情况下，如果将受托人界定为"受遗赠人"，那么

① 更多分析参见高凌云：《被误读的信托——信托法原论》（第二版），复旦大学出版社 2021 年版，第 69—70 页。
② 参见我国《民法典》第 1124 条。

上述法律推定就会适用于受托人,一旦被指定担任受托人者在法律规定期限内没有作出表示,或者做出了拒绝接受"遗赠"的表示,那么依法就放弃受遗赠。其结果是,遗产中本来应当作为信托财产的部分只能按照法定继承办理,由其他法定继承人继承。① 这样,立遗嘱人的心愿就无法达成。

然而,受托人接受信托人的委任,为信托受益人的利益管理和处分信托财产,他们没有权利决定放弃接受信托财产;或者说,即便被任命为受托人的个人决定放弃接受信托财产(从而不担任受托人),也不代表受托人这个"机构"决定放弃接受遗赠,因为根据信托法,遗嘱指定的人拒绝或者无能力担任受托人的(包括《民法典》中规定的拒绝接受遗赠的情形),由受益人或者根据遗嘱中有关选任受托人的规定另行选任受托人。②《信托法》第52条还规定,信托不因受托人的死亡、丧失民事行为能力、依法解散、被依法撤销或者被宣告破产而终止,也不因受托人的辞任而终止。这些规定排除了在受托人拒绝接受遗赠的情况下,原应属于信托的财产被按照法定继承进行处分的情形。

可以想见,上述对"受遗赠人"放弃遗赠的推定不应适用于信托遗嘱。否则根据《民法典》的规定,"遗嘱继承人放弃继承或者受遗赠人放弃受遗赠的",遗产中的有关部分按照法定继承办理。③ 也就意味着,被继承人因种种原因,本来希望由信托持有其遗产,为某些家庭成员的利益管理、分配;结果是,其遗产不得不被分配给他不想给或者他不想现在就给的继承人。比如,他想把遗产全部留给照顾自己更多的女儿一家,结果根据法定继承,遗产必须分给儿子一半。或者,他希望由受托人为其残疾子女管理遗产,结果没有自理能力的子女只好通过法定监护人接受这笔巨额资产。被继承人的意愿可能被完全否定。

其次,受遗赠人死亡对遗嘱信托的影响也应特殊对待。关于继承人或受遗赠人在继承开始后、遗产分割前死亡的遗产处分,原《继承法》没有明确规定,然而最高人民法院在1985年发布的司法解释中规定,没有放弃继承的继承人应当继承的遗产应转给其继承人,除非遗嘱另有安排;④表示接受遗赠的

---

① 参见我国《民法典》第1154条。
② 参见我国《信托法》第13条。
③ 参见我国《民法典》第1154条。
④ 参见《最高人民法院关于贯彻执行〈中华人民共和国继承法〉若干问题的意见》(1985)第52条。

受遗赠人接受遗赠的权利应移转给他的继承人。① 《民法典》继承编将前者吸收进来,② 却没有吸收后者。换言之,继承编规定了继承人在继承开始后、遗产分割前死亡的,其应当继承的遗产应根据该继承人的遗嘱进行处分,或者在没有遗嘱的情况下由其继承人按法定继承程序进行继承。然而,处于同一境况的受遗赠人应接受的遗赠财产如何处理却没有规定。这其中厚此薄彼的原因不明确,这种做法也不合理。不过最高人民法院在 2020 年发布的有关《民法典》继承编的解释中还是将原司法意见纳入其中,规定:"继承开始后,受遗赠人表示接受遗赠,并于遗产分割前死亡的,其接受遗赠的权利转移给他的继承人。"③

然而,允许在继承开始后、遗产分割前死亡的受遗赠人的继承人接受受遗赠人原应取得的遗产,这对于遗嘱信托不合适。因为信托财产独立于受托人的个人财产,在受托人死亡或破产、解散后不作为其遗产或破产、清算财产的一部分。④ 因此,根据《民法典》继承编,如何解决遗嘱信托受托人在继承开始后、遗产分割前死亡这一情况就成了悬案,势必要依赖将来的立法或司法解释。

另外,信托遗嘱中指定的受托人还可能先于遗嘱人死亡或终止。原《继承法》与《民法典》继承编均规定此时遗产中的有关部分应按照法定继承办理。⑤ 日本继承法对此也有类似的规定:"受遗赠人在遗嘱人死亡以前死亡的,遗赠不发生效力。"⑥ 换言之,在存在信托遗嘱的情况下,如果遗嘱中指定的受托人先于立遗嘱人死亡,遗嘱信托很可能就无从设立。

如前所述,《信托法》第 52 条规定,"信托不因受托人的死亡、丧失民事行为能力、依法解散、被依法撤销或者被宣告破产而终止,也不因受托人的辞任而终止。"在信托遗嘱的情况下,当受托人(作为受遗赠人)在遗产分割前死亡,对于相关部分遗产的处分没有丝毫影响,因为后继受托人会继续接管信托财产。同样,当受托人先于遗嘱人死亡或终止,也并不影响信托的成立与信托

---

① 参见《最高人民法院关于贯彻执行〈中华人民共和国继承法〉若干问题的意见》(1985)第 53 条。

② 参见我国《民法典》第 1152 条。

③ 参见《最高人民法院关于适用〈中华人民共和国民法典〉继承编的解释(一)》(2020)第 38 条。

④ 参见我国《信托法》第 16 条。

⑤ 参见我国《民法典》第 1154 条;与《继承法》第 27 条基本一致,除了增加了"终止"二字,说明《民法典》考虑到受遗赠人包括个人之外的组织。

⑥ 参见王爱群译:《日本民法典》,法律出版社 2014 年版,第 159 页。

财产的分配,所涉及的遗产部分不能按照法定继承办理。显然,《民法典》继承编没有考虑到这种情形。

综上分析,信托遗嘱中指定的受托人依据我国继承法学界的理论属于"受遗赠人",而《民法典》继承编及其司法解释中规定受遗赠人可以放弃接受遗赠,如果受遗赠人先于被继承人死亡,或者在继承开始后、遗产分配之前死亡,则产生针对信托财产的法定继承。这些规定有悖于信托法精神,因为《信托法》的规定排除了受托人拒绝接受遗赠或者受托人因死亡而无法接受遗赠的情况下,原应属于信托的财产被按照法定继承进行处分的情形。

3. 受托人与遗嘱执行人的关系需明确

根据英美家族信托的经验,大多数家族信托遗嘱都会指定遗嘱执行人为信托的受托人,而此人还经常是家族成员,很可能是法定继承人之一。在这种情况下,遗产管理人、受托人与法定继承人之间皆有利益冲突。我国《民法典》规定:"公民可以依照本法规定设立遗嘱处分个人财产,并可以指定遗嘱执行人。"[1]有人认为,设立遗嘱信托就是通过遗嘱将财产委托给受托人,受托人成为遗嘱执行人。[2] 这种理解并不准确。首先,通过遗嘱将财产"委托给"受托人基本上不可能,因为被代理人死亡或解散,委托关系即便成立了也会终止,所以不可能出现立遗嘱人死亡后还可以委托受托人接受信托财产的情况。其次,即使遗嘱信托成立,受托人也未必是遗嘱执行人。信托遗嘱与信托不是一回事,正如信托合同与信托性质也不同一样。立遗嘱人可以在遗嘱中指定遗嘱执行人,这个遗嘱执行人可以与遗嘱信托的受托人为同一人,然而,这是两种不同的身份。遗嘱执行人有权根据遗嘱处分被继承人的所有财产,包括信托财产和其他非信托财产。然而,受托人只有权按照信托条款的规定管理和处分信托财产。二者功能不同,权限不同,性质也不同。

4. 与遗产分配相关的其他问题需解决

还有其他一些与遗产分配相关的问题需要解决。

第一,遗嘱信托涉及对某些特定人的保护制度。根据信托遗嘱,受托人是受遗赠人,享有特留份与必留份者一般是信托的受益人,根据《民法典》继承

---

[1] 参见我国《民法典》第 1133 条。

[2] 参见卞耀武:"信托关系规范化及其现实意义",载卞耀武主编:《中华人民共和国信托法释义》,法律出版社 2002 年版,第 8 页。

编的规定,这种信托遗嘱有可能无效或部分无效,从而遗嘱信托无法成立,原应转移至信托的那部分遗产不得不按照法定继承的规定分给法定继承人。这既违背了立遗嘱人的意愿,也损害了受益人的利益,因为享有特留份或必留份者往往是限制或无行为能力者,需要信托赋予特别保护。将来《民法典》继承编的修订或司法解释应透过表面看实质,明确规定只要遗嘱信托的受益人为享有特留份与必留份者,且其信托利益不少于法律规定的份额,该遗嘱信托即可有效成立。对此,我国台湾地区的做法可以借鉴。我国台湾地区规定,遗嘱信托即使违反特留份的规定,亦非当然无效,但是特留份权利人有权向受托人及受益人主张扣减。一旦特留份扣减权利人对扣减义务人行使了扣减权,侵害特留份部分即失去效力。[①]

第二,通过遗嘱将遗产全部或部分追加到已有信托的做法在英美法系国家和地区比较普遍。基本做法是立遗嘱人生前已经设立了生前信托,然后在遗嘱中写明死后将所有或部分遗产追加到该生前信托中,按照该信托的条款进行管理和分配。这种条款被称为财产追加条款(pour-over clause)。民事信托在我国发展起来后,拥有生前家族信托的情况也会慢慢普及,此时也会出现立遗嘱人希望将剩余遗产全部或部分追加入已有信托的做法。其实财产追加条款与遗嘱信托的效果一样,都导致死者的遗产被分配给信托的受托人,而受托人作为受遗赠人取得遗产,管理信托。最近就有一个案件涉及海外信托条款规定将被继承人在国内的不动产追加到海外信托中的纠纷,[②]如何认定纠纷的性质,如何认定上述不动产的归属,在我国法律对此并无明文规定的情况下,着实考验我国司法机关的智慧。

第三,美国的银行一般都允许储户开设以死亡为支付条件(POD)的账户[③],当储户死亡后,账户内的资产无须经过遗产继承程序,可以直接由POD条款中写明的人到银行取出。除此之外,人们也可以与雇主、其他个人或公司订立合同,约定在本人死亡时由后者将合同项下的财产支付给由该人指定的受益人。这种安排首先在 Matter of Totten 一案中确立,因此这种合同约定也

---

① 参见王志诚:《信托法》(第四版),台湾五南图书出版股份有限公司2015年版,第79—80页。

② 笔者于2022年12月5日参加上海市第一中级人民法院"涉继承纠纷疑难案件研讨会",对此案进行讨论。

③ "Payable-on-death",简称"P.O.D."。

叫"Totten Trust"或"托顿信托"。① 托顿信托在退休金计划和股票托管账户中也经常出现,为受益人提供生存者利益。这种安排的好处是,受益人只要出示死亡证明就可以得到财产,无须经过遗产检验程序。然而,财产所有人在生存期间可以更换所指定的受益人,并且根据美国《统一遗产检验法》,为共有银行账户提供所有资金的存款人可以撤销该账户。在实践中,我国目前尚没有个人在银行开设普通的共同或共有账户的情形。某人一旦死亡,其在银行的所有存款只能根据《民法典》,凭法院判决或公证文书才能取出作为死者的遗产由继承人继承。有时账户所有人生前很可能希望自己死后将账户里的所有钱款赠与某特定亲属或朋友,但是由于我国目前没有明确承认这种"以死亡为条件的支付条款",因此死者的愿望不可能实现。

第四,英美家族信托还经常授予某些受益人以指定权(power of appointment),这种指定权是一种自由裁量的权力。例如,甲可以通过遗嘱设立信托,指定甲的妻子乙作为终身受益人,并授予乙指定权。在乙生存期间,乙有权行使指定权,指定信托财产的受益人。一旦完成指定,在乙死后,信托财产将按照乙的指定,分配给乙所指定的甲的后代中的一个或者多个作为受益人。英美法认为拥有指定权的人不是信义义务人,因此,指定权人拥有广泛的自由裁量权,且不受信义义务的约束。可以想见,在家族信托中拥有这种指定权者一定是家庭成员,并且是信托人非常信任且不会对受益人作出不利之事的家庭成员。确立指定权人可以解决信托人无法因将来的情势变更随时修订信托分配条款的弊端,对于长期存续的家族信托非常重要。目前我国《信托法》和《民法典》对此均无规定,或许可以对此予以考虑。

(二) 在《民法典》中细化对遗嘱信托的规范

基于前述分析,建议将《民法典》第1133条第4款修改为有关信托遗嘱的规定,同时在其他相应章节中补充与信托遗嘱和遗嘱信托相关的条款。

第一,建议在《民法典》继承编的第一章"一般规定"的第1122条中增加信托财产不属于被继承人遗产的规定,体现信托财产的独立性:

第1122条 【遗产的范围】

遗产是自然人死亡时遗留的个人合法财产。

---

① *Matter of Totten*, 179 N.Y. 112 (1904).

自然人生前或者通过遗嘱设立信托的,已经转移给信托受托人的财产不属于其遗产。信托条款或者法律另有规定的,从其规定。

依照法律规定或者根据其性质不得继承的遗产,不得继承。

第二,建议在第1123条中增加存在遗嘱信托时的继承形式,强调按照遗嘱信托继承的前提是遗嘱生效:

第1123条　【继承的不同形式】

继承开始后,按照法定继承办理;有遗嘱的,按照遗嘱继承或者遗赠办理;有遗赠扶养协议的,按照协议办理;**有遗嘱信托的,在遗嘱依据本法生效后,按照信托条款办理。**

第三,建议在第1124条中将信托受托人与其他受遗赠人区别对待,规定遗嘱信托自信托遗嘱生效后成立,不因受托人不做表示或者表示拒绝的影响;另外增加一款有关受托人拒绝接受遗产的不影响信托成立的规定,以与《信托法》统一:

第1124条　【继承人、受遗赠人和受托人接受遗嘱、遗赠】

继承开始后,继承人放弃继承的,应当在遗产处理前,以书面形式作出放弃继承的表示。没有表示的,视为接受继承。

受遗赠人应当在知道受遗赠后六十日内,作出接受或者放弃受遗赠的表示。到期没有表示的,视为放弃受遗赠,**但信托受托人除外。**

遗嘱信托自遗嘱生效后成立,受托人拒绝接受信托财产的,视为该受托人拒绝承担受托人职责,受托人另行选任,不影响信托的成立与效力。受托人的选任应遵守信托条款和《中华人民共和国信托法》的规定。

第四,建议将第三章的标题"遗嘱继承和遗赠"改为"遗嘱继承、遗嘱信托和遗赠",并在第1133条的第4款中增加"立遗嘱"三字,区别遗嘱信托与信托遗嘱的不同,继承编主要针对有设立信托内容的遗嘱,而遗嘱信托应受《信托法》规范:

第三章　遗嘱继承、遗嘱信托和遗赠

第1133条　【遗嘱继承】

自然人可以依照本法规定立遗嘱处分个人财产,并可以指定遗嘱执

行人。

自然人可以立遗嘱将个人财产指定由法定继承人中的一人或者数人继承。

自然人可以立遗嘱将个人财产赠与国家、集体或者法定继承人以外的组织、个人。

自然人可以**立遗嘱**依法设立遗嘱信托，**将个人财产指定由受托人为受益人利益管理和分配。遗嘱信托应符合**《信托法》的规定。

第五，建议在第 1140 条中增加遗嘱信托的受托人、受益人及其他利害关系人不能作为遗嘱见证人：

第1140条 【遗嘱见证人】

下列人员不能作为遗嘱见证人：

（一）无民事行为能力人、限制民事行为能力人以及其他不具有见证能力的人；

（二）继承人、受遗赠人、**遗嘱信托的受托人和受益人**；

（三）与继承人、受遗赠人、**遗嘱信托的受托人和受益人以及其他**利害关系人。

第六，建议在第 1141 条中增加一款，保障缺乏劳动能力又没有生活来源的继承人的继承权：

第1141条 【特留份】

遗嘱应当为缺乏劳动能力又没有生活来源的继承人保留必要的遗产份额。

被继承人将其部分或者全部遗产设立遗嘱信托，若上述继承人不在受益人范围内，或者虽然是受益人，但其受益权无法满足前款要求的，应当先从将要转移给信托受托人的财产中为其保留必要的份额后，其余财产才可以转移给信托受托人。

第七，建议在第四章"遗产的处理"中的第 1147 条中增加一条遗产管理人的职责，即根据遗嘱中的信托条款将相关遗产转移给受托人，同时也避免了将遗产管理人与受托人混同：

第1147条 【遗产管理人的职责】

遗产管理人应当履行下列职责:

(一)清理遗产并制作遗产清单;

(二)**根据遗嘱中的信托条款将部分或全部遗产转移给受托人;**

(三)向继承人报告遗产情况;

(四)采取必要措施防止遗产毁损、灭失;

(五)处理被继承人的债权债务;

(六)按照遗嘱或者依照法律规定分割遗产;

(七)实施与管理遗产有关的其他必要行为。

第八,在第1148条中有关遗产管理人的责任中,建议也相应增加其造成遗嘱信托财产损害的责任:

第1148条 【遗产管理人的责任】

遗产管理人应当依法履行职责,因故意或者重大过失造成继承人、受遗赠人、债权人**或者遗嘱信托财产**损害的,应当承担民事责任。

第九,建议增加一条有关受托人缺位时,对遗嘱信托财产的处理方式,与《信托法》一致:

第X条 【受托人缺位】

遗嘱信托的受托人不能或拒绝担任受托人职责的,遗产管理人应当妥善保管信托财产,待新受托人选任后,将信托财产转移给新受托人。

第十,建议在第1154条有关有遗嘱时的法定继承条文中增加遗嘱信托不成立时相关遗产的处置办法:

第1154条 【有遗嘱时的法定继承】

有下列情形之一的,遗产中的有关部分按照法定继承办理:

(一)遗嘱继承人放弃继承或者受遗赠人放弃受遗赠;

(二)遗嘱继承人丧失继承权或者受遗赠人丧失受遗赠权;

(三)遗嘱继承人、受遗赠人先于遗嘱人死亡或者终止;

(四)**遗嘱信托不合法、没有受益人或者所有受益人放弃受益权且依据信托条款信托财产应归复于被继承人;**

（五）遗嘱无效部分所涉及的遗产；

（六）遗嘱未处分的遗产。

第十一，建议在第 1158 条中增加一款遗赠扶养信托的规定：

第 1158 条 【遗赠扶养协议和遗赠扶养信托】

自然人可以与继承人以外的组织或者个人签订遗赠扶养协议。按照协议，该组织或者个人承担该自然人生养死葬的义务，享有受遗赠的权利。

自然人可以设立遗赠扶养信托，将信托财产转移给受托人由其管理，并将信托财产的收益或原物按照信托条款的规定分配给受益人。该自然人死亡后，信托终止，所有信托财产及其收益归属于受益人。承担该自然人生养死葬义务的个人或者组织是遗赠扶养信托的受益人。

第十二，建议在第 1162 条和第 1163 条有关债务与税务清偿的规定中增加遗嘱信托相关内容：

第 1162 条 【执行遗赠或遗嘱信托】

执行遗赠**或者遗嘱信托**不得妨碍清偿遗赠人依法应当缴纳的税款和债务。

第 1163 条 【遗产的税务与债务责任】

既有法定继承又有遗嘱继承、遗赠、**遗嘱信托**的，由法定继承人清偿被继承人依法应当缴纳的税款和债务；超过法定继承遗产实际价值部分，由遗嘱继承人和受遗赠人按比例以所得遗产清偿；**仍不足以清偿的，超过部分从遗嘱信托财产中清偿。**

* * * * * *

本章通过比较研究几个典型国家和地区的信托法制，分析信托与民法的关系，得出无论民事信托还是商事信托，所有信托关系均应受民事法律规范的结论，并在梳理学者观点的同时，尝试提出以传统大陆法中的"总有"理论来解释信托财产所有权，认为受托人和受益人以总有方式共有信托财产的所有权，但各方所享权利不同。在此基础之上，尝试对《民法典》总则编、物权编、合同编、婚姻家庭编和继承编的条文提出补充或修订建议,并解释理由。接下来的章节试图在这种新型总有制度之下,从信托的核心要素与优势功能两大方面,从比较法的角度探讨如何通过《信托法》的联动修订加强对信托的规范,完善信托制度。

第二章
信托制度之核心——以比较为维度

　　本章从比较法的角度,针对信托制度的核心要素进一步研究如何通过《民法典》《信托法》等一起构成的信托法律制度来调整信托关系,以期为理顺信托关系、完善我国信托制度提供一个比较法的研究框架,并且依据行文逻辑,在需要的地方重述对《民法典》的补充修订建议,同时对部分《信托法》条文提出修改建议。①

第一节　信托的外观

　　信托是一种以财产为中心的特殊法律关系,是英美衡平法的产物。对于大陆法系国家和地区而言,信托是一种舶来制度。即便自称信托来源于古罗马信托(fiducia)的国家,也对该制度进行了改良,将罗马信托与英美法信托结合起来。② 因为如果不改良,英美信托的优势就无法体现,信托制度便失去了存在的必要性。

---

① 本书中有关《信托法》修订建议稿的初稿由高凌云与研究生赖雪金、蒋佳颖、齐冠云、郑家豪五人经分头研究、数次长会讨论后形成,并经高凌云反复修改后确定。建议稿全文请见本书第三章第二节第二部分。
② 参见本书第一章第三节第(二)部分内容。

一、信托之概念

不同国家和地区的信托的概念各有不同,下面系统梳理一下英美信托法和大陆法系国家和地区的信托法对信托的界定,并以此为鉴,对我国《信托法》中的信托定义提出修改建议。

(一) 信托发源地英美法系国家和地区的观点

英美法系国家和地区的信托法一般为判例法,因此传统上并不注重对信托进行概念性界定,而是通过一个个司法判例对其内容进行丰富。英美学者撰写的经典文献对信托的基本理论和原则有完整的阐述,但对于信托的定义并不统一,甚至英美法学界和司法界并不认为一定要给信托下一个明确的定义。然而晚近以来,美国的学者、法官与律师先后编纂了好几版《信托法重述》,对美国各州的信托判例法进行系统分析与总结。美国的统一州法委员会还根据传统信托判例法中的规则,制定了诸如《统一信托法》《统一遗产检验法》等侧重点不同的统一示范法,为各州立法者颁布与信托相关的立法提供参照。这其中也能反映出英美信托的概念。

英美法系的学者和立法者普遍认为信托是一种与财产权相关的关系或安排。[①] 在 Bogert 的著作中,信托被定义为:

> 一种**信义关系**,(在该信义关系中的)一方持有财产的所有权并负有为他人利益管理处分该财产的衡平法上的义务。[②]

美国《信托法第三次重述》将信托定义为:

> 一种**与财产有关的信义关系**,因意图设立该种关系的明确意思表示而产生,并要求持有该财产权利者有义务为公益目的或者一人或多人……的

[①] See Langbein, *The Contractarian Basis of the Law of Trusts*, 105 Yale L.J. 625, 627 (1995); George T. Bogert, TRUSTS (6TH ED.) 1 (West Group 1987); George T. Bogert, Dallin H. Oaks, M. REeese Hansesn, and Claralyn Martin Hill, CASE AND TEXT ON THE LAW OF TRUSTS (6TH ED.) 1 (The Foundation Press, Inc. 1991).

[②] 译自 George T. Bogert, Trusts (6TH ED.) 1 (West Group 1987). "Fiduciary relationship" 有不同的译法,其中有学者将 "fiduciary" 译为 "忠慎",笔者认为它也比较贴切。

利益管理该财产。①

在 Sitkoff 和 Dukeminier 的著作中,信托被描述为:

> 一种**法律安排**,依据该安排,信托人将财产转移给受托人,由后者以信义义务人的身份,为一个或者多个受益人的利益持有。受托人取得信托财产的法律上的权利,从而能够作为财产的所有人与第三方交易;受益人对信托财产持有衡平法上的权利,从而能够在受托人违背了信义义务时让受托人承担责任。受益人通常有权从信托收益中,有时也有权从信托原物中,取得定期的利益分配。②

传统英美信托被普遍认为是一种与财产权相关的关系或安排,现代信托又被设计为一种与财产的移转与管理相关的组织形式。③ 这两种观点结合起来,完美地彰显了信托的特征:信托既是一种以财产为中心的民事法律关系,又可以作为一种财产管理的组织形式,这两个方面天然应当由民法和商法进行规范。只不过英美法与大陆法不同,英美法并没有明确的民法或物权法的边界,因此无法给大陆法系国家和地区的信托定位提供借鉴。

信托在英美国家和地区是从私人家族信托发展而来,因此,这些国家和地区的信托法文献大多涉及民事信托,尽管晚近以来商事信托在美国发展很快,然而,有关商事信托的文献很少,也只有 Langbein、Schwarcz、Sitkoff、Hansmann、Morley 等几位学者在商事信托领域有所涉猎。究其原因,其一,商事信托并非一种崭新的制度,而是在民事信托制度的基础上发展起来的,有关民事信托制度的所有规则完全适用于商事信托;其二,针对超出民事信托规范范畴的部分,完全可以通过现有的其他商事规则,比如规范投资公司、证券发行与交易的其他商法来规范。换言之,商事信托不是一种创新的制度,完全可以纳入传统信托法的框架中加以规范。近年来,美国的不可撤销信托(irrevocable trust)

---

① 译自美国《信托法第三次重述》第 3 条。除非特别注明,本书援引的有关美国信托制定法、判例法、示范法以及法律重述中的内容均为笔者自译。

② See Sitkoff & Dukeminier, WILLS, TRUSTS, AND ESTATES (10TH ED.) 385 (Wolters Kluwer Law & Business 2017).

③ 参见 Steven L. Schwarcz, *Commercial Trusts as Business Organizations: Unraveling the Mystery*, 58 BUS. LAW. 559 (2003)(分析信托是否是一种比公司更好的商业组织形式).

被频繁作为金融资产的管理工具,而民众将可撤销信托(revocable trust)①作为遗嘱替代的现象也越来越普遍;同时,根据制定法设立的商业信托也日益崛起。针对这些现代信托的发展,美国的学者和律师也积极参与立法,通过制定统一示范法与信托法重述,试图将现代信托的发展趋势纳入其中。

(二)引入信托法的大陆法系国家和地区的观点

在那些以发展商事信托为主要目的而引进信托制度的大陆法系国家和地区,由于没有"传统"的信托法对其进行规范,因此需要从无到有地制定信托法。在制订信托法的过程中,往往面临着一个选择:是仅仅针对商事信托立法,还是对作为英美信托的基础的民事信托也加以许可和规范?纵观引进英美信托法制度的大陆法系国家和地区,一般做法是不仅引进商事信托制度,同时也为民事信托的发展留有一席之地。比如,我国的《信托法》虽然在制订之初,其立法目的主要是为了推动商事信托的发展,然而最终的立法也将民事信托的内容包含在内。

引进英美信托法的大陆法系国家和地区也部分秉承了英美法对信托的定义,例如,日本2006年的《信托法》②第2条规定:

> 本法所称信托,指以次条各款所载方法,特定人基于一定目的(专为该特定人之利益为目的者,除外。……),为**财产管理、处分或其他以达成该目的所必要之行为**者。③

从这个译文中可以看出,信托人为特定目的进行某些必要"行为"能够产生或者形成信托,从中其实看不出信托的落脚点是什么,也并不意味着信托被定义为"行为"。有趣的是,这一条的英文翻译却将信托界定为一种"安排":

> 本法中的"信托"是指某特定人……根据某特定目的……为财产管

---

① 有学者将"Irrevocable Trust"译为"不可撤回信托";也有学者将"Revocable Trust",译为"可撤回信托"。如果借用合同法中的概念,一般在作出的意思表示尚未生效时才可以撤回,而生效后只能撤销。英美法中的可撤销信托的信托人在信托成立后至信托人死亡前都可以撤销信托,并且撤销后,信托自此无效,而撤销之前信托的效力不受影响。因此"撤销"比"撤回"更准确。

② 后于2013年再次修订。

③ 参见新井诚著:《信托法(第四版)》,刘华译,中国政法大学出版社2017年版,第446页。

理、处分或其他为实现该目的所必要之行为……的**安排**(arrangement)。①

紧接着下面第 2 款的中文翻译是"本法所称信托行为……",而从其英文翻译转译成中文则为"本法所称'信托条款(terms of trust)'",可见对"信托行为"的理解偏差也较大。

韩国《信托法》将信托定义为一种"法律关系":

> 信托是指创设信托者(信托人)基于信任关系,将某特定财产……转移给接受信托者(受托人),从而设立一种担保权益或为其他处分,并要求受托人为某特定人(受益人)之利益,或为某特定之目的,管理、处置、运营或开发该财产或者从事其他必要的行为以实现信托目的之**法律关系**。②

我国台湾地区的所谓"信托法"第 1 条将信托定义为一种"关系":

> 称信托者,谓委托人将财产权转移或为其他处分,使受托人依信托本旨,为受益人之利益或为特定之目的,管理或处分信托财产之**关系**。

《法国民法典》中将信托定义为一种"运作":

> 一个或多个让与人,将其一个或多个现时或未来资产、权利或担保利益,转移给一个或多个信义义务人,后者将「上述资产、权利或担保利益」与其固有财产区分,并为实现特定目的而为一个或多个受益人的利益行事。③

---

① 参见日本《信托法》(2006)第 2 条(译自其英文翻译: The term "Trust" as used in this Act means an arrangement in which a specific person, … administers or disposes of property in accordance with a certain purpose and conducts any other acts that are necessary to achieve said purpose.),与笔者找到的中文翻译大相径庭。

② 参见韩国《信托法》第 2 条(译自其英文翻译: The term "trust" used in this Act means a legal relation that a person who creates a trust [hereinafter referred to as "truster" transfers a specific piece of property (including part of business or an intellectual property right) to a person who accepts the trust (hereinafter referred to as "trustee"), establishes a security right or makes any other disposition, and requires the trustee to manage, dispose of, operate, or develop such property or engage in other necessary conduct to fulfill the purpose of the trust for the benefit of a specific person (hereinafter referred to as "beneficiary") or for a specific purpose, based on a confidence relation between the truster and the trustee.]。

③ 笔者依其英文版翻译。

1984年10月，在荷兰海牙召开的第15届海牙国际私法会议上通过的《关于信托的法律适用及其承认公约》（以下简称为《海牙信托公约》）①，将信托定义为一种"法律关系"：

> ……当财产为受益人的利益或为了特定目的而**置于受托人的控制之下**时，"信托"这一术语系指**财产授予人**设定的在其生前或死后发生效力的**法律关系**。②

这一定义兼顾了英美法系和大陆法系采纳信托制度的态度，回避了两大法系之间对信托概念理解上的冲突，可以说是为鼓励信托制度在不同法系国家和地区的发展而做出的一种变通。

虽然不同国家和地区对信托的定义千差万别，然而，有关信托涉及的三方架构却得到了一致认可。总结下来，信托是由信托人设立的一种民事法律关系，（除我国外，其他大部分国家和地区都认为）由信托人将信托财产转移给受托人，由受托人为受益人的利益对其进行管理，并将信托利益分配给受益人。作为一种民事法律关系，在大陆法系国家和地区，民事信托和商事信托均应受民法规范。

（三）我国信托的定义

与其他国家和地区的法律不同，我国《信托法》第2条将信托界定为一种"行为"：

> 本法所称信托，是指委托人基于对受托人的信任，将其财产权委托给受托人，由受托人按委托人的意愿以自己的名义，为受益人的利益或者特定目的，进行管理或者处分的**行为**。

---

① 该公约于1985年7月正式生效，目前美国、英国、加拿大、法国、澳大利亚、意大利、荷兰、瑞士等13个国家和地区已批准或加入，我国并未加入。然而在英国归还香港时，我国政府声明该公约继续适用于我国香港特别行政区。参见 https://www.hcch.net/en/instruments/conventions/status-table/?cid=59（2021年7月23日最后访问）。

② 参见《海牙信托公约》（1985）第2条（中文官方译文）；其英文原文为：

> For the purposes of this Convention, the term "trust" refers to the legal relationships created — *inter vivos* or on death — by a person, the settlor, when assets have been placed under the control of a trustee for the benefit of a beneficiary or for a specified purpose.

将信托定义为"行为"不知是否受到日本信托法的影响,尽管根据前述的分析,认为日本信托法将信托定义为"行为"这一观点本身很可能是一种误解。根据参与立法工作的人员的后续解释,在我国,信托被作为一种"理财制度",或者称之为"财产管理制度",其核心内容是"受人之托,代人理财",①因此理财这一"行为"得到重视,而信托所创设的法律关系却被忽视了。鉴于此,建议对我国《信托法》第2条中信托的定义进行如下修订②:

本法所称信托,是指~~委托人~~**信托人**基于对受托人的信任,将其**财产或财产权**~~委托~~**转移或为其他处分**给受托人,由受托人按~~委托人~~**信托人**的意愿,以自己的名义,为受益人的利益或者特定目的,进行管理**和分配**~~或者处分所产生~~的**法律关系**~~行为~~。

本法所称信托人,是指信托设立人。前款中"信托人的意愿"是指信托条款中所表达的信托人的意愿。

信托人、受托人、受益人、根据信托条款设置的信托监督人及其他与信托有直接利害关系或者基于信托关系而取得权利义务者统称为信托关系人。

第一,针对原来的定义,建议将"信托"定义为一种"法律关系",将"委托人"改为"信托人",并增加第2款,将"信托人"界定为设立信托者。由于我国在引进信托制度时的种种误解与妥协,将它与委托代理关系混同,将设立信托者称为"委托人"。日本的"信托法"也用"委托人"指代设立信托的一方,这或许也是最终促成我国《信托法》采用"委托人"这种说法的因素之一。这个问题涉及翻译的选择。为明确信托法律关系,"委托人"宜更名为"信托人"或者"信托设立人"为好,以与委托代理制度相区分。

第二,原条文中的"委托"一词有违信托本意,没有财产的转移,则不能称之为信托,只能混同于一般民法的委托代理、间接代理等。所以应将"委托"修改为"转移"。转移后的所有权由受托人和受益人以总有的方式共有,各自享有不同的所有权权能。将信托财产的权属转移至受托人名下还有利于充分发挥信托财产管理的作用,方便受托人对外以总有权人身份对信托财产进行

① 参见卞耀武:"信托关系规范化及其现实意义",载卞耀武主编:《中华人民共和国信托法释义》,法律出版社2002年版,第3页。
② 参见本书第三章第二节《中华人民共和国信托法》(修订建议稿)第2条。

管理和分配,也与世界各国信托制度接轨,有利于促进信托的国际化发展。另外,建议将"委托"修改为"转移"后还增加"或为其他处分"。这里所谓的"其他处分",主要指在财产权上设定用益物权或担保物权而言。既体现出英美法中没有 legal ownership 的财产也可以设立信托,同时也借鉴其他大陆法系国家和地区的做法,目的是使信托制度得到更好的利用。原条文中的"财产权"建议修改为"财产或财产权",避免因对"财产"和"财产权"的内涵理解有歧义从而限缩了信托的对象范围。

第三,"信托人的意愿"对于信托的成立与存续至关重要,然而信托成立后,信托人的意愿即刻锁定,不能任意变动。因此,建议将"信托人的意愿"限定为在信托条款中所表达的信托人的意愿,采客观标准。

第四,由于信托关系不是合同关系,因此在信托制度中,"信托当事人"的概念应纠正为"信托关系人",这里建议增加一款对信托关系人的内涵界定,即除了信托人、受托人、受益人外,信托关系人还包括根据信托条款设置的信托监督人及其他与信托有直接利害关系或者基于信托关系而取得权利、承担义务者。

二、信托的特性

英美信托从转让祖先土地的一种机制,慢慢发展成为跨代的、由信义义务人管理金融财产的一种工具,可以用于人类想象力所及的任何合法目的。[1]英美信托最主要的目的是根据财产所有人提前制定的跨越时间的财产管理规划,来规避法律的各种限制,以实现其分配自有财产的自由。[2] 虽然我国信托制度的设立,最初主要是为了发展商事信托,然而在立法阶段也探讨并承认了信托的多种目的。[3] 信托之所以能够在英美法系国家和地区长盛不衰,并且

---

[1] See Scott, Austin Wakeman, Fretcher, William Franklin & Ascher, Mark L., SCOTT AND ASCHER ON TRUSTS (5TH ED.) §1.1. (Aspen Publishers 2006).

[2] See Sitkoff & Dukeminier, WILLS, TRUSTS, AND ESTATES (10TH ED.) 591 (Wolters Kluwer Law & Business 2017).

[3] 参见卞耀武:"信托关系规范化及其现实意义",载卞耀武主编:《中华人民共和国信托法释义》,法律出版社 2002 年版,第 8 页("为个人抚养、赡养等目的,为保障子女教育费用目的,为遗产继承目的,以获取收益为目的,以提高财产管理水平为目的,或者为了其他特定目的等",都可以设立信托。人们也意识到"以信托关系为基础设立的证券投资基金、社会保险基金、养老基金、不动产信托等也都可以成为不同目的的信托形式")。

又被很多大陆法系国家和地区纷纷引进,正是因为其所具备的灵活性可以达到各种其他制度所无法达到的目的。信托的脱法性、可持续性与可撤销性为信托实现前述目的起到了巨大的作用。

（一）信托的脱法性

信托在传统英美法中是作为一种合法规避法律的工具得到发扬光大的。信托之规避法律,亦可称为信托的脱法性,是指通过设立信托,间接违反或以迂回方式逃避禁止规定的信托属性。脱法行为所采取的手段虽然合法,但实质上所达成的目的有可能与现行法律规定相悖。是否认定它为有效,各个国家和地区的做法不同。早期的英国法律显然承认这种脱法行为,然而在历史上也曾通过制定法对信托的脱法行为不断进行限制和放松限制,这才逐渐形成了今天的信托法。美国历史上为了反对利用信托制度来规避法律,制定的反垄断法至今仍以"反信托(anti-trust)"[1]为名,也说明了它对于信托的脱法行为的反对。目前美国纽约州的信托法规定,明示信托可以为任何合法的目的而设立,[2]然而又规定,法律推定购买金归复信托因涉嫌违背公共政策因而对出资人的债权人无效。[3] 可见信托目的的合法性也一直是英美信托法的追求。

同样的问题也摆在其他国家和地区面前。假如某一国家的法律规定某种行为为非法,然而人们通过信托实施该行为以期规避特定的禁止性法律时,这种信托的效力如何就成为需要解决的问题。比如,本国法律禁止外国人持有不动产,那么是否可以通过设立信托,让外国人以受益人的身份享有不动产利益? 每个引进英美信托法制度的大陆法系国家和地区都不得不对这种情况进行规范。因此,各个国家和地区都会在信托法中对于信托目的的合法性做出规定。

有关信托目的合法性的基本原则是,信托目的,即便是为了规避法律,也必须合法,否则无效。[4] 比如,韩国和日本的信托法规定,当受益人无权持有

---

[1] 我国学者根据音译将其翻译为"反托拉斯法"。

[2] 参见《纽约州法律汇编:遗产、权力与信托》,纽约州政府 2021 年版第 7 - 1.4 条。

[3] 参见《纽约州法律汇编:遗产、权力与信托》,纽约州政府 2021 年版第 7 - 1.3 条。

[4] 例如,参见我国《信托法》第 6 条。

某财产权时,不得为该受益人设立以该财产权为信托财产的信托。① 有趣的是,为了让那些依法不得受让特定财产权者成为该财产的信托受益人,从而能够享受特定财产权,恰恰是最初信托(其前身 use)在英国产生的主要原因。

所谓信托目的合法,简单理解就是法无明文禁止。这里的"法"并不仅仅指"信托法",而是包括所有的法律。例如,信托的设立可以为了正确纳税,然而如果突破了税法的界限,主张信托财产不是信托人的应税财产从而逃避纳税义务,则可能变成非法。再如,破产法规定在提起破产申请前的特定时间内禁止财产移转,②那么,如果信托人提出破产申请,而其设立信托(将财产转移至信托)的时间点恰好落入破产法所规定的这段特定期限内,则不合法。同样,以实施犯罪为目的的信托不合法,为了逃避债务、损害其债权人利益而设立的信托,也不合法。根据我国《信托法》的规定,在这种情况下,债权人有权申请法院撤销该信托。③

信托在亚洲各个国家和地区的发展进程有很多共同点,其脱法性均受到当地法律的制衡。例如,当信托最初被引进到我国台湾地区时,因其主要目的是为了取得资产剥离和避税的效果,导致人们认为信托主要被用于非法目的,因而信托的发展受到了阻碍。我国台湾地区的"法院"在所谓的"信托法"颁布之前就一直试图将信托制度与其他制度进行协调,这种努力在"信托法"颁

① 参见韩国《信托法》第 7 条(依法不得享有某特定财产权者,不能作为受益人享受与该权利相同的利益);又见日本《信托法》第 10 条(依法令不能享有某项财产权者,不能作为受益人享受与该权利相同的利益)。
② 例如,我国《破产法》规定:

　　第三十一条　人民法院受理破产申请前一年内,涉及债务人财产等下列行为,管理人有权请求人民法院予以撤销:
　　(一) 无偿转让财产等;
　　(二) 以明显不合理的价格进行交易的;
　　(三) 对没有财产担保的债务提供财产担保的;
　　(四) 对未到期的债务提前清偿的;
　　(五) 放弃债权的。
　　第三十三条　涉及债务人财产的下列行为无效:
　　(一) 为逃避债务而隐匿、转移财产的;
　　(二) 虚构债务或者承认不真实的债务的。

③ 参见我国《信托法》第 12 条(委托人设立信托损害其债权人利益的,债权人有权申请人民法院撤销该信托。人民法院依照前款规定撤销信托的,不影响善意受益人已经取得的信托利益)。

布之后还在持续。① 后来,我国台湾地区颁布了所谓的"信托法",规定信托目的不得违反强制性的禁止规定,不得违背公序良俗,禁止诉愿及诉讼信托,禁止脱法信托。② 同时还规定,依法无权取得某特定财产权者不能成为该财产的受益人,否则信托无效。③ 因此,信托的脱法性是信托的一个重要特点,然而并非绝对,这种脱法性在任何国家和地区都在一定范围内受到法律的限制。

我国《信托法》第 11 条规定了信托无效的情形,其中就包括对信托脱法性的禁止。本书建议对第 11 条进行如下修订,以完善对信托脱法性的规范④:

有下列情形之一的,信托无效:

(一)信托目的违反法律、行政法规或者~~损害社会公共利益~~**违背公序良俗**;

(二)~~信托财产不能确定;~~

(~~三~~)~~委托人~~**信托人**以非法**取得的**财产、**无权处分的财产**或者本法规定不得设立信托的财产设立信托;

(~~四~~)~~专以诉讼或者讨债为目的设立信托;~~

(~~五~~**三**)受益人或者~~受益人范围不能确定~~**为依法不得受让特定财产权的人**;

(~~六~~**四**)法律、行政法规规定的其他情形。

信托部分无效不影响其他部分效力的,其他部分仍然有效。

第一,保持原法条规定的信托无效的第一种情况,但是将"损害社会公共利益"与《民法典》的用词统一起来,改为"违背公序良俗"。信托虽然具有规避法律的特性,但其目的也必须合法,否则无效。

第二,"信托财产确定或可以确定"应当作为信托成立的要素之一,如果信托财产不确定则信托不成立,不应作为信托无效的理由。根据本书第二章

---

① See Wang Wen-Yeu, Wang Chih-Cheng, and Shieh Jer-Shenq, *Trust Law in Taiwan: history*, *current features and future prospects*, in Lusina Ho & Rebecca Lee, TRUST LAW IN ASIAN CIVIL LAW JURISDICTIONS — A COMPARATIVE ANALYSIS 68 (Cambridge University Press 2013).

② 参见王志诚:《信托法》(第四版),台湾五南图书出版股份有限公司 2015 年版,第 104—114 页;日本《信托法》第 10 条中也有类似的规定。

③ 参见我国台湾地区所谓的"信托法"第 5 条。

④ 参见本书第三章第二节《中华人民共和国信托法》(修订建议稿)第 17 条。

第二节得出的结论,信托只有成立、不成立之分,没有生效、不生效之分。

第三,信托人以非法取得的财产、无权处分的财产或者法律规定不得设立信托的财产设立的信托无效。原法条中"非法财产"的界定不够严谨,因为财产本身无所谓合法非法,但是取得财产的方式有可能非法。其中非法取得的财产是指信托人通过非法手段取得的财产,如通过走私、盗窃等获得的财产。无权处分的财产是指信托人对信托财产无处分权。此时若仅限于信托关系人的内部关系,不涉及第三人利益,则信托无效;但倘若涉及善意第三人,影响交易安全,则人民法院可能依法判定推定信托成立。

第四,在信托中受益人为了能够享有信托利益,可能会绕过法律、行政法规的禁止性规定,这种脱法信托应当禁止。因此建议规定,受益人为依法不得受让特定财产权的人时,信托无效。

第五,删除专以诉讼或讨债为目的设立信托为无效的条款。这是因为该规定会导致成为政策工具的公司债信托和金融不良债权信托成为无效信托,不利于推动公司债的发行,也不利于剥离国有商业银行金融不良债。[1]

第六,建议增加第 2 款,信托部分无效不影响其他部分的效力。例如,当信托既有合法目的也有非法目的时,在去除非法目的的部分后信托仍有效。[2]

（二）信托的可持续性

英美信托的可持续性是信托制度区别于其他民事法律制度的一个重要特点,也是其他民事法律制度所不能替代的特点之一。

首先,信托的可持续性表现在信托有可能永久存续。英美国家和地区有很多所谓的"朝代信托",将家族财产置于信托,在家族之中代代传承,长久不衰。之所以能够这样,是因为有些信托财产的收益本身已经足以单独成为巨大的财富,信托人希望信托原物能够长久保有在信托中,受益人只取得信托财产的收益就可以完全满足他们的生活所需。因此,英美信托的分配条款非常完善,通常会将信托财产的原物和信托财产的收益区别对待,设置信托财产收益受益人(一般为终身受益人)和信托财产原物受益人(一般为剩余利益受益人)。

不过,家族信托的期限太长,财富高度集中,容易造成贫富不均,激化社会

---

① 张淳:《我国信托法关于讨债信托与诉讼信托无效的规定应当删除》,《南京大学法律评论》2014 年第 2 期。

② 高凌云:《被误读的信托——信托法原论》(第二版),复旦大学出版社 2022 年版,第 67—68 页。

矛盾。为了公共利益,英美法曾实施限制永久信托的政策("禁止永久权规则"或者"禁止永续规则")①,规定信托不得超过某一特定期限,超出后信托终止。传统的英美法并没有对信托规定一个具体的年限,而是规定了一个公式,即在土地让与人让与土地或信托人设立信托时生存的任何"自然人"的寿命加 21 年。在这期间,任何所有权的归属必须确定,即信托财产的法律上的权利与衡平法上的权利必须同时归属于同一个权利人,从而信托必须终止。②后来由于这个公式容易引起纠纷,尤其对于哪个"自然人"的寿命符合这个公式里的参照条件经常会有争议,于是,有些国家和地区开始用一个确定的年份,比如 80 年或者 110 年,作为权益必须确定、信托必须终止的时限。③ 很多英美法系国家和地区逐渐废除了反永久信托的政策,开始允许朝代信托的存续。我国香港特别行政区就通过立法不再对信托的存续期限设定时限。④ 在很多英美法系国家和地区,家族财富管理可以做到代际传承,不受时间的限制。

其他国家和地区也有对信托期限加以限制的。比如日本信托法针对一些特殊类型的信托规定了不同的法定期限,⑤但并未规定他益信托的一般期限。

我国目前已出现的信托大都是短期自益性信托,信托财产也并不区分原物与收益,受益人一般同时取得信托原物与收益利益。可以想见,我国信托的期限都不会很长。目前的信托法没有针对信托的期限作出限制,也没有类似英美法中对财产和信托的反永续规则。然而,将来家族信托发展起来,如果不区分信托财产的原物与收益、不承认收益受益人与原物受益人的地位,则受限于自然人受益人的寿命,这类信托的期限也不会很长,无法满足家族信托所要达到的信托财产代际传承的目的。当然,如果长期信托发展起来,信托财产将至少会在三代以上的家族成员之间传承,则是否应对其限定期限,或许立法者也应当未雨绸缪。

---

① 其实这一政策不仅针对信托,而且针对所有的财产让与。关于英美信托期限的演变,参见高凌云:《被误读的信托——信托法原论》(第二版),复旦大学出版社 2021 年版,第 76—79 页。

② John C. Gray, THE RULE AGAINST PERPETUITIES § 201 at 191 (4TH ED. 1942).

③ 例如,英国《1964 年永续和累积法》(Perpetuities and Accumulations Act 1964)第 1 条就规定了 80 年的时限,而《2009 年永续和累积法》则将这个时限延长至 125 年。

④ 参见我国香港特别行政区《财产恒继及收益累积条例》第 3A(2)条[除非某信托(不论是否籍文书设立)的条款有相反规定,否则该信托可无限期继续存在]。

⑤ 例如,参见日本《信托法》第 91、259、163 条。

其次,信托的可持续性还表现在受益人可以连续的功能,即根据信托目的将信托受益权先后、连续地归属于多个受益人的功能。比如,信托人某甲设立信托,自己作为第一受益人,死后由儿子某乙作为第二受益人,某乙死后由其子某丙作为第三受益人……一直延续下去,直到达到法律规定的信托必须终止的时限为止。英美家族信托之所以会长久存续,正是因为信托可以设置连续的受益人。其后果是,在先顺位的受益人死亡后,其受益权自动归属于在后顺位的受益人,而不能由前一顺位的受益人的继承人继承。这种功能对于家族信托非常重要,因为这可以保障家族财产永远保留在家族成员手中而不因婚姻或负债落入家族外。相比而言,目前其他民法制度都无法达到同样的目的,因为大陆法系的继承法一般不允许以个人意思变更继承顺序。

最后,信托的可持续性还表现在信托的存续不受受托人缺失的影响。在传统的英美信托法中,没有受托人只会影响信托的管理,却不会影响信托的成立。[1] 信托好比一艘船,受托人是船长,没有船长,船不能出海,但却不会影响这条船的存在。如果一旦受托人缺位信托就终止,那么信托就无法发挥其持续性的财产管理功能。我国目前在很多情况下容易将信托与信托合同等同起来,认为受托人是信托合同的一方当事人,如果没有受托人接受信托,信托就不成立。这种观念需要纠正,否则我国家族信托就永远发展不起来。尤其在遗嘱信托的情况下,当信托遗嘱中指定的人拒绝担任受托人时,信托人已经故世,如果就此判定信托不成立,那么信托人在此世永无机会再设信托了。

综上所述,信托存续时间长,且可以通过设置连续受益人的方式让信托财产更长久地保留在信托中,按照信托设立人的意愿进行管理和分配;同时,受托人的缺位并不必然导致信托终止。这些独一无二的特性决定了信托对家族财富传承与管理能够起到稳定的可持续作用。鉴于此,建议《信托法》中增补有关连续受益人的条款[2],以体现信托的可持续性,同时明确在没有剩余利益受益人的情况下信托财产应归复于信托人或者其继承人,这样才能充分实现设置连续受益人的意义。

信托条款可以指定有先后顺位的连续受益人。在先顺位的受益人依

---

[1] See Lux v. Lux, 288 A.2d 701（R.I. 1972）（"... A trust never fails for lack of a trustee."）.

[2] 参见本书第三章第二节《中华人民共和国信托法》(修订建议稿)第56条。

据信托条款的规定在特定时间段取得信托利益,在后顺位的受益人依据信托条款的规定在特定的未来时间或者未来时间段取得信托利益。

有连续受益人的信托,在先顺位的受益人死亡或者依法解散、被宣告破产的,其信托受益权不作为其遗产或者清算财产,而归属于在后顺位的受益人。最后一个在后顺位的受益人如果不是信托的剩余利益受益人,其死亡或者依法解散、被宣告破产的,信托财产归复于信托人或者信托人的继承人。信托条款另有规定的,依照其规定。

(三) 信托的可撤销性

信托的可撤销性包含两种情况,第一种情况是信托是否可以被信托设立人撤销,第二种情况是信托是否可以被其他人(债权人)撤销。笔者认为,前者可以归类为无因撤销,而后者一般是有因撤销。

英美信托中的可撤销信托与不可撤销信托指的是上述第一种无因撤销的情况,即信托是否可以被信托人撤销。具体而言,信托人可以通过信托条款保留撤销或者变更信托的权力。如果信托人保留了撤销或者变更信托的权力,则信托人可以依据信托条款,无因撤销或者变更信托,这时信托终止,信托财产应当根据信托条款的规定归复给信托人。这里需要注意,撤销和变更其实只是权限大小之不同,当变更权大到可以变更信托的终止条款时,就等于撤销权。

大陆法系国家和地区的信托法中提到的信托的撤销一般是指上述第二种有因撤销的情况,即其他人可以要求法院撤销信托的情形,在英美法系国家和地区,并不强调这是一种撤销权。通常情形下,有人到英美法院对信托的有效性提出异议,法院经审理,如果认为信托的设立的确违反了信托法(无论是判例法还是制定法),法院会判定信托无效。效果上等同于信托被撤销。

信托是否可以被信托人撤销,对信托财产的独立性影响非常大。如果信托是不可撤销信托,传统的英美信托法认为,信托成立后,信托人就淡出信托关系,因为信托人对于信托财产已经放弃了权利,也对信托如何管理、如何分配放弃了权力。确切说,其意愿已经充分表达在信托条款中,全部交由受托人去处理。因此,信托财产不再属于信托人,信托财产的收益应依法承担的税负也不再由信托人承担,在商事信托的情况下可以用"表外"业务来指代这种设立信托的行为。换言之,不可撤销信托可以做到信托财产真正的独立,不仅信托财产所得收益的税负不再由信托人承担,信托财产因独立于信托人的其他财产也不再受信托人的债权人的追索。当然,这些基本原则必须在符合法律规定的情况下才适用。如果不符合税法或破产法等的要求,信托就无法达到这种效果。

　　如果信托可以被信托人撤销,上述优势可能都不存在,因为可撤销信托的财产不独立于信托人的其他财产,所以信托人的债权人有权追索信托财产,信托财产的收益也与信托人其他财产的收益并表缴税。在美国税法中,如果信托人有权随时撤销生前信托,并且是该信托的唯一终身收益受益人,这种信托被称为 grantor trust("让与人信托"或者"授予人信托")①,信托财产被视为信托人的财产,信托人不仅需要为信托财产的收益纳税,还需要用信托财产偿付债务。因此,可撤销信托的信托财产不具备独立性。另外,即便信托是不可撤销信托,假如信托人对信托财产或者对信托的管理与分配持有较大的控制权,结果很可能与可撤销信托一样。在现代实践中,可撤销信托是一种遗嘱替代形式。显而易见,可撤销信托相对更加灵活,信托人在生前可以根据具体情况决定是否撤销信托或者变更信托条款,信托人死后,可撤销信托一般就变为不可撤销信托。

　　不可撤销信托虽然没有这种灵活性,但是却可以在信托条款中授予受托人以自由裁量权,后者依此授权可以根据情况的变化确定信托分配条款;或者授予某受益人以指定分配权,该受益人在去世之前可以通过行使指定权,指定后续受益人,这样可以弥补不可撤销信托不够灵活的缺陷。由于不可撤销信托涉及受托人按照信托人的意愿对信托财产的持续管理,因此,不可撤销信托聘用收费的专业人士担任受托人的情况越来越多,而金融资产组合作为信托财产的情况也比比皆是。

　　如果一个可撤销信托有多个信托人,通常每个信托人只有权撤销自己出资的那部分信托。假如夫妻以各自的个人财产共同设立一个可撤销信托,除非信托条款有相反规定,否则夫妻生存期间可以共同撤销或变更全部或者部分信托,但每个人却只能撤销或变更自己的个人出资部分。如果一方死亡,该

---

① 参见美国《国内税法》第672(e)条。事实上,不仅信托人保留撤销权的信托才是让与人信托,如果信托人同时是收益受益人或者有权指定受益人,这种信托也会被认定为让与人信托,从而承担税收负担。

方的出资部分变为不可撤销、不可变更,另一方只有权撤销或者变更信托的其余部分。假如用夫妻共同财产设立可撤销信托,如信托条款没有相反规定,则在双方生存期间,必须双方一致同意方可变更信托,但是任何一方均可独自决定撤销信托,撤销之后信托财产重新归复为夫妻共同财产。①

在确定信托是否可以被信托人撤销时,如果信托条款有明确规定,则比较容易判断。但是一旦信托条款没有明确规定该信托是可撤销信托还是不可撤销信托,传统英美信托法推定该信托为不可撤销信托。然而现代美国信托法对该传统规则做了修订,新的规则是:确定信托是否可以被信托人撤销,是一个对信托条款的解释问题,需要由法院来判断。法院的判断依据主要是看信托人是否保留了对信托的控制权。如果信托人没有保留任何控制权,则信托推定为不可撤销信托;如果信托人对信托保留了控制权,则推定为可撤销信托,信托财产不独立。不过这种推定可以被相反的证据推翻。②

我国《信托法》非常强调信托人的权利,其第51条授权信托人在下列情况下可以变更信托条款:

> (一)受益人对委托人有重大侵权行为;
> (二)受益人对其他共同受益人有重大侵权行为;
> (三)经受益人同意;
> (四)信托文件规定的其他情形。

上述前三种情形下的变更是有因变更,第四种情形"信托文件规定的其他情形"事实上为信托的可撤销性留下了空间,因为这一项默示着信托条款可以授权信托人无因变更信托,从而起到类似于英美可撤销信托的作用。该条第2款进一步规定:

> 有前款第(一)项、第(三)项、第(四)项所列情形之一的,委托人可以解除信托。

这就意味着当信托条款授权信托人可以无因变更信托条款时,信托人有权令信托终止,这与英美可撤销信托堪称异曲同工。当然,立法选择用"解

---

① 参见美国《信托法第三次重述》第63条评注 k。
② 参见美国《第三次信托法重述》第63(2)条及其评注 c。

除"而非"撤销"一词的用意不明,或许是为了区分"自始无效"与"自此无效"的后果。然而英美法中的可撤销信托在信托未被撤销之前始终有效,被撤销后是"自此无效",不会"自始无效"。当然,如果是有因撤销则另当别论。从中可以看出我国《信托法》立法时并未考虑到授予信托人以无因撤销信托或变更信托条款的情形。《信托法》第50条也用了"解除"一词:当"委托人"是唯一受益人的,"委托人"或者其继承人可以"解除"信托。这一条提及的信托类似于英美信托中信托人是唯一受益人或者对信托财产持有控制权的信托。

　　这两条规定虽然隐含着我国信托法也可能承认信托可以被信托设立人撤销和变更的情况,然而与英美信托法中的可撤销信托仍有不同。为了与其他人"有因"撤销信托的情形相区别,将来修法时应当明确规定信托的无因可撤销性。一方面,作为遗嘱替代的信托一般都是可撤销的,便于家族信托的信托人在有生之年控制自己的财产,灵活修改信托条款,使得信托更能符合自己的心愿。当然为了做到这一点,信托人会牺牲信托财产的独立性并且无法减轻自己的税收负担。另一方面,如果信托人经过深思熟虑决定设立不可撤销信托,从而放弃对信托财产的控制权,以保障信托财产独立于信托各方关系人的财产,那么就不受其他债权人的追索。上述两种选择有利有弊,最终要根据信托人设立信托的需求来定。

　　事实上,我国与其他大陆法系国家和地区的情况一样,法律规定的信托撤销权一般仅指第二种有因撤销的情况,即在符合法律要求的情况下,债权人可以申请法院撤销信托。我国《信托法》第12条规定,当信托损害了"委托人"的债权人利益时,债权人有撤销权,同时,第17条还规定了可以强制执行信托财产的情形,即信托财产不独立、"委托人"的债权人可以追索信托财产的情形,但是却未规定当"委托人"对信托持有撤销权或者控制权时,信托财产是否独立。

　　在理论上,无论是可撤销信托还是不可撤销信托这类有因撤销权或追索权都适用。如果债权人根据信托法的上述规定无权要求法院撤销信托或者追索信托财产,此时信托本身是否可以被信托人无因撤销就很重要了。假如信托是可撤销信托,根据信托法原理,债权人亦有权要求信托人撤销信托或者追索信托财产,其理论依据,一是信托人(债务人)对信托保留了撤销权,二是债权人有权追及债务人(信托人)有权动用的信托财产。在信托发源地之一的美国,其法律一直认为允许财产所有人为其自身利益在其财产上设立某种其债权人不可追索的利益的做法有悖于公共政策,"当一人为其自身利益设立了一个自由裁量信托,其债权人可以追索受托人根据信托条款可以向其支付的最大数额"。①

2021年武汉市中级人民法院判决的一起针对为非婚生子女设立的家族信托的财产进行冻结的案件②就涉及信托财产的独立性问题。信托财产的独立性是绝对还是相对的,并不取决于当事人在信托合同中的约定,也不属于合同法规范的范畴,而应受《民法典》和《信托法》的规范。该案的信托财产很可能来源于不当处置的夫妻共同财产,其是否合法暂且不论,单就信托设立人(非婚生子女的母亲)享有的对信托的支配权,包括任意更换受益人的权力而言,类似的信托如果在英美法系国家和地区的法院审理,一般会被认为该信托因违背公共政策而无效,信托财产至少不能对抗信托设立人的债权人的请求权。

由于我国信托法对信托财产独立于信托设立人的其他财产的规则及其例外规定不完善,因此人们误以为只要设立了信托,不管信托人是否保留了撤销或者变更信托的权力,信托财产都不再受其债权人追索。这种观点没有考虑到公共政策与公序良俗,也给人一种设立信托可以绝对避债的错觉。武汉市中级人民法院似乎认可了被告关于信托财产独立的抗辩,最终否认了对信托财产的冻结。这一结果可以说与我国民法体系没有明确信托财产的所有权关系、信托法没有明确可撤销(变更)信托与不可撤销(变更)信托的法律后果不无关系。

综上,信托的可撤销性是信托高度灵活性的充分体现,也是信托的一个重要特性。鉴于此,建议《信托法》修法时增加以下相关条款③:

信托条款可以规定信托人是否有权撤销信托或者变更信托条款。

本法中"信托条款"指书面信托文件的条款和口头信托条款。

信托条款没有明确信托是否可撤销或者可变更的,受托人为取得信托财产支付了合理价款的信托为不可撤销或者不可变更信托;受托人没有为取得信托财产支付合理价款的信托为可撤销或者可变更信托。

---

① See In re Portnoy, 201 B.R. 685 (1996).

② 参见2021年鄂01执异661号裁定书和01执异784号裁定书。

③ 参见本书第三章第二节《中华人民共和国信托法》(修订建议稿)第6条。

可撤销信托的受托人对信托人负有信义义务。

可撤销信托的信托人是自然人的,在符合其他法律、行政法规的条件下,自信托人死亡之时,信托转为不可撤销信托。

依据本条撤销的信托,自撤销之日起终止。

该法条除了对信托的无因撤销作了规定外,还针对商事信托与民事信托规定了不同的推定规则,以及自然人设立的可撤销信托在设立人死亡后转为不可撤销信托的规定。另外,由于可撤销信托的主宰者和权利义务对象是信托人,因此受托人的信义义务也是针对信托人的,与不可撤销信托的情况不同。最后,增加有关撤销后果的条款,明确在撤销之前信托一直有效,与信托被有因撤销的后果不同。

三、信托的成立

信托的成立非常重要,包括两个步骤,其一是信托人采取某种方式发起设立信托的行为,其二是在信托人、受托人、受益人之间形成法律承认的信托关系。因此确切而言,信托的成立是指信托关系的成立。

在英美法中设立信托的动词一般用"create"表示,[①]订立合同则用"form"表示,从词义看,"form"一般以形式要件的满足为条件,这意味着合同可以在符合形式要件的情况下成立,但信托必须符合实质性要件才能成立,因此,设立信托的行为相当于大陆法系中的要物行为。我国信托法没有将信托的成立与信托合同的成立予以合理区分,同时,法律并未要求信托合同为要物合同,反而规定信托合同签订时,信托即成立,从而将信托与信托合同等同起来。

传统英美信托都是由信托人主动发起设立,即"the settlor creates a trust(信托人设立信托)",而我国的商事信托大多是由信托公司等机构因自己的商业利益而发起。提到信托,人们习惯于说:"信托公司发行信托产品。"没有人去追问谁是信托人,也不会认为是信托人自发设立了信托。事实上,无论商事信托还是家族信托,信托的设立人都只能是信托财产的原始所有人,并非信托受托人。

---

① 有些英美法系国家和地区的现代信托法也有用"formation"指代信托成立的,概因商事信托的出现将赠予性信托转化为交易性信托,使得部分信托带有商业烙印。

（一）信托的设立方式

1. 美国信托的设立方式

英美法对于设立信托的方式并无严格要求。一般而言,信托可以通过信托人作出声明的方式设立,也可以通过信托人将其财产转移给受托人的行为设立,还可以通过信托人签署信托书(信托契据)、订立遗嘱或者与他人订立契约的方式设立。例如,美国《统一信托法》规定:

> 信托可以通过以下方式设立:
>
> (1) 在信托人**生前**、或通过**遗嘱**或在信托人死后才发生效力的其他处分方式,将财产**转移给**他人作为受托人;
>
> (2) 财产所有人**声明**其以受托人身份持有某可识别的财产;或者
>
> (3) 以受托人为对象行使**指定权**。①

上述第(1)款规定了信托人可以通过订立遗嘱设立信托,同时也可以通过在生前将财产转移他人设立信托;至于如何在生前设立信托,甚至没有明确提到信托契约或合同字样。事实上,生前信托可以通过信托人独自签署信托书(又叫信托契据,其签署与订立遗嘱一样是单方民事法律行为)、与受托人签订信托合同(有相对人)或者从事信托行为(直接转移信托财产)的方式设立信托。第(2)款允许信托人设立由其本人担任受托人的宣言信托,即通过“信托宣言(declaration of trust)”设立信托。在英美信托法的框架下,只有宣言信托不需要转移信托财产。当信托财产为不动产时,信托宣言必须为书面文件,以满足反欺诈法(statute of frauds)的要求;然而,当信托财产非为不动产时,信托宣言既可以书面作出,也可以口头作出。宣言信托的设立非常便捷,只需要信托人针对其已经拥有所有权的某财产,表达出从今往后为其他人的利益持有之的意愿即可,甚至这里的“其他人”还可以包括信托人本人,但是信托人不能是唯一的受益人。如果受托人由信托人之外的其他人担任,那么信托财产就必须转移,否则信托不成立。② 这是宣言信托与非宣言信托最大的不同。然而,即便信托财产不需要转移,也需要经过特殊标记和公示,与信托人的其他财产相区别。上述第(3)款中提到的指定权,是指财产所有人授权给他人,

---

① 参见美国《统一信托法》第401条。
② 参见美国《信托法第三次重述》第10(c)和16(1)条。

以便后者在离世前可以决定将财产分配给哪些人以及按何种比例分配、如何
分配,这种权力亦可称为指定分配权。如果指定权人决定将财产指定分配给
受托人,则根据上述条款,即设立了信托。

美国《信托法第三次重述》也对各州设立信托的方法作了总结:

　　……信托可以通过以下方式设立:

　　(a)财产所有人通过**遗嘱**将其财产**转让给**他人作为一人或多人的受
托人;或者

　　(b)财产所有人**生前**将其财产**转让给**他人作为一人或多人的受托
人;或者

　　(c)财产所有人**声明**其作为一人或多人的受托人持有该财产;或者

　　(d)行使**指定权**,将财产指定给他人作为指定权对象的一人或多人
的受托人;或者

　　(e)因**承诺**或**指定受益人**,而为他人创设了可执行的权利,并使其立
即或日后作为受托人持有这些权利,或者根据这些权利,日后作为一人或
多人的受托人接收财产。①

《信托法第三次重述》中所归纳的设立信托的方式与《统一信托法》中列
出的方式大体一致。同样,(b)款对于生前信托的设立,也没有详细写明是通
过信托书还是信托合同设立,而只关注其财产移转的后果。换言之,设立生前
信托,只要财产转移给受托人即可,是通过信托人的单方法律行为(签署信托
书或者仅仅从事信托财产转移的行为)设立,还是通过信托人与受托人订立双
方信托合同设立,在所不论。

除此之外,《信托法第三次重述》还增加了因向他人承诺设立信托,而最
终设立信托的情形。需要注意的是,这里的因承诺而设立信托,与信托人和受
托人通过签订信托合同设立信托的情形不同,这里涉及的是与设立信托相关
的合同。具体而言,根据英美信托法,财产所有人作出将来可能会设立信托的
承诺,无论通过生前财产让与、遗嘱或者宣言的方式,如果该承诺没有拘束力,
则信托不成立;如果该承诺有拘束力(成立了合同),则在该承诺作出之时信

----

① 参见美国《信托法第三次重述》第10条。

托也不成立;只有当作出承诺之后,财产所有人实际履行了承诺,即转移了财产,或者做出了宣言之时,信托才成立。① 这也从侧面再次证明了设立信托的行为相当于大陆法下的一种要物的民事法律行为。

另外,传统英美信托一般并不要求有书面文件,口头方式就可以有效设立信托,除非反欺诈法要求某特定财产的移转必须通过书面形式作出。② 反欺诈法是英美法中的一个规则,要求某些特定合同或文件必须以书面形式达成,否则不可强制执行。一般涉及土地及其他不动产的合同必须通过书面形式达成。由此推理,涉及不动产利益的信托需要以书面形式设立,而一般涉及动产的信托无须书面文件即可设立。但是法律一般要求口头信托必须由清晰且有说服力的(clear and convincing)证据证明。③

美国马里兰州有一个案例涉及口头信托。有一个叫 George Fournier 的隐士,他一生节俭,很少出门,也很少与人交往,平时将现金藏在家里的角角落落。1998~1999 年左右,他带着两个箱子找到唯一的一对朋友夫妻,说每个箱子里装了 20 万美元现钞,要朋友帮忙保管,等他死后将钱给他的妹妹甲。2005 年他去世后,这两箱现金引起了诉讼。官司一直打到马里兰州最高法院,最终法院认定他设立了一个有效的口头信托,这两箱现金应该给他的妹妹甲。④ 然而,最高法院作出判决的六周后,他的妹妹乙在他办公桌底下的铁皮箱内找到一张纸条,写着放在朋友处的那笔 40 万美元现金是为了给他的妹妹甲、妹妹乙和外甥丙的。虽然这个纸条他本人并没有签字,替他保管钱的那位朋友却签了字。于是妹妹乙再次提起诉讼,法院这次认定 40 万美元的信托资金的受益人应当是甲乙丙三人,每人有权获得三分之一。⑤ 很明显,书面信托更具说服力。

近年来,美国有些州开始要求信托的设立必须采取书面形式。例如,纽约州要求所有的生前信托必须符合形式要求:

---

① 参见美国《信托法第三次重述》第 10 条评注 g。
② 参见美国《信托法第三次重述》第 20 条。
③ 例如美国缅因州的法律,参见 18‑B Maine Revised Statutes（M.R.S.）§ 407（2005）;又见美国加利福尼亚州的《遗产验证法》第 15207 条。
④ See In re Estate of Fournier, 902 A.2d 852（Me. 2006）.
⑤ See In re Estate of Fournier, 966 A.2d 885（Me. 2009）.

  每个生前信托都应以书面形式设立,并由初始设立者以及至少一位受托人——除非该设立者同时也是唯一受托人,以符合本州有关不动产转移登记法律的形式签署并认可,或者在两位将在信托文件上签名的证人面前签署"信托文件"。①

这是因为很多州将生前信托作为遗嘱的替代,因而要求设立生前信托需要全部或部分符合订立遗嘱的要求。另外,立法者认为这种形式上的要求可以让信托人或者其他关系人意识到将要签署的文件的严肃性,可以实质性地减少潜在的违法行为。这个要求还可以阻止信托人在最后一刻忽然心血来潮变更信托条款。② 书面要求也并不绝对。比如2003年纽约州上诉法院审理一个案件时,发现信托人从来没有签署过信托协议,然而法院认为明示信托的所有要件都符合,即:有指定的受托人,有可以辨识的信托财产原物,以及信托人将信托财产原物交付给受托人意欲将其法律上的所有权转移给受托人。法院认为,除了这些条件外,设立明示信托不需要任何其他特定的文字形式,"可以口头或者书面设立……且可能因信托人的行为而默示成立"。因此,法院认为信托人没有签署信托文件并不导致信托无效。③

2. 部分大陆法系国家和地区的信托设立方式

亚洲几个大陆法系国家和地区的信托法也秉承了英美法中对设立信托的要求,规定了类似的信托设立方式,然而,其内容各有特点。例如,日本信托法规定的信托设立方法有三种:

  信托,应以下列方法之一为之:

  (1)与特定人缔结以移转财产、设定担保或为其他处分予该特定人,且该特定人应基于一定的目的,为财产的管理、处分或其他欲达成该目的之必要行为之**契约**。

  (2)以移转财产、设定担保或为其他处分予特定人,且该特定人应基于一定的目的,为财产的管理、处分或其他欲达成该目的之必要行为之**遗嘱**。

  (3)特定人表示按一定的目的,对于自己所有的一定财产,应自为管

---

① 参见《纽约州法律汇编:遗产、权力与信托》,纽约州政府2021年版第7-1.17(a)条。

② 同上。

③ See Matter of Marcus Trusts, N.Y.L.J.(App. Div. 2d Dept., 2003).

理、处分或其他欲达成该目的之必要行为,并于公证书及其他书面或电磁记录上载明该目的、该特定财产之必要事项及其他法务省令规定之事项者。①

这三种设立信托的方式表面上看似乎与英美信托法类似,比如第(1)款是生前信托,第(2)款与英美法设立遗嘱信托的要求一样,第(3)款其实是英美法中的宣言信托。然而日本法下的生前信托显然与英美法的不同,日本法下只有通过信托契约这种单一方式才能设立生前信托。英美法下可以通过签署信托书和转移信托财产这一信托行为而设立信托的方式在日本法中没有规定,并且日本法下以信托契约方式设立信托的,也并未要求同时转移信托财产。前文提到日本信托法接受了英美信托法中信托财产转移给受托人的制度,然而在列举信托设立的方式时,却并未突出信托财产的移转,这就直接导致信托成立的时间不够明确。日本信托法第 4 条规定:

(1) 前条第(1)款所载方法之信托,以应成为委托人之人与应成为受托人之人间**缔结信托契约而生效**。

(2) 前条第(2)款所载方法之信托,于**该遗嘱发生效力而生效**。

……

从中可以看出,日本信托法规定,通过遗嘱设立的信托自遗嘱生效之时"生效",而通过订立信托合同设立的信托自合同成立之时"生效"。如前所述,根据英美信托法理论,信托一经有效设立即生效,因此,信托的生效节点与其成立节点同一。据此,日本信托法的上述法条可以重述为:遗嘱信托自遗嘱生效之时起成立,合同信托自合同成立之时成立——这显然忽视了法律对信托财产移转的要求。根据英美信托法,在这种情况下,只要不是宣言信托,只要信托财产没有移转,信托不成立,除非信托财产是合同债权。这一点不得不说是日本信托法的一个瑕疵。②

---

① 参见日本《信托法》第 3 条,载新井诚著:《信托法(第四版)》,刘华译,中国政法大学出版社 2017 年版,第 446—447 页;又见 Makoto Arai, *Trust Law in Japan: Inspiring Changes in Asia*, 1922 and 2006, in Lusina Ho & Rebecca Lee, TRUST LAW IN ASIAN CIVIL LAW JURISDICTIONS — A COMPARATIVE ANALYSIS 28 (Cambridge University Press 2013)。

② 笔者于 2017 年 12 月 16 日参加"第八届中国(上海)信托国际论坛"时,曾与日本中央大学法学院新井诚教授就此事做过探讨,新井诚教授坦言他本人也认为日本信托法中的这一规定是错误的。

我国台湾地区的所谓"信托法"规定,信托"应以契约或遗嘱为之"①。条文中对于信托的成立并无明文规定,但学者认为,信托可以通过信托合同、遗嘱或宣言设立,并认为"契约信托除了必须有债权行为外,还必须有物权行为或准物权行为才能成立并生效",因此,"委托人与受托人缔结信托契约后,委托人尚应将财产权转移予受托人,信托契约始能成立,并同时生效"。② 笔者认为这种观点虽有可取之处,但是它将信托契约的生效与信托的生效仍然混为一谈。我国台湾地区"最高法院"通过审判确定,信托合同的性质为单务合同,认为信托人把信托财产的物权转移给信托是信托合同成立的必要条件。③ 虽然我国台湾地区的所谓"信托法"系参照日本信托法所制定,然而通过合理的司法推理在一定程度上弥补了日本信托法的一些缺陷。

3. 我国信托的设立方式

我国信托法关于设立信托方式的规定更加简单直接:

设立信托,应当采取**书面**形式。

书面形式包括信托合同、遗嘱或者法律、行政法规规定的其他书面文件等。

采取信托合同形式设立信托的,**信托合同签订时,信托成立**。采取其他书面形式设立信托的,**受托人承诺信托时,信托成立**。④

从表面上看,这条规定很明确,即设立信托应当采取书面形式。与日本信托法不同的是,我国信托法没有明确承认通过宣言设立信托的方式,但是书面形式只包括书面合同和书面遗嘱的规定又与日本信托法的规定相似。我国信托法没有明确允许信托人通过单方签署信托书的方式设立信托,不过"法律、行政法规规定的其他书面文件"似乎给通过信托书等其他书面文件设立信托留下了余地。

另外,《民法典》继承编承认在紧急情况下的口头遗嘱的效力。同时,合

---

① 参见我国台湾地区"信托法"第 2 条。
② 参见王志诚:《信托法》(第四版),台湾五南图书出版股份有限公司 2015 年版,第 82 页。
③ 转引自 Wang Wen-Yeu, Wang Chih-Cheng, and Shieh Jer-Shenq, *Trust Law in Taiwan: history*, *current features and future prospects*, in Lusina Ho & Rebecca Lee, TRUST LAW IN ASIAN CIVIL LAW JURISDICTIONS — A COMPARATIVE ANALYSIS 71 (Cambridge University Press 2013)。
④ 参见我国《信托法》第 8 条。

同编也规定,如果合同双方同意以书面形式订立合同,在特殊情况下即便没有书面合同,合同也成立。[①] 这种"对要式合同强制性的弱化"是否也可以适用于信托条款,已有学者对此持肯定态度。[②] 如是,则口头信托也应具备效力。

与日本信托法相似,我国信托法也没有将信托财产的转移本身作为设立信托的一种方式。事实上,我国信托法的规定比日本信托法保守,后者在对信托的定义中已然体现了对信托财产转移的要求,而我国信托法根本就没有要求信托财产转移。可见,在信托的成立时间上,我国信托法也和日本信托法一样,将信托与信托合同相混淆。将来我国信托法的修订,可以参照英美信托法的规定以及信托法学者的观点,并结合我国的实际情况,对此加以修订。具体可以将第 8 条与第 13 条合并修改如下[③]:

第六条

设立信托,应当采取书面形式、**录音录像形式或者法律、行政法规规**定的其他形式。**在危急情况下可以通过口头声明、口头遗嘱设立信托。**

书面形式包括**信托书**、信托合同、**信托**遗嘱或者法律、行政法规规定的其他书面文件等。

~~采取信托合同形式设立信托的,信托合同签订时,信托成立。采取其他书面形式设立信托的,受托人承诺信托时,信托成立。~~

第十三条

设立生前信托,应当遵守本法的规定以及《中华人民共和国民法典》的相关规定。设立遗嘱信托,应当遵守~~继承法关于遗嘱~~本法的规定以及《中华人民共和国民法典》中有关遗嘱及继承的规定。~~遗嘱指定的人拒绝或者无能力担任受托人的,由受益人另行选任受托人;受益人为无民事行为能力人或者限制民事行为能力人的,依法由其监护人代行选任。遗~~

---

① 例如我国《民法典》第 490 条规定:

　　当事人采用合同书形式订立合同的,自当事人均签名、盖章或者按指印时合同成立。在签名、盖章或者按指印之前,当事人一方已经履行主要义务,对方接受时,该合同成立。

　　法律、行政法规规定或者当事人约定合同应当采用书面形式订立,当事人未采用书面形式但是一方已经履行主要义务,对方接受时,该合同成立。

② 参见赵廉慧:《我国遗嘱继承制度背景下的遗嘱信托法律制度探析》,《法学杂志》2016 年第 33 期。

③ 参见本书第三章第二节《中华人民共和国信托法》(修订建议稿)第 12 条。

~~嘱对选任受托人另有规定的，从其规定。~~

采取录音录像形式设立信托或者在危急情况下通过口头声明、口头遗嘱设立信托的，应符合《中华人民共和国民法典》的相关要求。

没有采用以上形式，但实质上形成了本法规定的信托关系的，视为信托成立。

第一，将设立信托的方式总结在同一条款中，而不是散落于法条各处。

第二，信托的设立形式不限于书面形式，只要能够证明实质上形成了信托关系即可。《信托法》颁布时我国信托制度尚不发达，缺乏实践经验，这才将信托的设立形式限于书面形式，以增强信托的确定性，减少信托纠纷。[①] 在我国信托实践主要是营业信托的背景下，为了保护受益人的利益，强调要式性也具有一定的合理性，但在客观上增加了设立民事信托的难度，也将一些事实上形成了的信托关系排除在外。另一方面，《民法典》继承编承认了录音录像形式遗嘱[②]以及危急情况下口头遗嘱[③]的效力。《民法典》合同编也规定，如果合同双方同意以书面形式订立合同，在特殊情况下即便没有书面合同，合同也成立。[④] 信托的设立也可考虑借鉴这一条。[⑤] 只要形成实质上的信托关系，即认定信托成立。因此，就信托的设立方式而言，建议以书面形式为主，口头方式为辅，在危急情况下可以通过口头声明、口头遗嘱形式设立信托。目前我国信托事业不断发展，增加信托的设立形式能适应我国信托事业的发展要求。

第三，书面形式除了原规定的信托合同、信托遗嘱外，还应将信托书予以列举。信托书主要适用于生前信托，其签署与订立遗嘱一样属于单方法律行为。另外，原法条关于信托的成立时间的规定不合理。《信托法》第 8 条第 3 款前半句 "采取信托合同形式设立信托的，信托合同签订时，信托成立" 的规定混淆了信托合同与信托的不同，信托合同只是设立信托的媒介之一，信托合同成立并不等同于信托成立。一般来说，通过信托合同设立的信托于财产转移时才成立。第 8 条第 3 款后半句 "采取其他书面形式设立的，受托人承诺信

---

① 卞耀武：《中华人民共和国信托法释义》，法律出版社 2002 年版，第 59 页。

② 参见我国《民法典》第 1137 条。

③ 参见我国《民法典》第 1138 条。

④ 参见我国《民法典》第 490 条。

⑤ 赵廉慧：《我国遗嘱继承制度背景下的遗嘱信托法律制度探析》，《法学杂志》2016 年第 33 期。

托时,信托成立",这一规定混淆了单方行为和契约行为。除了信托合同外,信托书、信托声明和遗嘱均属于单方法律行为,设立信托不需要受托人承诺,信托成立与否也与受托人承诺无关。

第四,生前信托与遗嘱信托的设立方式有差别。生前信托可通过信托书、信托合同和信托声明的方式设立;遗嘱信托则通过信托遗嘱的形式设立。这些设立信托的行为都属于民事法律行为,除了应遵守《信托法》的规定,还应遵从《民法典》的有关要求。

第五,根据"重实质、轻形式"的原则,对于一些实质上形成了信托关系的民事法律关系也应承认其为信托关系,以免这些民事关系游离于《信托法》之外,因此建议增加第 5 款:"没有采用以上形式,但实质上形成了本法规定的信托关系的,视为信托成立。"

(二) 信托的成立要件

在英美法系国家和地区,信托成立的主要后果是受托人从此负有信义义务,因此受托人又被叫作信义义务人(fiduciary)。

以美国纽约州的信托法为例,信托和信托关系传统上由判例法规范。1997 年纽约州的《遗产、权力与信托法》(Estates, Powers and Trusts Law)修订时将信托成立要件纳入其中,包括:

(1) 有指定的受益人;

(2) 有指定的受托人;

(3) 有可以被充分识别且能将其所有权转移给受托人的资金或者财产;

(4) 有将该财产为某特定目的持有或者使用的指令;以及

(5) 为将其法律上的所有权转移给受托人而向受托人实际交付或者依法转让资金或者其他财产。①

根据纽约州的《通用债法》的规定,一个有效信托必须有明确表达出来的设立信托的意愿(manifested intent to create a trust),可以合理确定的信托财产原物(a trust res determinable with reasonable certainty)和可以合理确定的

---

① 参见美国纽约州《遗产、权力与信托法》第 7 条;《遗产检验法院诉讼程序法》(Surrogate's Court Procedure Act)第 15 条。

受益人(trust beneficiaries determinable with reasonable certainty),与前述要件互为补充。① 虽然受托人对于信托的管理至关重要,但信托并不因受托人缺失而无效。② 以前纽约州的法律要求,明示信托一般需通过书面形式成立,然而却允许有关动产的明示信托可以口头设立,③修订后的法律要求,在1997年12月25日以后设立的生前信托必须以书面形式设立,④遗嘱信托仍可按照传统方式设立。

再以美国缅因州的信托法为例,法律对设立生前信托的要求是:

信托可以通过在信托人有生之年将财产**转移给他人**作为受托人而设立。

设立信托必须满足以下条件:

(1) 信托人有设立信托的行为能力;

(2) 信托人作出设立信托的意思表示;

(3) 信托有确定的受益人;

(4) 受托人有义务履行;

(5) 同一个人不能是唯一受托人和唯一受益人。⑤

从中可以看出,信托作为一种"关系"或"安排",具有鲜明的特征。首先,转移信托财产是设立生前信托的前提条件。其次,虽然设立信托由信托人的单方法律行为即可完成,但是信托的法律关系却涉及信托人、受托人与受益人三方。这种独特的三方架构是设立信托的基本要素,其中又以受益人与受托人更为重要,因为根据英美信托法,一旦设立了信托,信托人对信托财产就不再以所有人的身份拥有任何权利——如果信托人同时也是受益人,此时也只能以受益人的身份拥有针对信托财产的信托利益。因此,信托设立后,信托人作为设立信托这一单方法律行为的民事主体完成任务之后,基本上就脱离了信托关系。⑥虽然如此,有符合法定条件的信托人仍是设立信托的基本要件之一。有关信

---

① 参见美国纽约州《通用债法》(General Obligations Law)第5-703(1)节。

② 同上。

③ 同上。

④ 参见美国纽约州《遗产、权力与信托法》第7-1.17(a)条。

⑤ 参见美国《缅因州法律汇编》第18-B编第402(1)条。

⑥ 当然,有些信托会为信托人保留较大的控制权,包括撤销权。

托人的法定条件,包括行为能力等具体要求,在本章第三节中有详细分析。

受益人在信托中的地位不言而喻,因为设立信托的主要目的就是为了受益人的利益,没有确定的受益人,或者没有可以确定的受益人范围,信托就不能成立。另外,受益人有权执行信托,是信托架构中受托人天然的监督者。受托人对受益人负有信义义务,一旦受托人没有按照信托条款行事,受益人有权对其提出要求,并有权向法院起诉。

在信托的三方关系人中,受托人是负有信义义务的主体,没有受托人,信托就无法设立。这里的受托人是指执行并管理信托的抽象的职能机构(或曰"职位"),并非指具体从事受托人职责的某个个人或某家信托公司。正因为如此,在美国《信托法第三次重述》第三编"信托的要素"中的"受托人"一章中第1条规定:"信托不因受托人缺位而无效。"①纽约州的法律也规定,虽然受托人对于信托的管理至关重要,但信托并不因受托人缺失而无效。②

通常学者们比较强调信托的"三确定原则",即信托目的、信托财产与受益人必须确定,纽约州的信托法要求信托人的意愿、信托财产和受益人确定,③但是美国其他州的信托法和统一信托示范法并没有将信托财产列为设立信托的要件之一,这并非因为信托财产不重要,而是因为信托财产的确定与转移是信托定义中的要素,也是设立信托的默认规则。比如前述缅因州信托法中,作为前提条件,设立信托必须将信托财产转移给受托人。美国《信托法第三次重述》对信托财产的确定性提出要求,规定"期待权"和某些并不存在的权利不符合信托财产必须确定的要求,因此不能作为信托财产设立信托:

> 对将来收到财产的期待或希望,或者尚未存在或者已经灭失的利益,不可「作为信托财产」由信托持有。④

除了信托的三方关系人外,英美信托成立的要件还包括信托人有设立信托的意愿以及信托目的必须合法等。另外,信托还必须满足法律规定的其他要求,比如,如果是遗嘱信托,或者如果信托财产是不动产,则根据英美继承法

---

① 参见美国《信托法第三次重述》第31条。
② 参见美国纽约州《通用债法》第5－703(1)节。
③ 同上。
④ 参见美国《信托法第三次重述》第41条。

或者反欺诈法的规定,信托必须以书面形式设立。

作为一部示范法,美国《统一信托法》中有关信托成立的要件规定如下:

（A）只有符合以下条件时,信托才成立:

(1) 信托人有设立信托的行为能力;

(2) 信托人表达出设立信托的意愿;

(3) 信托有确定的受益人,或者信托是:

(a) 慈善信托;

(b) 符合第408条规定的照料动物的信托;

(c) 符合第409条规定的为非慈善目的设立的信托;

(4) 受托人有需要履行的各种义务;且

(5) 唯一受托人和唯一受益人不是同一人。

（B）如果受益人现在或将来可以被确定,则受益人为确定,但任何适用的禁止永续权规则另有规定者除外。

（C）受托人可以从不特定的群体中选择受益人的权力有效。如果该权力未在合理时间内行使,该权力失效,其所涉财产,转给若没有该授权时有权取得该财产者。①

可以看出,《统一信托法》中有关信托成立的要件基本上与美国各州信托法的要求大同小异。而信托目的、信托财产与受益人的"三确定原则"并不足以囊括信托成立的所有要件。

我国《信托法》规定的信托成立要件包括: 信托目的必须合法,信托必须以书面形式设立,信托财产必须确定或可以确定、为"委托人"合法拥有,且需依法登记。② 这里最独特的规定就是有关信托登记的规定。日本和韩国等引进英美信托制度的国家和地区也对信托登记有或多或少的要求。因本章第二节第四部分针对信托财产的公示进行分析时会涉及信托登记的内容,此处暂不展开。

综上,由于信托与信托合同并不等同,因此信托的成立要件与信托合同的成立要件也不相同。因此,除了建议在《民法典》中增加"信托合同"为有名合

---

① 参见美国《统一信托法》第402条。

② 参见我国《信托法》第6—11条。

同之一加以规范①外,还建议将《信托法》第6、7条合并,并增加相应的内容②:

第六条

设立信托,~~必须有合法的信托目的。~~应当具备下列条件:

(一)信托人有设立信托的行为能力并作出设立信托关系的意思表示;

(二)有合法的信托目的;

(三)有确定或者可以确定的信托财产;

(四)有确定或者可以确定的受益人或受益人范围;

(五)有负有信义义务的受托人职位;③

(六)信托财产由信托人依法转移或为其他处分给受托人。设立宣言信托的,信托财产应依法独立标记。

第七条

~~设立信托,必须有确定的信托财产,并且该信托财产必须是委托人合法所有的财产。本法所称财产包括合法的财产权利。~~

四、信托的类型

信托的类型是信托研究中另一个重要的基础性问题。信托可以根据不同的标准有不同的分类。在英美信托法中,传统信托包括慈善信托与其他私益信托,现代信托包括广义的商事信托以及狭义的商业信托,并没有"家族"信托、"资金"信托等更细致的分类。而我国《信托法》和《慈善法》中提到的信托类型有民事信托、营业信托、公益信托和慈善信托,业界提到的信托类型有资金信托、收益权信托、股权信托、房地产信托和新近兴起的家族信托等。

我国《信托法》第3条规定:"委托人、受托人、受益人……在中华人民共和国境内进行民事、营业、公益信托活动,适用本法。"该条提到的民事信托、营业信托和公益信托之间的关系和异同很重要。

根据有些学者的观点,上述三类信托的主要区别在于信托目的不同:

民事信托,是以完成一般的民事法律行为为内容的信托,通常是以个

---

① 参见本书第一章第二节第三部分的内容。

② 参见本书第三章第二节《中华人民共和国信托法》(修订建议稿)第11条。

③ 有关受托人的"职位"与具体担任受托人者的区别,相见本章第三节第二部分。

人财产为抚养、赡养、遗产继承等目的而设立的信托,它相对于营业信托(商事信托)而又称为非营业信托。

营业信托,是以营利为目的,委托营业性的信托机构实施商事行为的信托,所以又称商事信托,与民事信托相对。

公益信托,是以促进和举办公益事业为目的的信托,为社会公众谋求利益,而不是为特定的个人谋私利。①

然而,这种解释有不尽合理之处。

也有学者在诠释《信托法》条文时,认为这种列举主要是因为这三种信托可以将社会上存在的各种信托形态包括进来,使之受信托法调整,而非学理上对信托的分类。② 这一观点非常有道理。然而,该观点同样认为,私益信托可以分为营业信托和非营业信托。其中"营业信托是个人或法人以财产增值为目的,委托营业性信托机构进行财产经营而设立的信托。非营业信托又称民事信托,是以个人财产为扶养、赡养、处理遗产等目的,委托受托人进行财产管理而设立的信托"。③ 与上述引文中的观点类似。这一观点值得商榷。

笔者认为,营业信托和非营业信托是根据受托人的性质区分的,而民事信托和商事信托是根据设立信托的目的不同,以及因其目的不同导致设立方式的不同而区分的,所以,营业信托与民事信托不可能并列,也就不存在"非营业信托又称民事信托"之说。民事信托系为财产管理之目的而设立的信托,既可以是营业信托,也可以是非营业信托。比如,某甲以个人财产为家庭财富管理和传承目的设立信托,非以营利为目的,如果聘请营业性的信托机构担任受托人,则该信托既是民事信托也是营业信托。因此,将《信托法》第3条中对"民事信托""营业信托"和"公益信托"的区分作为对信托的分类,在逻辑上无法自洽,因为这三种类型的信托,其分类所依据的标准不同,三者可以互相交叉。另外,也有学者认为,信托本来"就是市民关系",将信托分为这三种类型"就如同当年将合同分为民事合同、经济合同一样","是不能

---

① 上述区分参见卞耀武:"信托关系规范化及其现实意义",载卞耀武主编:《中华人民共和国信托法释义》,法律出版社 2002 年版,第 6 页。

② 参见王清、郭策:《中华人民共和国信托法条文诠释》,中国法制出版社 2001 年版,第 9 页。

③ 同上。

容忍的错误"。①

其他大陆法系国家和地区的学者也已经意识到营业信托与商事信托并非等同。有日本学者将信托分为民事信托和商事信托,其中民事信托是指受托人仅消极地或被动地管理、保全与处分信托财产的信托,而商事信托是指受托人的作用超出管理、保全或处分财产这一范围的信托。② 这种观点也值得商榷。比如在利用信托从事资产证券化的交易中,信托财产一般为应收账款等金融资产,受托人一般只需从事催款、转账等事务性工作,不可积极投资运用信托资产,在一定程度上属于"消极被动"的管理模式,但是业界一般认为这种信托是商事信托,不会认为是民事信托。不过,日本学者认为营业信托既包括商事信托也包括民事信托,这种观点值得我们借鉴。③

由于我国的信托制度发展时间尚短,目前已有的信托种类单一,因此在信托分类问题上更多处于理论探讨阶段。然而,目前商事信托的发展程度以及家族信托的发展潜力,都意味着在不久的将来会出现更加复杂的信托类型,会远远超出《信托法》中罗列出的三种信托类型。另外,我国目前的信托法律制度中,除《信托法》外,还有《信托公司管理办法》和《信托公司集合资金信托管理办法》等规定,针对的是信托公司管理的信托和"资金信托"。要确定哪些信托必须遵守这些规定的要求,必定涉及对信托的准确分类。如果信托分类不明晰,法律规范就不能正确适用。

关于信托的分类,几乎每一本信托法的教材都会提到。然而某些分类方式不够科学,某些类型的界定标准有些模糊,因此,笔者仍然决定对几种重要的信托类型进行批判式分析,试图澄清一些模糊问题。

(一) 公益信托与私益信托

一般而言,自益信托和受益人特定的他益信托是私益信托,而受益人不特定的他益信托是公益信托。由于公益信托中不特定的受益人往往是公众或者

---

① 参见刘士国:"关于中国民法典的制定——以草案建议稿为中心",载中国民商法律网(2002 年 11 月 4 日),原文链接: http://old.civillaw.com.cn/Article/default.asp?id=10975(2021 年 8 月 9 日最后访问)。

② 参见神田秀树:《日本的商事信托——序说》,转引自新井诚著:《信托法(第四版)》,刘华译,中国政法大学出版社 2017 年版,第 46 页。

③ 参见日本学者神田秀树的观点,转引自王志诚:《信托法》(第四版),台湾五南图书出版股份有限公司 2015 年版,第 66 页。

公众的一部分,因此有时也把公益信托定义为为公共利益目的而设立的信托。

每个国家和地区都对公益信托和私益信托区别对待。由于在英美法系国家和地区,公益信托(主要叫作慈善信托)始于传统(家族)信托,因此,慈善信托传统上也是家族信托的一个分支,然而后来发展出一些专门适用于慈善信托的特别规则,慈善信托逐渐被作为一种单独的信托类型。

我国《信托法》和《慈善法》对公益信托都有专章规范。《信托法》第 16 章共有 15 个条款对公益信托进行了规范,《慈善法》第五章用 7 个条款专门规范了"慈善信托"。根据我国法律,"公益信托"是指为公共利益目的而设立的信托,[①]"慈善信托"被定义为"属于公益信托,是指委托人基于慈善目的,依法将其财产委托给受托人,由受托人按照委托人意愿以受托人名义进行管理和处分,开展慈善活动的行为"。[②]

公益信托与私益信托的主要区别在于是否有特定的受益人,公益信托一般指受益人为不特定公众的信托,私益信托则指为特定民事主体的利益而设立的信托。公益信托都是他益信托,而私益信托既可以是他益信托,也可以是自益信托。我国目前存在的信托大多是自益信托。自益信托中信托人同时又是受益人,他益信托中受益人是信托人之外的其他人。[③] 商事信托一般是自益信托,但家族信托大多是他益信托,或者至少也是自益与他益相结合的信托,因为如果仅仅为了自己的利益设立信托,不可能起到家族财富传承的作用。

我国法律对私益信托和公益信托的规范截然不同,因此,在对信托进行分类时,首先要区分该信托是公益信托还是私益信托。本书主要探讨私益信托的内容,但是这里也对"公益信托"的定义提出修订建议,具体建议将《信托法》第 60 条进行以下修订[④]:

信托目的为了下列**一个或者多个**公共利益目的,**且受益人为不特定的社会公众的信托,**之一而设立的信托,属于公益信托:

（一）**预防或**救济贫困;

（二）**扶老**、**救孤**、**恤病**、**助残**、**优抚**救助灾民;

---

① 参见我国《信托法》第 60 条。
② 参见我国《慈善法》(2016 年)第 44 条。
③ 我国《信托法》第 43 条规定:"委托人可以是受益人,也可以是同一信托的唯一受益人。"
④ 参见本书第三章第二节《中华人民共和国信托法》(修订建议稿)第 106 条。

（三）预防或救助自然灾害、事故灾害和公共卫生事件等突发事件~~扶助残疾人~~；

（四）发展教育、科技、文化、艺术、体育事业；

（五）发展医疗卫生事业；

（六）发展**动植物或者**环境保护事业，**防治污染和其他公害**，保护和改善~~维护~~生态环境；

（七）**发展社会服务事业**；

（八）发展其他社会公益事业。

（二）普通法信托与制定法信托

将信托分为普通法信托与制定法信托是英美信托所独有的一种分类。英美信托通常分为普通法信托（common law trust）和制定法信托（statutory trust），前者是指通过判例法承认的信托，后者是指通过制定法设立的信托，后者又可译为"法定信托"。

英美普通法信托主要是指一种信义关系，既包括目的为赠与的信托（所谓的"家族信托"），也包括目的为从事商事交易的信托（所谓的"商事信托"），后者还包括普通法商业信托（"马萨诸塞州信托"或"马萨诸塞州商业信托"）。① 制定法信托是指依据本州的商业信托法或法定信托实体法等制定法而设立的信托，也叫"商业信托（business trusts）"。这种信托最初也是普通法（判例法）信托的一种，但是后来美国很多州颁布了以"商业信托法"为名的制定法，为符合法定要求的信托提供了一些商业上的优惠待遇，使之成为一种与公司、合伙相并列的商业组织形式，供设立商业实体者选择。2009 年，美国统一州法委员会还颁布了《统一法定信托实体法》（Uniform Statutory Trust Entity Act）②，为各州提供了立法范本。制定法信托与普通法信托之间的区分主要是设立信托的法律依据是不是制定法。制定法信托具有独立的实体地位，与其受托人和受益人相区别，而普通法信托不具有独立的实体地位。③ 另外，制定法信托的主要目的不可以是赠与，因此也就排除了家族信托。制定法信托

---

① 参见美国《统一法定信托实体法》第 102(3)条。

② 2009 年 7 月 9 日由美国全国统一州法委员会全体会议通过，其目的是取代各州的《商业信托法》《制定法信托法》和《不动产投资信托法》。参见美国《统一法定信托实体法》第 1006 条。

③ 参见美国《统一法定信托实体法》第 302 条。

还通过法律规定,保护受益人与受托人不受信托的债权人的追索。[1] "商业信托"是商事信托中的一种,既可能是普通法信托,也可能是制定法信托,其设立乃为商事目的,例如组织共同基金,或者进行结构性融资。商业信托的目的并非赠与,其作为商事交易的一部分,涉及契约自由而非处分自由。综上,普通法信托包括家族信托、商事信托,商事信托包括商业信托;制定法信托包括依据制定法设立的商业信托。[2]

英美信托的这种分类对于我们研究英美信托法很有意义,然而对于优化我国的信托分类没有很大的借鉴价值,因为我国不存在判例法,因此也就不存在判例法信托与制定法信托的区分。但是这种对家族信托和商业信托的区分却值得我们借鉴,具体请见下文分析。

(三)民事信托与商事信托

民事信托是指信托人在设立信托时将信托财产无偿转移给受托人的信托,而商事信托则是指信托人在设立信托时要求受托人为取得信托财产支付合理价款的信托。显然,前者一般用于私人、家庭成员间的财富传承,而后者一般用于商业交易中。

然而人们对这两种信托的理解却并不统一。"民事信托"和"商事信托"是我国《信托法》提及的两种信托,虽然法律并没有对其确切定义,但一般认为前者是指为财产管理与传承而设立的信托,后者是指营业信托。如前所述,这种区分不尽合理。日本学者认为,民事信托的本质在于信托财产的存在和"委托人"的意愿,而商事信托的本质是其具有某种商事性质的协议,[3]这虽然具有一定的借鉴意义,但有失于模糊。

英美信托法中与"民事信托"和"商事信托"对应的是"传统信托"和"现代信托"。"传统信托"是指为了家族财富传承而设立的信托,这是信托的原始类型,与家族或家庭财产有关,一般是家族中的家长将其创造和积累的资产置入信托,由专人管理经营,其收益先供自己和配偶享用、自己死后供子孙后代所用,或者全部由其他家庭成员享用。因此,"信托"之前一般不需要加"家

---

[1] 参见美国《统一法定信托实体法》第 304 条。
[2] 根据美国《统一法定信托实体法》第 102(17)条的定义,"信托"包括普通法(判例法)信托、制定法信托,以及外国的制定法信托。
[3] 参见新井诚著:《信托法(第四版)》,刘华译,中国政法大学出版社 2017 年版,第 46 页。

族"这个修饰语。信托人在把信托财产（无论是不动产、资金还是财产或财产权）转移给受托人时，都不收取对价，信托财产从财产所有人到受托人，再到受益人，是一个单向流动的过程。所以从英美法角度看，这种信托无疑是一种赠与，即信托人将其财产无偿赠与受托人，由后者为其子孙后代的利益对该财产经营管理。这种无偿赠与就是没有对价的赠与或者信托财产的无偿移转。然而，受托人在管理处分信托财产过程中的所有支出都可以从信托财产中支付，或者由信托人另行拨付。至于受托人能否基于其信托服务取得报酬（服务费），则取决于信托人的意思（当然也需要受托人接受）。总而言之，家族信托中信托财产的转移是无偿的，受托人可能取得报酬，也可能不取得报酬。① 传统的信托财产既包括资金、房产，也包括股权和收益权等权益，因此，也不需要根据信托财产的种类来对信托进行细分。②

　　"现代信托"则指用于商事交易的信托，因此有时被称为"商事信托（commercial trusts）"。典型的例子是企业为结构性融资或者资产证券化目的而设立信托，企业在转移信托财产（多为金融资产）时，目的是取得融资款，即将金融资产出售变现，因此它要收取对价③，也就是受托人需要支付购买价款。对价主要以现金方式收取，当然也可能采取其他形式。在这种架构中，信托财产与资金双向流动，信托人将信托财产转移给受托人，再分配给受益人/投资人，而资金从投资人处转移给受托人，然后交付给信托人。美国的企业在做结构性融资时，为了吸引投资者，还会设立一个破产隔离的特定目的机构（SPV），以满足美国破产法中对"真实出售"的要求——这里的"出售"就是支付对价的买卖，与民事信托中的无偿转移信托财产截然不同。这里的 SPV 经常是按照制定法设立的商业信托，④因有对价交换，也属于商事信托的一种。

---

① 由于我国信托财产不要求转移，因此对这个移转的无偿性的理解可能有些难度。

② 美国的确存在一些细分的信托类型，比如不动产投资信托（REITS）和让与人信托（Grantor Trusts）等，但这些分类不是信托法上的分类，而是基于其他法律（比如税法）的特殊规定，为管理的便利而作的界定。

③ 这里的对价指的是信托财产转移给受托人时，由受托人支付给信托人的合理价款；并非指受托人为管理信托而收取的服务费。正因为此，传统的民事信托也被称为"无偿信托"——并非指受托人无偿管理信托，而是指信托财产的移转无偿。

④ 由于在结构性融资交易中，设立信托的企业往往持有信托的剩余财产利益，这种利益或者控制权仍然会导致信托财产不独立，因此，为了真正做到破产隔离，很多结构性融资交易会设置双层 SPV，先通过特定目的公司（SPC）做到破产隔离，再通过特定目的信托（SPT）进行融资交易。

受托人是否为收取信托财产支付对价是家族信托与商事信托的重要区别,而支付对价往往伴随着信托财产的真实"出售",即信托财产的移转。

综上,英美商事信托其实只是基于传统信托发展出来的一种特殊的信托形式,它与传统信托最主要的区别是,传统信托中的信托财产无偿转移给受托人,但是商事信托中的信托财产在转移给受托人时,受托人需要支付对价,因此设立信托的行为实质上是一种公平交易行为。确切地说,现代信托只是将传统信托运用于商事交易中而已。

我国实务界在从事结构性融资交易时,也由信托公司向企业支付对价——融资款。当然,融资款来源于投资者购买受托人发放的信托受益权凭证——这是受托人与投资人之间的关系。究其实质,融资款与设立该信托的企业没有直接的关系,只有间接的关系。对此,我国实务界也是认可的。2005年4月由央行和当时的银监会发布的《信贷资产证券化试点管理办法》第2条将信贷资产证券化定义为发起机构将信贷资产"信托给"受托机构,比照《信托法》第2条中的"委托给"已经表明了支持信托财产移转的立场。当然,结构性融资并不一定非通过信托方式进行,通过担保融资的方式也可以。然而,根据我国法律的规定,很多情况下企业无法从信托公司合法取得信托贷款,只有通过资产证券化的方式才可以。而资产证券化就需要信托财产移转,即出售,受托人因此需要支付对价(合理价款)。

总结以上,民事信托以财产管理与传承为目的而设立,因信托人多为家族的家长,所以以家族信托①为代表,信托财产从信托人到受托人的转移不收取对价。该家族信托如果由自然人担任受托人,则是非营业性民事信托。如果由信托公司担任受托人,则是营业性民事信托。

企业、组织设立信托,如以财产管理为目的不收取对价,也是民事信托,在我国目前的法律框架下甚至都不需要转移信托财产。鉴于大部分情形下,企业设立信托都会由信托公司担任受托人,因此是营业性民事信托。企业、组织设立信托,如以融资为目的,则为结构性融资或资产证券化交易,信托财产的

---

① 关于这类信托(英文是 family trusts)是"家族信托"还是"家庭信托",在国内学界和业界称呼也不统一。反对使用"家族信托"一词者认为,"家族"往往只代表了高净值家庭或者拥有家族企业的家庭,而普通的工薪家庭不应被叫作"家族"。笔者认为,"家"无大小,发展潜力均等,不应以财富多寡进行区分,因此"家族""家庭"没有区别,任择其一即可。为行文便利,笔者选择"家族信托"的说法。

转移要收取对价,因此是商事信托。又因为这类信托都由专业的信托公司担任受托人,因此是营业性商事信托。美国的商事信托包括普通法商事信托与制定法商业信托。我国没有判例法只有制定法,因此,我国不需要对商业信托与商事信托进行甄别。

最后,在我国,无论是民事信托还是商事信托,只要是营业性的,其受托人都要受《信托公司管理办法》以及将来的《信托业法》或者《受托人法》的规范。

根据以上分析,对于民事信托与商事信托的界定,具体建议在修法时增加如下条款①:

受托人为取得信托财产应支付合理价款的信托为商事信托;受托人在取得信托财产时无须支付合理价款的信托为民事信托。

以商业组织形式设立的商事信托,除需要遵守本法的规定外,还需要遵守调整商事法律关系的法律、行政法规的规定。

(四) 营业信托与非营业信托

营业信托是指由以信托为业的信托机构担任受托人的信托,而非营业信托是指由非以营利为目的其他私人或机构担任受托人的信托。

在英美法系国家和地区,将信托区分为营业信托和非营业信托并不重要,因为受托人既可能是专业的信托公司,也可能是个人或其他组织,还可能是信托人本人,而专业的信托公司既可以担任家族信托的受托人,也可以担任商事信托的受托人,信托法对不同类型的受托人施加的义务是一样的,只是机构受托人除了受信义务的约束外,还受其他法律(比如商业组织法和金融法等)的规范。由信托人本人担任受托人的信托又叫作"自己信托"或者"宣言信托",这类信托通过"信托宣言"设立,不需要转移信托财产,只要对其加以特殊标记和公示,能与信托人的其他财产相区别即可。显然,在这几类情况下,区分信托是否是营业信托没有多大意义。

然而,在我国,区分营业信托和非营业信托却大有必要,因为我国目前大部分信托都是商事信托,都由信托公司担任受托人,理论上讲都是营业信托,少有由自然人担任受托人的信托。因此,我国规范信托受托人的法规也主要

① 参见本书第三章第二节《中华人民共和国信托法》(修订建议稿)第 5 条。

针对那些营业信托的受托人,即以信托为业的信托公司。换言之,我国的营业信托需要符合专门的要求。不过,《信托法》和专门规范营业信托受托人的《信托公司管理办法》都没有对"营业信托"给出一个清楚的定义。如果无法区分营业信托和非营业信托,就无法确定信托业的规范是否适用于某个特定的信托或者某类受托人。因此,我国的私益信托需要根据受托人的身份进一步分为营业信托和非营业信托,以符合不同的法律要求。假设只有信托机构才可以"营业"信托,那么,由信托机构担任受托人的信托是营业信托,而由自然人或非信托机构法人担任受托人的信托是非营业信托,与信托人是谁、受益人是谁,信托目的为何,都没有关系。

鉴于此,建议将《信托法》第 4 条作如下修改[①]:

> **受托人为信托机构或者法律允许经营信托的其他法人或非法人组织的信托是营业信托;受托人为自然人或者其他非以经营信托为业的法人或非法人组织的信托是非营业信托。**
>
> ~~受托人采取信托机构形式~~**信托机构或者法律允许经营信托的其他法人或非法人组织**从事信托活动,其组织和管理由国务院制定具体办法。
>
> **自然人或者其他非以经营信托为业的法人或非法人组织担任受托人的,其他法律、行政法规有特别规定的,依照其规定。**

这里建议《信托法》为信托机构之外的其他法人或非法人组织担任营业信托的受托人,以及其他非以经营信托为业的法人或非法人组织担任非营业信托的受托人留下空间,可以通过法律、行政法规的特别规定对其加以约束。

(五)生前信托与遗嘱信托

根据信托成立的时间,英美信托可以分为遗嘱信托(testamentary trust)和生前信托(*inter vivos* trust,亦称为 living trust 或者 life trust)。顾名思义,遗嘱信托是根据信托人所立的信托遗嘱,在立遗嘱人(信托人)离世后成立的信托,而生前信托是在信托人生前设立的信托,生前信托据以设立的文件既可以是信托宣言(declaration of trust),也可以是信托契据(deed of trust)。"deed"一词在传统英美法中指地契,与"grantor(土地让与人)"一词一样,这也从侧

---

① 参见本书第三章第二节《中华人民共和国信托法》(修订建议稿)第 7 条。

面反映出信托财产必须转移的特点。生前信托在信托财产转移给受托人时成立,遗嘱信托成立的条件是立遗嘱人死亡,其生前已经订立的遗嘱生效。即便立遗嘱人在订立遗嘱后、死亡前失去了行为能力,也不影响遗嘱信托的效力。[①]

根据英美信托法,生前信托和遗嘱信托可以结合。比如,信托人可以先通过信托宣言或者通过转移信托财产设立一个有效的生前信托,然后通过遗嘱,将其遗产的部分或全部在其死后转移(pour over,可译为"倾倒"或引申为"追加")给受托人或信托,追加成为已经生效的生前信托的信托财产。确切地说,该信托是生前信托,在立遗嘱人生前已经成立,只不过在立遗嘱人死亡后,其全部或部分遗产应根据其遗嘱赠与作为遗赠人的信托(受托人)而已。

我国《信托法》第8条也规定,信托可以通过合同或遗嘱的方式设立。通过合同设立的信托可以叫作生前信托,而通过遗嘱设立的信托叫作遗嘱信托。这种分类很有必要。

首先,生前信托和遗嘱信托的设立要求不同。生前信托可以通过信托人与受托人订立信托合同的方式设立,此时信托人的行为能力以及合同的形式要件应当同时符合《民法典》总则编、合同编和《信托法》的要求。生前信托还可以通过其他方式设立,因为设立信托本身是单方法律行为,只要信托人按照法律规定签署了信托文件或者作出了信托宣言,甚至只要做出了信托行为(转移信托财产),信托就可以成立。

其次,二者的成立时间不同。生前信托在信托人生前即可成立,遗嘱信托在信托人死亡后才成立。目前我国《信托法》规定,信托合同签订时信托成立。该规定误将信托和信托合同同等对待了。事实上,合同成立与信托成立应当符合不同的法律要件,前者应遵照《民法典》的规定,后者应遵照《信托法》的规定,因此,信托合同成立后,信托不一定成立。只有当信托财产转移给受托人时信托始成立。当然,如果《民法典》将信托合同规定为要物合同,或许可以达到同样的效果。同样地,遗嘱信托在遗嘱生效后始成立。信托遗嘱的生效应符合《民法典》继承编的要求,而遗嘱信托的成立应符合《信托法》的要求。

最后,二者的确定性不同。遗嘱信托在信托人死亡后才成立,因此一旦成立就是确定的。如果生前信托为不可撤销信托,则为确定,一经成立,信托人

[①] 参见美国《第三次信托法重述》第14条评注 b。

不可撤销或变更该信托。如果生前信托为可撤销信托,则与遗嘱类似,在信托人生前可以对其修改或撤销,受益人的权利并不确定,直至信托人死亡,可撤销信托转为不可撤销信托,受益人的权利始确定。对此加以区分,有利于确定各方关系人的权利。

（六）可撤销信托与不可撤销信托

根据信托人是否对信托保留撤销或者变更的权力[①]英美信托可以分为可撤销信托(revocable trust)与不可撤销信托(irrevocable trust)。如果信托人保留了撤销信托的权力,信托就是可撤销信托;如果信托人设立信托后对信托不保留撤销权,则信托为不可撤销信托。

目前看来,日本的信托法与我国的信托法一样,都没有明确载明对这两种信托的承认,主要原因是亚洲大陆法系国家和地区引进信托法主要是为了发展商事信托。商事信托的资金多来源于公众投资者,因此,信托设立后,如果信托人可以自由撤销信托,则可能会损害投资人(或者受托人)的利益。在民事信托尤其是家族信托发展起来后,区分二者很有必要,因为这两种信托的主要区别在于其法律后果不同。

可撤销信托的主要目的并非无条件让受益人受益,而是为了满足信托人灵活安排的需要,因此信托人对信托保留一定程度的控制权,受托人对信托人负有信义义务,而信托受益人的受益权并不确定。这种信托不能阻止信托人本人的债权人对其主张请求权。如前所述,我国《信托法》第51条规定"委托人"可以变更和解除信托的情形包括"信托文件规定的其他情形",事实上这为信托人保留撤销或者变更信托的权力留下了空间。然而对这种"默示"规定的推导是否会得到司法机关的承认尚未可知。笔者认为我国《信托法》应明确允许民事信托可以是可撤销信托,而在资金双向流动的商事信托中可以对此加以限制。

不可撤销信托与可撤销信托正好相反,受益人的受益权可以确定,信托人对信托财产不再拥有任何所有人的权力与权利,因此,信托财产除了与受托人和受益人的个人财产相隔离外,还可以达到与信托人的个人债务和税务相隔离的效果,这在涉及公众投资者的金融与商事交易中非常必要。

----

① 英美法中用"权力"而非"权利"来表达这一情形。如果是保留"权利",信托人一般可以通过自己同时是受益人的方式取得信托利益。另外,撤销和变更只是权力的大小不同而已,因此可以一同讨论,不必区分。

有关可撤销和不可撤销信托的法律后果、法律对信托的可撤销性的推定规则以及建议修订在本节第二部分已有介绍,在此不赘述。

（七）强制性信托与任意性信托

可撤销信托与不可撤销信托的区别主要针对信托人的权力而言,而强制性分配信托（mandatory trust 或者 fixed trust）和任意性分配信托（discretionary trust,又叫作自由裁量信托①）则是针对受托人的权力不同进行的划分。如果受托人必须按照信托条款的具体规定对信托财产进行分配,没有任何自由裁量权,这样的信托就是强制性分配信托。强制性分配信托的受益人根据信托条款可以取得的信托利益是确定、可预期的。然而有时,尤其在家族信托的情况下,信托人愿意授予受托人自主决定如何分配信托利益的裁量权,这种信托是任意性分配信托。

自由裁量权的范围可以大到受托人可以不受任何限制地自主决定一切信托利益的分配,也可以小到受托人只能根据信托条款中规定的具体标准来决定是否分配、分配给谁、分配多少信托利益。可见,无条件的自由裁量信托的受益人的受益权其实并不确定。在这种情况下,拥有裁量权的受托人多为家族成员,多数情况下是受益人的直系长辈。另外,英国的保护信托和美国的禁止挥霍信托都禁止受益权转让。这类信托一般是自由裁量信托,或者至少是有条件的自由裁量信托。这里的条件是指,无论之前信托是强制性分配信托还是任意性信托,一旦受益人涉债,信托立即转为自由裁量信托,受托人可以不再对该受益人分配信托利益,从而,其债权人无权要求受托人对其分配信托利益以偿债。当然,如此一来,受益人本人也无法取得任何信托利益。对于禁止挥霍信托,美国法出于公共政策考虑,允许执行信托财产用以支付受益人对其配偶、子女或者前配偶的抚养费,以及支付其日常生活所需的用品或服务的费用,或者为保护受益人的信托财产而提供的服务或者物品的费用。② 另外,为信托人本人设立的禁止挥霍信托无效。③

纽约州信托法还规定了一类"补充需求信托"④,也属于任意性信托。它

---

① 另有学者将其译为"酌情信托"。

② 参见美国《信托法第三次重述》第 59 条。

③ 参见美国《信托法第三次重述》第 58 条。

④ 即"supplemental needs trusts established for persons with severe and chronic or persistent disabilities"。

为严重和慢性残疾者的利益设立,需要符合一定的条件。例如,信托条款必须明确体现信托人的意愿是补充而非替代、削弱或者减少这些残疾人所能从政府获得的利益或协助……①,否则信托利益有可能事实上影响受益人的福利,反而达不到信托的目的。

我国信托的常态类型是强制性分配信托,即受托人必须严格按照信托条款的规定分配信托利益。随着家族信托的兴起,授予受托人一定的自由裁量权,以使得受托人根据家庭成员(受益人)的不同情况对信托利益进行分配的信托会慢慢出现甚至越来越多。因为家族信托的目的是让家族财富或财产在至少三代以上的代际进行传承,信托人生前不可能对几代后的家族成员的经济情况与理财能力有所了解,因此,可能需要赋予受托人一定的自由裁量权,使他们按照信托条款所规定的标准进行裁量后决定是否分配信托利益,向谁分配以及按照什么比例进行分配等。受托人的两大职责是管理职责和分配职责,而受托人的裁量权既可能涉及其在管理信托中的裁量权,也可能涉及其在分配信托利益时的裁量权。目前我国的受托人群体还没有充分发育成熟,可以通过设置信托保护人、指示人或监察人等方式对受托人进行监督和制衡,以实现信托人的目的。

鉴于此,建议将《信托法》第25条和第34条合并,并进行如下修改②:

第二十五三十八条 【受托人的义务职责】

受托人应当遵守根据信托文件条款和本法的规定,为受益人的最大利益处理信托事务。

受托人管理履行对信托财产,必须恪尽职守,履行诚实、信用、谨慎、有效管理的义务的保管、运用、投资、处分等信托管理职责。

第三十四条 【受托人向受益人支付信托利益的义务】

受托人应根据信托条款的规定,以信托财产为限履行向受益人承担支付分配信托利益的义务信托分配职责。

信托条款授予受托人管理裁量权的,受托人应在该裁量权范围内履行信托管理职责;信托条款授予受托人分配裁量权的,受托人应在该裁量权范围内履行信托分配职责。受托人行使裁量权不得违背信义义务。

---

① 参见美国《纽约州法律汇编:遗产、权力与信托》,纽约州政府2021年版第7-1.12条。
② 参见本书第三章第二节《中华人民共和国信托法》(修订建议稿)第38条。

原法条是对受托人义务的概括描述,建议在单独的章节中加以扩展,此处改为受托人的职责,将受托人的两大职责,即管理职责和分配职责,加以明确。第一款明确受托人的管理职责,第二款明确受托人的分配职责,第三款增加有关受托人裁量权的规定,以此承认任意性信托的法律地位。同时,受托人的裁量权可能是有关管理行为的裁量权,也可能是有关分配行为的裁量权,也应在第三款中规定,并明确受托人行使自由裁量权不得违背信义义务,为任意性信托确定了最低标准。

(八) 意定信托与非意定信托

意定信托是由信托设立人自愿设立的信托,非意定信托则不以信托设立人的意志为转移,而是根据法律被认定为信托的信托。

前文提及的信托类型都是意定的信托。英美信托法还承认推定信托(constructive trust)和归复信托(resulting trust)。对于这两类信托属于意定信托还是非意定信托的理解存在分歧。笔者认为,意定信托包括明示信托和默示信托,因为后者"默示"着信托人的意愿。在这个意义上,归复信托应当归类为默示信托,从而也是意定信托;而推定信托则属于非意定信托,因为其完全不因信托人的意愿而设立,因此也可认为是一种法定信托,只不过用在这种情况下主要指其非意定性,需与前述制定法信托相区别。

先来看一下推定信托。在财产持有人无权持有、无权处分财产的情况下,美国法院会判定推定信托成立,推定无权持有人为财产的合法所有人的受托人,为后者的利益持有、处分信托财产,所得收益均归属于合法所有人。这在美国被作为一种司法救济方式,不属于信托实体法的内容。在统一信托法或者信托法重述中基本上找不到推定信托的影子。然而在英国,推定信托却是一种制度性的存在。[1] 所谓"制度性"的推定信托是指,在相关情况发生之时即依法成立推定信托,无须法院判定其成立,法院只是声明该信托之前已经成立而已。其后果也由法律规则确定,并不取决于法官的自由裁量。相反,作为司法救济的推定信托是由法官创设的一种可以执行的衡平法义务,是否可以溯及既往取决于法院的自由裁量。[2]

---

① See Metall & Rohstoff v. Donaldson Inc [1990] 1 QB 391, 478–480.

② See Westdeutsche Landesbanke Girozentrale v. Islington London Borough Council [1996] A.C. 669, 714.

与推定信托不同,归复信托在美国的法律重述或者统一法中都有规范。① 归复信托是由法律默示的信托,被定义为一种受让人为让与人或者其继承人的利益而持有的某财产的部分或者全部可归复的衡平利益。② 传统英美法认为,归复信托主要发生在两种情况下。第一种情况是,甲自愿给乙一笔钱让乙以自己的名义购买某财产,根据英国法,此时法律推定甲没有向乙做出赠予的意图,因此法院会认定归复信托在出资的当时已经成立,甲是信托人和受益人,乙是受托人,为甲的利益持有该财产。当然该推定可以被甲向乙做出赠与的证据所推翻。③ 第二种情况是,甲向乙转移财产设立一个明示信托,在完全实现信托目的之后信托财产还有剩余。此时也会成立一个与之前的明示信托不同的归复信托,乙仍然是受托人,持有剩余的信托财产,然而原先的受益人不再是受益人,归复信托的受益人已经变成甲(或者甲的继承人),乙应为了甲的利益持有财产并适时将其归还给甲(为归复)。④ 这是两种典型的归复信托。

美国法对此的规定大同小异。《信托法第三次重述》规定,当信托人试图设立的赠与性信托部分或全部无效,或者当信托被充分履行后还有剩余的信托财产,则受让人为了让与人或者其继承人的利益以归复信托持有所受让的财产或者所剩余的财产,除非让与人明确表达出排除归复信托的意愿,或者信托因违法而无效,此时虽然应当阻止受托人不当得利,然而不得给予缔结非法交易者以救济的政策应占上风。⑤

根据美国信托法,前述第一种情况(甲自愿给乙一笔钱,让乙以自己的名义购买某财产)叫作购买金归复信托。然而,美国法律对购买金归复信托的推定有个例外,即当受让人为出资人的配偶、后代或者其他近亲属时,不成立归复信托,除非出资人明确表示出受让人将不取得财产利益的意愿。⑥ 美国纽约州的信托法则推定购买金归复信托因对出资人的债权人构成欺诈而无效,"信托财产"在债权范围内归复于债权人,不得归复给出资人,除非受让

① 例如,参见美国《信托法第三次重述》第1条。

② 参见美国《信托法第三次重述》第7条。

③ See Vandervell v. IRC [1967] 2 AC 291 at 312.

④ See Barclays Bank v. Quistclose Investments Ltd [1970] AC 567.

⑤ 参见美国《信托法第三次重述》第8条。

⑥ 参见美国《信托法第三次重述》第9条。

人在出资人未同意或者不知情的情况下将财产置于自己名下,或者在违背"信托"的情况下用他人的金钱或财产购买了该财产。但是这种推定也可以被证据推翻。①

由于我国《信托法》规定信托必须以书面形式设立,因此我国目前允许的信托都是明示的意定信托。然而,很多默示信托和非意定信托也应该得到承认。比如,有很多民事关系并未以信托为名,然而符合信托关系的要求,在这种情况下应当承认其为默示信托。默示信托可以口头成立,可以通过行为成立,也可以通过法律规定成立。比如英美法中的归复信托,在我国信托法中可以承认为默示信托的类型。如果信托已经实现了信托人的目的,而信托人在信托条款中对于此时应如何处理剩余信托财产言犹未尽,则应理解信托人默示的意愿是剩余信托财产应归复给信托人本人或者其继承人。信托的设立在事实上改变了信托人的继承人的权利与继承顺序,如果不承认归复信托,可能在信托人的继承人与受益人(或者其继承人)之间出现信托的剩余财产归属纠纷,尤其当存在连续受益人时,问题会更明显。英美国家和地区的购买金归复信托在我国实践中经常出现,也可以通过归复信托的原理对其内部关系进行界定。

推定信托在英美法国家和地区是一种衡平法救济措施,我们可以忽略其衡平法的救济特点,因为我们没有普通法与衡平法的之分,可以直接将其规定为一种法定非意定信托,当关系人之间的行为,除了没有信托人的意愿外,符合信托成立的其他要求时,应当推定信托关系成立,从而避免不当得利。我国目前民法制度中对于不当得利已有救济措施,然而鉴于信托法对受托人施以严格的信义义务,承认推定信托则可以更好地保护财产所有权人的利益。我国信托法虽然没有明文承认推定信托,但是规定,如果受托人经营信托财产得到了收益,无论是合法经营所得还是非法经营所得,收益均作为信托财产的一部分。② 这说明我国法律事实上已经部分地承认了推定信托。

这里重述一下第一章第二节中建议在《民法典》物权编中增加的有关推定信托的内容:

---

① 参见美国《纽约州法律汇编:遗产、权力与信托》,纽约州政府 2021 年版第 7-1.3 条。
② 参见我国《信托法》第 14、26 条。

第235条　【无权占有与推定信托】

无权占有不动产或者动产的,权利人可以**基于推定信托关系请求返还原物以及在非法占有期间取得的所有利益**;但是,应当支付善意占有人因维护该不动产或者动产支出的必要费用。

第311条　【善意取得】

无处分权人将不动产或者动产转让给受让人的,所有权人有权**基于推定信托关系**追回**原物以及在不当处分期间取得的所有利益**;除法律另有规定外,符合下列情形的,受让人取得该不动产或者动产的所有权:

（一）受让人受让该不动产或者动产时是善意;

（二）以合理的价格转让;

（三）转让的不动产或者动产依照法律规定应当登记的已经登记,不需要登记的已经交付给受让人。

受让人依据前款规定取得不动产或者动产的所有权的,原所有权人有权向无处分权人请求损害赔偿。

当事人善意取得其他物权的,参照适用前两款规定。

相应地,建议在《信托法》中也增加有关推定信托和归复信托的条款[1]:

【推定信托】

非法占有他人财产的,人民法院可以依法推定信托关系成立,非法占有者在非法占有期间取得的利益与原始财产均归属于合法所有人或者合法占有人。

无权处分财产的,人民法院可以依法推定信托关系成立,无权处分者因不当处分取得的利益与原始财产均归属于合法所有人或者合法占有人,但是支付了合理价款的善意第三人的合法权益不受影响。

【购买金归复信托】

用他人资金以自己名义购买动产或者不动产,如无相反证据证明是赠与行为,视为购买金归复信托成立,购买者为受托人,出资人为受益人,享有所购买财产的最终利益,但不得违反强制性法律规定。

---

[1] 参见本书第三章第二节《中华人民共和国信托法》(修订建议稿)第9、10条。

（九）其他特殊类型的信托

我国对信托还有一些英美信托法中没有的特殊分类，主要是根据信托财产的性质进行分类，其原因是对于不同的信托财产，由不同的法律法规进行规制。如果信托财产是集合资金，则该信托是资金信托，需要受《信托公司集合资金信托计划管理办法》的规制。如果信托财产不是资金，则可能是财产信托、财产权信托等，就可以不受上述办法的规制。当然，英美信托中也有一些我们没有的特殊类型，比如为动物利益或者为某些特别物品的维护而设立的目的信托，为防止官员腐败而设立的盲目信托等，[①]也值得研究。

盲目信托是一种强制性信托，经常被用来解决公职人员的利益冲突问题。[②]例如，某政府官员个人持有某企业的股票，同时，该官员又负责制定该企业所属行业的规章，此时该官员的公职与其私利就有了利益冲突，在起草或制定规章时，难免会有个人偏好，无法做到秉公中正，不偏不倚。

如果说推定信托可以解决官员贪腐中的非法所得问题，那么盲目信托则可以解决官员的合法所得的非法运用问题。具体而言，可以通过制定法要求一定级别的公职人员和国有企业的管理人员将其合法收入通过一种特殊的信托方式进行管理，这种信托的特殊性在于，信托人对于受托人将如何管理和运用信托财产毫不知情，也不允许受托人对信托人做任何披露，受托人在作出投资决定时，更不能听从信托人的指令。这样一个信托对于该公职人员或管理人员而言就是"盲目"的，好处是该公职人员或管理人员在以其工作身份制定规则或作出决定时，不会因自己的私利而有偏好，间接贪腐。当然，各个国家和地区在推行这一制度时也有不同的做法，完全的强制性有时很难。像美国，就采取了非强制要求。美国的《政府行为准则法》要求联邦政府官员就个人财产的投资及收益情况每年都必须作详细申报，然而，如果这些官员决定设立盲目信托来管理个人财产，则可以合法规避部分财产申报要求，只要笼统地把每年该信托的总资产价值上报即可。[③] 换言之，符合法律规定的公职人员没

---

① 参见高凌云："预防腐败：财产申报与强制性盲目信托制度相结合——以美国和台湾地区的实践为借鉴"，《廉政文化研究》2015 年第 2 期。

② 同上。

③ Wendy S. Goffe, *Oddball Trusts and the Lawyers Who Love Them or Trusts for Politicians and Other Animals*, 46 REAL PROP. TR. & EST. L.J. 543, 587－591 (2012).

有设立盲目信托的,就必须符合其他繁琐的财产公示的要求,这些公职人员必须二者选一。

五、信托的变更与终止

根据英美法,变更或者终止信托是一种权力(power)。[1] 信托一旦成立,其变更与终止一般只能根据信托条款的规定进行。如果信托条款没有规定,那么确定谁拥有变更或者终止信托的权力就很重要。

首先,设立信托的信托人是否有权自由变更或者终止信托? 根据英美信托法,只有当信托是可撤销信托时,通过信托条款保留了撤销和变更信托权力的信托人才有权变更或者终止信托。如果信托是不可撤销信托,除非基于欺诈、不当影响、误解等法定原因,信托人一般无权变更或者终止信托。[2] 然而有时不可撤销信托的信托人也希望能变更或者终止信托。美国纽约州的信托法就通过制定法授予了不可撤销信托的信托人以变更或者终止信托的权力。具体而言,不可撤销的生前不动产信托的信托人,在所有受益人都书面表示同意的前提下,可以提供一份符合不动产转移登记所要求的书面文件,变更或者终止信托。[3] 但是,当变更或者终止信托的行为与信托条款相悖时,不得如此变更或者终止信托。[4] 需要注意的是,这里是指信托人的变更权,如果信托人已经不在人世,则此条不适用。

其次,受益人是否有权自由变更或者终止信托? 根据英国法,只要全体受益人一致同意就可以变更或者终止信托。然而根据美国法,只有遗嘱信托和不可撤销信托的全体受益人一致同意才可以变更或者终止信托。不过,如果变更或者终止信托有悖于信托的实质性目的,则必须得到信托人的同意,否则信托不得变更或者终止。如果信托人已经去世,则只有得到法院的授权才可以变更或者终止信托。[5]

---

[1] See Sitkoff & Dukeminier, WILLS, TRUSTS, and ESTATES (10TH ED.) 588 (Wolters Kluwer Law & Business 2017).

[2] See Kreindler v. Irving Trust Co., 26 A.d.2d 746, aff'd 23 N.Y. 2d 785 (1968).

[3] 参见美国《纽约州法律汇编:遗产、权力与信托》,纽约州政府 2021 年版第 7－1.9 条。

[4] See In re Estate of Abrams, N.Y.L.J., Surrogate's Court, New York County, 1999.

[5] 参见美国《信托法第三次重述》第 65 条。

再次,法院是否可以不经信托人同意而变更或者终止信托? 根据美国法,法院一般只在两种情况下才会允许受益人变更或者终止信托:第一,如果变更或终止信托不违背信托人的实质性目的,当所有受益人意见一致时,法院会变更或终止信托;第二,当发生信托人不曾预料的情势变更,可能会破坏或实质性损害信托的目的时,法院也会根据衡平法的偏离原则变更或终止信托。①

最后,受托人是否可以变更或者终止信托? 一般而言,信托人可以通过信托条款为受托人保留全部或者部分终止、变更信托的自由裁量权,②否则受托人单方面希望变更信托的难度较高。如果信托条款明确规定了一个用来判断受托人行使自由裁量权是否合理的标准,则法院将会确定受托人是否滥用了裁量权。如果受托人滥用裁量权拒绝终止信托,法院将会判定信托终止。③如果信托条款中没有规定一个判断受托人行使裁量权是否合理的标准,法院一般不会干预受托人的自由裁量,除非受托人不诚实或者行事动机不当。④

通常,受托人终止信托的方式是将信托财产转移给部分或者全部受益人,然后终止信托。拥有自由裁量权的受托人也可以通过倾倒信托(trust decanting)的方式达到这一目的,即受托人可以另外设立一个信托,按照自己希望的方式设定信托条款,然后行使其裁量权将原始信托的信托财产分配给新设立的信托,而后者的条款就是经过变更了的信托条款。目前美国超过一半的州都允许受托人这样做,然而前提是受托人必须被赋予了充分的自由裁量权。⑤ 另外,美国信托法对受托人还施加了情势变更后变更或者终止信托的义务,即如果受托人知道或者应该知道这种情势变更会损害信托的目的,且知道法院应该会因此而允许变更或终止信托时,受托人就有义务请求法院变更信托或者偏离信托条款,否则受托人就违背了信义义务。⑥ 可见,美国信托法高度尊重信托人的意愿。最近美国的法律改革放松了这些规则,然而大多数州仍然将信托的变更或终止与信托人的意愿紧密联系起来。另外,法律还会推定每一

① 参见 Claflin 案中的规则[Claflin v. Claflin, 149 Mass. 19 (1889)]。
② 参见美国《信托法第二次重述》第334条;又如,106 N.Y. Jur. 2d, Trusts Sec. 529 (2000)。
③ See 4 Scott, Trusts, 3d ed. Sec. 334.1, at 2646.
④ See Matter of MaManus, 62 A.D.2d 758, aff'd 47 N.Y.2d 717 (1979).
⑤ See Sitkoff & Dukeminier, WILLS, TRUSTS, AND ESTATES (10TH ED.) 695-696 (Wolters Kluwer Law & Business 2017).
⑥ 参见美国《信托法第三次重述》第66条。

个信托的条款都会授权受托人为了税收目的有限变更信托条款的权力。[①]

根据英美法,遗嘱信托与不可撤销信托不同,除非遗嘱中有授权变更或者终止条款,否则信托不可变更或者终止。但是也有例外情况,当信托的管理在经济上不再可行时,比如当银行的费用和受托人的佣金相比受托人需要管理的信托财产数额明显较大时,法院可以命令该信托终止。[②] 事实上,美国纽约州于 2004 年增加了一个法律条款,规定非慈善性质的生前信托或者遗嘱信托,当管理信托的成本不再经济时,信托可以终止。[③] 法院在解释这条规定时认为,法院在以下情况下会同意终止信托的申请:

(1) 信托的存续在经济上不可行;

(2) 信托条款没有明确禁止信托提前终止;

(3) 提前终止信托将不会颠覆信托的特定目的,以及

(4) 提前终止信托将会满足受益人的最大利益。[④]

我国《信托法》对于信托的变更和终止的要求相对较松。第 51 条规定的可以变更信托条款的几种情形中,除了受益人对"委托人"或者其他共同受益人有重大侵权行为外,还允许经受益人同意而变更信托,并且没有规定变更或者终止不得违背信托目的的要求。这种规定主要针对商事信托的情形,因为法律规定变更信托的权利人是"委托人",没有考虑过家族信托在信托人死亡后相当长时间内信托仍会存续的情况。因此,如果所有受益人同意变更或终止信托,然而信托人已经死亡,信托是否还可以被变更或终止,现有法条的规定并不清楚。为了更好地规范信托,建议将《信托法》第 21、51 条合并,并修改,规范信托的变更,另对第 53 条进行修改,规范信托的终止[⑤]:

第二十一条

因设立信托时未能预见的特别事由,致使信托财产的管理方法不利于实现信托目的或者不符合受益人的利益时,委托人有权要求受托人调

---

① 参见美国《纽约州法律汇编: 遗产、权力与信托》,纽约州政府 2021 年版第 11 - 11.11 条。

② See 106 N.Y. Jur.2d, Trusts, Sec. 558 (2000).

③ 参见美国《纽约州法律汇编: 遗产、权力与信托》,纽约州政府 2021 年版第 7 - 1.19 条。

④ See In Matter of Dauman, 12 Mis.3d 1173(A) (2006).

⑤ 参见本书第三章第二节《中华人民共和国信托法》(修订建议稿)第 96、99 条。

~~整该信托财产的管理方法。~~

第五十一条

设立信托后,有下列情形之一的,~~委托人~~可以变更受益人或者~~处分受益人的~~变更信托~~受益权~~条款:

(一)信托人在信托条款中保留变更信托条款的权力;

(二)不可变更信托,因设立信托时未能预见的特别事由,致使信托条款的规定不利于实现信托目的或者不符合受益人的利益;

(~~二~~三)受益人对~~委托人~~信托人有重大侵权行为;

(~~三~~四)受益人对其他共同受益人有重大侵权行为;

(~~三~~五)经全体受益人同意,但不得违背信托人设立信托的目的与意愿;

(~~四~~六)信托~~文件~~条款规定可以变更信托的其他情形。

有前款第(一)项所列情形的,信托人有权变更信托。有前款第(三)项所列情形的,信托人或者其继承人、信托保护人、受托人可以变更信托。有前款第(二)、第(四)至(六)项所列情形之一的,~~委托人~~信托人、信托保护人或者受托人经与其他受益人协商同意,可以~~解除~~变更信托。

信托变更的,受托人应及时通知其他利害关系人。

变更信托,不得损害已支付合理价款的善意第三人的合法权益。

首先,信托人保留变更信托条款的权力时,信托为可变更信托。可变更信托可以由信托人无因变更,不可变更信托因发生未能预见的特别事由也可以变更,但条件是不利于实现信托目的或者不符合受益人的利益。另外,经全体受益人同意可以变更信托,但是建议增加"不得违背信托人设立信托的目的与意愿"为条件,主要考虑到民事信托的设立往往是因为自然人信托人希望自己去世后信托仍然按照自己的心愿存续,而自然人信托人对法律并不一定十分了解的情况;至于商事信托,因为是公平的商事交易,相信具备更多金融理财经验的当事人双方自会通过谈判和信托文本将这些重要问题写下来。在第2款补充增加不同情形下有权提出变更信托的主体。此外,增加第3款规定受托人的通知义务,以及第四款规定对善意第三人的保护,这里的善意第三人主要是指在商事信托的情形下支付了合理价款的受托人和受益人。

至于信托的终止,建议对第53条进行如下修改:

第五十三条

有下列情形之一的,信托终止:

(一)信托~~文件条款~~规定的**信托期限届满或者**终止事由发生**的**;

(二)信托的存续违反信托目的**的**;

(三)信托目的已经实现或者不能实现**的**;

(四)**信托被依法解除的**~~信托当事人协商同意~~;

(五)**信托人依据信托条款撤销信托的**~~信托被撤销~~;

(六)**信托根据本法第十二条**①**被撤销的;**~~信托被解除。~~

(七)**信托财产的价值低于一定数额以至于无法覆盖信托运行成本或者出现本法第三十七条**②**规定情形,受托人解除信托的**;

(八)**单一受托人与单一受益人因混同而成为同一人的**;

(九)**法院依信托关系人申请或者因特别事由解除信托的。**

有前款第(四)~(六)项所列情形,受托人为接受信托财产支付了合理价款的,应赔偿受托人所受损失。

信托条款另有规定的,依照其规定。

本条新增了七种信托终止的情形,并规定了商事信托情形下对受托人的赔偿责任。

第一,建议新增以下信托终止情形:其一,信托人在信托条款中规定了信托的存续时间,而该期限届满的;其二,信托被依法解除的;其三,信托人依据信托条款撤销信托的,这主要指可撤销信托被信托人撤销的情况;其四,可撤销信托被信托人的债权人撤销的;其五,信托财产价值过低以至于无法覆盖信托运行成本或受托人的优先受偿权无法实现,信托被受托人解除的;其六,单一受托人与单一受益人因混同成为同一人,即权利与利益合一,信托的基本架构被打破的;其七,如各方无法协商一致,法院依申请或特别事由解除信托。

第二,删除经信托当事人协商同意可以终止信托的规定,因为"当事人"含义模糊,民事信托的信托人可能已经去世,且信托可能通过信托书形式由信托人单方成立,没有相对人,不存在当事人协商同意的情况。

---

① 参见我国《信托法》第 12 条,在本书的修订建议稿中是第 19 条。

② 参见我国《信托法》第 37 条,在本书的修订建议稿中是第 41 条。

第三,对于商事信托,如果信托被依法解除、可撤销信托被信托人撤销,或可撤销信托被信托人的债权人依法撤销,此时受托人的损失应得到赔偿。

第二节 信托的财产

英美信托是以财产为中心的制度,如果没有信托财产(trust property、trust res 或者 trust estate),就没有信托,并且根据大部分国家和地区的法律,只有转移给受托人的财产才是信托财产。根据英美信托法,转移给信托的原始信托财产是信托财产原物(trust principal,又称为 trust res/trust corpus),而信托财产原物之孳息是信托财产原物的收益(income)。信托财产原物并不一定是土地或者很大一笔钱,可以仅仅是一分钱或者是任何财产的利益,①从中可以看出,传统的英美信托都是赠与性质的家族信托,并且大部分情况下受托人都是义务帮忙管理信托财产。如果是商事信托,专业的受托机构需要收费,假如信托财产价值太低,而受托人的报酬又需要从信托财产中支付的话,则信托可能就无法存在。如果在信托成立后发生这种情况,信托也不得不依法终止。英美法系的其他采纳信托法制的国家和地区对于信托财产的规定也非常细致。本节先探讨信托财产的所有权归属与特性,然后研究信托财产的原物与收益的区分,最后讨论信托财产的公示制度。

一、信托财产的所有权归属

信托财产所有权的归属问题包括信托设立后以及终止后信托财产的归属。英美信托法比较明确,信托设立的前提是信托财产从信托人手里转移给受托人,信托财产的 legal ownership 归属于受托人,而 equitable ownership 通过信托利益分配最终归属于受益人。英美信托法允许设置连续受益人,因此在信托存续期间以及信托终止后,信托财产并非归属于所有的受益人。

英美财产法对于财产有着不同于我国的分类。对完全的所有权(fee

---

① 参见美国《信托法第三次重述》第 40 条评注 b。

simple)可以分为终身财产权和未来剩余利益。例如,甲可以将其拥有的房屋赠与乙,乙作为"终身所有人",在其死后,赠与丙,丙作为"剩余利益所有人"。这种区分终身所有权与剩余利益所有权的制度有很多弊端。例如,终身所有权人行使权利要受到诸多限制,其债权人也会对该财产行使权利,还会造成财产使用不当等情况。非法入侵者会损害财产,政府可能会征收,第三人可能会在房屋内受伤,从而产生巨额侵权债务等。[1] 因此,1925 年英国彻底废除了法律上的终身所有权,终身所有权和未来利益都变成衡平法利益,即由受托人持有。[2] 之所以如此,是因为信托法提供了一个可以圆满解决上述问题的机制。原来的终身所有权人现在是信托的终身受益人,信托财产的管理与经营由受托人负责,与第三方的交易或债权债务关系也由受托人负责,信托受托人负有信义义务,对连续受益人负有公平义务,不会损害剩余利益受益人的利益,也会保障终身受益人的利益。

　　大陆法系的信托法对于信托设立时和终止后信托财产的归属规定并不一致。如前所述,有些国家和地区的信托法并不要求信托财产转移,因此信托设立后信托财产可能仍然属于信托人所有,信托终止后信托财产是归属于信托人还是受益人也可能不明朗。大陆法系的物权法一般没有终身所有权与剩余利益所有权这种财产分类形式。在同样情况下,最多甲可以将其房屋赠与丙,条件是允许乙居住。现实中有很多情况,比如房产所有人希望自己死后,妻子能享有自己的房产,但是却不希望妻子死后房产落入妻子的再婚伴侣手中,而是希望自己的亲生子女能够享有房产的所有权。我国《民法典》物权编中新设 "居住权"[3],规定居住权人对相关住宅享有占有、使用的用益物权,以满足生活居住的需要。[4] 在一定程度上,居住权人更类似于信托的终身受益人,只对房屋(信托财产)享有终身权益(英美法下的衡平利益),死后该房屋不作为其遗产,而是由享有所有权者(类似于信托的剩余利益受益人)享有。

---

[1] See Sitkoff & Dukeminier, WILLS, TRUSTS, AND ESTATES (10TH ED.) 398 (Wolters Kluwer Law & Business 2017).

[2] See C. Dent Bostick, *Loosening the Grip of the Dead Hand: Shall We Abolish Legal Future Interests in Land?*, 32 Vand. L.REV. 1061 (1979).

[3] 参见我国《民法典》第 14 章。

[4] 参见我国《民法典》第 366 条。

如第一章所述,英美信托的受托人享有信托财产的法律(普通法)上的权利,受益人享有信托财产的衡平法上的权利,主要原因是前者受普通法法院的保护,而后者受衡平法院的保护。虽然这两种权利被称为"ownership",但是与大陆法系所谓的所有权并非同一个概念。对于重视概念的大陆法系国家和地区,如何界定信托财产的所有权是一个重要问题。因此,对于信托财产归属的讨论,除非摈弃概念与框架的束缚,否则英美信托法无法提供有价值的借鉴。这个问题更多的是在引进英美信托法的大陆法系国家和地区进行探讨。

(一) 信托设立时信托财产的归属

信托设立后,信托财产的归属首先取决于信托财产是否转移给受托人。在英美法系国家和地区,财产是否转移是区分信托与其他法律关系的重要标准。如果财产不转移,信托就不成立。原因是信托被认为是一种与财产相关的制度。即便认为信托具有强烈的契约基础的美国学者 Langbein 教授,也认为信托是有关财产的制度。[1] 也就是说,即便现代信托具有契约属性,信托也并非契约。

根据英美法,信托财产原物的存在始于信托人将其交付给受托人之时。如果信托财产是动产,动产本身或者其转移所有权的文件必须交付给受托人。这里的交付与赠与所要求的交付一样,既可以是实际交付,也可以是象征性交付。如果是不动产,则必须进行不动产契据(deed)签署并登记后才构成把不动产的所有权转移给受托人的象征性交付。法院在很多案例中判定,在信托人去世之前未能将信托财产原物交付给受托人的生前信托并未成立。例如,某甲与某乙签署了一份协议,根据该协议的条款,某乙将作为受托人持有某甲的某些特定资产。该协议由某甲当着若干见证人的面签署后交付给某乙,然而直到某甲于 1967 年 2 月 25 日去世之前,这些特定资产或者其所有权凭证没有一样被实际交付给某乙。纽约州法院因此判定,在受托人非为信托人本人的情况下,将信托财产实际交付给受托人是设立信托的前提条件,因为没有这种交付,所以信托不成立。[2]

如果是宣言信托,由于信托人本人担任受托人,因此信托财产不需要转移

---

[1] 2019 年 4 月 26 日,笔者与耶鲁大学法学院 Langbein 教授在其办公室就中美信托法进行的访谈中,Langbein 教授说:"Trust is a property thing."

[2] See Thompson v. Brenner, 28 N.Y.2d 566 (1971).

给其他人,然而这并不意味着信托财产不需要发生任何改变。通常而言,仅仅由信托人作出声明是不够的,也需要实际或者象征性交付。如果涉及不动产,必须进行所有权契据的登记,改为由信托人作为受托人持有;如果是证券,也需要重新登记在信托人作为受托人的名下。如果不要求信托财产做任何登记,那么信托人必须通过书面形式将该财产让与受托人。即便宣言信托的设立不需要书面形式,信托财产也必须通过书面形式进行标记和公示。[①]

有时,在完成书面信托文件之时,信托人对所谓的"信托财产"尚不拥有权利,根据英美信托法,信托文件有可能成立,但是信托不成立。然而在之后的某个时间点,一旦信托人对"信托财产"拥有了权利,并将该财产适时转移给受托人,就在这时,信托成立,不需要信托人另行撰写任何文件。[②] 这就是为什么英美法并不禁止信托人将订立信托文件之时并不拥有的财产设立信托的原因:其一,在信托人不拥有该财产时,无法将该财产转移给受托人,信托不成立,因此没有任何负面影响;其二,一旦有一天信托人拥有了该财产,将该财产转移给受托人,信托就成立。

我国信托法之所以不要求信托财产转移,除了因为人们更容易接受委托理财的概念,较难接受放弃信托财产的要求外,还因为从理论上无法解决信托财产的所有权问题。如前所述,信托财产的所有权问题是大陆法系国家和地区所独有的问题。

根据第一章第二节中的分析,笔者认为,传统大陆法中的总有制度可以解决信托财产的所有权问题。设立信托时,信托财产需转移给受托人,受托人和受益人以总有方式共同持有,受托人对信托财产享有占有、使用和处分权,而受益人作为一个集体,对信托财产享有收益权。这样,信托财产的转移就不会与大陆法系的民法制度相冲突。英美法系的信托设立后,信托财产的"ownership"归属于受托人,大陆法系的信托设立后,信托财产的所有权归属于受托人和受益人,他们以总有的方式共有。

因此,笔者建议,在承认信托财产所有权的"总有"形态的基础上,明确总有的财产由受托人和受益人共同所有,但二者所享有的权能不同,与信托关系统

---

① 参见美国《纽约州法律汇编:遗产、权力与信托》,纽约州政府 2021 年版第 7 - 1.18 条。
② 然而在口头宣言信托的情况下,如果信托人在作出信托宣言时并不拥有信托财产,日后当这笔特定的财产被转移给信托人时,英美法往往要求信托人重述其信托宣言,否则信托并不当然成立。

一起来。在总有关系设立与终止时,总有的财产归属问题也需要明确规定,且需与《信托法》协同修订保持一致。具体请见本书第一章第二节的法条建议。

(二) 信托终止时信托财产的归属

在信托终止时信托财产的归属在实践中具有重要意义,因为涉及信托受益人和包括信托人以及受益人的继承人在内的其他人的利益。

根据英美信托法,信托终止后,如果信托尚有剩余财产,一般而言,持有信托剩余利益的原物受益人有权取得信托财产;如果原物受益人已经死亡,除非信托条款另有规定,信托的剩余利益应当归属于原物受益人的继承人。如果原物受益人没有继承人,则信托的剩余利益应归复于信托人或者其继承人或承继者。

我国《信托法》第54条对此规定了两种情况:信托终止后,信托财产归属于信托文件规定的人。如果信托文件对其未作规定,则按照下列顺序确定归属:受益人或者其继承人;"委托人"或者其继承人。信托终止后,信托的剩余财产归属于信托文件指定的人,这毫无疑问是正确的。然而,如果信托文件对此未作规定,信托的剩余财产应该如何分配,信托法的规定是否合理,则有待商榷。

例如,甲设立信托,由乙作为终身受益人取得信托收益利益,乙离世后由丙作为终身受益人取得信托收益利益,丙离世后由丁作为剩余利益受益人取得信托财产原物以及剩余的收益利益,信托终止。在这种情况下,当信托终止时,无论根据我国法律还是根据英美法,信托原物以及剩余收益利益都将归属于丁当无疑义,因为信托条款规定得非常完善,细致到如何分配信托的剩余利益。

又如,甲设立信托,由乙作为终身受益人取得信托收益利益,乙离世后由丙作为终身受益人取得信托收益利益,丙离世后由丁作为终身受益人取得信托收益利益。丁离世后信托财产如何处理,信托条款没有规定,也没有规定信托原物如何分配。在这种情况下,由于信托条款没有写明信托的剩余财产及其利益如何分配,因此必须适用法律的默认条款。根据我国法律,信托原物以及剩余收益利益将归属于丁的继承人,而根据英美法则归属于甲的继承人(假定甲早已离世)。

再如,甲为乙设立一个金额为100万元的大学学费信托,乙大学毕业后,信托资金还剩余50万元。假设信托条款没有提到乙大学毕业后这笔钱如何处置,则根据我国信托法,这笔钱将由乙取得。这样的结果肯定既有悖于信托的目的,也很可能有悖于信托人的意愿。而依据英美法,这笔钱将归复给甲,或者甲的继承人。

上述例子在家族信托中会大量存在,尤其前两个例子中都确立了不同类型的受益人,有终身受益人,也有剩余利益受益人;有信托财产收益受益人,也有信托财产原物受益人。对信托剩余财产如何处理才更符合信托人的意愿以及信托的目的,是法院需要解决的问题。

公益信托的情况有所不同。公益信托是以促进社会公众利益为目的而设立的信托,其特点在于其不以谋取私人利益为目的,因此,法律对其有特殊的规定。有关公益信托终止后信托财产的归属问题,我国信托法采纳了英美法中的最近似原则(Cy pres),规定,如果公益信托的剩余财产的权利归属人是不特定的社会公众,经公益事业管理机构批准,受托人应当将信托财产用于与原公益目的最相近似的目的,或者将信托财产转移给具有最近似目的的公益组织或者其他公益信托。① 其中所体现的法律原则是,公益信托具有公益性,在其终止后处置信托财产仍然坚持以公益为目的,立足于继续用其为整个社会公众谋取福利。②

在前述《民法典》法条修改建议中,已经包括以下有关总有关系终止时,总有财产的归属:

第 312 条　【总有关系的设立与终止】

权利人可以通过信托书、信托宣言、信托合同、信托遗嘱或其他《中华人民共和国信托法》允许的信托条款(统称为"信托条款")设立信托,为受托人和受益人创设总有关系。

在总有关系结束时,共有的动产或者不动产按照信托文件的规定确定归属。信托文件没有规定的,共有的动产或者不动产归属于剩余利益受益人;没有剩余利益受益人的,归属于信托人或者信托人的继承人。法律另有规定的,依照其规定。

同时,建议将《信托法》第 54 条修改如下③:

---

① 参见我国《信托法》第 72 条。
② 参见卞耀武:"信托关系规范化及其现实意义",载卞耀武主编:《中华人民共和国信托法释义》,法律出版社 2002 年版,第 43 页。
③ 参见本书第三章第二节《中华人民共和国信托法》(修订建议稿)第 101 条。

信托终止的，信托财产归属于信托~~文件条款~~规定的**信托财产的剩余利益受益人**；信托~~文件条款~~未规定的，**归属于信托人或者其继承人，按照《中华人民共和国民法典》的规定处理**。~~按于下列顺序确定归属：~~

~~（一）受益人或者其继承人；~~

~~（二）委托人或者其继承人。~~

信托终止时信托财产的归属首先应遵从信托条款的安排，一般来说，信托人可能在信托条款中设置了取得最终信托利益的剩余利益受益人。剩余利益受益人享有信托利益的权利持续到其死亡之后，即不因其死亡而终止故在信托终止时应将剩余信托财产归属于剩余利益受益人。在信托财产未规定剩余利益受益人时，信托财产应归属于信托人或其遗产继承人。这是因为信托财产本就源自信托人的转移或其他处分，在不存在剩余利益受益人的情况下，将信托财产归属于信托人或其继承人符合公平原则。

上述建议针对私益信托的终止。鉴于公益信托的特殊性，《信托法》第72条规定了公益信托终止后信托财产归属应采纳近似原则，然而对于近似原则的确定不够清晰，因此笔者建议将第72条修改如下①：

公益信托终止，没有信托财产权利归属人或者信托财产权利归属人是不特定的社会公众的，**受托人可以根据公益信托本质所反映的通常目的，拟定**~~经公益事业管理机构批准，受托人应当将信托财产用于~~与原公益目的~~相近似的~~**最接近的公益**目的，**经信托监察人认可后，报公益事业管理机构备案，**~~或者~~**并**将信托财产转移给具有~~近似~~**此**目的的公益组织或者其他公益信托。

针对该条，主要建议两处变动。第一，近似原则的比对方法有变化，即根据公益信托本质所反映的通常目的，拟定与原公益目的最接近的公益目的。相对于原来的与原公益目的近似的目的的规定来说，该规定增加了将原公益信托目的抽象至通常目的，而后再寻找最接近的公益目的的过程。这实际上扩大了替代公益目的的范围，如果直接寻找与原公益信托目的相似的目的，很可能出现难以找到相似目的的问题。而将原公益信托目的抽象至通常目的的

---

① 参见本书第三章第二节《中华人民共和国信托法》（修订建议稿）第120条。

规定实际上扩大了可选择的新公益目的的范围,有利于促进近似原则的适用和信托存续。第二,近似原则的决定主体有变化。原规定要求在公益事业管理机构批准后,受托人直接将信托财产用于近似目的或转移至有近似目的的公益组织或其他公益信托。新建议中,近似原则的决定主体由原来的公益事业管理机构转移至信托监察人,这强化了公益信托以信托监察人为核心的内部监督,避免过多的行政干预,有利于信托的高效运行。

(三) 信托财产的占有瑕疵

大陆法系民法中有动产善意取得的规则,即让与人将其无权占有的财产转让给受让人,如果受让人是善意受让人,即可取得该财产的所有权。然而英美法系国家和地区在信托的设计上没有采纳善意取得规则,而是规定,如果信托人将存在占有瑕疵的信托财产转移给受托人,受托人必须向该财产的实际所有人返还该项财产以及占有期间所生收益。这也是英美信托法中推定信托的设立依据。之所以有这种规定,是因为在传统英美信托架构中,没有"善意"受托人。传统信托都是家族信托,信托财产单向流动,从信托人转让给受托人,受托人并不因接受信托财产而支付任何对价,因此,设立信托相当于赠与;英美法中的"善意"第三人一般是指不知情且支付了合理对价者,因此,在信托领域,没有善意受托人之说。涉及商事领域的现代信托,在信托普通法中以及在信托法重述中一般都未提及,而是通过其他商事法律来规范。日本、韩国的《信托法》也采纳了英美法系的这种由受托人承继信托人对于信托财产的占有瑕疵的规则。[①]

我国《信托法》第 7 条规定:"设立信托,必须有确定的信托财产,并且该信托财产必须是委托人合法所有的财产。"同时第 11 条规定:"委托人以非法财产或者本法规定不得设立信托的财产设立信托的,信托无效。"这样虽然可以避免"委托人"通过设立信托恶意转移瑕疵占有之财产,从而危害财产的实际所有人在该项财产上之合法利益的效果,但是不能据此认定我国信托法确认信托财产占有瑕疵的承继制度。一方面,信托法颁布之时,我国尚无统一的物权法律制度,动产善意取得制度还没有在立法上真正确立起来;另一方面,我国信托法并不要求信托财产转移,在大多数情况下,信托财产还在信托人名

---

① 例如日本《信托法》第 13 条,韩国《信托法》第 30 条(受托人应当承继信托人对信托财产的任何占有瑕疵)。

下,如果有任何占有瑕疵,自然应该由信托人承担,由受托人承继。

在第一章第二节中,笔者建议在《民法典》的总则编中增加有关瑕疵占有与善意取得中的信托元素:

第235条 【无权占有与推定信托】

无权占有不动产或者动产的,权利人可以**基于推定信托关系请求返还原物以及在非法占有期间取得的所有利益**;但是,应当支付善意占有人因维护该不动产或者动产支出的必要费用。

第311条 【善意取得】

无处分权人将不动产或者动产转让给受让人的,所有权人有权**基于推定信托关系**追回**原物以及在不当处分期间取得的所有利益**;除法律另有规定外,符合下列情形的,受让人取得该不动产或者动产的所有权:

(一) 受让人受让该不动产或者动产时是善意;

(二) 以合理的价格转让;

(三) 转让的不动产或者动产依照法律规定应当登记的已经登记,不需要登记的已经交付给受让人。

受让人依据前款规定取得不动产或者动产的所有权的,原所有权人有权向无处分权人请求损害赔偿。

当事人善意取得其他物权的,参照适用前两款规定。

在信托制度中规定占有瑕疵承继规则也许可以平衡利益冲突、稳定社会关系。[1] 从长远来看,我国也可能出现如英美传统赠与性信托的家族信托。将来如果信托法要求信托财产转移,则对信托财产的占有瑕疵问题还是需要有一定的考量。当然,对家族信托和商事信托要区别对待。在以融资为目的的商事信托中,受托人取得信托财产以支付合理价款(融资款)为条件,受托人可以界定为善意受托人。受益人支付了投资款后取得信托财产的受益权,因此是善意受益人。对于善意受托人和善意受益人,应当采取善意取得制度,以维护交易的安全,建立良好的社会经济秩序。在家族信托的情况下,受托人在接受信托财产时无须为此支付对价,受益人也只有取得信托利益的权利却

---

[1] 参见徐孟洲主编:《信托法》,法律出版社2006年版,第149页。

没有任何义务,因此,受托人不是善意受托人,受益人也不是善意受益人,在这种情形下,不适用善意取得制度。可见,如果需要将占有瑕疵承继规则引入信托法,必须对这两种信托区别对待。

二、信托财产的特性

在信托的发源地英国,最初的财富是土地,因此,信托财产也多为土地。然而随着经济的发展和时代的变迁,财富的类型日益多样化,信托财产也随之从土地变为各种金融资产,如股票、债券、共同基金份额、保险合同、退休金与年金,以及银行账户等。[1] 英美法下的或然剩余利益(contingent remainders)、租赁地产权(leasehold interests)、诉讼权(choses in action)、版权、人寿保险单等,都可以作为信托财产原物设立信托。[2] 我国信托出现之始,信托财产多为金融资产,后来才逐渐扩展到房地产、股权等资产,与英美信托财产的发展路径正好相反。虽然信托财产的种类扩大到几乎所有的财产利益,但是信托财产所具备的一般特性并没有改变。例如,信托财产必须合法取得,必须可以合法转让,必须能够被具体识别和确定。信托财产还必须具备一定的独立性,方能达到信托人设立信托的目的。最后,信托财产的物上代位性决定了无论其形态如何变化,其归属于信托的性质不变。

(一) 信托财产的合法性[3]

英美信托法规定,信托财产必须是信托人合法所有的财产。然而,信托财产并不一定是信托人对其拥有完全所有权的财产。如前所述,英美法有普通法上的权利与衡平法上的权利之分,而信托人合法所有的财产既包括信托人对其拥有法律(普通法)上的权利的财产,也包括信托人对其仅拥有衡平法上的权利的财产,这里"合法"中的"法"不仅包括普通法,还包括衡平法。[4] 例如,甲拥有某房产的完全所有权,在英美法制度中这种所有权叫作 fee simple 或者简称为 fee,这是一种法律上的权利,甲可以将其房产作为信托财产为他

---

[1] See John H. *Langbein*, *Rise of the Management Trust*, 143 Tr. & Est. 52 (2004).

[2] See Sitkoff & Dukeminier, Wills, Trusts, and Estates (10th Ed.) 414 (Wolters Kluwer Law & Business 2017).

[3] 本部分内容可以与本章第一节第二部分中"信托的脱法性"对照。

[4] 这也从侧面证明将"legal title"和"equitable title"称之为"双重所有权"乃是误解。

人利益设立信托。这个例子里的信托人对信托财产拥有法律上的合法的完全所有权。又如,甲与乙订立了房屋买卖合同,并支付了部分房款,在房屋产权尚未过户之前,甲对房屋并不拥有法律上的权利,因此无法主张对房屋拥有产权,但是甲因出资对房屋拥有部分衡平法上的利益,此时,甲可以作为信托人将其拥有的衡平法上的利益作为信托财产设立信托。这个例子里的信托人对信托财产并不拥有完全的所有权,而只拥有衡平法上的权利(利益)。可见,根据英美法,信托人对信托财产所拥有的原始权利既可以是法律上的权利,也可以是衡平法上的权利。我国虽然没有普通法与衡平法之分,但是在实践中也遇到财产收益权或者信托的受益权是否可以作为信托财产设立信托的问题,这与英美信托法中有关信托人对财产的原始权利问题其实如出一辙。如果单从合法性来看,收益权和受益权都可以作为信托财产,只要设立信托的其他条件均满足即可。

信托财产的合法性还表现在信托财产必须是信托人合法所有且可以合法处分的财产。比如,甲设立生前信托,将部分财产作为信托财产,交给受托人乙,乙为甲的子女的利益持有和管理。信托财产中能否包括甲拥有的对所有人为丙的房屋的居住权呢? 根据《民法典》第369条的规定,居住权不得转让或继承。换言之,甲作为丙的房屋的居住权人,对其居住权没有合法的处分权,因此不能将其作为信托财产设立信托。① 同样,甲也不能将其并不拥有(无论是法律上还是衡平法上)的财产作为信托财产来设立信托。有趣的是,英美法并没有明文禁止这样做。因为根据英美信托法,信托条款的完成并不意味着信托已经设立——信托设立的关键点是信托财产要转移给受托人。在信托财产转移的那一刹那,信托才成立,在此之前,无论信托条款起草得如何完善,信托都不成立。

对于信托财产合法性的规定可以有效防止人们将以非法手段得到的财产设立信托,逃避债权人的追索,这对于挫败腐败官员或企业管理人员非法移资尤其重要。②

---

① 然而设想一下,如果房屋的所有权人丙设立信托,将其房产作为信托财产,指定甲作为终身利益受益人,在生存期间有权居住并使用该房屋,则通过信托为甲创设了居住权,此时的居住权作为一种信托受益权,却可以作为信托财产设立另外一个信托。

② 参见高凌云:"预防腐败:财产申报与强制性盲目信托制度相结合——以美国和台湾地区的实践为借鉴",《廉政文化研究》2015年第2期。

《信托法》第 7 条和第 14 条的内容中都含有信托财产合法性的规定,建议进行梳理整合为一条,并进行如下修改[1]:

第七条

~~设立信托,必须有确定的信托财产,并且该信托财产必须是~~委托大信托人合法所有~~且有权处分~~的财产。~~本法所称财产包括合法的财产权利。~~

第十四条

~~受托人因承诺信托而取得的财产是信托财产。受托人因信托财产的管理运用、处分或者其他情形而取得的财产,也归入信托财产。~~法律、行政法规禁止流通的财产,不得作为信托财产。法律、行政法规限制流通的财产,依法经有关主管部门批准后,可以作为信托财产。

(二)信托财产的确定性

信托财产必须确定,或者必须可以确定。根据英美信托法,信托财产必须是信托人合法所有且确定或至少可以确定的财产,并且要适时转移给受托人,信托方能成立。那么,怎么判断信托财产是否确定或可以确定呢? 如果是有体财产,这一点比较容易判断,只要通过一定形式,比如登记、交付、标记等形式将其与其他财产相区别即可;如果是无体财产,判断其确定性则会有不同情形。基本原则是: 对于信托财产的权利,无论是法律上的,还是衡平法上的,必须是既定的(vested),关键在于如何证明"既定"。要想证明某权利为"既定",至少要有相关合同,或者相关文件证明该权益的真实存在以及非投机性。比如,应收账款就是一种既定的未来权益。

如何理解信托财产的确定性有时的确很困难。1964 年,美国得克萨斯州的最高法院审理了一个案件:甲给乙写信,承诺在 5 年内每月给乙 200 美元,结果第一个月的还没给,甲就病故了。如果乙想得到这 12 000 美元,可以根据什么理论呢? 首先可以考虑赠与理论。如果将甲的行为作为赠与,则财产交付之后赠与才成立;本案中没有交付,赠与不成立。其次,可以考虑将甲给乙的信认定为遗嘱,将这笔钱分配给乙。然而法律对遗嘱规定了严格的形式要件,比如若干见证人必须亲自见证并在遗嘱上签字等。这里,甲的信明显不符

---

[1] 参见本书第三章第二节《中华人民共和国信托法》(修订建议稿)第 21 条。

合遗嘱的形式要件。第三个理论是信托,即甲通过这封信设立了一个信托。通过口头或书面宣言设立信托是英美法所承认的一种设立信托的方式。然而,设立信托的其他条件必须具备才行。经过审理,得克萨斯州最高法院认为没有成立信托,一个重要的原因是信托财产不确定。虽然这封信中赠与乙的金钱数额很容易计算清楚,并且也能算出占甲的遗产总额的 10%,然而,这封信中并没有写明将哪一笔钱作为信托原物用以支付给乙。赠与总额的确定并不意味着信托财产的确定,因此信托不成立。① 类似的案子在美国很多,主要原因是很多人有赠与的意愿,然而由于种种原因没有在生前交付财产,因此赠与失败。不甘心的受赠人往往希望法院认定这是一个宣言信托,从而能通过信托制度取得期待被赠与的财产。这时,法院必须确定这种无效赠与能否被重新定性为信托。通常,英美法院会审查信托原物的确定性,很多情况下信托法对于信托原物的要求通常会击败赠与的意愿,导致失败的赠与不会被重新定性为信托。②

我国目前没有承认宣言信托,因此赠与与信托之间的转换矛盾不一定存在。然而,对信托财产的确定性的判断却必不可少。我国信托法要求信托财产必须确定,③或至少可以确定,否则信托无效。④ 但是如何判断信托财产是否可以确定,无论是法律还是司法实践,都没有提供一个明确的标准。以国内的"资产收益财产权信托"为例,这些信托的信托财产号称为"收益权",多为在建工程收益权,然而由于我国信托法并未对信托财产的确定性有细致的规定,造成很多并非"既定"权利的收益权被认定为信托财产。比如,一旦资金链断裂,工程就会烂尾的项目,无法证明其有"既定"的收益权。何况很多房地产项目的估值都是基于对房地产市场的盲目乐观。2007 年美国房地产市场突然崩塌导致全球金融危机就是一个例子。而我国已有的房地产在建项目收益权信托所涉及的在建项目,只要政府的政策微调,这些项目就岌岌可危,很多此类项目之所以违约就是因为收益权不确定,项目失败导致无法支付投资人。

1937 年,美国的一个判例中,信托人为了避税,想把股票的未来收益放到

---

① See Unthank v. Rippstein, 386 S.W.2d 134 (Tex. 1964).

② See Jane B. Baron, *The Trust Res and Donative Intent*, 61 TUL L. REV. 45 (1986).

③ 参见我国《信托法》第 7 条。

④ 参见我国《信托法》第 11 条。

信托中,受益人是自己的家人,然而,他并未把作为基础资产的股票作为信托财产,只是把未来的利润(future profits)作为信托财产。[1] 法院认定该信托并未成立,因为在其作出信托宣言时,并没有任何股票收益。后来这一规则被吸收进信托法重述中:

第41条　期待权;不存在的财产利益

对将来收到财产的期待或希望,或者尚未存在或者已经灭失的利益,不可「作为信托财产」由信托持有。[2]

上述美国判例和《信托法第三次重述》的规则可以对我国的收益权信托起到借鉴作用,帮助我们明确信托财产确定性的标准。

要判断信托财产的确定性,必须首先厘清什么是信托财产。对于简单的将动产或不动产作为信托财产设立的信托而言,比较容易判断什么是信托财产。但是有些比较复杂的信托,尤其是信托人与信托机构为规避监管而设计的复杂的商事信托,其信托财产有时很难判断。比如,表决权信托并非仅以表决权为标的物所设立的信托,而是以转移股份为手段所设立的信托,其目的在于同意行使表决权。[3] 表决权信托的信托财产应为股权而非股权中的表决权。又如,在建工程的资产收益财产权信托的信托财产是基础资产及其收益权,还是仅仅是基础资产的收益权? 如果工程的收益符合确定性要求,则收益权作为一种确定的期待权,可以作为信托财产;否则信托财产只能是工程的基础资产。[4] 再如,保险金信托的信托财产是保险金合同,是保险金,还是对保险金的期待权? 这也会对信托的成立时间及其有效性起到关键作用。[5]

日本信托法认为信托财产的价值必须可以估算为金钱,“委托人”的人格权、身份权不能作为信托财产,也不承认仅以占有权为信托财产的信托,以及仅以与股份相分离的表决权作为信托财产的信托。法定或约定禁止转让的财

---

[1] See Brainard v. Commissioner, 91 F.2d 880 (7th Cir. 1937).

[2] 参见美国《信托法第三次重述》第41条。

[3] 参见徐孟洲主编:《信托法》,法律出版社2006年版,第151—154页;又见王志诚:《信托法》(第四版),台湾五南图书出版股份有限公司2015年版,第135页。

[4] 参见高凌云:《收益权信托之合法性分析——兼析我国首例信托诉讼判决之得失》,《法学》2015年第7期。

[5] 参见美国《信托法第三次重述》第25条。

产也不能作为信托财产。信托财产必须是通过转移或者其他处理且可以从"委托人"的财产权中分离出来的财产。另外,信托财产必须具有"存在的可能性"和"特定的可能性"。① 这种观点也值得我们借鉴。

鉴于此,建议《信托法》第 7 条作如下修改:

第七条

~~设立信托,必须有确定的~~信托财产必须是确定或者可以确定的财产~~,并且该信托财产必须是委托人合法所有的财产。本法所称财产包括合法的财产权利~~。

以无法确定的财产设立信托的,自财产可以确定并依法转移或为其他处分给受托人时,信托始成立。

信托财产必须确定,或者必须可以确定,这是设立信托的要件之一。本条将信托财产的确定与信托成立之间的关系进一步明确。对于有体财产,可通过登记、交付、标记等形式将其与其他财产相区别;对于无体财产,作为信托财产的权利必须是既定的,即至少有相关合同或相关文件证明该权益的真实存在以及非投机性,如应收账款就是一种既定的未来权益。另外,由于本修改建议将信托财产的转移或其他处分列为信托成立的要件之一,改变了原受托人承诺时信托成立的规定,故信托财产暂时的无法确定并不导致信托无效,而是信托根本就没有成立,只要后续财产可以确定并依法转移或为其他处分给受托人,信托即可成立。

(三) 信托财产的独立性

信托财产一般具备独立性。人们设立信托的目的之一是为了破产隔离或者债务隔离。根据英美信托法的一般理论,信托财产独立于信托人、受益人和受托人的自有财产。然而,除了信托财产独立于受托人的自有财产是绝对的之外,信托财产对于信托人和受益人的财产的独立性并不是绝对的。

对于信托人的债权人而言,信托财产是否具有独立性,要看信托是可撤销信托还是不可撤销信托。本章第一节对信托的可撤销性及其法律后果已有介绍。如果信托是可撤销信托或者是自益信托,在信托人在世期间,信托人的债

---

① 参见新井诚著:《信托法(第四版)》,刘华译,中国政法大学出版社 2017 年版,第 280—283 页。

权人可以针对该信托的财产行使请求权,因此,可撤销信托的财产在信托人在世期间并不独立于信托人的其他个人财产。如果信托是不可撤销信托,当其合法设立、信托财产转移给受托人,并且信托人对信托不持有控制权时,信托财产完全独立于信托人的其他财产,信托人的债权人对信托财产没有任何权利。

信托财产的独立,又被称为信托的破产隔离功能。日本新井诚教授对此的评价是:

> 信托的破产隔离功能应该只对具备适合赋予该功能的内容的信托予以承认。一些名义类的自益信托,只不过是形式上将名义和权利转移给了受托人,对于信托财产的实质性权限全部保留在委托人处,如果承认该信托的破产隔离功能,就存在问题,这样就无法防止信托被单纯滥用为委托人隐匿财产的便利方法。能够做到破产隔离的信托必须要求委托人的支配权有实质性转移。如果委托人仍然保留着控制信托的管理与分配权,或随时可以从受托人处要回信托财产的撤回权(应为"撤销权"——笔者),且委托人自身享受来自信托财产的利益时,应当认为信托财产依然停留在委托人的支配领域内,所以不应承认这样的信托的破产隔离功能。[1]

的确,要想做到信托财产独立并起到破产隔离的功能,信托人就必须放弃对信托财产的所有权和控制权,否则有悖于法理。

对于受益人的债权人而言,信托财产是否独立,取决于受托人是否持有信托利益分配的自由裁量权。因为债权人针对信托财产,只能在受益人有权取得分配的范围内有请求权。受益人可以取得的信托利益分配的范围依据信托条款确定。如果信托是强制性分配信托,受托人有义务定期定额向受益人分配信托利益,则受益人的债权人有权取得该受益人定期定额取得的信托利益。当受托人拖延支付信托利益时,受益人的债权人可以要求法院强制要求受托人进行分配,并可以通过法院判决取得扣押令,要求受托人将信托利益首先分配给受益人的债权人,直至完全清偿为止。[2] 当然,如果信托是任意性分配信托或者禁止挥霍信托,信托条款可能会规定,一旦受益人涉债,受托人必须停止分配信托利益。只要这个信托被法律承认为有效,受益人的债权人就无权

---

① 参见新井诚著:《信托法(第四版)》,刘华译,中国政法大学出版社 2017 年版,第 284 页。

② 参见美国《统一信托法》第 501 条。

取得任何信托利益。从这个意义上看,信托财产独立于受益人的其他个人财产的规则其实是绝对的,其债权人所享有的,只不过是已经分配或者必须分配给受益人的利益而已。然而,禁止挥霍条款的效力并不绝对,比如美国大部分州认为,持有法院针对受益人作出的、有关向其子女、配偶或前配偶支付抚养费或生活费的判决或命令者,有权针对信托财产进行追索。另外,为信托人自己的利益设立的禁止挥霍信托不得对抗其债权人。

对于受托人而言,信托财产不受其个人债权人、继承人和配偶等的追索是绝对的。[①] 理论根据是受益人的权利是对世权,这种权利在英美法历史上是受衡平法原则保护,受益人被认为是信托财产的衡平法上的权利人。英美破产法认为,只有破产的受托人以受益人身份拥有的财产才可以作为破产财产。[②]

对于美国的制定法信托,一般由法律规定信托财产独立于其他财产,不受受益人和受托人的债权人的追索。[③] 这一点与我国的情况类似。我国的信托都是"制定法信托",因此信托财产的独立性取决于《信托法》的规定。

我国《信托法》规定:

第 15 条

信托财产与委托人未设立信托的其他财产相区别。设立信托后,委托人死亡或者依法解散、被依法撤销、被宣告破产时,委托人是唯一受益人的,信托终止,信托财产作为其遗产或者清算财产;委托人不是唯一受益人的,信托存续,信托财产不作为其遗产或者清算财产;但作为共同受益人的委托人死亡或者依法解散、被依法撤销、被宣告破产时,其信托受益权作为其遗产或者清算财产。

第 16 条

信托财产与属于受托人所有的财产(以下简称固有财产)相区别,不得归入受托人的固有财产或者成为固有财产的一部分。

---

① 参见美国《统一信托法》第 507 条。

② 参见 1986 年《英国破产法》(The English Insolvency Act)第 283(3)(a)条,转引自 Lusina Ho and Rebecca Lee, *Emerging principles of Asian trust law*, in Lusina Ho & Rebecca Lee, TRUST LAW IN ASIAN CIVIL LAW JURISDICTIONS — A COMPARATIVE ANALYSIS 264 (Cambridge University Press 2013)。

③ 参见美国《统一法定信托实体法》第 305 条。

受托人死亡或者依法解散、被依法撤销、被宣告破产而终止,信托财产不属于其遗产或者清算财产。

从中可以看出,我国信托法对于信托财产独立于信托人的自有财产采取了绝对的态度,并未考虑在信托人对信托拥有控制权的情况下允许信托财产债务隔离是否合理。另外,对于信托财产是否独立于受益人的自有财产也没有提及。目前我国只存在短期自益性质的商事信托,因此信托人普遍对信托财产持有较大的控制权,当初鼓励和发展信托是为了金融创新,因此对于破产隔离的理解只局限于隔离受托人的破产或债务风险,并未过多考虑信托人的破产或债务风险,对于家族信托的特殊情形也未多加考虑。

相比而言,日本信托法既规定了受托人破产时,信托财产不属于受托人的破产财产,因此受托人的个人债权人针对信托财产没有追索权,也规定了信托财产与受益人的自有财产相区别。自益信托是为了自己的利益设定信托,因此没有必要承认信托财产的独立性。①

虽然我国信托法规定了信托财产的独立地位,希望通过制定法的规定来强制确立信托财产的独立性,然而不够全面。比如,信托人可以在保留信托财产所有权的同时,享有信托财产与信托人的其他财产相区别的待遇。② 将来家族信托真正发展起来,信托人去世后,未经转移给受托人的信托财产如何与信托人的其他财产(遗产)相区别,会成为很大的问题。此时信托财产如果要转移、分配,将会遇到困难。另外,在商事信托的情形下,仍然持有信托财产所有权的信托人是否也对受益人负有诚实、善意且为受益人的利益管理信托财产的义务,也需要考虑。如果信托人持有太多权力和权利,却负有极少的义务,受益人的权利将无法得到保障。2019 年 11 月 8 日,我国最高人民法院发布了《全国法院民商事审判工作会议纪要》,③其中第 95 条提到:"信托财产在信托存续期间独立于委托人、受托人、受益人各自的固有财产。"这一点重述了《信托法》中对信托财产独立于"委托人"和受托人的规定,并在一定程度上弥补了《信托法》没有提到信托财产有别于受益人的自有财产之不足。然而,对

---

① 参见《日本信托法》第 25(1)条以及第四章。

② 参见我国《信托法》第 15 条。

③ 法[2019]254 号。

于上述其他问题,该纪要仍然并未提及。并且作为最高人民法院发布的会议纪要,其法律效力也相当有限。因此,还需要《信托法》正本清源。

英美信托法通过判例法的演化、引进英美信托制度的大陆法系国家和地区通过制定法,确立了信托财产的独立性原则。信托财产独立于受托人的固有财产,相对独立于信托人和受益人的个人财产,因而可以起到破产隔离或者债务隔离的作用。

对我国而言,首先建议在《信托法》中增加一条有关信托财产与信托人的其他财产相区别的条款①:

已经转移或为其他处分给受托人的信托财产或者已依法标记、公示的宣言信托的信托财产与信托人未设立信托的其他财产相区别。其他法律、行政法规有不同规定的,依照其规定。

然后,修改第 15 条,规范信托财产与信托人的债务隔离问题②:

第十五条

~~信托财产与委托人未设立信托的其他财产相区别。设立信托后,~~**不可撤销信托的信托人不是信托受益人或者不是唯一受益人的,**~~委托大信托人死亡或者依法解散、被依法撤销、被宣告破产时,委托人是唯一受益大的,信托终止,信托财产作为其遗产或者清算财产;委托人不是唯一受益大的,~~信托存续,信托财产不作为其遗产或者清算财产;**但**作为共同受益人的~~委托大~~**信托人的**死亡或者依法解散、被依法撤销、被宣告破产时,其信托受益权,**可以**作为其遗产或者清算财产,**信托条款或者法律、行政法规另有规定的除外。**

可撤销信托的信托人是法人或者非法人组织的,信托人依法解散、被宣告破产时,信托终止,信托财产作为其清算财产。可撤销信托的信托人是自然人的,信托人死亡之前没有撤销信托的,信托人的债权人在信托人有权撤销信托的范围内对信托财产有请求权。信托人的债权人得到偿付后信托财产有剩余的,或者信托人的债权人自知道或者应当知道其针对

---

① 参见本书第三章第二节《中华人民共和国信托法》(修订建议稿)第 23 条。
② 参见本书第三章第二节《中华人民共和国信托法》(修订建议稿)第 24 条。

信托财产的请求权之日起一年内不行使的,信托存续,信托财产或者剩余信托财产不再受信托人的债权人的追索,且不作为信托人的遗产。

　　无论信托是否为不可撤销信托,信托人死亡或者依法解散、被宣告破产时,信托人是唯一受益人的,信托终止,信托财产作为其遗产或者清算财产。

　　对于上述修改建议,第一,现有法条对信托财产独立于信托人的自有财产采取了绝对的态度,并未考虑在信托人对信托拥有控制权的情况下允许信托财产债务隔离是否合理。建议以信托是可撤销信托还是不可撤销信托为分类依据,予以分别规范。

　　第二,对于不可撤销信托,除非信托人设立信托违反法律、行政法规的规定,并损害债权人利益,否则债权人不可以撤销信托。即除非满足有因撤销的条件,否则不可撤销信托的信托财产不受信托人的债权人追索。但这并不意味着债务人可以完全逃避债务。在没有相反规定的情况下,倘若债务人设立信托并将自己作为多个受益人之一时,债务人作为受益人享有的受益权将作为其遗产或清算财产用以清偿债务。

　　第三,对于可撤销信托,债权人可以在债务人(信托人)有权撤销信托的范围内要求清偿债务。但基于撤销权的限制,信托的债权人对信托财产的请求权必须在债权人知道或应当知道其针对信托财产的请求权之日起一年内行使。

　　第四,为了避免信托人通过设立信托来逃避债务,对于信托人是唯一受益人的不可撤销信托,信托财产也可以用以清偿信托人的债务。

　　此外,还建议将有关信托财产与受托人的固有财产及债权债务隔离的第16、18条进行如下修改[①]:

第十六条

　　信托财产与属于受托人所有的财产(以下简称固有财产)相区别,不得归入受托人的固有财产或者成为固有财产的一部分。

　　受托人死亡或者依法解散、~~被依法撤销~~、被宣告破产而终止,**受托人所管理的**信托财产不属于其遗产或者清算财产。

---

① 参见本书第三章第二节《中华人民共和国信托法》(修订建议稿)第25、26条。

第十六条

受托人管理~~运用、处分~~信托财产所产生的债权,不得与其固有财产产生的债务相抵销。

前款规定不影响已支付合理价款的善意相对人的合法权益。受托人~~管理运用、处分不同委托人的信托财产所产生的~~**违反前款规定进行**债权**或**债务~~,不得相互抵销~~**的,**受益人得请求受托人承担赔偿责任。

关于对第 18 条的修改建议:第一款修正了用词。即受托人有管理和处分信托财产两大职能。其中管理职能强调受托人对信托财产的运营,而处分则是指受托人对信托利益的分配。这里强调的是受托人运营信托财产过程中产生的债权不能与其固有财产产生的债务相抵销,故这里删除"运用、处分"的措辞,强调受托人"管理信托所产生的债权"。关于"运用、处分"这两个容易引起混淆的词语,"运用"属于管理职能的一部分,"处分"一般用于分配职能中,对信托财产的最终处分是将其分配给收益人;而在管理职能中对信托财产的"处分"其实只是在管理过程中导致信托财产形态发生变化而已,并非常规意义上的处分。第二款规定了对善意第三人的保护。即对于受托人将管理信托过程中所产生的债权与固有财产的债务抵消的,不影响已经支付合理价款的善意相对人的合法权益。此时由于信托债权受损,受益人的受益权也会受损。但这是因为受托人违反信义义务引起的后果,故受益人只能要求受托人承担赔偿责任。

另外,将信托财产与受托人的固有财产区别,与信托财产的债权债务隔离分别放到两个法条中进行规范,更加清晰。

(四)信托财产的物上代位性

设立信托时,信托财产的范围或内容依信托条款以及交付的具体财产而定。信托设立后,因受托人对信托财产的投资、运营等管理行为,或者因信托财产在管理过程中发生灭失、毁损或形态变化,信托财产往往失去原貌,难以辨识。英美法中对财产的衡平追踪(tracing)理论认为,此时原始所有人有权在形态变化了的财产中识别出其原始财产,从而对其主张权利。[①] 这与大陆法系的物上代位原则异曲同工,即无论信托财产因受托人的法律行为、事实行

---

① See Foskett v. McKeown (2001) AC 102.

为或其他法律事实而导致其形态发生何种变化,其因之取得的代位物仍应属于信托财产。[①]

我国《信托法》第 14 条规定:"受托人因信托财产的管理运用或者其他情形而取得的财产,也归入信托财产。"虽然这一规定明确了信托财产的收益也与信托财产的原物一样具备独立性,但是并未考虑到信托财产在管理过程中有可能发生的形态变化。这是因为我国信托仅仅在商事领域有所发展,并且信托财产多数都是资金,因此没有出现复杂的信托财产的形态变化的情形。将来家族信托发展起来,信托原物的形态就会丰富多彩,其管理过程中必定会发生形态改变。对此,我国信托法也应作出明确规定,信托财产无论形态如何变化,应仍然具有信托设立时信托财产所具有的本质,两者同一,应与受托人的固有财产及其他信托财产相互区别。建议将此条修改如下[②]:

第十四条

信托财产包括信托财产原物(本金)及其收益。[③]

~~受托人因承诺信托而取得的财产是信托财产。~~**信托人用以设立信托并依法转移或处分给受托人的财产是信托财产原物。**~~受托人因信托财产的~~**在**~~的~~**管理信托财产过程中**~~运用、处分或者其他情形而取得的财产,也归入~~**属于**~~信托财产~~**原物的收益。**~~法律、行政法规禁止流通的财产,不得作为信托财产。法律、行政法规限制流通的财产,依法经有关主管部门批准后,可以作为~~**信托财产原物的收益也归入**信托财产。

信托财产主要是指信托人据以设立信托的财产,即信托人转移至信托的财产。原法条中"承诺"表达不够明确。另外,信托财产包括信托原物与信托收益。在管理和分配信托利益时,都会遇到费用从信托原物中还是信托原物的收益中支出、其所得归于信托原物还是信托原物收益中的问题。尤其在目的是为了财富传承而期限较长的家族信托中,信托财产的原物一般在相当长的时间内不能动用,而在信托分配中也需要满足不同类型的受益人的利益。

[①] 参见我国台湾地区所谓的"信托法"第 9 条;又见王志诚:《信托法》(第四版),台湾五南图书出版股份有限公司 2015 年版,第 143 页。

[②] 参见本书第三章第二节《中华人民共和国信托法》(修订建议稿)第 20 条。

[③] 有关原物与收益问题请见本节第三部分内容。

要做到这一点,应将信托财产的原物和收益进行区分。

三、信托财产原物与收益的区分

信托财产原物与收益的区分在英美信托法下很重要。信托人设立信托的主要目的之一是为了让受托人根据自己在信托条款中表达的意愿,对信托财产进行管理,并将信托利益以适当的方式和数额,分配给适当的受益人。因此,英美信托的条款中最重要的就是管理(administrative)条款与分配(distributive)条款。有关信托的管理,包括受托人对信托财产的管理、运用、投资等行为,在英美法系国家和地区涉及受托人的权力,该权力依据信托条款和制定法的授权而产生,受制于受托人的信义义务,一般通过受托人法或者谨慎投资人法(判例法或者制定法)来规范。而有关信托的分配,是指受托人根据信托条款的规定,将信托财产的部分或者全部,根据一定标准或规定分配给不同类型的受益人的行为。在管理信托和分配信托利益时,都会遇到费用是从信托原物中支出,还是从信托原物的收益中支出、其所得是归于信托原物还是归于信托原物的收益等问题。尤其在目的是为了财富传承而期限较长的家族信托中,信托财产的原物一般在相当长的时间内不能动用,而在信托分配中也需要满足不同类型受益人的利益。要做到这一点,就必须将信托财产的原物与收益进行区分。

信托财产的原物指信托人最初转移到信托中的财产,无论其形态为何。信托收益一般指通过管理、运用信托财产原物而取得的收益。在家族信托中,信托人往往希望把信托财产的收益分配给终身受益人,而把信托财产的原物分配给剩余利益受益人。收益受益人与原物受益人之间有共同利益,也有利益冲突。收益受益人希望信托财产能投资于产生高额收益的项目,而原物受益人希望信托原物能够不断增值。比如一个长达50年的信托,信托原物是一栋大楼,大楼的出租收入为其收益。收益受益人和原物受益人都希望各自的利益保值增值。大楼的增值取决于房地产市场,还取决于大楼的损坏程度与修缮情况。假设将大楼的每个房间都单独出租,则能收取最多的租金收益,收益受益人会获得更多利益,然而却会加速大楼的损耗速度,导致大楼贬值,从而原物受益人会受到损失。因此,英美信托法规定,受托人对不同类型的受益人负有公平对待义务,不可以牺牲某一类型受益人的利益为代价,满足另一类型受益人的要求。同时,还需要规定信托财产的投资所得,哪些属于收益部分,哪些属于原物部分,以期在不同类型受益人中达到利益平衡。

然而很多时候将原物和收益进行区分并不容易,尤其当信托财产为资金时,其投资所得是收益的一部分,还是原物的一部分,或者需要按照一定比例在原物与收益之间进行分配,往往考验受托人对信托条款的理解。如果受托人处理不当,很容易被原物受益人或收益受益人告到法院。之所以会这样,主要因为信托财产的收益需要增长,信托财产原物也需要增值。因此,美国专门制定了《统一原物与收益法》(Uniform Principal and Income Act),作为示范法供各州立法者参考,以期为受托人提供行为指引。传统观点是,租金、股票的现金红利以及债券利息等被分类为收益,资产的增值部分,例如股票或土地的升值,则被归类为原物。为了满足公平义务的要求,受托人有时无法考虑到信托财产投资的总体回报,不得不分别考虑对收益受益人和原物受益人的回报。而现代投资组合理论则着眼于投资的总体回报,因此受托人左右为难。

根据最初的原物与收益法,受托人需要权衡收益受益人和原物受益人的利益,并且受限于该法的较窄的收益与原物的定义进行投资。受托人如果投资于不能增值的财产,收益受益人能够得到合理的收益,但是信托原物的增值机会被牺牲,因为通货膨胀将使其贬值;如果受托人投资于高增长的项目,原物受益人将得到信托原物的增值,然而收益受益人的利益会被牺牲。后来的《谨慎投资人法》鼓励受托人针对总体回报进行组合投资。比如纽约州的立法允许受托人可以调整原物和收益,只要该调整对所有的受益人公平合理即可。1997 年《统一原物与收益法》为此做了修订。虽然继续根据资产收益的形态将其分别归类于收益和原物中,但是却授予受托人可以将投资收益在信托收益与原物之间进行调整的权力。受托人在作为一个谨慎投资人投资并管理信托财产时,必要时可以调整财产收益的归属。[1] 该权力是受托人的默认权力,除非信托人在信托条款中明确废除该权力。

此外,美国有些州还允许信托人设立单位信托以解决上述难题。单位信托最初并非是一种信托类型,而是为了平衡信托原物受益人与收益受益人的利益而采取的一种信托财产管理与分配的做法。信托人可以确定每年必须分

---

① 参见《统一收益与原物法》(1997)第 104 条。

配给收益受益人的数额,该数额基于一个固定的信托财产价值的百分比。之后每年重新评估信托财产原物的价值。如果收益受益人每年有权取得信托财产价值的5%,假设信托持有100万美元,则收益受益人每年应得的分配为5万美元。如果次年信托财产价值升值为120万美元,则收益受益人应得6万美元。[①] 这种单位信托的做法可以让受托人着重关注投资的总体风险与回报,而无须担心投资回报所得的形式。分配的百分比不一定需要固定,信托人可以将这个比例与通货膨胀率或者当时的利率挂钩。美国律师一般会建议确定一个比例,乘以3年间信托的平均价值。有些州允许传统的原物与收益信托转换为单位信托,由制定法确定一个比例,通常是3%—5%,适用于前3年的信托平均价值。[②] 2001年9月,纽约州就信托收益记账的处理方法颁布了立法,承认单位信托可以为以总体回报为目的的投资组合提供便利。纽约州最高法院判定一个规定信托收益按照某固定公式并基于信托财产的公平市场价值来确定的条款为有效。[③]

然而,采纳英美信托制度的其他大陆法系国家和地区对信托财产的原物和收益一般没有特别规定。无论是我国信托法,还是日本信托法,对于信托原物与收益的区分均只字未提。我国《信托法》只在两处提到了信托财产的收益。一处是第14条的规定,它规定:"受托人因信托财产的管理运用、处分或者其他情形而取得的财产,也归入信托财产。"另一处是第63条,与公益信托有关。[④] 第14条其实包含了信托收益的定义,但是其主旨并非为区分信托财产的原物与收益,而是为了明确信托财产的收益也属于信托财产,从而也独立于受托人的固有财产。我国目前的商事信托没有区分原物与收益的必要,因为受益人往往就是信托人,所以其目的就是要得到信托财产与收益的全部。然而,家族信托的情况将完全不同,因为即便信托人会成为信托的初始受益人,信托人死后,信托利益也终究会分配给其他受益人,所以信托人不会希望信托原物在某些家族受益人手中消耗殆尽,以至于家族中的其他剩余利益的

[①] See Sitkoff & Dukeminier, WILLS, TRUSTS, AND ESTATES（10TH ED.）670（Wolters Kluwer Law & Business 2017）.

[②] 参见美国《信托法第三次重述》第90条评注 i。

[③] See In re Heller, 849 N.E.2d 262（N.Y. 2006）.

[④] 参见我国《信托法》第63条(公益信托的信托财产及其收益,不得用于非公益目的)。

受益人一无所有。

因此,我国信托法未来也需要对原物与收益的区分作出规定。这种区分还涉及受托人的投资决定与信义义务,具有商事性质,因此需要好好研究。相关法条建议见本节第二(四)部分"信托财产的物上代位性"中的内容①。

四、信托财产的公示

传统的英美信托法并不要求信托关系人就信托的存在或者将信托的书面文件向有关当局进行登记,主要是为了保护信托关系人的隐私权。然而涉及公众投资人的商事信托会因其他证券或商事法律的要求而需要进行登记。比如,澳大利亚、英属维尔京群岛、我国香港特别行政区、马来西亚、新西兰、新加坡和塞浦路斯等国家和地区就不要求信托登记。然而,也有不少国家和地区通过制定法要求某些类型的信托进行登记,主要因为受托人所承担的信义义务要求受托人采取必要的措施来保全和保护信托财产,包括将信托财产的转让契据或抵押文件进行登记,从而可以阻止向善意购买者出售或抵押信托利益,以免导致受益人丧失信托权益。不过,信托登记并非信托的成立要件,并且大多信托登记也是以自愿为原则,如果信托没有依法登记,受益人的权益只是无法对抗在信托设立后取得信托财产并进行了登记的善意买受人而已。因此,英美国家和地区的信托登记其实起到的是公示作用。并且,即便要求信托登记,传统上也不要求信托公开。②

有一些国家和地区针对特殊类型的信托有登记要求。例如,百慕大群岛和瑙鲁要求目的信托登记;爱尔兰要求公益信托登记;开曼群岛要求受益人并非当地居民的信托登记;库克群岛要求由公司担任受托人的国际信托登记;马耳他和毛里求斯要求离岸信托必须登记;英国要求指定公共受托人为受托人的信托必须登记;美国特拉华州尽管不要求信托登记,然而当受托人是外国人时,如果信托不登记则外国受托人不能行使其受托人权力;美国罗得岛州允许任何生前信托登记以对抗第三人。除此,哥斯达黎加、巴拿马和美国的纽约州要求不动产信托登记;美国加利福尼亚州和内华达州规定不动产信托可以登记。③

---

① 参见本书第三章第二节《中华人民共和国信托法》(修订建议稿)第20条。
② 参见刘士国、高凌云、周天林:"信托登记法律问题研究",《政府法制研究》2009年第1期。
③ 同上。

还有一些国家和地区要求信托必须登记。例如,列支敦士登要求期限超过 12 个月的信托必须登记,但是土地信托由于已经在土地登记处进行了登记,因此反而可以豁免登记要求;马歇尔群岛要求所有信托必须登记;美国的阿拉斯加州要求所有州内信托必须登记;美国的科罗拉多州规定,主要管理地在该州内的信托必须登记。[①]

亚洲引进英美信托法的大陆法系国家和地区对于信托登记也有不同的规定,一般而言,都要求信托登记,然而并非要求所有的信托都要登记,而是根据信托财产的性质来决定是否需要登记。因为受益人针对信托财产的权利,只要经过公示就可以对抗第三人。例如,日本《信托法》规定:

> 权利之得丧或变更应经登记或注册始得对抗第三人之财产,非经信托登记或注册,不得以该财产属于信托财产而对抗第三人。[②]

韩国信托法也有类似的规定。如果信托财产需要登记,则不仅需要登记在受托人名下,还需要在登记簿中明确显示出其以信托名义持有。[③] 如果信托财产中不包含需要登记的财产,则需要区别信托财产与受托人的固有财产。如果受托人将信托财产与其个人财产混同,则整个财产被推定为信托财产,受托人必须证明如何确认其固有财产。[④]

我国台湾地区的所谓"信托法"规定:

> 以应登记或注册之财产权为信托者,非经信托登记,不得对抗第三人。
>
> 以有价证券为信托者,非依目的事业主管机关规定于证券上或其他表彰权利之文件上载明为信托财产,不得对抗第三人。
>
> 以股票或公司债权为信托者,非经通知发行公司,不得对抗该公司。[⑤]

目前我国台湾地区有关信托登记的做法是,在财产登记簿上,信托财产的所有人登记为受托人,同时在他项登记项目中,该财产登记为"信托财产"。

---

① See Walter H. Diamond & Dorothy B. Diamond, INTERNATIONAL TRUST LAWS AND ANALYSIS (Warren, Gorham & Lamont 2000).

② 参见日本《信托法》第 14 条。

③ 参见韩国《信托法》第 4 条。

④ 参见韩国《信托法》第 29 条。

⑤ 参见我国台湾地区所谓"信托法"第 4 条。

有学者认为这样的结果是,不了解信托的人会误以为受托人享有信托财产的完全所有权。[1]

可见,大陆法系国家和地区的信托也不都要求登记,而是根据信托财产的性质来决定是否需要登记。然而,需要指出的是,有些英文文章对这些信托登记要求的翻译有误,导致英语国家和地区的学者和律师以为大陆法系国家和地区的信托均需登记,或者对于哪些财产或财产权需要登记有误解。[2]

根据上述国家和地区的"法律"规定,信托受益人针对信托财产的权利,只要经过公示则可以对抗第三人。然而,如果信托财产不要求登记,这样的信托,其受益人的权利能否对抗第三人,学者们对此有不同的看法。

我国《信托法》规定:

> 设立信托,对于信托财产,有关法律、行政法规规定应当办理登记手续的,应当依法办理信托登记。
>
> 未依照前款规定办理信托登记的,应当补办登记手续;不补办的,该信托不产生效力。

这一条规定也存在好几个问题。

我国目前的民事信托尚未发展起来,保护隐私权的需求并不强烈,相反,商事信托大多作为结构性融资的载体,面向公众投资人发行信托受益权凭证,在这种情况下,要求信托登记是合理的。然而综合考察这一条的规定,可以理解为设立信托并不都要求登记,只有当有关法律、行政法规规定应当办理登记手续时,才需要依法办理信托登记。首先,如果其他法律要求信托财产进行登记,则设立信托应当依法办理信托登记,这里"信托登记"是指独立的信托登记,还是在其他法律所要求的登记文件中注明该财产属于"信托财产"? 另

---

[1] Wang Wen-Yeu, Wang Chih-Cheng, and Shieh Jer-Shenq, *Trust Law in Taiwan: history, current features and future prospects*, in Lusina Ho & Rebecca Lee, TRUST LAW IN ASIAN CIVIL LAW JURISDICTIONS — A COMPARATIVE ANALYSIS 73 (Cambridge University Press 2013).

[2] 例如,有学者将我国台湾地区所谓"信托法"第 4 条翻译为:"[n]o trust in respect of a property right that requires trust registration shall be valid against third parties unless trust registration of the right has been duly completed." See Wang Wen-Yeu, Wang Chih-Cheng, and Shieh Jer-Shenq, *Trust Law in Taiwan: history, current features and future prospects*, in Lusina Ho & Rebecca Lee, TRUST LAW IN ASIAN CIVIL LAW JURISDICTIONS — A COMPARATIVE ANALYSIS 72 (Cambridge University Press 2013). 这里,原文中"应登记或注册之财产权"被误译,导致"应信托登记之财产权"需要登记,出现循环定义的问题。

外,在什么情况下其他法律才有可能要求信托财产进行登记? 一般而言,如果信托财产的所有权需要转移,尤其当信托财产为不动产或者某些特定财产时,法律才会要求转让人和受让人到相关部门进行权属登记或所有权变更登记。然而,我国《信托法》并没有要求信托财产转移,因此设立信托后,受托人并不一定成为信托财产的所有人。因此根据其他法律,受托人是否应当针对信托财产进行权属登记或所有权变更登记也是个问题。其次,信托登记的客体是什么? 是信托财产、信托文件、受托人,还是信托计划或信托项目? 家族信托发展起来后,是否还可以用"信托项目"这一类商事信托的词汇来描述家族信托? 最后,信托登记作为信托的生效要件是否合理? 这些问题如果不解决,我国《信托法》中规定的信托登记要求就无法落到实处。其他相关法律法规也未规定将信托登记纳入其中,给我国信托的发展产生了阻力。

根据我国信托法的要求,信托登记其实可以分为信托财产的登记和信托的登记。假如要求所有的信托必须进行信托登记,那么,如果某信托的信托财产按照其他法律规定其转移必须经过登记,则该信托必须同时进行信托登记和信托财产登记。当然这里的前提是信托财产必须转移给受托人。如果信托财产不转移,就不存在信托财产需要登记的情形,而是需要信托财产以其他方式充分标记以公示,同时通过信托登记达到公示的目的。如果信托财产是法律不要求其移转必须登记的财产,则该信托只需要进行信托登记即可。无论如何,信托登记机构应当明确。类似于之前的上海信托登记中心与现在的中国信托登记有限责任公司是否能承担我国的信托登记之职责也是一个需要考虑的问题。只有向公众发售信托受益权凭证的商事信托才需要登记,还是包括家族信托在内的所有信托都需要登记? 尤其在家族信托发展起来后,信托关系人对于隐私权的保护要求会提高,对于信托登记的效力与登记的内容会很关注。笔者认为,有关信托登记问题,应对商事信托和民事信托区别对待,除非涉及公众投资者利益,否则不宜公开。

鉴于此,笔者建议《信托法》第 10 条作以下修改[①]:

设立信托,应当办理信托登记。

对于信托财产,有关法律、行政法规规定**其转移**应当办理登记手续

---

① 参见本书第三章第二节《中华人民共和国信托法》(修订建议稿)第 16 条。

的,应当依法办理**该信托财产转移的**信托登记:

（一）信托财产为不动产的,在转移给受托人时,应在不动产登记簿和不动产证书上登记在受托人名下,并在附注中将受益人或受益人集体登记为信托财产的总有人。其他法律、行政法规有特别规定的,依照其规定。

（二）信托财产为需要登记的动产的,应参照前款登记。

第一款中规定的信托登记机关为全国统一的信托登记中心;第二款中规定的登记机关为相关法律、行政法规所规定的登记机关。

信托登记义务人为信托受托人。受托人变更时,新受托人应当进行变更登记。信托人应配合受托人完成信托登记。

未依照前款**本条**规定办理信托登记或者信托财产转移登记的,应当补办登记手续;不补办的,**该信托不得对抗已支付合理价款的善意第三人。**~~该信托不产生效力。~~

信托财产按照信托条款分配给受益人时,如依法需要办理产权转移登记,则按非交易过户处理,但不得违反本法与其他法律、行政法规的禁止性规定。

信托登记机关对所登记的信托内容负有保密义务,未经依法申请不得公开。法律、行政法规另有规定的,依照其规定。

法律、行政法规对公益信托登记另有规定的,依照其规定。

第一,与信托相关的登记应分为信托登记与信托财产转移登记。信托财产根据其他相关法律规定其转移必须登记的,在完成信托登记的同时,还需要进行信托财产的转移登记。其财产转移无须登记的,只需要进行信托登记。如此,一方面符合信托作为一个独立的民事法律制度的要求,另一方面也实现了与物权登记制度的衔接。相比之下,现法条未明确信托登记是在独立的信托登记机构进行,还是在法律、行政法规指定的地点进行,造成实践中的登记困难。

第二,还需要明确信托财产转移登记的方式与内容,这是与现有产权登记制度相衔接的重要一环。鉴于本书尝试运用"总有"理论来解决信托财产所有权的问题,信托设立后信托财产的所有权由信托的受托人和受益人以总有形式共有,那么涉及信托财产的产权登记方式势必需要作出相应的修改。以不动产为例,共同共有和按份共有的所有权形式在共有权设立之时即可通过产权登记予以表达,共有人作为不动产的共同所有人,以不同方式持有相关不动产。然而在信托的情形下,如果法律规定信托财产转移给受托人后信托成立,那么在信托成立之时,信托财产就应当由受托人和受益人以总有方式共有。然而事实上,有的信托的受益人,尤其是家族信托的受益人,在信托成立之际很可能还只是一个确定的范围,并且有时信托人设立信托时希望保密,不一定希望所有的受益人得知信托事宜,此时如何将信托财产登记在受托人和受益人名下就成为难题。因此建议信托财产的所有权登记在受托人名下,同时在附注中注明受益人或者受益人集体为信托财产的总有人。将来在行政法规中可以规定细则,比如将信托所据以设立的文件同时收录等。

第三,信托登记的义务人为信托受托人,信托登记义务属于信托受托人的事务性职能之一。对信托财产进行标记,也是信托财产独立性的要求。关于信托登记的效力,建议信托未登记不影响信托的成立,但是不得对抗已支付合理价款的善意第三人。一方面随着私人家族信托的发展,信托关系人对隐私保护要求提高;另一方面信托的设立和运作可能不涉及公众投资人,因此信托登记作为生效要件并无必要。

第四,根据信托的特性,信托财产最终需要分配(转移)给受益人。在受托人与受益人作为总有人共有信托财产的情况下,当受托人从中退出时,将发生物权变动,财产需要过户,可能会发生交易税费。如能将信托关系中的财产变动作为非交易过户来处理,将会鼓励民事信托的发展。当然这个建议需要其他配套法律来共同实现。

最后,建议设立全国统一的信托登记部门,将信托登记纳入其中,同时也应考虑到家族信托的保密性要求,对于登记的内容以及公开程度作出限制。

除此之外,建议在受托人义务中增加信托登记的义务[①]:

受托人应当依法办理信托登记。

信托财产的转移依法应登记的,受托人还应当办理信托财产转移登记。

---

① 参见本书第三章第二节《中华人民共和国信托法》(修订建议稿)第71条。

第三节 信托的主要关系人

如前所述,传统英美信托的设立是单方法律行为,不需要相对方,信托人自己就可以设立信托。但是,现代信托越来越多地采用信托合同(契约)的方式设立,信托合同有双方当事人,即信托人和受托人。因为信托是为受益人的利益而设立,因此,受托人和受益人同时也是信托的关系人。所谓信托关系人,是指与信托有直接的利害关系或权利义务关系者,除包括信托人、受托人和受益人外,还可能包括信托的监察人、保护人、管理人或指示人等内部监督人。

我国《信托法》认为,信托有三方"当事人",即"委托人"、受托人和受益人。[①] 这是因为我国目前已经存在的信托大多是通过信托合同设立的商事信托。事实上,即便在我国,设立信托也完全可能是"委托人"的单方法律行为,但受托人和受益人是信托必不可少的两方,是信托的重要关系人。[②]

信托关系人中的信托人、受托人和受益人是否可以由同一个人担任呢?

英美信托中的信托人可以作为信托的受益人。在自益信托中,信托人在信托设立后将淡出信托关系,但同时摇身一变,作为信托的受益人对信托持有利益。在英美法中,这个身份关系的区分非常重要,同一个人,戴上不同的帽子,其权利义务也随之不同。我国信托法规定,"委托人"可以是受益人,也可以是同一信托的唯一受益人。[③] 然而,我国信托的"委托人"在信托成立后并不离开信托关系,因此"委托人"是以"委托人"的身份还是以受益人的身份行事,有时颇难区分。

英美宣言信托中的信托人可以担任信托的受托人,只不过在这种情况下,信托条款都会指定继任受托人,在信托人过世后继续履行受托人职责。其他国家和地区是否承认宣言信托,做法不一。我国信托法要求信托必须以书面

---

① 参见我国《信托法》第3条和第四章(标题为"信托当事人")。

② 参见何宝玉:《信托法原理研究》,中国政法大学出版社2005年版,第15页。

③ 参见我国《信托法》第43条。

形式设立,排除了设立口头宣言信托的可能性。① 这样要求的原因,是从"有利于确定信托目的和信托当事人权利义务来考虑的,使之能明确地表现出来并增强确定性","可以减少纠纷,或者有利于纠纷的解决"。② 然而,我国是否允许以书面形式设立以自己为受托人的信托,语焉不详。

另外,英美信托中的受托人可以同时是受益人,但不能是唯一的受益人。③ 一旦发生受托人同时是唯一的受益人这种情况,信托就因"混同"而不存在,权利义务指向同一个人,不符合信托的三方关系人中受托人只有义务、受益人只有权利的架构。对此,我国信托法也有类似的规定,然而却没有明确承认信托人担任受托人的情形。④ 需要注意的是,英美信托法一般存在连续受益人,或者不同类型的受益人,因此,在信托人作为唯一受托人和唯一收益受益人的情况下,信托仍然有效,只要原物受益人是其他人即可。

有意思的是,日本 2006 年修订信托法时,允许了宣言信托,并且允许单一信托人作为单一受托人和单一受益人,使得日本信托法成为世界上最独特的一部信托法。日本允许这种创新性的信托形式,主要是想放松金融市场监管并促进资产证券化的发展,以及为残疾人的父母为其残疾子女设立家族信托提供便利。⑤ 然而,这种做法是否符合其他国家和地区的公共政策,尚需个别考察。因为这种宣言信托存在很多问题,比如采取何种步骤可以让第三人区分信托财产与受托人的自有财产? 如果信托财产是无须登记的动产,如何识别和确定信托财产? 该机制还可能被滥用,以欺诈债权人。为了解决这些问题,日本的新信托法要求这种宣言信托必须经过公证,并且一年后如果没有增加其他受益人,则该宣言信托自动终止。如果信托人设立信托时明知将会损害债权人的利益,则债权人有权针对信托财产主张债权,除非该信托还有其他受益人,且其他受益人并不知晓债权人的利益受到

---

① 参见我国《信托法》第 8 条。

② 参见卞耀武:"信托关系规范化及其现实意义",载卞耀武主编:《中华人民共和国信托法释义》,法律出版社 2002 年版,第 11 页。

③ 参见美国《统一信托法》第 402(a)(5)条。

④ 参见我国《信托法》第 43 条。

⑤ See Makoto Arai, *Trust Law in Japan: Inspiring Changes in Asia*, 1922 and 2006, in Lusina Ho & Rebecca Lee, TRUST LAW IN ASIAN CIVIL LAW JURISDICTIONS — A COMPARATIVE ANALYSIS 29 (Cambridge University Press 2013).

损害。① 同时,法院也有裁量权,可以根据公共利益终止这样的信托。然而,2006 年的日本信托法修订不久,次贷危机席卷全球,证券化市场受到影响,因此在日本这种宣言信托很少使用。② 笔者认为,我国不需要借鉴日本的这种做法。

综上所述,英美信托法允许信托人同时是同一信托的受益人,或者同时是同一信托的受托人,但是信托人不能同时是同一信托的受托人和唯一的受益人。我国信托法允许信托人同时是同一信托的受益人,受托人也可以同时是同一信托的受益人,但受托人不得是同一信托的唯一受益人。对于信托人是否可以同时担任受托人,我国信托法语焉不详。

下面具体阐述信托人、受托人和受益人这三类主要信托关系人的特点,有关信托的监督人则在第五节中探讨。

一、信托人

信托人是指设立信托者。因英美信托起源于土地信托,设立信托的一方传统上称为"grantor",即土地的"让与人"。后来,因为信托财产的范围从地产扩展到其他财产,因此,除了美国的个别州外,"grantor"逐渐被"settlor"取代。用"settlor"一词的好处,至少对那些反对信托财产转移的大陆法系国家和地区而言,信托财产必须转移的要求没有用"grantor"一词时那么明显。然而,"settlor"的确切译法应当是"信托人",而不是委托代理制度中的"委托人"。由于我国在引进信托制度时的种种误解与妥协,将其与委托代理关系混同,将设立信托者称为"委托人"。当然,日本的《信托法》和我国台湾地区所谓的"信托法"也用"委托人"指代设立信托的一方,这或许也是最终促成我国《信托法》采用"委托人"这种说法的因素之一。这一问题,因涉及翻译的选择,是我国和其他使用汉字的国家和地区所特有的问题。本书认为"委托人"宜更名为"信托设立人"或者"信托人"为好,因此本书用"信托人"指代英美信托中的"settlor",而在提到我国信托时,根据上下文,"委托人"与"信托人"两词并用。

---

① 参见日本《信托法》(2006)第 23(2)条。
② See Makoto Arai, *Trust Law in Japan: Inspiring Changes in Asia*, 1922 and 2006, in Lusina Ho & Rebecca Lee, Trust Law in Asian Civil Law Jurisdictions — A Comparative Analysis 30 (Cambridge University Press 2013).

信托人在设立信托时是最重要的角色,然而,一旦信托成立,信托人就不再是主角。英美法是这样,其他几个引进信托法的大陆法系国家和地区亦是如此。比如日本的新信托法就简化了信托法律关系,认为信托成立后,"受托人由受益人来监督,而信托人的权利仅仅局限于其作为筹集信托财产的人这一最小范围内"。当然,在自益信托中,信托人也是受益人,但是信托人完成了使命就退出信托关系,留下的只能是受益人。因为"信托的实质是信托财产脱离信托人的支配,信托人是'出钱(要成为信托财产的财产),但不动嘴'的人"。① 然而在我国信托法中,信托人的地位非常高,其享有的权利和权力也非常大。下面简要分析信托人的行为能力、意思表示及其权力与义务等。

(一) 信托人的行为能力

一般而言,信托法对信托人的资格并无要求。例如,美国纽约州的信托法规定,任何自然人、团体(association)、理事会(board)、公司(无论是市政公司、股份公司,还是非股份公司)、法院、政府机关、部门或者分支机构、合伙人或者其他企业和州政府,都可以设立信托。② 然而,由于信托人是通过信托来处置自己合法财产的一方,因此,法律对自然人作为信托人的行为能力一般有要求。

在英美法系国家和地区,对信托人的行为能力根据不同的情况,有不同的标准。例如,在美国,如果信托人通过遗嘱设立信托,这类"遗嘱信托"只有当信托人离世后才能成立,因此,美国信托法要求信托人必须具备与立遗嘱人同样的行为能力,如信托人必须能够理解其行为的性质与内涵,必须了解其继承人的范围,并且要明确知晓其正在订立遗嘱这一事实。③ 美国纽约州的信托法规定,遗嘱信托的信托人在订立信托遗嘱时,除了必须年满 18 周岁外,还必须头脑清楚,记忆力健全,并有通过设立遗嘱处分自己的动产与不动产的资格。④

如果信托人设立生前信托,则信托人的行为能力需要根据该信托能否由信托人撤销来确定。如果信托为可撤销信托,则信托人需要具备的行为能力,与通过遗嘱设立信托的信托人需要具备的行为能力相同;如果信托为不可撤销信托,那么,信托人的行为能力标准则高于立遗嘱人的行为能力标准。就不

---

① 参见新井诚著:《信托法(第四版)》,刘华译,中国政法大学出版社 2017 年版,第 167 页。
② 参见美国《纽约州法律汇编:遗产、权力与信托》,纽约州政府 2021 年版第 1 - 2.12 条。
③ See Melanie B. Leslie & Stewart E. Sterk, TRUSTS & ESTATES 115 (Foundation Press 2006).
④ 参见美国《纽约州法律汇编:遗产、权力与信托》,纽约州政府 2021 年版第 3 - 1.1 条。

可撤销信托中的赠与信托,即传统的家族信托,信托人为设立信托而向信托转移财产时,受托人不需要为此支付对价,①因此信托人除了需要具备立遗嘱人所应具备的行为能力外,还需要能够理解该赠与对其本人和受其赡养的家人未来的经济情况所可能产生的影响。就不可撤销信托中的交易信托,信托人在向信托转移财产时,受托人需要支付对价——这也叫作"真实出售"。此时,信托人必须具备订立合同所需要具备的行为能力。②

在英美法系国家和地区,信托有可能因信托人缺乏行为能力或者信托的设立因信托人受到不当影响或欺诈等而被判无效。然而,生前信托的信托人的继承人一般不大会在信托人去世之前对该信托提出质疑,因为这样做很显然会惹怒信托人,最后导致信托人直接立遗嘱取消其继承权。信托人死后,对其设立的生前信托提出质疑也不明智,因为如果在信托人生前该信托已经存在,那么对于信托的质疑可能因诉讼时效等原因而失败。③

我国《信托法》第19条对信托人的行为能力采取了一刀切的规定:"委托人应当是具有完全民事行为能力的自然人、法人或者依法成立的其他组织。"《信托法》对于设立遗嘱信托,规定"应当遵守继承法关于遗嘱的规定"。④2020年5月通过的《民法典》也增加了自然人可以设立遗嘱信托的条款。⑤这意味着,希望通过订立遗嘱设立信托者,其行为能力应当遵守《民法典》继承编的规定。《民法典》继承编第1143条要求遗嘱人立遗嘱时必须有行为能力,"无民事行为能力人或者限制民事行为能力人所立的遗嘱无效"。因此,信托人在订立信托遗嘱时也必须具备完全民事行为能力,否则,其所立遗嘱无效。这与《信托法》的规定一致。

其他大陆法系国家和地区的信托法没有特别规定信托人的资格或能力,一般遵照民法的一般原则,需具备权利能力、行为能力、遗嘱能力、法人的权利能力及行为能力等。⑥

---

① See Langbein, *The Contractarian Basis of the Law of Trusts*, 105 YALE L.J. 625, 632 (1995) ["Trusts are gifts (信托乃赠与)."].
② See Melanie B. Leslie & Stewart E. Sterk, TRUSTS & ESTATES 115–116 (Foundation Press 2006).
③ See Melanie B. Leslie & Stewart E. Sterk, TRUSTS & ESTATES 116 (Foundation Press 2006).
④ 参见我国《信托法》第13条。
⑤ 参见我国《民法典》第1133条。
⑥ 参见新井诚著:《信托法(第四版)》,刘华译,中国政法大学出版社2017年版,第168页。

关于信托人的行为能力,还有一个相关问题,即信托人的行为能力会发生变化,这种变化是否会影响到信托的效力? 一般而言,在判断信托的有效性时,应只关注信托人在设立信托或者订立信托遗嘱的那一刹那是否具备法律所要求的行为能力。最高人民法院发布的司法意见中规定:

> 遗嘱人**立遗嘱时**必须具有完全民事行为能力。无民事行为能力人或者限制民事行为能力人所立的遗嘱,即使其本人后来具有完全民事行为能力,仍属无效遗嘱。遗嘱人立遗嘱时具有完全民事行为能力,后来成为无民事行为能力人或者限制民事行为能力人的,不影响遗嘱的效力。[1]

《信托法》第 52 条规定:

> 信托**不因委托人**或者受托人的死亡、**丧失民事行为能力**、依法解散、被依法撤销或者被宣告破产**而终止**,也不因受托人的辞任而终止。但本法或者信托文件另有规定的除外。

综上所述,就信托人的行为能力,大陆法系信托法一般适用民法的规定;英美法系下任何人只要具备相应的行为能力,可以在生存者之间或者以遗嘱形式转让财产或权益,即可作为信托人。[2] 而在我国设立信托,无论是生前信托还是遗嘱信托,信托人都必须在设立信托或者订立信托遗嘱的那一刹那具有完全民事行为能力,之后信托人的民事行为能力发生变化,对信托的效力没有影响。鉴于此,建议将《信托法》第 19 条作如下修改[3]:

> ~~委托人~~**信托人**应当是具有完全民事行为能力的自然人、法人或者~~依法成立的其他~~**非法人**组织。
>
> **其他法律、行政法规对信托人有特别规定的,依照其规定。**

这样修改的原因,一是依据《民法典》,将"依法成立的其他组织"改为"非法人组织";二是《信托法》规定的担任信托人的条件只是基本条件,设定一些特定类型的信托,还要满足其他法律、法规、规章、条例等规定的其他条件。例如,《信托公司集合资金信托管理办法》第 6 条规定,集合资金信托的信托人必

[1] 参见《最高人民法院关于适用〈中华人民共和国民法典〉继承编的解释(一)》(2020)。
[2] 何宝玉:《信托法原理研究》(第二版),中国法制出版社 2015 年版,第 164 页。
[3] 参见本书第三章第二节《中华人民共和国信托法》(修订建议稿)第 29 条。

须是符合规定条件的投资者。所以，如果要保留《信托法》第19条的规定，也需要加上"其他法律对信托人有特别规定的，依照其规定"这一句。

（二）信托人的意思表示

信托人是信托财产的原始合法所有人，应是主导设立信托的一方，也是信托关系中最重要的一方，因为信托乃因信托人管理财产的需求和意愿而设立。信托的设立由信托人提出并主导，信托目的由信托人确定，受益人由信托人指定。然而，我国目前的情况有所不同。由于财产所有人对信托制度不了解，也因为信托出现之始就以商事信托为主，因此很多信托其实是由受托人——信托公司主导的，根据信托公司策划发行信托产品的意愿而设立。这种情况在家族信托发展起来后将会有重大变化。

无论是民事信托还是商事信托，如果信托非为信托人的意愿，而是出于受托人的意愿而设立，即便法律不禁止，也有可能导致道德风险，造成不良后果。比如2008年信贷金融危机之前，美国出现了很多涉及商事信托的"为证券化目的而发放贷款（originate-to-distribute）"的架构[1]，就是金融中介机构为自己营利之目的而策划的商事信托，结果产生了巨大的道德风险，最终成为导致金融危机爆发的一个参与性成因。所以，信托人因转移与管理财产的需要而设立信托的意愿是信托成立的重要因素。

美国统一州法委员会制定的《统一信托法》中对信托及信托的各方关系人规定了行为规范，然而，所有这些规范都只是默认或缺省规则（default rules），除了受托人需要善意且依照信托的条款、目的以及受益人的利益行事这一点外，均可被信托条款的规定所取代，[2]也就是说，信托人的意愿起决定性的作用。

纵观我国《信托法》条文，只有第2条对信托的定义中出现了"委托人的意愿"字样：

> 本法所称信托，是指委托人基于对受托人的信任，将其财产权委托给受托人，由受托人按**委托人的意愿**以自己的名义，为受益人的利益或者特定目的，进行管理或者处分的行为。

---

[1] 参见史蒂文·西瓦兹著："金融市场复杂性监管"，载史蒂文·西瓦兹著：《金融创新与监管前沿文集》，高凌云等译，上海远东出版社2015年版，第323页。

[2] 参见美国《统一信托法》（2000）第105（b）条。

我国信托法尊重信托人意愿的做法值得赞许。需要注意的是,受托人执行信托时只应按照信托人在信托条款中明确表达出来的意愿行事。判断依据应为客观标准。换言之,除非信托人对信托保留了可以撤销或变更的权力,否则信托人没有充分客观表达出来的意愿并不能作为受托人的行事依据。因此撰写信托条款时需要由专业律师协助起草,将信托人的真实意愿全面写入信托文件中,以避免因遗漏或误解造成未来的纠纷。对于家族信托而言,大多数纠纷都发生于信托人去世之后,如果没有书面证据或者清晰而有说服力的口头证据,彼时法院很难确认信托人设立信托时的意愿。

因此,建议在《信托法》第 2 条第 2 款中明确规定,"信托人的意愿"是指在信托条款中表达出来的信托人的意愿①:

第二条 【信托的定义及信托关系人】

本法所称信托,是指~~委托人~~**信托人**基于对受托人的信任,将其财产或财产权~~委托~~**转移或为其他处分**给受托人,由受托人按~~委托人~~**信托人**的意愿,以自己的名义,为受益人的利益或者特定目的,进行管理**和分配**~~或者处分~~所产生**的法律关系**~~行为~~。

本法所称信托人,是指信托设立人。前款中"信托人的意愿"是指信托条款中所表达的信托人的意愿。

信托人、受托人、受益人、根据信托条款设置的信托监督人及其他与信托有直接利害关系或者基于信托关系而取得权利义务者统称为信托关系人。

信托人的意愿之所以重要,是因为设立信托的行为是其单方法律行为,不需要其他方的配合即可完成。英美传统信托法认为,信托无须通知任何受益人或受托人,也无须被任何受益人或受托人接受,即可成立。② 有的大陆法学者对此可能会有不同意见。有人认为,信托的设立需要信托人和受托人二者共同完成,因为二者互相签订合同,受托人承诺作为受托人管理信托财产。然而,订立信托合同与设立信托是两个不同的法律行为,前者为双方法律行为,需要信托人和受托人共同签署才能成立信托合同;而后者为单方法律行为,只

---

① 参见本书第三章第二节《中华人民共和国信托法》(修订建议稿)第 2 条。
② 参见美国《第三次信托法重述》第 14 条。

需要信托人单方行动即可成立。受托人的确在信托关系中举足轻重,然而,没有受托人并不影响信托的有效存在,因为信托法提供了多种选任受托人的方法。我国《信托法》也对选任受托人有规定。[①] 总之,为了充分体现信托人的意愿,避免将来发生纠纷时,由于信托人已离世,法官不得不猜测、推断其意愿的情况发生,信托文件的撰写至关重要,这也给执业律师提出了较高要求。

(三) 信托人的权力/权利

我国民法中的民事主体一般只有权利和义务,然而英美信托中的关系人,不仅会有对信托财产进行管理的权利(right),还有决定信托事务的权力(power)[②]。传统英美信托中的信托人,一经转移信托财产,就失去了参与管理信托的权力,除非信托条款中为信托人保留了某些权力,否则英美衡平法将其视为"路人",对信托财产没有任何利益,也没有任何权力进行干预,比如无权要求受托人披露信托账目等。[③] 然而,信托人如果想保留自己针对信托财产的某些权力,可以通过在信托文件中写入保留权力条款的方式来实现。

1. 信托人撤销信托的权力

信托所能达成的目的与信托人对信托财产所保留的权利和权力息息相关。虽然英美信托法要求信托财产必须转移给受托人,但是却允许信托人对信托财产保留一定的权力。最常见的是可撤销和可变更信托的权力。当然,遗嘱信托一旦成立,信托人已经死亡,因此不可能撤销;然而生前信托的信托人如果保留该权力,则信托人在有生之年可以随时撤销信托,或者可以根据一定的标准决定是否撤销信托。一旦信托被撤销,信托财产归复给信托人,受托人的职责完成,受益人的权利终结。这样的好处是,信托比较灵活,可以在信托人生前更好地满足信托人的意愿,并能根据情势变更而改变财产管理与分配的模式。

我国信托法在这方面有过之而无不及,无须信托条款,仅通过法律就给信

[①] 参见我国《信托法》第 13、40 条。

[②] 在撰写本书的过程中,笔者也与一些学者进行过探讨,曾设想过能否将英美信托法中的 power 和 duty 之和理解为我国法律中的"职责"。然而笔者认为,受托人的主要职责(职能)是"管理"信托财产和"分配"信托利益,而管理职责中又包括需要行使"权力"的职责和一般的事务性职责。在履行上述两大信托职责时,受托人必须尽到"信义义务",因此权力与义务之和与"职责"的内涵无法等同,何况这种说法在事关信托人时更容易引起混淆。因此,笔者仍然将权力、权利与义务分别阐述。

[③] See Andrew Holden, Trust Protectors 11 (Jordan Publishing Ltd. 2011).

托人保留了很大的权力和很多的权利。例如,信托人有权要求受托人调整信托财产的管理方法,①有权申请人民法院撤销受托人违反信托目的处分信托财产或者因违背管理职责、处理信托事务不当致使信托财产受到损失的行为,②有权解任受托人,③在某些情况下还可以变更受益人或者处分受益人的信托受益权,甚至可以解除信托。④ 目前我国信托法对于信托能否由信托人撤销没有规定,但是从现有法律推断,我国的信托似都为可撤销信托。

2. 保留撤销权的后果

本章第一节第二部分中已经分析过,信托人保留可撤销信托的权力是有法律后果的。首先,在这种情形下,信托财产不是"破产隔离"或"债务隔离"的财产,美国法允许信托人的债权人在这种情况下将信托财产作为信托人的个人财产来对待,可以要求法院将信托财产用于偿还信托人的债务。英美法一般规定,信托人的债权人针对信托财产的权利范围与信托人针对信托财产的权利范围相同,凡信托人有权处分(包括撤销信托将信托财产归为己用)的财产,其债权人也有权将其用以抵债。⑤

其次,这种信托也起不到避税的作用,因为税法一般把会将信托人保有控制权的财产收益作为信托人的应税收入来计税。如果说家族信托的信托人还有理由对信托财产保有一定的权力或权利的话,那么商事信托中的信托人对信托财产保有权力和权利则可能完全粉碎其设立信托的目的。或者说,如果商事信托允许信托人仍然对信托财产保有权力与权利,则法律对该信托的保

---

① 参见我国《信托法》第 21 条。

② 参见我国《信托法》第 22 条。

③ 参见我国《信托法》第 23 条。

④ 《信托法》第 51 条规定:

设立信托后,有下列情形之一的,委托人可以变更受益人或者处分受益人的信托收益权:

(一)受益人对委托人有重大侵权行为;

(二)受益人对其他共同受益人有重大侵权行为;

(三)经受益人同意;

(四)信托文件规定的其他情形。

有前款第(一)项、第(三)项、第(四)项所列情形之一的,委托人可以解除信托。

⑤ 例如,Deposit Guaranty Nat. Bank v. Walter E. Heller & Co., 204 So.2d 856 (Miss. 1967) 案(法院判定信托人为自己的利益所设立的禁止挥霍信托无效)。

护就非常有限,达不到(或者不应达到)某些设立信托的初衷。

总之,可撤销信托的信托财产实质上仍处于信托人的完全支配之下,因此法律仍然将信托人作为该财产实质上的所有人。日本的新井诚教授认为,这种信托非为信托的常规形态,不应提倡。[①] 但事实上这种情况正是我国目前最普遍的信托常态。

其实英美法系国家和地区也有自益信托或者半自益信托。虽然自益信托中的信托人和受益人同为一人,但是其法律地位不同。在自益信托设立后,只要是不可撤销信托,信托设立人作为信托人的角色从信托关系中消失,接下来只以受益人的身份对信托财产享有受益权。因此,对信托不保留撤销或变更权对其自身的权利毫无影响。

3. 我国信托人的权力/权利

在我国,个人财产的累积不过是最近二三十年的事情,人们还将财产所有权作为一个新生事物看待,不愿将自己好不容易获得的财产转移给他人管理,也没有一个值得信任的机制。所以,目前出现的信托,无论是民事信托还是商事信托,大多是短期的自益信托,信托人多对信托保留很大的权力。另外,根据我国的实际情况,通过法律允许信托人保留权力,并赋予信托人较多的权利也有其优势。在我国目前缺乏完善成熟的受托人制度的情况下,这一做法对受益人的保护有一定益处。这里重述本章第一节中建议《信托法》修法时增加的与信托人的撤销权有关的以下条款[②]:

信托条款可以规定信托人是否有权撤销信托或者变更信托条款。

本法中"信托条款"指书面信托文件的条款和口头信托条款。

信托条款没有明确信托是否可撤销或者可变更的,受托人为取得信托财产支付了合理价款的信托为不可撤销或者不可变更信托;受托人没有为取得信托财产支付合理价款的信托为可撤销或者可变更信托。

可撤销信托的受托人对信托人负有信义义务。

可撤销信托的信托人是自然人的,在符合其他法律、行政法规的条件下,自信托人死亡之时,信托转为不可撤销信托。

---

① 参见新井诚著:《信托法(第四版)》,刘华译,中国政法大学出版社 2017 年版,第 66 页。

② 参见本书第三章第二节《中华人民共和国信托法》(修订建议稿)第 6 条。

依据本条撤销的信托,自撤销之日起终止。

同时,建议对本来规定了"委托人"颇具中国特色的超级权力的第 21 条进行如下修订[①]:

可撤销信托、可变更信托的信托人可以依据信托条款的规定撤销信托或者变更信托条款。

不可撤销信托、不可变更信托,因设立信托时未能预见的特别事由,致使信托财产的管理方法条款的规定不利于实现信托目的或者不符合受益人的利益时,委托人信托人有权要求受托人调整该信托财产的管理方法可以依据本法第 XXX 条的规定变更信托。

信托条款另有规定的,依照其规定。

变更信托,不得损害已支付合理价款的善意相对人的合法权益。

建议将信托人的超级权力修改为信托人只能通过信托文件保留权力,包括撤销权和变更权。鉴于本修改建议稿引入了可撤销信托、可变更信托,这里对于信托的撤销和变更事由也应作出相应的调整。信托的撤销、变更可分为有因撤销、有因变更和无因撤销、无因变更。其中无因撤销、无因变更源于信托人对信托控制权的保留,这主要规定在信托条款之中,故可撤销信托、可变更信托的信托人可以按照第 1 款的规定,即依据信托条款的规定撤销信托或者变更信托条款。

信托的有因撤销、有因变更源自特定事由的出现。对于不可撤销、不可变更信托,信托只能因法定或约定特别事由的出现而撤销或变更,不能对其无因撤销或变更。另外增加"信托条款另有规定的,依照其规定"一款,充分体现了信托意思自治的私法性质。最后,信托的变更可能会损害善意相对人的利益,因此为了保护交易安全,信托的变更不得损害已支付合理价款的善意相对人的合法权益。

除了撤销和变更信托的权力外,信托人还有权撤销受托人对信托不利的行为,建议第 22 条作如下修订[②]:

---

① 参见本书第三章第二节《中华人民共和国信托法》(修订建议稿)第 30 条。
② 参见本书第三章第二节《中华人民共和国信托法》(修订建议稿)第 31 条。

可撤销信托、可变更信托的~~受托人~~信托人有确切证据证明受托人的行为~~违反~~违反法律、行政法规或者信托条款的规定，~~信托目的处分信托财产或者因违背管理职责、处理信托事务不当致使~~将导致信托财产受到损失的，~~委托人有权申请人民法院撤销该处分行为，并有权要求~~请求受托人~~恢复信托财产的原状或者予以赔偿；~~停止该行为。~~该信托财产的受让人明知是违反信托目的而接受该财产的，应当予以返还或者予以赔偿。~~

在管理信托过程中，可撤销信托、可变更信托的受托人的行为违背信义义务，致使信托财产受到损失的，未经信托人事先同意、事后追认，该行为无效，信托人有权要求受托人恢复信托财产的原状，并将其所得利益归于信托财产，或者要求受托人承担损害赔偿责任。

本条规定不影响已支付合理价款的善意相对人的合法权益。

~~前款~~本条规定的~~申请权~~制止权、撤销权，自~~委托人~~信托人知道或者应当知道撤销~~原因~~事由之日起一年内不行使的，归于消灭。

对上述条文的修改建议基于以下理由。

第一，只有可撤销信托、可变更信托的信托人方能参与信托的管理。因为可撤销信托、可变更信托中的信托人保留了对信托的控制权，故在信托成立运作后仍可以参与信托的管理。有的人可能会认为，信托财产原来是信托人的，为什么信托人反而没有参与权和干预权呢？对此的回答是：如果信托人想一直控制信托财产，则可以通过其他方式对自己的财产进行运作，不需要设立信托。如果设立了信托，对受托人的监督权就转移给受益人和其他信托监督人。所以，当信托人没有制止或撤销权时，无须担心，因为该条只针对信托人而言，受益人与其他人的干预或撤销权规定在其他条款中。

第二，建议将对受托人不利行为的制止权和撤销权分为两款分别规范。信托人的权利因损害是否发生而有所差异。对于损害尚未发生的，信托人享有制止权。也就是说，信托人有确切证据证明受托人的行为违反法律、行政法规或信托条款的规定，将导致信托财产受到损失的，信托人有权请求受托人停止该行为。对于损害已经发生的，信托人享有撤销权。受托人行为违背信义义务，致使信托财产受到损失的，未经信托人事先同意或事后追认，该行为无效，信托人有权要求受托人恢复原状，归还利益至信托财产，或承担损害赔偿责任。

第三，信托人的制止权和撤销权是形成权，除斥期间为一年。制止权和撤销权的行使不得影响已支付合理价款的善意相对人的合法权益，以维护交易安全。

信托人除了有上述"权力"外，还有知情权。建议第 20 条作如下修订[1]：

~~委托人~~**信托人**有权了解其信托财产的管理~~运用、处分及收支~~情况，并有权要求受托人作出说明。

~~委托人~~**信托人**有权查阅、抄录或者复制与其信托财产有关的信托账目以及~~处理~~受托人履行信托~~事务~~**职责**的其他文件**或数据**。

不可撤销、不可变更信托的信托人行使前两款权利，将不当干预信托的管理或者可能损害受益人利益的，受托人有权拒绝。

第一，信托设立后，信托财产成为信托的财产，而不再是信托人的财产，因此原法条中"委托人有权了解其信托财产……"的"其"代表着信托财产仍然是信托人的财产，这种说法是错误的，"其"应当删除。

第二，可撤销/可变更信托的信托人在信托设立后仍对信托保留较大控制权，享有对信托运行情况的知情权，有权了解信托财产的管理情况和受托人履职情况等。但不可撤销/不可变更信托的信托人对信托享有的权利有限，在行使前述知情权时，如果将不当干预信托的管理或可能损害受益人利益的，受托人有权拒绝。

（四）信托人的义务

英美信托法没有对信托人的义务作出规定，引进信托法的大陆法系国家和地区因为对信托人的地位有不同的理解，有时会强调信托人的义务。一般认为信托人的义务主要包括基于信托合同而应将财产权转移或处分的义务、给付报酬的义务以及赔偿受托人因信托终止所受损害的义务。[2] 一般而言，信托人的义务在信托设立后即告结束。

然而根据我国《信托法》，由于信托财产有可能仍为信托人所有，因此，在信托设立后，信托人可能仍负有若干义务。比如在安信信托诉昆山纯高案中，昆山纯高作为信托人，设立信托后仍然负有管理信托财产并将收益定期转入

---

[1] 参见本书第三章第二节《中华人民共和国信托法》（修订建议稿）第 32 条。
[2] 参见我国台湾地区所谓的"信托法"第 1、38、63、64 条。

受托人的信托专户中的义务。① 这在英美商事信托中是不可能出现的,因为信托人设立信托之后,经营信托财产的义务就属于受托人了。虽然在很多证券化案例中,从表面上看,信托财产似乎仍然由信托人管理(主要指催收应收账款等),然而,此时的信托人是以受托人的代理人——服务商(serviser)的身份而非以所有人的身份在管理。

其实,我国信托法既然允许信托财产的所有权仍然由信托人持有,就应当对信托人施加相应的义务,比如信托人必须将信托财产与自有财产分割,禁止信托人挪用信托财产,信托人行使权利时必须为受益人的利益行事等,也应当规定一旦信托人违背了这些义务应承担的责任。然而事实并非如此。由于我国的信托人在可以继续持有信托财产的所有权的同时,又无须承担相应的义务,这就为信托财产是否不受信托人的债权人追索带来了疑问。另外,我国信托法要求信托登记,虽然登记的义务人应当是信托的受托人,然而信托人应有义务配合受托人进行信托以及信托财产转移的登记。目前法律对此也没有规定。近年来,我国出现了一些创新型的融资信托,这类信托的信托人不再是单一主体,而是融资需求方加上公众投资人一起作为信托人设立商事信托,为该融资需求方所持有的企业提供资金。这类信托中的信托人情形比较复杂,公众信托人一般对融资需求方的信息不够了解,造成共同信托人之间的信息不对称,一旦出现问题,公众信托人在不知情的情况下会遭受损失。然而,信托法只针对信托的受托人施加了信义义务,并没有要求共同信托人之间也负有信义义务。这种情况如果出现在美国,会受其他相关公司法和证券法的规范。然而在我国,因这类案件涉及信托,而《信托法》中又无相应的规定,因此法院也很难解决。

随着商事信托的发展,很多美国学者开始将信托与公司进行比较,并试图推动立法者针对商事信托进行特别立法,对商事信托的关系人施加类似于对公司董事和多数股东所施加的义务。② 鉴于我国目前已经出现这些纠纷,立法机关也应当从这个角度加以思考。

笔者建议,信托财产的所有权转移给受托人和受益人以总有方式共有,在这种情况下,信托人仍然负有一定的义务,比如协助受托人办理信托登记的义务,

---

① 参见安信信托诉昆山纯高案[上海市高级人民法院(2013)沪高民五(商)终字第 11 号民事判决书]。
② 对此的推动,尤以美国杜克大学法学院的 Schwarcz 教授与哈佛法学院的 Sitkoff 教授为主。

以及基于信托合同而将财产权转移或处分的义务、给付报酬的义务以及赔偿受托人因信托终止所受损害的义务等。因此建议在《信托法》中增加下述条文①：

> 信托人应配合受托人办理信托登记，并应履行信托条款中规定的其他义务。

一般而言，信托人的义务在信托设立后即告结束。

（五）信托人地位的转让与继承

所谓信托人"地位"，其实是指信托人的权力、权利与义务。根据英美信托法，一旦信托成立，信托人对信托仅享有信托条款中所载明的权力，比如可撤销权或可变更权。如果信托条款中没有为信托人保留任何权力和权利，则信托人即与信托切断了联系，也没有什么权利可以转让。所以英美信托法中没有关于信托人地位的转让与继承之说，这个问题只是部分大陆法系国家和地区的独特问题。

日本旧信托法没有特别规定信托人地位的转让问题，通说认为，原则上不允许信托人地位的转让，新信托法则规定信托人的地位可以转让，但需征得其他信托人、受益人及受托人的同意，或遵照信托文件中规定的方法转让。② 这一规定的对象主要是自益信托。显然，日本信托法也将自益信托的信托人与受益人混淆为同一方信托关系人。关于信托人地位的继承，日本旧信托法规定信托人的地位可以继承，但是新信托法作了修订，认为虽然信托人的继承人因继承而概括继承权利和义务，连同信托人的地位也一并继承，但是提供给遗嘱信托的信托财产，可能在受益人和继承人之间出现利害冲突，所以只要信托文件中没有特别规定，信托人的继承人就不能继承信托人的地位。③ 因为这个规定似乎只涉及遗嘱信托，因此有学者推定在遗嘱信托以外的其他信托中，信托人的继承人可以继承信托人的地位。④

我国信托法对信托人赋予了诸多权利，只是没有明确写明信托人的权利能否转让。在司法实践中，法院往往根据合同法来判断信托关系，人们也普遍

---

① 参见本书第三章第二节《中华人民共和国信托法》（修订建议稿）第33条。
② 参见日本《信托法》第146条。
③ 参见日本《信托法》第147条。
④ 参见新井诚著：《信托法（第四版）》，刘华译，中国政法大学出版社2017年版，第1页。

将信托关系与合同关系等同,因此也就有了信托人的权利的转让问题。上海市高级人民法院曾援引原合同法来解释一个信托人试图转让其权利的案件,认为信托人与受托人是合同双方,受益人是合同第三人,信托人可以转让其权利义务,但要符合原合同法中有关合同权利转让的规定。虽然最终法院判定信托人不可转让其信托人权利,其依据却是违反了原合同法的限制。[①]

在合同关系中,合同双方当事人可以转移自己的权利和义务。如果将信托作为一种合同,那么就会出现信托人是否可以转移自己的权利与义务之说。事实上,设立信托是单方法律行为,一旦完成,信托人就不会以信托人的身份对信托保留权利,只是可以以受益人的身份对信托财产保留权利。另外,通过信托合同成立的信托,信托合同虽然是合同,信托人和受托人为合同的双方当事人,然而他们之间的权利义务仅仅是设立信托的权利与义务。比如,双方订立信托合同,信托人承诺将以某特定财产设立信托,交由受托人管理,受托人承诺接受任命,担任受托人。信托人的义务是将特定财产交付信托并为受托人支付酬金,其权利是要求受托人依照承诺接受信托财产并按照信托条款的规定进行管理和分配。在这种情况下或许信托人的权利可以转让,然而这种转让并没有多大实际意义,因为受托人如果不接受信托财产,要么信托不成立,要么根据信托法可以选任新的受托人。至于受托人管理和分配信托财产的行为是否符合信托条款和信托法的规定,受益人有权监督,或者有时信托会有保护人或指示人等监督人,他们也有权监督信托的实施。

我国的商事信托合同中一般会规定,"受益权转移的同时,委托人的地位也随之转移给受益权的受让人"[②],这导致人们认为信托人监督受托人并指示受托人如何管理信托的权利是一种合同权利,也引发了有关谁是信托合同项下的权利人的疑问。另外,将信托合同的订立混同于信托的成立,还会导致信托合同订立后,信托人没有转移财产至信托,此时受托人或受益人是否有权强制要求信托人设立信托的困境。在同样情况下,英美法不会强制要求信托人设立信托,因为信托合同的违约可以通过普通法上的违约救济来处理,与信托是否成立无

---

① 参见上海岩鑫实业投资有限公司与华宝信托投资有限责任公司合同纠纷一案民事判决书[(2004)沪一中民三(商)初字第 201 号]及华宝信托投资有限责任公司与上海岩鑫实业投资有限公司合同纠纷一案二审民事判决书[(2004)沪高民二(商)终字第 226 号]。

② 何宝玉:《信托法原理研究》(第二版),中国法制出版社 2015 年版,第 169 页。

关——只要信托财产没有转移,信托就不会成立。如前所述,我国信托法并未对信托人施加转移信托财产的义务,而其他采纳信托制度的亚洲国家和地区的做法均要求信托财产转移作为信托成立的标志,与英美信托法一脉相承。

鉴于日本信托法对我国研究信托的学者影响较大,有关信托人地位转让问题也会引发讨论。笔者认为,对此问题应当根据信托的性质区别对待。对于赠与性质的家族信托,信托设立后信托人的实质性权利义务都结束,不存在地位的转让或者权利义务的概括继承问题,对于受托人的监督由受益人以及其他信托监督人行使。然而,对于公平交易性质的商事信托而言,信托人与支付了合理价款的受托人(以及受益人)之间仍可能有未尽权利和义务,在没有更完善的制度解决这个问题之前,可以允许信托人的"地位"依法转让。

鉴于此,建议在《信托法》中增加"信托人权利与义务的转让与继承"的条文①:

受托人为取得信托财产支付了合理价款的信托,信托人的权利与义务依信托条款规定的方法或者经受托人与受益人同意,可以转让给第三人。信托有两个以上信托人的,任何信托人权利与义务的转让应获得其他信托人的同意。

民事信托的信托人的权利义务不得转让。

信托人的权利义务不得继承。

上述修订建议的要点,其一是商事信托中信托人的权利义务可以转让,民事信托中信托人的权利义务不得转让;其二是商事信托中信托人权利义务的转让不得违背信托目的,受信托条款的限制,或须经受托人与受益人同意;其三,信托人的权利义务不得继承。信托在成立后由受托人对信托财产进行管理,并由受益人享有信托财产所带来的财产利益,这取代了未设立信托时信托人死亡后由其继承人享有该部分财产权利义务的默认设定。也就是说,信托人通过设立信托的方式选择让受托人管理财产,由受益人享有其财产利益,而不由其继承人管理并享有该部分财产。因此应尊重信托人的意愿,按照信托的方式运作财产。

---

① 参见本书第三章第二节《中华人民共和国信托法》(修订建议稿)第34条。

二、受托人

如前所述,在传统英美信托法中,具体个人或机构受托人的缺位不会影响信托的有效性,因为受托人是个"职能机构"(或称为"管理机构"或"职位"),一旦信托人的意愿是将其财产交由他人为自己或者第三人的利益管理,该职能机构即告成立,对受益人负有信义义务。受托人这种"职能机构"的性质赋予受托人可以不受信托人和受益人的影响、独立行使自由裁量的权力,同时也赋予法院对信托的管辖权,可以直接向受托人下达指示,甚至可以执行信托。因此,受托人具备"分裂的人格",其一是受托人作为个人时的地位,其二是其作为信托财产的管理机构时的地位。在作为个人行事时,受托人的行为只对其个人有约束力;而当其作为信托财产的管理机构行事时,受托人对信托财产具有绝对性、排他性的管理处分权,其行为对信托财产有约束力。①

不过,就像人们容易将机构与该机构的负责人混为一谈一样,大家也容易将受托人个人(或某受托机构)与信托的受托人这个职位混为一谈。可能正因为这种文化背景,我国信托法对于受托人的这种"职能机构"的性质没有明确规定,并且由于人们容易将信托混同于信托合同,而受托人普遍被认为只是信托合同的一方当事人,并不具有"职能机构"性质,因此,在我国,受托人的职责只是持有财产,根据信托条款行事,没有自由裁量权。同时受托人缺失很可能成为信托无效的原因之一。鉴于此,建议在《信托法》中增加以下条文②:

除非信托条款有明确规定,信托不因具体某个主体不能或者拒绝担任受托人而无效或终止。

受托人缺失时,根据信托条款或者本法的规定另行选任。

下面就受托人的资格、权利、权力与责任等问题进行探讨,有关受托人义务在第三章中详述。

(一) 受托人的资格

英美信托因从私人民事信托发展而来,所以对于受托人的身份,除了必须有法律行为能力外,没有太多限制,个人、机构都可以担任信托的受托人。

---

① 参见王志诚:《信托法》(第四版),台湾五南图书出版股份有限公司 2015 年版,第 200 页。
② 参见本书第三章第二节《中华人民共和国信托法》(修订建议稿)第 35 条。

事实上,传统家族信托的受托人大多由个人担任,正如 20 世纪的著名法学家 Maitland 所云:每位绅士都是受托人。① 后来,信托在商事领域开始发展,信托财产的形态和种类不断丰富,信托财产的管理也日益复杂,市场细分,信托受托人开始向专业化发展,导致商事信托的受托人大多是专业的投资人。这并非因为法律的约束,而是市场的选择。为了保证受托人在履行职责时不违背信义义务,美国有的州要求受托人须经法院认证,或者在就任之前提供履职担保,但是《信托法第三次重述》规定,只有当制定法要求、信托条款要求,或者法院命令时,受托人才需要提供这种履职担保。② 也有的州对受托人的资格作了规定。比如纽约州信托法规定以下个人或者实体不得担任受托人:

(1)未成年人;

(2)无行为能力人;

(3)被判有罪的重罪犯;

(4)非居民外国人,除非该外国人是共同受托人之一,且共同受托人中有一人是本州居民;

(5)专业公司(professional corporation)或者普通商业公司,除非该公司成立为信托公司且被明确授权担任受托人;

(6)因药物滥用、不诚实、挥霍、缺乏理解能力而不具备担任信义义务人的资格,或者因其他原因不适合担任受托人者。③

我国信托的发展与英美信托的发展方向相反,先从商事信托开始,由于涉及公众利益,因此自始就受到严格管制。我国《信托法》第 24 条规定:

受托人应当是具有完全民事行为能力的**自然人**、**法人**。

法律、行政法规对受托人的条件**另有规定**的,从其规定。

同时,我国《信托法》第 4 条还规定:

受托人**采取信托机构形式**从事信托活动,其组织和管理由国务院制定具体办法。

---

① 转引自 John H. Langbein, *Rise of the Management Trust*, 143 TR. & EST. 52 (2004)。

② 参见美国《信托法第三次重述》第 34 条。

③ 参见美国纽约州《遗产检验法院诉讼程序法》第 707 条。

根据上述第 24 条,除非有特别规定,受托人既可以由自然人担任,又可以由法人担任。理论上,任何法人都可以担任信托的受托人,非法人组织被排除在外。另外,第 4 条并未要求法人都必须采取信托机构(国家许可从事信托业务的信托公司)的形式从事信托活动,所以理论上法人从事信托活动并非只能采取信托机构的形式。担任受托人的法人既可以采取信托机构的形式从事信托活动,也可以不采取信托机构的形式从事信托活动。另外,《信托法》第 43 条明确承认,信托人可以是受益人,受托人也可以是受益人,并未明确允许或禁止信托人担任受托人,也没有完全禁止非信托机构的法人担任营业信托的受托人。因此,家族信托完全可能出现受托人是信托人本人或者其他自然人的情况。

然而在现实中,我国目前几乎所有的受托人都是信托公司。信托公司之外的法人能否担任受托人,《信托法》本身没有禁止。第 24 条第 2 款中的“另有规定”,是指在对信托活动的管理中,国家可以限定某些范围的信托只能由法人担任受托人,并且可以对有资质担任受托人的法人组织的设立及其营业范围作出规定,还可以对受托人的专业能力作出要求。例如,《国务院办公厅关于〈中华人民共和国信托法〉公布后执行有关问题的通知》第 2 条规定,“未经人民银行、证监会批准,任何法人机构一律不得以各种形式从事营业性信托活动,任何自然人一律不得以任何名义从事各种形式的营业性信托活动。”再如,原中国银行业监督管理委员会颁布的《信托公司管理办法》就是对专业法人受托人——信托公司作出的规定与行为规范要求。因此,由于国家对信托公司的严格管制,现实中只有具备资质的信托公司才可以担任营业信托的受托人。这样,《信托法》第 24 条第 1 款的实际含义应解读为:受托人应当是具有完全民事行为能力的自然人和采取信托机构形式从事信托活动的法人。这大大缩减了受托人范围。从这一点来看,现行《信托法》对营业信托的规定与实践不相匹配,必须修改协调。

在我国司法实践中,如果受托人是信托公司以外的其他法人或组织,法院一般会判定因信托的受托人不具有营业信托资质而无效,受托人应返还资产并赔偿利息损失。[1] 然而,自然人与自然人之间所订立的信托合同,只要合同

---

[1] 例如上海市第一中级人民法院(2004)沪一中民三(商)初字第 145 号《民事判决书》;浙江省瑞安市人民法院(2014)温瑞商初字第 3936 号《民事判决书》。

双方具有完全民事行为能力,合同是双方的真实意思表示,且不违反《信托法》第 11 条关于信托无效的规定,一般法院会承认信托关系有效。[①]

我国信托制度的发展可以说是由信托公司推动的。自中国国际信托投资公司于 1979 年成立以来,我国信托公司曾经达到数百家之多,[②]其业务也参差不齐,很多突破了法律的限制,因此我国对于信托公司的监管经历了比较曲折的历史。《信托法》颁布前后,我国先后对信托公司进行了数次整顿,最终形成如今的格局。[③] 目前,我国对于担任受托人的信托公司的资质有严格的要求:

> 设立信托公司,应当具备下列条件:
>
> (一)有符合《中华人民共和国公司法》和中国银行业监督管理委员会规定的公司章程;
>
> (二)有具备中国银行业监督管理委员会规定的入股资格的股东;
>
> (三)具有本办法规定的最低限额的注册资本;
>
> (四)有具备中国银行业监督管理委员会规定任职资格的董事、高级管理人员和与其业务相适应的信托从业人员;
>
> (五)具有健全的组织机构、信托业务操作规程和风险控制制度;
>
> (六)有符合要求的营业场所、安全防范措施和与业务有关的其他设施;
>
> (七)中国银行业监督管理委员会规定的其他条件。[④]

《信托公司管理办法》也重申信托公司的注册资本最低限额为 3 亿元人民币或等值的可自由兑换货币,并且根据其营业范围,需要符合其他相关法律法规规定的最低注册资本要求。[⑤]

其他国家和地区的信托法对于受托人的资质也有类似的要求,只是大陆法系各个国家和地区一般不要求受托人提供履职担保。例如日本《信托法》规定:"信托不能将未成年人、成年被辅佐人或被保佐人作为受托人。"它对受

[①] 例如广东省广州市萝岗区人民法院(2007)萝法民四初字第 48 号《民事判决书》。

[②] 参见江平、周小明:"论中国的信托立法",《中国法学》1994 年第 6 期。

[③] 参见刘光祥:《大资管与信托实战之法》,中国法制出版社 2018 年版(书中对我国信托业的发展作了非常详细的回顾)。

[④] 参见《信托公司管理办法》(中国银行业监督管理委员会令 2007 年第 2 号)第 8 条,由中国银行业监督管理委员会于 2007 年 1 月 23 日颁布,2007 年 3 月 1 日实施。

[⑤] 同上。

托能力做了限制。① 然而关于营业信托,则规定其应遵照信托业法的规定,"除了管理型信托业、信托契约代理业、信托受益权销售事业等外,只有获得内阁总理大臣批准的信托业执照(认可)的股份有限公司才具有受托能力"。② 当受托人欠缺受托能力时,日本信托法对合同信托与遗嘱信托区别对待。如果是通过订立合同设立的信托,且信托合同的成立有瑕疵,则该信托行为将绝对无效,也不可追认,信托不成立。③ 如果是遗嘱信托,法院则采纳英美法中"信托不因受托人缺位而失效"这一原则,有权介入选任新受托人。④ 这种做法值得商榷。对于遗嘱信托,如果其瑕疵是受托人缺乏资质、没有受托人或者指定的受托人拒绝履职,那么信托不因受托人缺位而失效是正确的,但是假如其瑕疵在于遗嘱本身,即遗嘱不生效,那么遗嘱信托自然不应生效。另外,如果信托是根据合同设立,且受托人能力有欠缺或者信托合同有其他瑕疵,结果只是无法依据该合同成立信托,如果信托关系人通过法律承认的行为以及其他方式事实上已经形成了信托关系,则即便合同无效,也不会影响信托的成立,只是信托合同不是该信托据以成立的有效文件而已。当然这些分析有些超出受托人资格的范畴,可以与下文对照研究。

综上所述,虽然我国《信托法》允许自然人和法人担任受托人,然而现有法规和部门规章只允许信托公司担任信托的受托人。即便其他机构或个人事实上在履行信托受托人的职责,由于我国《信托法》对信托与信托关系的界定过窄,导致这部分受托人没有被正确认定为受托人,因此可能不受《信托法》中的信义义务的约束,结果是受益人的利益得不到保障。本书建议扩大受托人范围,可以允许部分符合资质要求的非法人组织担任受托人,并可以借鉴英美法的做法对受托人进行一定的资质认证,加强管理。具体建议将《信托法》第24条作如下修改⑤:

受托人~~应当~~**可以**是~~具有完全民事行为能力的~~自然人、法人**或者非法人组织**。

---

① 参见日本《信托法》第7条。

② 参见新井诚著:《信托法(第四版)》,刘华译,中国政法大学出版社2017年版,第171—172。

③ 同上书,第172页。

④ 参见日本《信托法》第6、62条。

⑤ 参见本书第三章第二节《中华人民共和国信托法》(修订建议稿)第36条。

无民事行为能力人、限制民事行为能力人、破产人以及其他不具备履行信义义务条件或者存在其他可能不利于履行信义义务情形的人不得担任受托人。

法律、行政法规对受托人的资格另有规定的，从依照其规定。

在《民法典》将自然人、法人或非法人组织列为民事主体的前提下，建议非法人组织也可以担任受托人。受托人承担着履行信义义务的职责，需要管理和处分信托财产，故对于受托人有高于一般民事主体的资质要求，受托人必须具有完全民事行为能力。无民事行为能力人和限制民事行为能力人不具有履行信义义务的能力，不能担任受托人。另外，破产人也不得担任受托人，因为处于资不抵债境地常常意味着其管理财产的能力不足，可能不利于履行信义义务。除此，有其他不具备履行信义义务条件或存在其他可能不利于履行信义义务情形的人也不得担任受托人。法律、行政法规对受托人的资格另有规定的，依照其规定。这是指，在对信托活动的管理中，国家可以限定某些范围的信托只能由某些特定主体担任受托人，并且可以对有资质担任受托人的主体的设立及其营业范围作出规定，还可以对受托人的专业能力作出要求。例如，《国务院办公厅关于〈中华人民共和国信托法〉公布后执行有关问题的通知》第2条规定："未经人民银行、证监会批准，任何法人机构一律不得以各种形式从事营业性信托活动，任何自然人一律不得以任何名义从事各种形式的营业性信托活动。"再如，前中国银行业监督管理委员会颁布的《信托公司管理办法》就是对专业法人受托人——信托公司作出的规定与行为规范要求。因此，由于我国对信托公司的严格管制，现实中只有具备资质的信托公司才可以担任营业信托的受托人。

（二）受托人的任命与卸任

受托人一般由信托人在信托条款中指定。当信托条款没有指定受托人、指定的受托人拒绝担任受托人，或者因其他原因受托人缺位时，英美法的规则是，法院有权指定受托人。当遗嘱信托中没有指定受托人时，通常遗嘱执行人将被任命为受托人，除非遗嘱中表达出相反的意愿，或者如果这种任命被认为不恰当或者与信托人的意愿相悖。[1] 例如，某甲在遗嘱中写明某财产将

---

[1] See Lux v. Lux, 288 A.2d 701 (R.I. 1972).

为其子嗣的利益作为信托财产,然而却没有写明谁是受托人。此时根据英美法,信托有效设立,法院将为其指定受托人。该规则唯一的例外是,当信托的授权与被指定的受托人的人身相关时,该受托人的缺位会导致信托不成立。但是这一例外规则很少被援引,因为通常信托人的意愿是希望信托能够为实现特定目的而继续存续,而不仅仅是当某特定的人担任受托人时信托才存续。①

如果信托财产转移给受托人,而受托人拒绝担任受托人时,根据英美信托法,信托财产应转移给后继受托人。有位母亲设立了保险金信托,任命自己的女儿为受托人,自己签署了信托文件后又伪造了女儿的签名,并将该信托文件进行了公证。母亲去世后,父亲与女儿提起诉讼,主张该信托无效,女儿认为自己从未同意担任受托人并且也从未签署过信托文件,也有证据证明女儿的签名和公证员的签名均系伪造。然而美国纽约州的法院经过审理,认定信托符合信托成立的其他要件,因此不因没有受托人而无效,信托的受托人应为信托文件中指定的后继受托人。②

在遗嘱信托的情况下,如果遗嘱中没有写明谁是后继受托人,信托财产应转移给遗嘱执行人以推定信托持有,一旦新的受托人被依法任命,遗嘱执行人应将信托财产转移给新的受托人。美国很多州的制定法规定,在这种情况下,信托财产可以由法院代管,或者其转移暂时推迟,以待新的受托人被任命后再转移。③ 当然也有例外,如果寻找后继受托人的成本太高,或者基于预料之外的情势变更和衡平偏离原则,法院也可以判定信托无效或终止信托。④

信托的成立不以受托人的存在为条件,并不意味着某人只要被任命为受托人就必须担任受托人,因为受托人的信义义务非常严格,被任命为受托人者至少要口头或以行为表示愿意接受受托人的职责时,他才是受托人。⑤ 传统英美法的规定,一旦某人接受任命担任了受托人,除非经受益人同意或法院许可,不得辞任。然而现代信托法修改了这一规则,允许受托人提前30天给所有

---

① 参见美国《信托法第三次重述》第 31 条。

② See In re Estate of Gold, N.Y.L.J. (Surrogate's Court, Kings County, 2002).

③ 参见美国《信托法第三次重述》第 14 条评注 b。

④ 参见美国《信托法第三次重述》第 31 条评注 b。

⑤ 参见美国《统一信托法》第 701 条。

利益相关方提交辞任通知后即可辞任。① 信托条款中也可以明确受托人辞任的条件与方式。

受托人死亡或者不再具有法律所要求的行为能力,其受托人的地位不能继承或转让,新的受托人根据受托人缺位时的选任方式和标准选任。例如,某甲为特定目的将其拥有的土地设立信托,然而信托目的没有达成,受托人即死亡。此时,英美法院会任命新的受托人,从而信托不会无效。② 其他国家和地区对这一问题有不同的解决方法。比如日本《信托法》规定,受托人个人死亡,受托人的任务终止。③ 日本旧信托法规定,由受托人的继承人或其法定代理人保管信托财产或进行交接信托事务所需的其他行为,信托财产的归属不够明确。因此,日本新信托法规定,受托人死亡而任务终止时,以信托财产作为法人。④ 当因受托人死亡以外的事由导致受托人任务终止的,尚未选任出新受托人且在必要时,由利害关系人申请,法院可命令由信托财产管理人管理。⑤ 此时履行受托人的职务及管理、处理信托财产的权利,专属于信托财产管理人。⑥

我国《信托法》也借鉴了英美法中信托不因受托人死亡而终止的精神,规定受托人死亡或失去行为能力后,虽然受托人的职责终止,⑦但信托并不终止,而是依照信托条款的规定,选任新的受托人;如果信托条款未作规定,则分别由"委托人"、受益人或受益人的监护人选任新受托人。⑧ 在新受托人选任之前,原来的受托人的继承人或遗产管理人、监护人、清算人等应当妥善保管信托财产,协助新受托人接管信托事务。⑨ 这些规定具有其合理性,然而还有进一步完善的空间。笔者建议,在《信托法》中增加或修订与受托人的任命与卸任有关的条文。

---

① 参见美国《统一信托法》(2001 年修订)第 705 条。

② 参见美国《第三次信托法重述》第 31 条评注 a 例 2。

③ 参见日本《信托法》第 56 条。

④ 参见日本《信托法》第 74 条。

⑤ 参见日本《信托法》第 63 条。

⑥ 参见日本《信托法》第 66 条。

⑦ 参见我国《信托法》第 39 条第 1、2 款。

⑧ 参见我国《信托法》第 40 条。

⑨ 参见我国《信托法》第 39 条。

关于受托人的选任,建议将《信托法》第40条作如下修订[①]:

~~受托人职责终止的~~,**信托人可以通过**~~依照信托文件规定选任新~~**条款指定**受托人,**或者规定选任受托人的方法和标准。**~~;~~

被指定的受托人不能或者拒绝担任受托人的,应根据信托条款的规定重新选任受托人。信托~~文件未~~**条款没有**规定的,由~~委托人~~**信托人**重新选任~~;~~~~委托人~~**信托人不指定或者**~~、~~无能力指定**或者信托人已死亡的,**由~~受益人~~**信托保护人**选任~~;~~**。没有信托保护人的,由其他有权选任受托人的信托监督人或者全体受益人共同选任。受益人之间就选任受托人不能达成一致意见的,利害关系人可以申请人民法院指定受托人。**受益人为无民事行为能力人或者限制民事行为能力人的,依法由其监护人**代行**选任或向人民法院申请指定受托人。**~~原受托人处理信托事务的权利和义务,由新受托人承继。~~

修订理由如下:

第一,由于具体受托人的缺位不影响信托的存续,因此,选任受托人未必只有在受托人的职责终止后才需要,比如,在遗嘱信托的情况下有可能遗嘱中只规定了选任受托人的标准,并没有确定具体的受托人,或者指定的受托人不能或拒绝担任受托人。本条主要规定了受托人缺位时选任受托人的主体和标准,因此将"新受托人"改为"受托人"。

第二,在选任受托人或者继受受托人时,首先应尊重信托人的意思,因为信托本就是信托人处分财产的一种方式,应尊重信托人选任受托人的意思表示。这种意思表示是指表达于信托条款中的意思表示,即信托条款中有关指定或选任受托人的规定。

第三,如果根据信托人的意思表示无法选任受托人的,应该由信托监督人来选任。信托监督人是信托监督机制的重要表现形式,通过设置信托监督人来制约受托人的权力,促进信托的平稳运行,信托保护人是信托监督人的一种。本修改意见稿建议设立信托保护人,具体探讨详见第三章第二节。信托保护人是由信托条款创设的一个与受托人不同的职位,位于保护人职位者有

[①] 参见本书第三章第二节《中华人民共和国信托法》(修订建议稿)第37条。

权参与信托的管理或者信托财产的分配,有权决定任命或解任受托人。保护人的权力一般被认为是根据信托条款中表达的信托人的意愿以信义义务人的身份持有,是一种或多种可以影响到受托人处理信托财产的权力。如果没有信托保护人,可由其他信托监督人选任。

第四,前述方法不可行时,全体受益人(或其监护人)可以共同选任受托人。受益人是信托利益的享有者,是受托人天然的监督人。为了维护受益人的利益,可由受益人一致选任受托人。受益人选任受托人时须注意两点:其一,受益人须具备完全民事行为能力。倘若受益人的行为能力有瑕疵,则由其监护人选任或向人民法院申请指定受托人;其二,受益人对受托人的选任须全体一致,如果不能达成一致,由利害关系人申请法院指定受托人。有关新任受托人的职责,则移入其他条文中。

关于受托人的辞任,建议将《信托法》第 38 条作如下修订①:

~~设立信托后,经委托人和受益人同意,~~受托人可以**根据信托条款的规定辞任。**~~本法对公益信托的受托人辞任另有规定的,从其规定。~~

信托条款没有规定的,不可撤销信托的受托人经受益人同意、可撤销信托的受托人经信托人同意,可以辞任。

受托人有正当事由的,法院可依受托人申请,允许其辞任。

受托人辞任的,~~在新受托人选出前仍应履行管理信托事务的职责~~应**书面通知其他信托关系人。**

修订理由如下:

第一,受托人负责信托的日常管理,受托人的缺位虽然不会影响信托的存续,但却会影响信托的正常运行。故对于受托人有正当事由无法继续担任受托人的,应允许受托人辞任。原法条规定的受托人辞任条件是"经委托人和受益人同意",显然在遗嘱信托和信托人已经去世的生前信托的情况下,这个条件无法满足,需要修改。

第二,就辞任方式而言,受托人的辞任可分为依约定辞任、依法定辞任和依申请辞任。其中,依约定辞任是指受托人根据信托条款辞任。依法定辞任

① 参见本书第三章第二节《中华人民共和国信托法》(修订建议稿)第 42 条。

是指在信托条款没有规定时,根据法律的规定,经信托关系人同意而辞任。具体而言,可撤销信托中需要获得信托人的同意,不可撤销信托则要获得受益人的同意。依申请辞任则是受托人有正当事由时,受托人可向法院提出辞任的申请,受托人应有正当理由,如身患重病,常年定居国外等情形,已不再适合担任受托人。法院在审查后,认为受托人的申请有正当理由的,应当允许受托人辞任。

第三,无论是依约定、法定或依申请辞任,受托人均应书面通知其他信托关系人,以保证其他信托关系人采取选任新受托人等措施,促进信托的正常运行。

关于受托人的解任,建议将《信托法》第 23 条作如下修订①:

受托人~~违反信托目的处分信托财产或者管理运用、处分信托财产有重大过失的,委托人有权根据~~**违背信义义务**、**不能有效履行信托职责或者有其他重大事由的,可以依照**信托文件~~条款~~**的规定解任受托人;**~~;或者申请大人民法院~~**经审查认定**解任受托人**最符合受益人的利益,也不违背信托目的的,可依信托监督人、共同受托人、受益人或者可撤销信托的信托人之申请,解任受托人。**

受托人的解任应受到信托条款和法院审查的限制。

第一,将原法条中"违反信托目的……"等内容统一修改为"违背信义义务、不能有效履行信托职责或者有其他重大事由",并把"信托文件"统一为"信托条款",把口头信托的特殊情形也包括进去。

第二,一方面,受托人的解任受到信托条款的限制,只有信托条款有规定时才可不经法院审查自行解任受托人;另一方面,受托人的解任受法院审查的限制。建议增加"法院经审查认定解任受托人最符合受益人的利益且不违背信托目的"的要求,以充分体现对信托目的和信托人意愿的尊重。另外,法院解任受托人只能依申请解任,而不能依职权解任。目前我国法院对信托的监督尚不成熟,允许法院主动解任受托人并不实际。

第三,建议明确规定,有权向法院提出解任受托人的申请主体为信托监督

---

① 参见本书第三章第二节《中华人民共和国信托法》(修订建议稿)第 43 条。

人、共同受托人、受益人或者可撤销信托的信托人。信托监督人系信托人为保护受益人的利益而设置,包括信托保护人等;共同受托人能够起到信托内部监督的作用,对于某位受托人行事出现违背信托目的或不符合受益人的利益等情形,其他受托人为了履行信义义务,可以向法院申请解任该受托人;受益人是受托人的天然监督人,因为受托人须为受益人的最大利益行事;可撤销信托的信托人在信托成立后仍可干预信托,因此可向法院申请解任受托人。

第四,受托人的解任之所以受严格限制,是因为受托人在信托财产的管理上具有独立性。受托人基于信托人的信任,为了受益人的利益而管理信托。在这一过程中,受托人独立于信托人和受益人。一方面,受托人独立于信托人,一般来说信托人不得解任受托人,但可撤销信托中的信托人除外。倘若信托人设立信托后仍可干预信托财产的管理,那么信托财产就失去了独立性;若信托人希望继续保持对信托的控制,能够解任受托人,则需要在信托条款中予以相应规定,此时该信托为可撤销信托,以牺牲信托财产的全部或部分独立性为代价。另一方面,受托人独立于受益人,受托人与受益人之间的矛盾并非解任受托人的理由。虽然受托人为受益人的最大利益行事,但受益人不得将自己的意愿强加给受托人,受托人有权独立管理信托财产。这样受托人才能为了所有受益人的利益行使独立的判断,同时又能保证受托人对信托财产进行适当投资并加以保护,从而履行自己的职责。

(三) 受托人的职能

一般而言,英美信托的受托人具备两大职能(或曰"职责"):管理职能和分配职能。

受托人的管理(administration)职能是指受托人管理信托的职能,即受托人对信托财产进行管理(management)、投资、运用和处分的职能。这里"管理(management)"这一子概念仅仅是对信托财产的运营,其内涵小于"管理职能"中的"管理(administration)";这里的"处分"也并非是对信托财产的终极处分,而是指对信托财产进行的买卖和交换,"处分"之后信托财产形态发生变化,但是信托财产不可以不合理地减少。因此,确切而言,这里的"处分"更多是"交易"的含义,其内涵小于物权法上的"处分"。

受托人的分配(distribution)职能是指,受托人依据信托条款的规定,将信托原物和收益分配给受益人,直至所有信托利益分配完毕后信托终止的职能。

从某种程度上说,这种"分配"是对信托财产的无偿"赠与",也是对信托财产的终极处分,因为"分配"之后信托财产随即减少。然而"分配"的对象仅限于依据信托条款有权取得信托利益的受益人,并非所有普罗大众,因此其内涵也小于物权法上的"处分"。我国信托法中的"处分"则既包括管理信托中的处分,也包括分配信托利益时的处分,对二者恐未加区分。这些问题皆因语言翻译而起。无论如何,受托人的两大职能包括"管理职能"与"分配职能",前者指受托人管理信托(财产)的职能,后者指受托人分配信托(利益)的职能。

受托人作为一个"职能机构",其管理职能和分配职能一般会在信托条款中加以明确。一个完善的信托文件应当包括管理条款(administrative provisions)和分配条款(distributive provisions)。管理条款主要列明受托人管理、运用信托财产的职责,主要包括事务性管理职能与专业性管理职能,即通常人们说的对信托财产进行管理、运用、投资、处分等职能;而分配条款主要包括受托人向受益人分配信托财产的权力与标准。受托人的专业性管理职能有可能要求受托人行使专业判断,而受托人的分配职能则有可能需要受托人行使一定的裁量权,不过受托人的具体职能都必须基于信托条款的规定以及法律规定的默认规则。在英美传统信托中,上述几种职能通常由同一个受托人行使。然而现代信托中,不同的职能由不同的受托人行使的情况日益普遍。

建议将我国《信托法》第 25 条和第 34 条合并作如下修订,将受托人的两大职责囊括进去[①]:

第二十五三十八条　【受托人的义务职责】

受托人应~~当遵守~~根据信托~~文件~~条款和本法的规定,~~为受益人的最大利益处理信托事务~~。

~~受托人管理~~履行对信托财产~~,必须恪尽职守,履行诚实、信用、谨慎、有效管理的义务~~的保管、运用、投资、处分等信托管理职责。

~~第三十四条~~　【受托人向受益人支付信托利益的义务】

受托人应根据信托条款的规定,以信托财产为限履行向受益人~~承担支付~~分配信托利益的~~义务~~信托分配职责。

信托条款授予受托人管理裁量权的,受托人应在该裁量权范围内履

---

① 参见本书第三章第二节《中华人民共和国信托法》(修订建议稿)第 38 条。

行信托管理职责;信托条款授予受托人分配裁量权的,受托人应在该裁量权范围内履行信托分配职责。受托人行使裁量权不得违背信义义务。

下面概括介绍受托人的基本职能,其中部分内容可以与本章第四节中的受托人义务互相对照。二者的区别是,受托人的职能主要涉及受托人管理信托的权力与权利,而受托人义务则主要涉及受托人在履行信托职能时需要遵守的行为标准。受托人在履行信托职能时必须受信义义务的约束,[1]不仅受最基本的谨慎义务、忠实义务与公平义务的约束,还需要遵守尊重信托条款和目的的义务以及其他受托人的义务。[2] 凡要在受托人义务章节中阐述的内容,这里只简单归纳,以供交叉参考。

1. 受托人的事务性管理职能

受托人的事务性管理职能首先包括托管职能,是指受托人接收并妥善保管信托财产的职能,尤其遗嘱信托的受托人需要在立遗嘱人死亡后根据遗嘱向遗嘱执行人或遗产管理人要求接收信托财产。我国《民法典》允许自然人设立遗嘱信托,因此受托人也需要从遗嘱执行人或遗产管理人处收取信托财产的情况可能很快就会出现。究竟以什么方式、通过什么程序来收取信托财产,是亟须研究的问题。

受托人的事务性职能还包括对信托财产的标记职能。虽然英美法并未强制要求信托登记,但是受托人必须将信托财产与自有财产相区别,为此,需要在受托人或受益人之外的其他人所保留的记录中显示出其为信托财产。[3] 如果信托财产未经标记,则信托财产无法独立,受托人的债权人有权执行信托财产偿债。

受托人的其他事务性职能包括保存记录、记账、管理账簿、处理税务,以及提供或提交其他报告等职能,以及代表信托和受益人针对第三人提起诉讼或进行抗辩等职能。[4] 这是受托人有别于代理人的重要方面。

2. 受托人的专业性管理职能

受托人的专业性管理职能主要是指需要受托人运用其专业判断才能行使

---

[1] 参见美国《信托法第三次重述》第86条。

[2] 参见美国《信托法第三次重述》第70条评注 a。

[3] 参见美国《统一信托法》第810(c)条。

[4] 参见美国《信托法第三次重述》第107条。

的管理信托财产的职能,例如用信托财产进行投资的职能。在履行该职能时,受托人需要行使一定的权力,同时也享有一定的权利。我国信托法规定了受托人的权利,却没有提及受托人的权力。受托人的权利包括为信托提供的服务收取报酬的权利,受托人因处理信托事务所支出的费用和对第三人所负债务以信托财产承担。受托人以其固有财产先行支付的,对信托财产享有优先受偿权等。[①] 我国台湾地区所谓的"信托法"也规定,受托人有费用偿还请求权、费用补偿请求权、拒绝交付权、损害补偿请求权报酬给付请求权等。[②] 大陆法系国家和地区普遍未对受托人的权力加以规定,但是都对其赋予了相关权利。

英美信托的受托人在履行信托管理职能时的权力一般由信托条款赋予,也一般仅限于信托条款中所列明的权力。这种权力可能是没有任何限制的完全自由裁量权,也可能是有限制的裁量权,也可能是根据一定标准确定的裁量权。当信托刚开始在英美法系国家和地区兴起时,信托财产多为土地,信托设立的目的主要是为了规避对于拥有土地的限制。受托人需要做的事情较简单,基本上只是为受益人的利益持有土地,待将来再将土地转让给受益人即可,所以没有也用不着专业的受托人,一般会邀请在家族或社区中具有一定身份和地位的人担任受托人。这些受托人大多是业余兼职,不收取费用。曾经一度,几乎每位绅士都是受托人。[③] 为了防止受托人滥用其法律上的权利,保障受益人的利益不受侵害,当时的信托法采取了限制受托人权力的做法,所以默认规则是受托人没有其他权力。

然而,现代信托的财产形态逐渐复杂多样,设立信托的目的也开始由消极持有土地变为投资组合的管理,尤其出现了各种类型的金融资产,对信托财产的管理也日趋复杂。在英美法系国家和地区,由于信托财产的法律上的权利与衡平法上的权利分置,信托受托人拥有极大的"权力"处置信托财产,这就使得受托人的职能范围日益扩大。再对受托人的权力进行限制不利于信托目的的实现。现代受托人所从事的投资与金融资产的管理,要求受托人针对不断变化的市场情况进行大量的自由裁量判断。这些变化反映在受托人的职能

① 参见我国《信托法》第35、37条。
② 参见王志诚:《信托法》(第四版),台湾五南图书出版股份有限公司2015年版,第240—245页。
③ 转引自 John H. Langbein, Rise of the Management Trust, 143 Tr. & Est. 52 (2004)。

变化中。

最初,由律师在信托文件中增加受托人的权力的条款来扩张受托人的权力。后来,立法开始对受托人授予越来越多的权力,例如美国 1964 年的《统一受托人权力法》(Uniform Trustees' Powers Act)授权受托人可以从事几乎所有有可能提升信托财产价值的交易。[①] 2000 年的《统一信托法》(Uniform Trust Code)最终推翻了普通法规则,规定受托人针对信托财产拥有"一个法律上具备行为能力的未婚个人"对其自有财产所拥有的"所有权力(all of the powers)",以及任何有助于实现信托财产的适当投资、管理和分配的其他权力。[②] 目前根据美国各州的法律,受托人对于信托财产拥有像一个在法律上具备行为能力的未婚个人对其个人财产拥有的所有权力以及法律或者信托条款所赋予的权力。[③]

现代信托的受托人所承担的信托财产的管理职能越来越多,越来越复杂,涉及很多投资业务,往往需要对信托资产进行积极的投资运用。受托人在审查信托财产后,应制定和实施与信托目的最相契合的投资计划,将其作为为实现信托目的制定的总体计划的一部分。为此,受托人被授予诸多权力。在投资领域,英美法下的受托人的权力从最初的法定列表(legal lists)中的权力发展到后来宽泛的信义治理权力。最初,受托人的权力只有法律明确列明的几项,一般是投资于政府债券和不动产的初次抵押债券。后来,该法定列表被谨慎人规则(prudent man rule)所取代,后者虽然更加灵活,但事实上仍然倾向于政府债券的投资,不鼓励投资于股票,并且对每笔投资孤立考量,不考虑分散投资的整体效应。自 20 世纪 80 年代起,谨慎人规则开始被诟病,并被新的投资组合规则取代。至 2006 年,美国所有的州都效仿 1994 年的《统一谨慎投资人法》(Uniform Prudent Investor Act),用谨慎投资人规则(prudent investor rule)取代了谨慎人规则。[④] 根据该统一示范法,对信托财产进行管理和投资的受托人对信托的受益人负有遵守谨慎投资人规则

---

① 参见美国《统一受托人权力法》第 3(c)条。

② 参见美国《信托法第三次重述》第 85(1)(a)条;又见《统一信托法》第 815 条。

③ 参见美国《信托法第三次重述》第 85 条。

④ See Sitkoff & Dukeminier, WILLS, TRUSTS, AND ESTATES (10TH ED.) 624 (Wolters Kluwer Law & Business 2017).

的义务。

目前在美国,受托人可以投资于任何种类的财产或进行任何类型的投资,只要符合总体的风险与回报目标,以及信托财产投资多样化的要求即可。在目前信托财产多样化的情况下,受托人的投资管理职能越来越重要。

3. 受托人的分配职能

信托为受益人的利益而设立,因此向受益人分配信托利益是受托人最重要的职能。一般规则是:受托人必须根据信托条款的规定,将信托财产收益或者原物分配给受益人。而信托条款是信托人意愿的客观意思表示。受托人对信托利益的分配权可以是强制性的,也可以是任意性的。如果信托授予受托人自由裁量权,受托人必须谨慎行使这种裁量权,善意且根据受益人的情况以及信托条款行事。我国目前存在的信托都是强制性分配信托,一般不会授予受托人针对信托利益分配的自由裁量权,国外家族信托中盛行的任意性分配信托目前在我国即便有,也是凤毛麟角。然而将来家族信托发展起来,这种自由裁量分配权一定会出现。

在英美国家和地区的任意性分配信托中,受托人有权决定何时分配,向谁分配,以及向每人分配多少数额等。任意性分配信托非常灵活,可以充分考虑到受益人未来的情况,以及情势变更等因素,非常符合家族信托的需求,可以分为喷型(spray)、洒型(sprinkle)和抚养型(support)等不同的形式。[1] 然而,任意性分配信托并非绝对"任意",即便信托条款授予受托人"绝对的""唯一的"或者"不受控制的"权力,受托人在履行分配职责时也必须基于善意,并依照信托的条款和目的以及受益人的利益,行使其自由裁量权。[2] 另外,任意性分配信托还可能授权受托人对于信托原物与收益的分配作出决定。

任意性分配信托对于受托人的要求颇高,一般只有信托人非常信任的受托人才会被赋予这种任意分配的裁量权。同时,比起只能按照确定的标准进

---

[1] 信托人要求受托人根据自己的自由裁量,定期向部分受益人分配信托收益,是一种喷型信托;如果信托人要求受托人将信托财产的收益累积并入信托原物中,则是一种洒型信托;如果信托人要求受托人"为了受益人的抚养与生活所需"任意分配信托利益,则是一种抚养信托。See Sitkoff & Dukeminier, Wills, Trusts, and Estates (10th Ed.) 612 (Wolters Kluwer Law & Business 2017).

[2] 参见美国《统一信托法》第814(a)条。《信托法第三次重述》第50条评注 c 也有类似的说法。

行分配而言,任意性分配信托更能充分体现受托人的分配职能。

三、受益人

一般而言,英美信托所涉三方关系人中,信托人在信托设立后淡出信托关系;另外两方关系人中,受托人负有为受益人的利益、按照信托条款管理和分配信托财产的义务,而受益人有根据信托条款享有信托利益的权利。因此,有时人们说,受托人只负有义务,受益人只享有权利。

受益人是信托人欲给予信托利益者。在英美法系国家和地区,信托受益人无须作出任何意思表示就当然成为受益人,有权享有信托利益,并且作为衡平法权利人,有权要求法院授予衡平法救济。设立信托,必须有可以确定的信托受益人,原因是信托必须有受托人为其负有信义义务者,并且必须有可以要求受托人负责者。[①] 然而英美信托法并不要求受益人在信托设立时必须确定,而是在信托有效期限内可以确定即可。比如,甲设立信托,将信托财产的收益分配给其子女。设立信托时,即便甲没有子女,这个信托也会被法院认定为有效,只要信托财产的移转等其他条件符合法律要求即可。换言之,在信托成立时,受益人应确定或可得确定,在实务上可以只定义其范围或条件。

受益人包括信托存续期间接受信托利益的受益人和信托终止时接受信托利益的归属权利人,受益人还可以根据利益的来源分为原物受益人和收益受益人,或者根据接受利益的时间分为终身受益人和剩余利益受益人。终身受益人只在生前享受信托利益,死后这部分利益不得作为其遗产被继承或分配,而只能归属于剩余利益受益人。下面分析受益人的确定性、类型、权力与权利,以及与受益权相关的其他几个问题。

(一) 受益人的资格与确定性

由于受益人是获得信托利益却不负任何义务者,法律一般对非公益信托的受益人的资格没有要求,只要确定或能够确定即可。例如,美国《信托法第三次重述》这样阐述:

> 除非信托条款中规定的受益人「在信托设立时」可以确定或者在反

[①] 参见美国《统一信托法》第 402(a)(3)条。

永续规则「所允许」的期限及条件内可以确定,信托不成立,或者已经成立的信托不再继续有效。①

受益人必须可以被充分确定,且必须有能力取得和持有财产的所有权。如果信托文件仅仅规定本信托为"我的家人""我的朋友"或者"我的亲戚"的利益设立,则受益人不确定,信托不成立。如果替换为"我的继承人"或者"我的后代",则为确定。至于受益人取得和持有财产所有权的能力问题,根据美国纽约州的法律,下列个人、实体具备受益人资格:

(1) 自然人,包括但不限于信托人、受托人或者未成年人;

(2) 包括信托人的"后代"或者"继承人"在内的群体,即便有的人在信托设立时尚未出生;

(3) 慈善组织;

(4) 商业组织;以及

(5) 动物。②

也有些国家和地区的信托法对受益人的资格作出明确限制,比如日本《信托法》规定:"依法令不能享有某项财产权者,不能作为受益人享受与该权利相同的利益。"③例如法律禁止未成年人拥有房产,如果根据某信托条款,信托的受益权是拥有房产所有权利益,那么未成年人就没有资格成为该信托的受益人。即便设立了这种信托,也因违反强制性法律而无效。④ 这一规定实质上禁止了脱法性信托。

我国《信托法》没有对受益人的资质作出特别限制,只是规定:"受益人可以是自然人、法人或者依法成立的其他组织。"⑤但是对受益人的确定性提出了要求:

有下列情形之一的,信托无效:

……

———————

① 参见美国《第三次信托法重述》第 44 条。

② 参见美国《纽约州法律汇编:遗产、权力与信托》,纽约州政府 2021 年版第 3 – 1.3 条。

③ 参见日本《信托法》第 10 条。

④ 参见新井诚著:《信托法(第四版)》,刘华译,中国政法大学出版社 2017 年版,第 147—148 页。

⑤ 参见我国《信托法》第 43 条。

（五）受益人或者受益人范围不能确定；

……①

除此之外，各个国家和地区一般都允许信托人和受托人同时是受益人，只要不发生混同即可。② 美国纽约州的信托法规定，信托人可以同时是唯一受托人和唯一拥有现时利益的受益人，只要信托至少还有一个其他受益人，信托就不会因此无效，无论另外一个受益人持有的利益是确定的还是或然的，是现时利益还是未来利益，也无论是由明示条款创设的，还是基于归复给信托人遗产的结果而创设。③ 这主要由于信托人是信托财产的所有人，持有信托财产的所有权，并不排斥他自己以其所有权来获得收益。同时，受托人也可以是受益人，但不得是同一信托的唯一受益人。有学者认为，当受托人是信托的唯一受益人时，会导致一些不正常的信托行为。④ 其实有这种限制的主要原因是，当受托人是唯一受益人时，受托人对受益人负有的信义义务就不再有效，因为受托人不能对自己负有信义义务，没有信义义务就没有信托。从另一个角度看，受托人是唯一的受益人时，根据英美法，法律上的权利和衡平法上的权利合二为一；根据大陆法，财产所有权的各项权能混同由同一人持有，信托的基本架构被打破，不再有存在的必要，信托终止。

因此，笔者建议对我国《信托法》第 43 条进行如下修订⑤：

受益人是~~在信托中~~享有信托受益权的人。受益人可以是自然人、法人或者~~依法成立的其他~~**非法人**组织。

~~委托人~~**信托人**可以是受益人，也可以是同一信托的唯一受益人。

受托人可以是受益人，但不得是同一信托的唯一受益人。

本条修改不大，主要是文字性变动。值得注意的是，对受益人没有行为能力的要求，只要可以确定即可。

---

① 参见我国《信托法》第 11 条。

② 例如我国《信托法》第 43 条。

③ 参见美国《纽约州法律汇编：遗产、权力与信托》，纽约州政府 2021 年版第 7 - 1.1 条。

④ 参见卞耀武："信托关系规范化及其现实意义"，载卞耀武主编：《中华人民共和国信托法释义》，法律出版社 2002 年版，第 34 页。

⑤ 参见本书第三章第二节《中华人民共和国信托法》（修订建议稿）第 53 条。

（二）受益人的类型

英美信托比较灵活，可以为不同类型的受益人设立，因此，既有在同一时间段内利益不同的受益人，也有在不同时间段的连续受益人。

1.收益受益人与原物受益人

由于英美信托法最初始于家族信托，因此，信托人一般希望信托能够长久存续，便于代际传承。为了做到这一点，往往需要保证信托财产的原物能够在最长时间内留在信托内不被动用，而只分配信托财产的收益。因此，家族信托一般在信托原物被动用之时终止。在此之前，信托财产原物的收益可以用来分配给各类受益人，或供他们生活所需，或为了满足他们的特殊需求而进行分配。这类受益人就是收益受益人，他们只针对信托财产的收益享有受益权，针对信托财产的原物没有任何权利。而信托原物的受益人则有权动用信托原物。这样，不同的受益人从信托中获取的利益不同。

区分收益受益人与原物受益人的好处是，可以保证信托财产原物长久保留在信托内而不被动用，以便达到代际传承的目的，让信托财产惠及更多的受益人，另外，也能保证对信托财产进行有效管理和运用，不会为了短期目的而挥霍或滥用。目前吸收英美信托制度的几个亚洲大陆法系国家和地区，包括我国，都未在本国的信托法中对于信托的收益受益人与原物受益人加以区分。我国目前只有短期自益性信托，信托人即是受益人，将取得所有的信托财产，包括原物与收益，因此，还没有出现对原物与收益进行区分的需求。但是可以预见，如果想发展家族信托，信托的模式必定从自益性信托向他益性信托转化，原物与收益区分的重要性也将被逐渐认识到。

2.终身受益人与剩余利益受益人

收益受益人与原物受益人的区分根据主要是信托利益的来源，而终身受益人与剩余利益受益人的区分根据则主要是受益人受益的期限。根据传统英美家族信托，基于代际传承的需要，信托人一般希望信托财产原物及其收益能够惠及更多的家人和子孙后代，同时，也为了避免承受本国的税法对于遗产继承所规定的各种税收负担，他们会设计一些隔代传承的信托，从而减少因财产转移或继承而发生的税负。为了达到这一目的，部分受益人只能成为终身受益人，亦即，这些受益人只有在生存期间才有权享受信托利益，一旦死亡，则对信托利益失去所有的权利，信托利益不作为其遗产进行分配，而是归于在后顺位受益人享有。在后顺位受益人可能是终身受益人,也可能是剩余利益的受益人,后者就是最终取得所有信托财产的利益者,并且也是最终为其所得承担税负义务者。这种信托也可以叫作受益人连续信托。

将受益人区分为终身受益人与剩余利益受益人,在效果上切断了继承法中的法定继承链,又弥补了普通遗嘱不能达到附条件继承的缺陷,其在家族信托架构中的作用无可比拟。然而我国信托法目前并未考虑到终身受益人与剩余利益受益人的区分,同样也是因为目前我国的信托主要是短期自益性的商事信托,人们尚未意识到有这种需求。然而,日本已经通过法律允许这种信托的存在,并将其称为"后继遗赠型信托"。① 根据日本民法的通说,大陆法不承认附有存续期间的所有权,而受益人连续信托却以个人意思变更了继承顺序,并且长时间指定连续受益人,可能存在违反公共秩序等问题。但是由于受益人连续信托显然可以满足不同辈分的家庭成员的不同需求,因此最终被日本法律所承认。② 不过日本信托法规定了后继遗赠型信托的期限为 30 年。③

3. 法条增补建议

根据上述分析,建议在我国《信托法》中增加下述条文④:

> 信托受益权是受益人依据信托条款取得信托利益的权利。信托利益包括受益人针对信托财产享有的现时利益,也包括受益人针对信托财产在未来才能享有的利益。
>
> 受益人享有的信托受益权在受益人死亡时终止的,为终身受益权;受益人享有的信托受益权在受益人死亡时持续的,为剩余利益受益权。
>
> 受益人所取得的信托利益是信托财产原物利益的,受益人享有的信托受益权为信托财产原物受益权;受益人所取得的信托利益来自信托财产原物的收益利益的,受益人享有的信托受益权为信托财产收益受益权。

建议新增此条,对受益权进行界定和分类,同时也是对受益人的分类。我

---

① 参见日本《信托法》第 91 条(这种信托被定义为"订定于受益人死亡,该受益人之收益权消灭而由其他人重新取得收益权之信托")。

② 参见新井诚著:《信托法(第四版)》,刘华译,中国政法大学出版社 2017 年版,第 185—186 页。

③ 参见日本《信托法》第 91 条。

④ 参见本书第三章第二节《中华人民共和国信托法》(修订建议稿)第 54 条。

国法律目前之所以未对受益权进行这样的分类,主要是因为一直以来我国信托主要表现为短期自益性信托。而如今我国高净值人士不断增加,家族信托日益发展,为了满足代际传承的需要,应对终身受益权和剩余利益受益权、收益受益权和原物受益权进行区分。

(三) 受益人的权力、权利与义务

1. *受益人的权力与权利*

受益人最重要的权力是对受托人的监督权,因为信托最重要的特征就是受托人对受益人负有信义义务,没有信义义务的法律关系不是信托关系。然而,受益人不能随意解任受托人,除非有法律规定的原因,或者信托条款授权受益人解任受托人,或者信托授予其可以通过一致同意终止或变更信托的权力。[①]

除此之外,受益人还可能有指定权和变更权。其中指定权又叫指定分配权,是指信托条款授予终身受益人通过遗嘱指定后继受益人或者决定后继受益人的信托利益分配比例的权力。变更权是指信托条款授予受益人变更信托管理与分配条款的权力。受益人的这些权力不可继承。例如,当拥有指定权的受益人未指定受益人而死亡,信托则以目的未达成而终止。日本信托法对此有类似的规定。[②] 然而在大陆法系国家和地区,一般只提受益人的权利而不提受益人的权力。

英美法将受益人的权利界定为衡平法上的权利,其权利形态多种多样,其最基本的权利是取得信托利益。在存在多个受益人的情况下,每个受益人的权利可能都不一样。传统的英美信托通常会创设连续的受益权,信托收益通常先支付给在先顺位的受益人,在先顺位的受益人死亡后,或者条件成就时,信托收益支付给在后顺位的受益人,最后,受托人将信托原物分配给原物受益人,信托终止。这在英美财产法上,创设了信托收益的现时利益,以及一种或多种衡平法上的未来权益。[③] 受益人也因此包括信托收益的受益人和信托原物的受益人或者信托剩余利益的受益人。

然而,信托受益人并非信托文件的一方当事人,并且信托,尤其是民事信

---

① 参见美国《信托法第三次重述》第 37 条评注 b。

② 参见日本《信托法》第 89 条。

③ See Sitkoff & Dukeminier, WILLS, TRUSTS, AND ESTATES (10TH ED.) 396 (Wolters Kluwer Law & Business 2017).

托,其存在有时并不为受益人所知。原因是英美生前信托作为一种遗嘱替代形式,经常用来规避冗长的遗产检验程序(probate),保证死者的遗产不公布于众,从而保护当事人的隐私权。因此,信托不需要登记。然而,信托的存在及其内容是否需要向信托受益人披露则有争议。一般而言,受益人有权获知信托的存在及其具体内容。①

对于现代的商事信托,保护隐私权的传统有时需要打破。如前所述,假如商事信托涉及其他法律,比如涉及证券的发行与交易,或者涉及投资公司行为,或者涉及公众投资人,那么,信托在受信托法规范的同时,还要受金融法、证券法的规范,该登记的登记,该申请的申请,甚至还应允许公众受益人以受益人大会的形式主张自己的权利。严格说来,这些不是信托法的内容,而只是信托可能需要遵守的其他法律内容。有些国家和地区已经将公司法的一些规则植入信托法中。比如日本信托法允许受益人召开受益人大会,以多数投票决定重大事项,因而将受益人等同于公司董事。②

根据美国信托法,在以下情况下受益人有权针对第三人提起与信托相关的诉讼:(1)相关信托财产是受益人占有或者有权立即从中取得分配的信托财产;或者(2)受托人能力缺失、找不到、不合适或者不恰当地疏于保护受益人的利益。③

综上,受益人除有权享有信托利益外,还对其信托利益有知情权,对信托事务有监督权以及附随的其他权利。对于受益人权利的属性,我国信托法采取了回避的态度,并且没有区分权利与权力,只规定信托人所享有的权利,受益人也可以享有,换言之,受益人也享有知情权,有权要求调整信托财产的管理方法,有权申请撤销对信托财产的处分行为,有权依法解任受托人或者申请人民法院解任受托人。④ 当受益人行使这些权利与信托人意见不一致时,解决的办法是"可以"申请人民法院作出"裁定"。⑤ 这意味着还可以有其他解决纠纷的途径。这种规定无形导致信托人与受益人之间关系紧张。

---

① See McNeil v. McNeil, 798 A.2d 503 (Delaware 2002).

② 参见日本《信托法》第106条。

③ 参见美国《信托法第三次重述》第107条。

④ 参见我国《信托法》第49条。

⑤ 同上。

基于此,建议对《信托法》第 49 条作如下修订①:

受益人根据信托条款和本法规定的条件和程序,有权变更受托人、变更信托条款、解除信托。

受益人可以行使本法第~~二十~~XXX 条~~至~~和第~~二十二~~XXX 条规定的~~委托人~~信托人享有的权利。受益人行使上述权利,与~~委托人~~可撤销信托的**信托人意见不一致时,应听从信托人的意见;与不可撤销信托的信托人意见不一致时,有信托保护人的,由信托保护人决定;没有信托保护人的,**可以申请法院~~作出裁定~~裁判。

~~受托人有本法第二十二条第一款所列行为,共同受益人之一申请法院撤销该处分行为的,法院所作出的撤销裁定,对全体共同受益人有效。~~

受益人最重要的权力是对受托人的监督权,因为信托最重要的特征就是受托人对受益人负有信义义务,没有信义义务的法律关系不是信托关系。但是对于变更受托人、变更信托条款和解除信托等重大事项,只有在信托条款、法律中有规定时方能依据规定的条件和程序行使,否则受益人将控制信托,受托人失去管理信托的权力,信托的基本架构会遭到破坏。另外,受益人享有对受托人不利行为的制止权和撤销权等与信托人一样的监督权、知情权,但要受到限制。在可撤销信托中,倘若受益人在行使监督权时与可撤销信托的信托人的意见不一致,则信托人的意见优先;在不可撤销信托中,信托保护人的意见优先,没有信托保护人的则应申请法院裁判。

2. 受益人的义务

信托的本旨是为受益人的利益而设立,英美信托法通说认为,受益人没有义务,在信托关系中是纯获利益的一方。至于信托的支出与受托人的报酬应根据信托条款的规定,一般从信托财产中予以报销或支付,如果信托财产低于一定数额,无法偿付信托的正常债务或者支付受托人的报酬,信托应依法终止,因此一般不会对受益人施加义务,除非信托条款中有明确规定。然而大陆法系国家和地区有学者认为受益人负有补偿义务和支付报酬的义务。补偿义务是指受托人在处理信托事务的过程中所需要的费用,或者在处理信托事务

---

① 参见本书第三章第二节《中华人民共和国信托法》(修订建议稿)第 57 条。

时,非因受托人自己的过失所受到的损失,受益人负有补偿或者提供相关担保的义务。① 韩国信托法也有类似的规定。支付报酬的义务是指,受托人接受信托,为受益人的利益管理信托财产或处理信托事务,享有从受益人处取得报酬的权利,受益人负有给付报酬的义务。②

在要求受益人承担上述两种义务的大陆法系国家和地区,如果受益人放弃受益权,法律一般不再要求其承担前述补偿义务和支付报酬义务。同样,在受益权为共同受益人享有的情况下,补偿义务和支付报酬义务成为按份义务,每个受益人对这两项义务所应承担的份额原则上应与其对受益权所拥有的份额一样。我国《信托法》第三节只规定了受益人的权利,对受益人应当承担的义务却未明确规定,只在第 37 条规定了受托人对信托财产获得优先受偿权,并在第 57 条规定,受托人依法行使请求给付报酬、从信托财产中获得补偿的权利时,可以留置信托财产或对信托财产的权利归属人提出请求。由于信托财产或其收益最终要归属于受益人,也可以理解为,在这两种情况下的义务主体应为受益人。③

3. 受益人的责任

通常,受益人对于受托人在管理信托过程中产生的对第三人的义务不承担个人责任,除非:(1)信托向受益人发放了贷款或者事先垫付款;(2)受益人向信托人负有的债务被作为信托财产,除非信托人明确表达了相反的意愿;(3)因受益人参与的违背信托的行为而导致信托遭受损失;或者(4)因其他法律,诸如合同法、侵权法或者不当得利法的规定,受益人应承担责任。如果受益人个人对信托承担责任,其责任是信托财产的一部分,因此可以被第三人追及。例如,当受益人基于不当得利对信托负有责任时,第三人有权从信托财产中得到偿付,因为受益人负有责任,因此第三人有权向受益人请求支付。④

(四)受益权相关问题

1. 受益权的性质

信托受益权在英美法制度下是一种衡平利益,受衡平法保护。根据英国

① 例如,日本《信托法》第 36 和 38 条。
② 例如,日本《信托法》第 37 条和韩国《信托法》第 47 条有相关规定。
③ 参见徐孟洲主编:《信托法》,法律出版社 2006 年版,第 130 页。
④ 参见美国《信托法第三次重述》第 104 条。

信托法,如果受托人不当处置了信托财产,无论其财产形态如何变化,只要可以追踪到信托财产,那么受益人即可对其行使对物权(right in rem),以留置权或推定信托的方式行使,除非受让人是善意第三人。[1] 在没有普通法与衡平法之分的大陆法系国家和地区,通过制定法创设的信托制度承认信托财产的独立性,但是也赋予受益人撤销权。以我国信托法为例,受益权的内容包括信托利益的享有权,对信托事务的监督权,以及附随受益权的其他权利,比如受托人辞任的同意权、新受托人的选任权、对信托事务处理报告的认可权,以及特定情形下的信托解除权等。[2] 然而如何给这种权利定性成为难题。

有些学者认为,受益权是债权,但又不同于民法体系中的债权。比如日本的新井诚教授同意受益权之债权说,同时认为这里的债权并不完全等同于民法中的债权,而是一种"特殊的债权",既包含债权性要素,又包含物权性要素。一方面,受益人具有对受托人的行为请求权,另一方面,受益权具有追及力,可以对抗第三方,显示出其具有对世效力的物权色彩。[3] 因此,他们认为,受益权是信托受益人针对受托人的债权,同时也是针对信托财产的一种物权。

我国台湾地区的部分信托法学者基本赞同这种观点,认为受益权是物权和债权的有机结合。他们认为,从信托财产的转移或处分来看,信托具有物权的效力;从其管理义务的发生来看,信托具有债权的效力。[4] 然而,根据我国台湾地区的所谓"信托法",当受托人违反信托本旨处分信托财产时,受益人有权申请法院撤销受托人之处分;同时,信托成立后,受益人不仅对受托人享有债权性质之给付请求权,还享有物权追及性质之撤销权;[5]信托财产在名义上虽然属于受托人所有,但事实上仍与受托人的固有财产及受托人管理的其他信托财产相独立,受托人应将其固有财产及其他信托财产分别管理,因此信托财产具有与物权性质相同之特定性与独立性。可以看出,即便持债权说的学者也承认受益权的性质不能完全归类于债权,其中含有物权性质。正因为这一特质,英美信托法对受益权的保护超越了大陆法系民法中债权

---

[1] See Foskett v. McKeown［2001］1 AC 102 at 127.

[2] 参见徐孟洲主编:《信托法》,法律出版社2006年版,第127—129页。

[3] 参见新井诚著:《信托法(第四版)》,刘华译,中国政法大学出版社2017年版,第54—55页。

[4] 参见王志诚:《信托法》(第四版),台湾五南图书出版股份有限公司2015年版,第46页。

[5] 参见我国台湾地区所谓的"信托法"第18条。

的保护功能。

另一种观点是,受益权是一种类似于以信托财产为担保的法定留置权或准物权,类似于海商法的船舶优先权,可以行使物权的追及权及撤销权。这种行为一经登记公告,足以保护第三人。① 有学者认为,受益权与股份有限公司里的股东权相类似,是由自益权和共益权构成的,是一种复合性或总括性权利,其中自益权指受益人从信托财产获得经济利益的权利,具有债权特征,而共益权是为了保护自益权的一种补充性权利,是信托所独有的对受托人进行监督的权限,很难根据民法理论为其定性。② 还有学者认为,在讨论受益权的性质时,应当区分他益信托与自益信托。他益信托中的受益人为信托人之外的其他人,其受益权应定性为物权;而自益信托的受益人是信托人本人,受托人不过是实现信托人指示的代理人,此时的法律关系非常类似于委托代理,因为信托纯属信托人个人的财产管理机构,信托财产实质上并不独立,因此应持债权说。③ 笔者认为这种观点有其可取之处。

日本信托法事实上承认受益人可以针对信托财产行使物权,规定初始信托财产及其孳息,无论是合法取得还是非法所得,均属于信托财产,不得与受托人的固有财产混同。如果信托财产被不当转移给第三人,只要第三人明知或有重大过失,受益人就可以撤销该不当处分。我国信托法也有类似的规定,如果受托人经营信托财产得到了收益,无论是合法经营所得还是非法经营所得,收益均作为信托财产的一部分。④

我国法律显然不承认受益权为物权。根据《民法典》物权编,物权的种类和内容需由法律规定,⑤而信托受益权并非物权的一种,因此,学界通常将其视为债权。然而,也有学者持相反态度。比如王涌教授认为,受益权由《信托法》规定,因此也是"法定",并没有突破物权法定主义。⑥ 信托法又规定了很多受益人可以直接针对信托财产行使的权力,同时信托财产不受受托人或信

① 参见王志诚:《信托法》(第四版),台湾五南图书出版股份有限公司 2015 年版,,第 173—174 页。

② 参见新井诚著:《信托法(第四版)》,刘华译,中国政法大学出版社 2017 年版,第 55 页。

③ 例如,参见王志诚:《信托法》(第四版),台湾五南图书出版股份有限公司 2015 年版,第 47—48 页。

④ 参见我国《信托法》第 14、26 条。

⑤ 参见我国《民法典》第 116 条。

⑥ 参见王涌:"论信托法与物权法的关系——信托法在民法体系中的问题",《北京大学学报(哲学社会科学版)》2008 年第 6 期。

托人的个人债权人的追索①,从而能达到破产隔离的目的,无形中受益人享有优先于其他债权人的权利。另外,如果信托财产被不当处置给第三人,除非第三人是善意第三人,否则受益人有权撤销信托人与第三人之间的交易,并要求第三人归还信托财产或赔偿。② 这些权利基本上与我国《民法典》中规定的物权相类似。除此,虽然受益权并非物权,然而却类似于民法体系中存在的少数几种物权化的债权,如《民法典》物权编规定的取得预告登记的不动产的权利③、合同编允许的针对债务人不当处置财产而赋予债权人的交易撤销权④等。因此我国学者也认为,受益权不仅具有物权性质,而且具有债权性质,还具有区别于物权和债权的其他权利的特点,是一种特殊的权利。由于受益权具有物权的性质,根据物权优于债权的传统民法理论,在受托人侵犯受益人的信托财产,将其归入受托人的固有财产进行运用,最终无力清偿其全部债务时,受益人的权利优先于其他债权人。⑤

鉴于此,有学者建议,我国信托法应当确定一种新型的信托财产权,由受托人占有、使用和处分信托财产,而收益权则归属于受益人。⑥ 其他大陆法系学者所见略同。比如,日本学者新井诚教授认为,鉴于受益权是作为民法特别法的信托法首创规定的一种具有特殊性质的权利,而"信托制度乃英美的固有法治,不应忽视英美法信托的特质,因此无法单纯从形式逻辑的角度将其归类于民法中的物权或债权"。"如果将信托法中的各项规定都消解为民法的各项规定或各个概念,就失去了作为独立的单行法而制定信托法的意义"。⑦ 我国台湾地区的学者也认为,没有必要区分受益权的属性,因为信托法中已经有很多明确保护受益权的规定,甚至赋予受益人享有物权救济的手段,因此无须再从物权债权的分类中去探索其效力。⑧

而根据本书第一章第二节第一部分中得出的结论,受益人持有的受益权

---

① 参见我国《信托法》第15—17条。

② 参见我国《信托法》第22条。

③ 参见我国《民法典》第221条。

④ 参见我国《民法典》第538条。

⑤ 参见徐孟洲主编:《信托法》,法律出版社2006年版,第133页。

⑥ 同上书,第147页。

⑦ 参见新井诚著:《信托法(第四版)》,刘华译,中国政法大学出版社2017年版,第55页。

⑧ 参见王志诚:《信托法》(第四版),台湾五南图书出版股份有限公司2015年版,第175页。

其实是对信托财产的收益权,是以总有方式与受托人共同持有的一种财产所有权,是一种物权。

2. 受益权的转让与继承

英美信托法承认信托人有通过信托自由处分财产的权利。信托的受益人是否有权自由处分自己的受益权,则涉及受益权的转让问题。受益权的转让包括被动转让与主动转让。

用信托受益权偿付债务可以视为对信托受益权的被动转让。英美信托法规定,受益人的债权人可以在债权范围内取得受益人的受益权,但仅能从受益人所确定能取得的(vested)受益权中受偿。这里有三层含义:第一,受益人的债权人一般对尚未分配给受益人的信托财产没有任何权利。第二,当受益人对部分或全部信托财产享有既定受益权时,其债权人有权从这部分既定受益权中得到偿付。第三,如果受托人拥有裁量权,则受益人的受益权并非"既定"受益权,此时在受托人没有决定对受益人分配信托利益之前,受益人的债权人针对该受益权没有任何权利,受益人的受益权无法用来偿债。

除此,英美信托法还承认禁止挥霍信托或保护信托,规定,一旦受益人的债权人有权对受益人的财产主张权利,则信托立即转为自由裁量信托,受托人有权决定不分配信托利益,因而受益人的受益权就非为"既定",因此,受益人的债权人无权针对这部分受益权主张任何权利。尽管受益人的债权人可以扣押该受益人可能得到的未来的信托利益分配,然而债权人不能强迫受托人对受益人分配信托利益。美国法走得更远,规定,如果信托是禁止挥霍信托,那么即便受益人有权得到强制性分配,其债权人也不能扣押受益人的任何未分配利益。目前美国所有的州都承认禁止挥霍信托,只是在一些例外规则上尚未达成一致意见。比如,某些债权人,诸如配偶、子女或侵权责任中的受害人,是否应适用例外规则,州与州之间的法律可能有所不同。晚近一些国家和地区开始颁布新的法律,允许信托人为保护自己的利益而设立财产保护性自益信托,信托人对其拥有受益权。对于这些信托,信托人的债权人是否有权针对该信托进行追索,目前尚无定论,各州有各州的做法。① 美国纽约州的法律规定,如果信

① See Sitkoff & Dukeminier, WILLS, TRUSTS, AND ESTATES (10TH ED.) 695 (Wolters Kluwer Law & Business 2017).

托条款规定,信托人或者其配偶一旦生病需要住院、护理或者准备申请政府医疗救助计划则信托分配暂停或者终止的,该信托因违背公共政策而无效。①

对于英国法中的保护信托或者美国法中的禁止挥霍信托,其他国家和地区的态度不一。例如,我国信托法规定,受益人不能清偿到期债务的,其信托受益权可以用于清偿债务,但法律、行政法规以及信托条款有限制性规定的除外。② 这一规定与英美信托法的规定有同有异。我国法律规定的一般原则是受益人的债权人可以针对信托受益权主张权利,除非信托条款有限制,无形中默示承认禁止挥霍信托;然而,就债权人对信托受益权所拥有的权利是否有限制,则语焉不详。未来信托法应对此加以明确。

信托受益权的主动转让,包括受益权让与、以受益权设立信托,以及在受益权上设定担保权益等情形。根据英美信托法,除非法律或信托条款另有限制,受益人可以主动转让其信托受益权。日本信托法也基本上秉承了这一原则,规定受益权原则上可以转让,除非根据其性质不允许转让。信托人可以在信托条款中规定受益权禁止转让,然而该规定不可对抗善意第三人。③ 我国台湾地区也允许信托受益权的转让,然而,如果依受益权的性质不能转让、因当事人约定不得转让,或法律禁止对其扣押时,受益权不得转让。例如,信托规定必须具备某特定身份条件者才能成为受益人时,受益人所享有的受益权就是依受益权的性质而不得转让的情况。这些依其性质不得转让的受益权,一般解释为一身专属的权利,但其范围为何尚有疑问。如果信托明确表明是专为受益人的教育、抚养或类似目的而成立,则信托的受益权应不得让与第三人。又如,信托当事人明确表示非受益人本人不得享有信托利益时,受益人所享有的受益权就是依当事人的约定不得转让的情况。若受益人的受益权是维持受益人及其家属生活所必需时,也不得转让。④ 我国信托法规定,受益人的信托受益权可以依法转让,除非信托条款有限制性规定。⑤ 相比其他国家和地区的信托法而言,我国信托法的规定相对简单,没有细分具体情形。

① 参见美国《纽约州法律汇编:遗产、权力与信托》,纽约州政府2021年版第7-3.1条。
② 参见我国《信托法》第47条。
③ 参见日本《信托法》第93条。
④ 参见王志诚:《信托法》(第四版),台湾五南图书出版股份有限公司2015年版,第188页。
⑤ 参见我国《信托法》第48条。

受益权既然是财产权,在受益人死亡后,就可能发生受益权的继承问题。然而英美法系的家族信托多为受益人连续信托,有不同类型或层次的受益人,包括终身受益人、后继收益受益人和剩余利益(原物)受益人。如果信托规定在受益人甲生存期间,信托受益权由甲享有,在其死后,由后继受益人乙享有。在这种情况下,甲死后,其受益权终止,不能作为甲的遗产。再如,信托条款可能禁止受益人转让其受益权,或者当受托人对于信托的分配有自由裁量权——比如信托是禁止挥霍信托时,受益人死亡后,其受益权也不能作为其遗产被其继承人继承。简言之,如果信托不是受益人连续信托,没有后继受益人,就可能发生受益权的继承问题。然而,如果信托是受益人连续信托,那么,只要死亡的不是最终的剩余利益受益人,就不会发生受益权的继承,因为受益人连续信托事实上切断了受益权的继承链。

我国台湾地区的规定与英美法大同小异。在受益人死亡后,他所享有的信托利益中未受领部分原则上可以由其继承人继承,除非信托条款另有规定或者根据其性质不得继承。但是,在受益人连续信托的情况下,第一顺位受益人死亡时,其利益并非其遗产,不得继承。① 我国目前实践中并未出现受益人连续信托。我国信托法规定,受益人的信托受益权可以依法继承,但信托文件有限制性规定的除外。② 有关连续受益人的设定或许能够算作是信托文件的限制性规定。

我国信托法认为受益权可以继承,并对受益权的继承作了比较多的规定。例如,当信托人是共同受益人时,信托人死亡或者因其他有可能使信托终止的法定事由出现时,已设立的信托仍然存续,信托财产不能作为信托人的遗产或者清算财产。③ 这无疑是正确的。法律继续规定,在这种情况下,其信托受益权作为其遗产或者清算财产。④ 这里存在几个问题。首先,这个规则不应放在信托人的项下讨论,而是应在受益人项下讨论。其次,受益权是否可以作为遗产或者清算财产不能一概而论,要看信托条款的规定。可以预见,我国的家族信托会逐渐出现多层次的受益人,而部分受益人的受益权不应作

---

① 参见王志诚:《信托法》(第四版),台湾五南图书出版股份有限公司 2015 年版,第 193 页。
② 参见我国《信托法》第 48 条。
③ 参见我国《信托法》第 52、15 条。
④ 参见我国《信托法》第 15 条。

为遗产。

关于受益权的转让、继承以及用于清偿债务问题,建议对《信托法》相关条款进行修订或增加相应条文。具体而言,有关受益权用于清偿受益人债务问题,建议对《信托法》第47条作如下修订①:

受益人不能清偿到期债务的,其信托受益权可以用于清偿债务,但法律、行政法规以及信托~~文件~~**条款**有限制性规定的除外。

受益人根据信托条款享受全部信托利益时,在只能用信托财产才能偿清受益人的债务且债务偿清后,信托财产不足以实现信托目的,或者基于其他必须的原因,法院可以根据受益人或者利害关系人的请求,解除信托。

本条第一款变动不大,主要增加了第二款,规定了通过解除信托实现以信托受益权清偿债务的方式,有利于高效解决信托的存续问题,也有利于受益人的债务的清偿。需要注意的是,增加的第二款只适用于受益人根据信托条款享受全部信托利益的情况。另外,如果只能用信托财产才能偿清受益人的债务,且债务偿清后剩余信托财产不足以实现信托目的,或基于其他必须的原因,法院可以根据受益人或者利害关系人的请求,解除信托。例如,信托人为了受益人接受高等教育而设立信托,由该受益人享有全部信托利益(包括剩余利益)。如果该受益人突患重病,在医院花费大量医药费后治疗失败身亡,且受益权是受益人剩下的唯一财产。此时受益人显然没有再受高等教育的可能,医院可向法院申请解除信托,用受益人享有的信托利益来清偿所欠医药费债务。

关于受益权的转让与继承,建议对《信托法》第48条作如下修订②:

受益人的信托受益权可以依法转让~~和继承~~,但信托~~文件~~**条款**有限制性规定的除外。

剩余信托利益受益权可以依法继承,但信托条款有限制性规定的除外。终身受益权不可继承。

受益人的信托受益权依法转让和继承的,应当适用《中华人民共和国民法典》的相关规定。

---

① 参见本书第三章第二节《中华人民共和国信托法》(修订建议稿)第61条。
② 参见本书第三章第二节《中华人民共和国信托法》(修订建议稿)第62条。

信托条款规定对信托的有效性提出异议的受益人丧失受益权的,该条款在符合本法规定的情况下有效。

本条允许的信托条款的限制性规定不得违背公序良俗。

对这一条的修订幅度较大。受益权的转让和继承是两个不同的问题,需要分别规范。受益权可以依法转让,但信托条款有限制性规定的除外。如禁止挥霍信托系为了防止受益人肆意挥霍财产而设立,由此限制受益人处分信托财产的权利,保障受益人的正常生活。倘若受益人仍可以随意转让受益权,则实际上无法达到限制受益人财产处分权的目的。至于受益权的继承,对于剩余信托利益受益权,在受益人死亡后受益权仍然存续,故可以继承。而对于终身受益权,受益人死亡后不再享有受益权,也就不存在受益权的继承。受益权的转让和继承实质上是财产(权)的转让和继承,故仍应遵守《民法典》的相关规定。

另外,还建议在本条中增加有关受益权丧失的情形。在符合信托法规定的情况下,信托条款规定的对信托的有效性提出异议的受益人丧失受益权的条款有效。对信托的有效性提出异议的受益人显然违背了信托人意愿,进而违反信托目的,故信托人可规定剥夺提出异议的受益人的受益权。但如果信托人的规定违背了信托法的规定,如信托人禁止受益人针对受托人是唯一受益人这一事项提出异议,则该条款无效。

当然,信托条款的限制性规定不得违背公序良俗。如信托条款不得禁止由受益人有扶养义务的人受让和继承受益权等。

3. 受益权的放弃

信托的受益人理论上可以放弃其受益权,然而放弃受益权就意味着他不再是受益人。如果信托的所有受益人全部放弃了受益权,可能会导致信托因没有受益人而终止。放弃受益权还会导致其他一些法律问题,比如,受益人应该全部放弃还是可以部分放弃受益权、是可以放弃未来的受益权还是也必须将之前所得到的信托利益全额返还? 如果信托的管理费用不足,受托人是否可以向放弃了受益权的受益人主张补偿? 此外,当受益人的其他责任财产不足以清偿其所负债务时,受益人是否可以放弃受益权? 受益人的债权人是否有权撤销其放弃受益权的决定? 放弃了的受益权该如何分配?

日本信托法允许受益人放弃受益权,放弃受益权的,应视为自始未取得受益权。① 因此,放弃受益权者必须返还已经取得的信托利益,然而不得损害第三方利益。比如,在放弃受益权之前,该受益人已经参与了关于信托变更等的意思决定,假如该受益人根据上述规定自始就不是受益人,则其意思决定的效力以及内容都会受到影响,从而也会影响到其他受益人的权利和利益。②

我国信托法也允许受益人放弃信托受益权。如果全体受益人放弃信托受益权,则信托终止。如果部分受益人放弃信托受益权,其他受益人仍然存在,则此时信托仍然存续,被放弃的信托受益权如何分配,首先要看信托文件如何规定。如果信托文件没有规定,则放弃的受益权归属于其他受益人。如果没有其他受益人,则归属于信托人或者其继承人,信托终止。③ 被放弃了的信托受益权如何分配应根据信托文件的规定;如果信托文件没有规定,同时信托还有其他受益人,则被放弃的受益权应当如何分配,还应看信托人的意愿。目前的规定不尽合理。受益人放弃受益权的情况如果发生在信托人死亡之后,则信托人的意愿很难证明,只能尽量推测。如果不能证明信托人的意愿是将所有的信托利益都赋予所有的受益人,那么,被放弃的受益权宜归属于信托人的继承人。当然,很多时候信托人的继承人也是信托的受益人。

我国信托法虽然提到了如何分配被放弃的受益权,然而对于其他相关问题没有规定。至于受益人放弃受益权对其债权人的影响问题,有学者认为,在这种情况下应允许受益人的债权人行使撤销权,以保全自己的债权。④ 这种观点值得采纳。

关于受益权的放弃,建议对《信托法》第 46 条作如下修改和补充⑤:

受益人可以通过书面形式放弃全部或部分信托受益权,但不得损害第三人的合法权益。信托条款另有规定的,依照其规定。

放弃信托受益权的决定不可撤销。

受益人放弃受益权的,不影响在放弃受益权之前根据信托条款应取得的信托利益以及应承担的税收等相应的附随义务与责任。

---

① 参见日本《信托法》第 99 条。

② 参见新井诚著:《信托法(第四版)》,刘华译,中国政法大学出版社 2017 年版,第 190—191 页。

③ 参见我国《信托法》第 46 条。

④ 参见徐孟洲主编:《信托法》,法律出版社 2006 年版,第 121 页。

⑤ 参见本书第三章第二节《中华人民共和国信托法》(修订建议稿)第 60 条。

部分受益人放弃信托受益权的,被放弃的信托受益权应根据信托条款的规定进行分配。信托条款没有规定的,被放弃的受益权为信托的收益受益权或者终身受益权且信托有原物受益人或者剩余利益受益人的,应由信托持有,最终按照信托条款的规定分配给原物受益人或者剩余利益受益人;被放弃的受益权为信托的原物受益权或者剩余利益受益权的,应由其他原物受益人或者剩余利益受益人按照其受益权比例享有。信托没有原物受益人或者剩余利益受益人的,被放弃的受益权应归复于信托人或者其继承人。商事信托被放弃的受益权应按照该受益人死亡或解散时其受益权的归属确定其归属。

全体受益人放弃信托受益权的,信托终止。

~~部分受益人放弃信托受益权的,~~

~~被放弃的信托受益权按下列顺序确定归属:~~

~~(一)信托文件规定的人;~~

~~(二)其他受益人;~~

~~(二)信托人或者其继承人。~~

修订理由如下:

第一,受益人可以放弃受益权,但不得损害第三人的合法权益。例如,在受益权为第三人设立了担保的情形,受益人放弃受益权即构成对第三人的损害。[1] 应允许受益人的债权人行使撤销权,以保全自己的债权。[2] 信托条款另有规定的从其规定。

第二,放弃受益权的决定具有终局性,应慎重考虑。一方面,放弃受益权的决定应以书面形式作出,以防止放弃受益权的行为过于草率。但信托条款另有规定的从其规定。另一方面,受益权一经放弃不得撤销。受益权的放弃不具有追溯力,并不影响受益人在放弃受益权之前根据信托条款应取得的信托利益以及应承担的税收等相应的附随义务与责任。倘若放弃受益权视为自始未取得受益权,将可能影响其他受益人的权益。这是因为受益权中包括监督的权利,若该放弃受益权的受益人已经参与了关于信托变更等的意思决定,

---

① 赵廉慧:《信托法解释论》,中国法制出版社 2015 年版,第 456 页。

② 徐孟洲主编:《信托法》,法律出版社 2006 年版,第 121 页。

假如该受益人自始就不是受益人,则其意思决定的效力以及内容都会受到影响,从而也会影响到其他受益人的权利和利益。

第三,关于被放弃的受益权的分配方式,原法条的规定过于概括,建议针对受益权的分类作出更为细致的规定。首先根据信托条款的规定进行分配;如无规定,则应根据信托是民事信托还是商事信托区别对待。对于民事信托,如果既有原物受益人又有收益受益人,被放弃的收益受益权由信托持有,最终按照信托条款的规定分配给原物受益人;被放弃的原物受益权则由其他原物受益人按其受益权比例享有。如果信托只有收益受益人没有原物受益人的,被放弃的收益受益权则归复于信托人或者其继承人。终身受益权的情况与收益受益权类似。对于商事信托,通常不存在复杂的受益人分类,只需按照该受托人死亡或解散时该受益权的归属确定其归属。

第四,如果全体受益人放弃受益权,则信托终止。此时信托失去了权利和利益的二分结构,信托基本架构被打破,信托不复存在。

4. 受益权的变更

受益权的变更,其实是本章第一节中有关信托的变更中的一部分内容。我国《信托法》第51条规定,设立信托后,有下列四种情形之一的,信托人可以变更受益人或者处分受益人的信托受益权:受益人对信托人有重大侵权行为;受益人对其他共同受益人有重大侵权行为;经受益人同意;或信托文件规定的其他情形。这种规定的基础是信托人从来、一直对信托财产握有控制权,并且不会死亡。因为目前我国存在的信托多是自益性商事信托,信托在信托人死亡之前就完成分配而终止,因此,法律没有考虑到信托人有可能对信托不保留任何权力或者信托人已经死亡的情况。受益权变更应当取决于信托人对信托保留的权力或权利,当信托人对信托不保留任何权力或权利时,信托人就不能变更受益权。

如前所述,现代美国信托法允许变更受益权,前提是变更受益权不与信托人的实质性目的相违背,且所有不同类型受益人,包括享受未来权益的受益人以及目前尚未出生或尚不存在的受益人在内,达成一致意见。[1] 然而,即便所有受益人一致同意变更受益权,受托人也要通过诉诸法院,请法院作出变更受

① 参见 Claflin v. Claflin 案[149 Mass. 19(1889)]中的规则。

益权的决定,以免日后受托人被诉违背信义义务。另外,如果发生了信托人不曾预料的情势变更,可能会破坏或实质性损害信托的目的,美国法院也会根据衡平法中的"偏离原则"变更信托,包括变更收益权。

相比而言,我国信托法的规定过于简单,没有考虑到信托人已经死亡后,不同类型的受益人之间存在利益冲突的问题,因此,对于"受益人同意"应当有更加明确的要求,是否也应将变更受益权的最终决定权交给法院也是需要考虑的问题。英美法系国家和地区由衡平法院处理涉及信托的纠纷,因此这一类案件衡平法院当仁不让。然而我国没有专门的信托法院或者信托庭,目前涉及商事信托的纠纷一般由金融庭审理,有关民事或家族信托的纠纷是否需要专业法庭进行审理也可以在纠纷增多之前予以考虑。

5. 受益权上之利益

关于在受益权上设置其他利益,比如担保利益或者信托利益,也是比较重要的问题。对于受益权的质押,一般规则与受益权的转让规则相同;关于受益权的抵押,原则上也是可以的,然而,如果本国法律或政策禁止抵押某些财产,而根据信托的目的及受益权的内容,该受益权恰好落入禁止抵押的财产范围,就不能抵押。例如,日本的特殊残障人士抚养信托的受益权、适格退休年金信托的受益权等就不能抵押。[①] 我国信托法对此没有明确规定,建议增补。

首先,建议在《信托法》中增加如下条文[②]:

受益人的信托受益权之上可以设立质权,但其性质不允许设立质权,或者信托条款有限制性规定的除外。

依照前款设立质权的,应符合《中华人民共和国民法典》中有关权利质权的规定,并应依法变更信托登记。

以受益权设立质权的,未经登记,不得对抗已支付合理价款的善意第三人。

既然一般情况下信托受益权可以转让,那就可以设立质权,但对于按照受益权性质不得设立质权或信托条款有限制性规定的除外,如养老基金中的受益权和禁止挥霍信托中的受益权等就不能设立质权。

---

① 参见新井诚著:《信托法(第四版)》,刘华译,中国政法大学出版社 2017 年版,第 290 页。
② 参见本书第三章第二节《中华人民共和国信托法》(修订建议稿)第 63 条。

另外,建议在《信托法》中增加如下条文①:

> 受益人的信托受益权之上可以设立信托,但其性质不允许设立信托,或者信托条款有限制性规定的除外。以信托受益权设立信托的,应符合本法的规定。

受益权中包含财产利益,可以作为信托财产设立信托,但对于按照受益权性质不得设立信托或信托条款有限制性规定的除外。以受益权设立信托的,同样应符合《信托法》的规定,满足信托的成立要件,受益权信托方能成立。

第四节　受托人的义务与责任

为便于受托人管理、分配信托财产,英美法一般赋予受托人广泛的自由裁量交易权,信托人也可以通过信托条款授予受托人自由裁量分配权。同时,为避免受托人滥用其权力从而保障受益人的利益不受侵害,英美信托的受托人被认定为 fiduciary 的一种,必须受 fiduciary duty 的约束。Fiduciary 是广义的受托人,fiduciary duty 是信义义务,信托受托人因此也叫作“信义义务人”,被定义为“符合‘个人代理人’定义,或者由信托人或法院指定为债权人利益受让财产者”。② 这些内容逐渐形成了英美信托法下的信义义务法。信义义务只约束受托人的职能行为,而不是个人行为。③

英美信托法中受托人的信义义务主要包括忠实义务、谨慎义务、公平义务及一般管理义务。④ 简言之,忠实义务(或译为“忠诚义务”)指受托人必须为且仅为受益人的利益管理信托的义务;谨慎义务指受托人需按照善良管理人

---

① 参见本书第三章第二节《中华人民共和国信托法》(修订建议稿)第 64 条。

② 参见美国《纽约州法律汇编:遗产、权力与信托》,纽约州政府 2021 年版第 1 – 2.7 条。

③ See John H. Langbein, Rise of the Management Trust, 143 Tr. & Est. 52 (2004). 文中将信义义务分为谨慎义务与忠实义务两类,认为公平义务是一种派生义务。本书将公平义务单独列为一类义务。

④ 也有学者将信义义务译为“忠慎义务”,认为其主要包括忠实义务与谨慎义务(或善管义务);还有学者认为 fiduciary duty 只包括忠实义务,因为这是一种衡平法赋予的义务,而谨慎义务则是普通法赋予的义务,可以通过侵权法予以救济。

的标准谨慎管理信托的义务;公平义务指受托人对待不同类型的受益人须一视同仁、不偏不倚的义务。除此之外,受托人还负有上述义务派生出来的其他义务,比如保留并披露账目的义务,收取、分离、标记与保护信托财产的义务,主张请求权和抗辩的义务等。另外,可撤销信托的受托人对信托人负有义务,须遵从信托人对撤销权的行使;如果信托条款设置了信托指示人等信托监督人,则受托人有义务听从后者的指示,除非上述权力的行使有悖于信托条款或者其授予的权力,或者受托人知道或有理由知道该权力的行使违背了权力行使人对受益人所负有的信义义务。①

英美信托法高度尊重信托人的意愿,因此,判例法和制定法中有关信托的规则一般都是缺省规则,信托人可以通过信托条款对其进行变更或免除。只有当信托条款中没有规定时,法律规则才适用。有关受托人义务也适用这一原则,信托人可以在信托条款中变更上述义务,然而对义务的变更或者免除有限制。比如信托人可以限制受托人向受益人提供信息的范围,但是不能完全取消受托人向受益人提供信息的义务。事实上,并非所有的受托人义务都可以通过信托条款变更或免除,受托人的某些最低标准的义务对于信托关系至关重要,通常不能免除。美国信托法规定,受托人应遵守信托条款的规定,忠诚、勤勉、谨慎、善意地为且仅为受益人的最大利益处理信托事务的义务不得免除。需要注意的是,义务的免除与责任的豁免不同,义务的免除会影响对受托人的某些行为是否构成违背信托的判断,而责任的豁免则在违背信托的情形发生时排除或者限制受托人的责任。

首先,本书建议在《民法典》中增加受托人的一般义务条款:

第 313 条 【总有的特别规定】

总有关系中的受托人在对共有的不动产或者动产进行占有、使用和处分时,对受益人负有信义义务,并依法接受监督。总有关系中的受益人有权按照信托文件的规定以及《中华人民共和国信托法》的规定,对共有的不动产或者动产享有取得其收益利益和原物利益的权利。

其次,建议在《信托法》第 25 条中引入信义义务的概念②:

---

① 参见美国《信托法第三次重述》第 75 条。
② 参见本书第三章第二节《中华人民共和国信托法》(修订建议稿)第 65 条。

受托人负有信义义务。

信义义务是指受托人**在履行信托职责时,**应当遵守信托文件条款的规定,**根据信托目的,恪尽职守,诚实信用,**为受益人的最大利益处理信托事务。

~~受托人管理信托财产,必须恪尽职守,履行诚实、信用、谨慎、有效管理的义务。~~

信托关系的实质是以财产为中心的信义关系。由于信义关系的存在,受托人负有信义义务。这种特殊的信义义务使得信托关系中的受托人不仅享有对信托财产的"权利",而且拥有决定信托事务的"权力"。就信义义务的内容而言,忠实义务、谨慎义务、公平义务及其他一般管理义务也应在《信托法》中得以体现。

一、受托人的忠实义务

受托人的忠实义务是指受托人有义务为且仅为受益人的利益管理信托,不得因其受托人地位获得利益,也不得使其个人利益与受益人利益相冲突。除在特殊情形下,严格禁止受托人从事自我交易或者利益冲突交易。无论是以受托人身份还是以其个人身份,受托人均有义务与受益人公平交易,并将其知道或者应当知道的与管理、处分事项相关的所有实质性事实披露给受益人。[1]

为履行忠实义务,首先,受托人在履行信托职责时,应当遵守信托条款的规定,为且仅为受益人的最大利益处理信托事务。信托条款是信托人的意思表示,而信托人的意愿并不一定完全且正确无误地表达在信托条款中。在家族信托的情况下,信托在信托人离世后仍然存续,如何确定信托人的意愿必须有客观标准,只有明确表达在信托条款中的那部分意愿才起决定性作用。因此,在起草信托条款时,律师必须将信托人的意愿准确、完整地表达出来,而受托人的义务则是在处理信托事务时遵守信托条款的规定。

其次,受托人处理信托事务必须为受益人的最大利益行事,不能牺牲受益

---

[1] 参见美国《信托法第三次重述》第 78 条;又见 Attorney General for Hong Kong v. Reid〔1994〕1 AC 324;Boardman v. Phipps〔1967〕2 AC 46。

人的利益来满足自己的利益。受托人除可以依法取得报酬外,不得利用信托财产或者利用其受托人地位进行利益冲突交易为自己谋取利益,否则,所得利益归入信托财产。例如,受托人将信托财产卖给自己的妻子,或者将信托财产租给自己的合伙企业,这些行为都违背了忠实义务。① 在上述情况下,受托人的受托人身份与其个人身份之间有利益冲突,如果达成上述交易,受托人就无法为且仅为受益人的最大利益行事。传统英美法对此采取的是"在所不问(no-further-inquiry rule)"规则,即,只要受托人从事的交易涉及其作为受托人身份与其个人利益之间的冲突,受托人就违背了信义义务,即便受托人是善意的,交易是公平的,也都不是抗辩理由。受托人可以提出的有效抗辩理由只有以下几点:(1)信托人在信托条款中授权受托人从事该特定的冲突交易;(2)受益人在充分了解了受托人的利益冲突情况后表示同意;或者(3)受托人事先取得了法院的同意。② 即便受托人的抗辩理由有效,还需要法院检验受托人是否善意行事,以及交易是否公平,否则仍然违背了受托人义务。③

　　然而,随着商事信托的发展,信托法逐步确立了一些例外规则,允许受托人从事某些对受益人有利的利益冲突交易。④ 比如机构受托人可以将信托资金存入其自有部门并将资金投入其自身或关联人运营的共同基金。又如,受托人可以从信托资金中取得合理的报酬——严格意义上讲,这种行为属于自我交易。另外,如果利益冲突是一种结构性冲突,信托并不因此而无效。比如信托人将其持有的某公司股票作为信托财产,任命该公司的某董事作为受托人,则该董事在参与表决时的利益冲突是一种结构性冲突,信托并不因此而无效。或者,信托人任命信托财产的收益受益人为受托人,其与信托原物受益人之间的冲突也不会导致信托无效。但是在适用这些例外规则时,法院会严格审查受托人管理信托的行为。因此,在这些情况下,受托人为了避免被诉的风险,一般会咨询独立的律师或者财务建议,寻求司法命令,或者要求指定诉讼

① See In re Gleeson's Will, 124 N.E.2d 624 (Ill. App. 1955); Hartman v. Hartle, 122 A. 615 (N.J. Ch. 1923).
② 参见美国《信托法第三次重述》第78条评注c(1)—(3)。
③ 参见美国《统一信托法》第105(b)条。
④ 参见美国《统一信托法》第801(f)、(h)条。

受托人来处理与冲突事务相关的事项。①

我国信托法也对受托人的忠实义务作了比较详尽的规定,比如,受托人管理信托财产必须恪尽职守,履行诚实、信用、谨慎、有效管理的义务。② 受托人不得将信托财产转为其固有财产,也不得将其固有财产与信托财产进行交易或者将不同"委托人"的信托财产进行相互交易,除非信托文件另有规定,或者经"委托人"或受益人同意,并以公平的市场价格进行。③ 虽然我国信托法禁止受托人利用信托财产为个人牟利,但对于利用其受托人地位私拿佣金或者滥用因此而获得的信息和商业机会等行为却没有明确禁止,也没有对受托人施加避免利益冲突的义务。这些问题在亚洲其他大陆法系国家和地区的信托法中也同样存在。有学者建议我国信托法应参照《公司法》,列举出具体禁止受托人所从事的行为,以保障受托人能够履行忠实义务。④

笔者建议在《信托法》中对受托人的忠实义务条款进行如下修订:

第一,将《信托法》第 26 条修改为⑤:

受托人~~除依照本法规定取得报酬外~~,不得利用信托财产**及与信托财产有关的信息**为自己或者受益人以外的其他人谋取利益。

前款规定不影响作为共同受益人之一的受托人以受益人身份享有信托利益。

受托人违反~~前款~~**本条**规定,利用信托财产**及与信托财产有关的信息**为自己或受益人以外的其他人谋取利益的,所得利益归入信托财产;**造成信托财产损失的,应当以其固有财产承担赔偿责任。**

忠实义务要求受托人只为受益人的利益处理信托事务而不能为其本人或任何第三人谋取利益。受托人违背忠实义务的行为,就手段而言,可能包括利用信托财产,以及利用与信托财产有关的信息为自己或第三人牟利的行为;就为其牟利的对象而言,可能包括受托人在内的除受益人以外的其他人。

---

① 参见美国《信托法第三次重述》第 37 条评注 f(1) 和 g。

② 参见我国《信托法》第 25 条。

③ 参见我国《信托法》第 27—28 条。

④ See Rebecca Lee, *Fiduciary Duty without Equity: Fiduciary Duties of Directors under the Revised Company Law of the PRC*, 47 VIRGINIA JOURNAL OF INTERNATIONAL LAW 897 (2007).

⑤ 参见本书第三章第二节《中华人民共和国信托法》(修订建议稿)第 67 条。

但如果受托人是共同受益人之一，则受托人可以享有信托利益，但此时受托人系以受益人而非受托人身份享有信托利益。倘若受托人违反忠实义务，则所得利益归入信托财产；而对于对信托财产造成的损失，受托人应以固有财产赔偿。

第二，建议将第 27 条和第 28 条合并为一条并进行如下修订①：

第二十七条

除非法律另有规定，受托人及其关联人不得实施下列行为：

（一）**~~受托人不得~~**将信托财产转为其固有财产，或者将固有财产转为信托财产，除非信托财产因继承、合并或者其他概括继承转为受托人的固有财产~~；~~**；**

（二）~~受托人~~将信托财产转为**~~其固有~~其他信托的**财产~~的~~，或者将**其他信托的财产转为本信托的财产**~~；必须恢复该信托财产的原状；造成信托财产损失的，应当承担赔偿责任。~~

（三）为担保受托人或者其关联人应以固有财产履行的债务，在信托财产上设定担保物权；

（四）同时作为第三人的代理人达成有关信托财产的交易；

~~第二十八条~~

~~受托人不得将~~**（五）以**其固有财产与信托财产进行交易或者将不同~~委托人~~**信托人**的信托财产进行相互交易~~；但信托文件另有规定或者经委托人或者受益人同意，并以公平的市场价格进行交易的除外。~~

（六）购买受益人的信托利益；

（七）从事其他与信托有利益冲突的行为。

受托人违反前款规定，**利用信托财产为自己谋取利益的**，所得利益归入信托财产；造成信托财产损失的，应当**以其固有财产**承担赔偿责任。

由于受托人只能为受益人的利益行事，故须禁止受托人出现自我交易等利益冲突的情形。原法条仅规定了受托人不得将其固有财产与信托财产进行交易或者将不同信托人的信托财产进行相互交易两类情形，该规定过于简单，

---

① 参见本书第三章第二节《中华人民共和国信托法》（修订建议稿）第 68 条。

应设置兜底条款,并增加关于利益冲突交易情形的列举。

受托人不仅可能与信托财产进行交易,也可能与受益人进行交易,如购买受益人的信托利益。为避免受托人利用其优势地位为自己谋利,损害受益人的利益,应对此情形予以规范。除非符合例外情形,否则应禁止受托人购买受益人的利益。因此增加一项受托人购买受益人的信托利益的情形作为禁止之一。根据英美法,禁止自我交易规则不仅适用于受托人,也适用于代表受托人的利益的其他人。[1]　大陆法系国家和地区的信托法一般无此规定。然而在其他法律中却有类似的规定。例如,我国《公司法》第 22 条规定:"公司的控股股东、实际控制人、董事、监事、高级管理人员不得利用其关联关系损害公司利益。违反前款规定,给公司造成损失的,应当承担赔偿责任。"我国《证券法》第 123 条则采"关联人"这一措辞,规定"证券公司……不得为其股东或者股东的关联人提供融资或者担保"。为充分保护受托人的利益,《信托法》对受托人禁止自我交易的要求也应同样适用于关联人。因此,建议规定"受托人及其关联人"也不得实施这些禁止行为。关于违反本条规定的责任,增加所得利益归入信托财产且须以固有财产承担赔偿责任的内容。

第三,建议增加一条受托人不得从事利益冲突交易义务的例外规则[2]:

有下列情形的,本法第 XXX 条规定不适用:

(一) 信托条款允许受托人或者其关联人实施第 XXX 第一款的(四)、(五)、(六) 项规定之行为,且以公平的市场价格进行交易的;

(二) 受托人或者其关联人或代理人实施前述行为经受益人或者可撤销信托的信托人的事先同意或事后追认,且以公平的市场价格进行交易的;但信托条款规定受托人不得实施该行为的除外;

(三) 受托人认为有正当理由,且实施前述行为不违背信托职责和信义义务的。

在特定情况下,受托人可以从事利益冲突交易。条件有二:其一,信托条款、受益人或可撤销信托的信托人允许。其中信托条款的允许是必要的,倘若信托条款规定受托人不得实施该行为,那么即使受益人或可撤销信托的信托

---

① 何宝玉:《信托法原理研究》(第二版),中国法制出版社 2015 年版,第 299 页。
② 参见本书第三章第二节《中华人民共和国信托法》(修订建议稿)第 69 条。

人允许也不得实施。实际上,这也是受托人忠实义务的体现。其二,交易以公平的市场价格进行。这意味着交易应该公平合理。

二、受托人的谨慎义务

除了要遵守信托条款的规定,为且仅为受益人的最大利益处理信托事务外,受托人在对信托财产进行管理和处分时还必须在充分考虑信托的目的、条款、分配要求以及其他情况的基础上,依据客观标准,尽到谨慎注意义务。即便信托条款授权受托人可以自由裁量,受托人也必须基于善意,并依照信托条款的规定和信托的目的以及受益人的利益,谨慎行使其裁量权。① 该谨慎义务要求受托人在履行其信托管理及分配等所有职能时都要像一个谨慎投资人一样尽到合理的注意义务,运用其专业技能并谨慎从事。② 该义务不仅适用于单个投资,而且在信托投资组合、合理平衡风险和回报目标的总体投资中也适用。在作出和实施投资决定时,受托人有义务将信托财产分散投资,除非根据当时的情况这样做不够审慎。

(一) 受托人的谨慎投资人规则

美国《统一谨慎投资人法》中的谨慎投资人规则是受托人谨慎义务的默认规则,信托人可以通过信托条款将其扩大、限缩或变更。受托人只要合理遵守信托条款行事,则对受益人不承担责任。③ 美国 1994 年的《统一谨慎投资人法》第 2 条规定了受托人(谨慎投资人)的注意义务标准、组合投资策略以及风险回报目标,具体规定如下:

(a) 受托人投资和管理信托财产,应如同谨慎投资人一样,对信托的目的、条款、分配要求以及其他情形进行考量。为满足该标准,受托人应尽到合理注意(义务),合理运用技能,并谨慎从事。

(b) 在作出有关单个资产的投资与管理决定时,受托人不应对其进行孤立的评估,而应将信托财产组合作为整体,且作为整个投资策略的一部分来考虑——该投资策略应以与信托最合适的风险与回报为目标。

---

① 参见美国《统一信托法》第 814(a)条;《信托法第三次重述》第 50 条评注 c 也有类似的说法。
② 参见美国《统一信托法》第 804 条和《信托法第三次重述》第 77 条。
③ 参见美国《统一谨慎投资人法》第 1 条。

（c）受托人在投资和管理信托财产时应考虑的各种情形中，包括下述与信托或者其受益人相关的情形：

（1）总体经济条件；

（2）通货膨胀或紧缩有可能带来的影响；

（3）投资决定或策略可能带来的税收后果；

（4）每笔投资或每个行动在信托投资组合整体（可能包括金融资产、小型有限责任公司的份额、有形和无形动产，以及不动产）中可能起到的作用；

（5）预期将从信托财产收益和信托财产原物的升值中所取得的总回报；

（6）受益人的其他经济来源；

（7）流动性需求、收益的规律性以及资本的保值或增值；及

（8）某项资产与信托的目的，或者与一位或多位受益人之间可能有的特殊关系或特殊价值。

（d）受托人应尽到合理的努力以核实与信托财产的投资和管理相关的事实。

（e）受托人在符合本法所规定的标准的情况下可以投资于任何种类的财产或进行任何类型的投资。

（f）具备特别技能或专长的受托人，或者因其自称为具备特别技能或专长而被（依赖该陈述的信托人）任命的受托人，有运用该等特别技能或专长的义务。

《统一谨慎投资人法》第3条则规定了受托人（谨慎投资人）的分散投资义务：

受托人应将信托（财产）分散投资，除非受托人合理地认为，因特殊情形，不分散投资才能更好地实现信托目的。

《统一谨慎投资人法》第4条规定了受托人义务的起始点：

为使信托财产组合符合信托的目的、条款、分配要求和其他情形，并遵守本法的要求，受托人在接受任命或者接受信托财产后的一段合理时间内，应当审查信托财产，并对于保留和处置信托财产的相关问题作出决

定并实施之。

美国《信托法第三次重述》对上述谨慎投资人规则也有类似的规定。① 受托人应持续监控投资情况,并有义务在适当的时候对投资组合作出调整。② 该义务与受托人的初始投资义务并行。谨慎投资人规则不仅适用于美国的普通法信托,还适用于年金信托和慈善信托,并且在英联邦国家也被采纳。③

美国通过判例法进一步确立了受托人谨慎义务的标准。例如,当信托财产是股票,受托人未将股票及时出售从而导致信托财产价值缩水时,受托人是否违背了谨慎义务? 1997年纽约州最高法院审理了这样一个案件。纽约州前参议员基恩斯于1963年订立遗嘱,将其大部分遗产处分至三个信托中。大约一半的遗产用来设立第一个信托,基恩斯的遗孀是该信托的终身收益受益人,同时,基恩斯夫人还有权取得信托原物的分配,并对剩余信托财产有指定分配权。大约四分之一的遗产用来设立第二个信托,其信托收益每年分配给选定的几家慈善机构。剩余遗产设立第三个信托,信托收益为基恩斯夫人终身享有,其死后剩余财产并入第二个信托中。1973年5月26日基恩斯去世,只有一个继承人,时年72岁的基恩斯夫人。基恩斯的遗产总额为350万美元,其中包括价值250万美元的股票投资组合,其中71%是13 232股柯达(Eastman Kodak Company)股票。基恩斯去世当日,该股票价格为每股135美元,总价值为大约179万美元。信托设立后,信托公司只陆续出售了少量柯达股票,至1980年2月信托公司提交第一份财产报告时,剩余11 320股柯达股票的价值大约只值53万美元,每股只有47美元。1981年,信托公司向法院递交账户结算报告,基恩斯夫人于1982年提出异议。同时,州检察官也代表慈善信托的受益人提起异议,④认为信托公司因自1973年7月至1980年2月期间允许信托大量持有柯达股票,其价值比基恩斯死亡时的价值缩水了大

---

① 参见美国《信托法第三次重述》第90—92条。
② 参见美国《信托法第三次重述》第90条评注e(1);又参见Tibble v. Edison Int'l, 135 S.Ct. 1823, 1825 (2015)。
③ See Sitkoff & Dukeminier, WILLS, TRUSTS, AND ESTATES (10TH ED.) 626 (Wolters Kluwer Law & Business 2017).
④ 这里体现出连续受益人对受托人的监督功能——本案中的慈善信托是私人信托的后续受益人,如果私人信托的信托财产贬值,意味着将来转给慈善信托的收益利益随之缩水。

约三分之一,信托公司违背了投资中的谨慎人规则。经过审理,法院认为,信托公司理应抛售柯达股票却没有行动,违背了谨慎投资人义务,因此,信托公司应该为其因过失而没能分散投资、忽视、不作为以及没有及时披露而承担责任。[1]

如果信托人将其大量持有的某公司股票作为信托财产设立遗嘱信托,并在信托条款中允许受托人继续持有这些股票,在这种情况下,受托人遵从信托条款的规定没有出售这些股票,因而没有做到分散投资,从而导致最后信托财产缩水,则此时受托人是否因信托条款的授权而可以免除责任呢? 2005 年俄亥俄州上诉法院审理了这样一个案件,结论是不行。[2] 在这个案件中,信托持有的是受托人银行的股票。受托人的忠实义务本来禁止公司受托人购买或持有自己的股票,不过信托人可以通过信托条款明示或默示修改该义务。然而,忠实义务的修改并不意味着谨慎(分散投资)义务也随之修改,受托人仍然有义务遵守谨慎投资人规则以及仅为信托受益人的利益进行投资。因此,即便有信托人授权,受托人也应为其没能及时出售相关股票的行为承担责任。

如果信托条款允许受托人保有信托的初始财产,该条款是授权性的还是指令性的,结果又有不同。如果仅仅是授权性的,那么受托人的分散投资义务没有被解除。“不分散投资”不等于“可以不谨慎投资”。这里是“权力”与“义务”的区别。受托人有不分散投资的权力,并不能解除其谨慎投资的义务。[3] 但是,当信托人明确指令受托人保留某些财产时,受托人必须这样做,否则一旦这些财产将来升值了,已将其出售的受托人必须承担责任。[4] 不过这种必须遵守信托条款规定的义务受另一义务制约,即:如果遵守信托条款的规定将会对信托或受益人造成实质性损害的话,则受托人有义务请求法院适当变更或者允许其偏离信托条款。[5] 美国学者对此有不同看法,各州的立法也态度各异,其中特拉华州、佐治亚州、新罕布什尔州、南达科他州以及田纳西州等州

[1] See In re Estate of Janes, 681 N.E.2d 332 (N.Y. 1997).

[2] See Wood v. U.S. Bak, N.A., 828 N.E.2d 1072 (Ohio App. 2005).

[3] 参见美国《信托法第三次重述》第 91 条评注 f。

[4] See Scott, Austin Wakeman, Fretcher, William Franklin & Ascher, Mark L., SCOTT AND ASCHER ON TRUSTS (5TH ED.) § 19.3.3. (Aspen Publishers 2006); The Woodward School v. City of Quincy, 13 N.E. 3d 579, 593 n.26 (Mass. 2014).

[5] 参见美国《信托法第三次重述》第 66(2)条。

颁布立法,规定信托人对受托人下达的不分散投资的指令可以强制实施。①

受托人的谨慎义务已经被其他引进信托制度的国家和地区引入,我国《信托法》对于受托人的谨慎义务的规定相对笼统,要求受托人管理信托财产必须恪尽职守,履行诚实、信用、谨慎、有效管理的义务。② 笔者建议,将《信托法》第25条分拆后单独增加一条有关受托人谨慎义务的条文③:

> **受托人应当遵守信托文件的规定,为受益人的最大利益处理信托事务~~。~~**
>
> **受托人管理信托财产,必须恪尽职守,履行诚实、信用、谨慎、有效管理的义务~~。~~**
>
> 受托人应当根据信托目的、信托条款、受益人利益以及信托的其他条件,谨慎、有效地履行信托职责。
>
> 需要行使专业判断的受托人应当运用其专门知识和技能履行信托职责。
>
> 其他法律、行政法规对受托人谨慎义务另有规定的,依照其规定。

(二) 受托人的亲自管理义务

受托人的谨慎义务还隐含着受托人必须亲自管理信托,履行信托职责,不得将其职责委托他人行使的义务。传统英美法中这一义务非常严格。历史上,信托人一般会找一位信得过的朋友或亲戚担任受托人。这个自然人受托人一般出于友谊或道德义务答应担任受托人,并往往不要报酬。这样的受托人一般非常理解信托人的愿望和价值观,能够有效执行信托分配方案。然而,自然人受托人可能对于投资没有经验,或者对于受托人的事务性管理义务不够了解,并且自然人受托人可能会在信托终止前死亡或失能失智。

20世纪六七十年代,有一个信托人临终托孤,将12 000美元现金交给侄女,请她为7岁的孙女持有,将来为该孙女支付学费。于是这位姑姑就把在当

---

① See Del. Code tit. 12, § 3303(a)(3) (2016); N.H. Rev. Stat. Ann. § 564 - B:9 - 901(b) (2016); S.D. Codified Laws § 55 - 5 - 8 (2016); Tenn. Code Ann. § 35 - 14 - 105 (2016); Ga. Code Ann. § 53 - 12 - 341 (2016).

② 参见我国《信托法》第25条。

③ 参见本书第三章第二节《中华人民共和国信托法》(修订建议稿)第66条。

时属于一笔巨款的这笔钱的一半放到银行的支票账户存起来,一放十年。不想,信托人的孙女,也就是受托人的侄女,一纸诉状将姑姑告上法庭,告她没有尽到受托人义务,将钱放到银行的无息支票账户而没有尽职尽责地进行投资,导致该笔钱款没能合理增值。虽然考虑到作为受托人的姑姑没有丝毫理财专长和经验,并且是义务为侄女持有这笔钱款,密苏里州的上诉法院还是判定姑姑败诉,认为她应对存入支票账户的这笔钱可能产生的投资收益负责,其善意和没有经验不是抗辩理由。[1] 这类案例判决导致自然人受托人如履薄冰。

为了解决这些问题,很多信托人开始选任机构受托人,比如银行或者信托公司。它们在投资、托管和事务性管理方面有经验,在违背信托义务需要赔偿损失时,大多有能力支付赔偿金,并且其内部管理制度对于谨慎与忠实义务的履行也能带来额外的保障。然而,机构受托人的成本很高,除了收取较高的费用[2]外,信托公司还不够灵活,并且经常无法及时回复问询。因此,信托人面临困境:没有哪个个人或机构能够完美地履行受托人的职责。靠得住的朋友或亲戚或许能够很好地完成分配职能,然而对投资和事务性管理可能不在行;而机构信托人虽然托管、事务性管理和投资经验丰富,但是其职员未必熟悉受益人的情况或者理解信托人的价值观。有时信托人可能希望自己长期聘用的一个投资顾问能够行使投资职能。现代社会中这种现象越来越多,导致很多信托人在设立信托之始就开始分割受托人的职能。

虽然传统信托法不允许受托人将应由其本人处理的事项授权给他人处理,但是随着受托人从单纯地持有财产逐渐变为拥有宽泛的权力,受托人的职能从简单的保管财产发展到复杂的投资行为,专业要求越来越高。人们慢慢开始考虑将受托人的职能进行划分,将其分别授权给不同的受托人来执行。受托人可以将其职能分别授权给一个或者多个代理人。信托人也可以在信托条款中任命共同受托人,或者任命一个信托指示人。现代商业的发展促进了法律的改革,美国的谨慎投资者规则也随之更新了,推翻了老的不得代理规

---

[1] See Witmer v. Blair, 588 S.W.2d 222 (Mo. App. 1979).

[2] 比如,美国特拉华州的某信托公司收取的年费基于信托财产价值而不同,如 100 万美元的信托财产,年费大约 17 500 美元;当信托财产达到 500 万美元时,年费为 67 500 美元;1 000 万美元的信托财产,年费为 11 万美元。See Sitkoff & Dukeminier, WILLS, TRUSTS, AND ESTATES (10TH ED.) 658 (Wolters Kluwer Law & Business 2017).

则,允许受托人将投资职能授权给他人代理,但是受托人在选任、指示与监督代理人时一定要履行注意义务,运用专业技能,并谨慎从事。①《统一信托法》和《信托法第三次重述》②也采纳了这个新规则:

（a）受托人可以像具有类似技能的谨慎的受托人在同样情形下可以授权他人一样,将其义务和权力授权他人代理。针对下述事项受托人应尽到合理注意与谨慎义务,并运用合理技能:

（1）选任代理人;

（2）确定与信托目的和条款相一致的代理范围和条款;且

（3）为监督代理人履行及遵守代理条款而定期审查代理人的行为。

（b）在从事代理职能时,代理人对信托负有为遵守代理条款而尽到合理注意的义务。

（c）遵守上述(a)款的受托人对于被授权的代理人的行为不向受益人或信托承担责任。

（d）……③

目前美国大多数州都允许受托人在特定情况下可以委托他人代行部分职责,但在委托他人代行职责时必须像一个拥有类似技能的谨慎的人委托他人代行职责时一样。在决定是否将管理信托的职责授权他人行使、授权谁来行使以及如何行使,授权他人后对代理人的监督或者监控时,受托人可以行使裁量权,并有义务在类似情形下像一个拥有类似技能的谨慎的人士一样行事。④

具体哪些职责可以委任他人代理,法律并没有太多限制。只要经过谨慎安排,有对信托进行合理管理的意图,并且代理人经过合理选择、指示并监督,理论上受托人为各种目的授权他人行使职权都是适当的,并不仅仅局限于事务性管理行为。只要由受托人亲自从事某事是不合理的,那么将其委任他人就是合理的。例如,可以委任代理人选择信托投资,或者管理特定投资项目,

---

① 参见美国《统一投资人法》(1994)第9条。
② 参见美国《信托法第三次重述》第80条。
③ 参见美国《统一信托法》第807条(“受托人的代理授权”)。
④ 参见美国《信托法第三次重述》第80条。

甚至其他涉及重大判断的管理行为,具体包括投资,买、卖、租赁或者以其他方式管理信托财产。但是针对向受益人分配的自由裁量权不得委任他人行使。

受托人授权他人管理信托是一种信义判断和信义自由裁量权,只要没有滥用,法院一般不会干预。然而,既然委任他人履行部分信托职责是情势所需,如果在这种情况下受托人没能谨慎授权他人也会违背信义义务。[①] 在委任他人管理信托之后,受托人接下来有谨慎义务监督或者监控代理人履行义务以及遵守委任条款。通常委任条款不得包含对代理人免责的条款。授权他人代行职责还会涉及代理人的报酬,因此受托人有避免过高成本的义务。[②] 一般而言,受托人委任他人代行的职责主要是投资相关的职责,受托人不得将所有管理信托的职责全部授权他人,除非信托条款允许。如果受托人将其所有的管理职责全部授权他人,其实质就相当于受托人辞任,这需要经过辞任程序。

我国《信托法》第29—30条规定受托人有自行处理信托事务的义务,不得随意将信托事务委托给他人代理,其中"不得随意"隐含着如有合理理由可以请他人代理的意思。基于上述比较分析,笔者建议将《信托法》第30条作如下修订[③]:

受托人应当自己~~处理~~履行信托~~事务~~职责,但在下列情形下,~~信托文件另有规定或者有不得已事由的,可以委托他人代为处理。~~履行部分信托职责:

（一）信托条款明确规定受托人可以委托他人代为履行信托职责的;
（二）为实现信托目的,委托他人代为履行信托职责是必要且适当的;
（三）受托人有不得已事由,必须委托他人代为履行信托职责的。
~~受托人依法将信托事务委托他人代理的,应当对他人处理信托事务的行为承担责任。~~

原法条规定了信托条款另有规定或者有不得已事由的,可以委托他人代为处理信托事务,赋予了受托人一定的委托权限。实际上,为了更好地实现信托管理的专业化,可以进一步扩大受托人的委托权限,增加"为实现信托目的,委托他人代为履行信托职责是必要且适当的"这一情形,允许受托人更加主动

① 参见美国《信托法第三次重述》第80条一般评注。
② 参见美国《信托法第三次重述》第88条。
③ 参见本书第三章第二节《中华人民共和国信托法》（修订建议稿）第74条。

地将部分信托职责委托给他人,以更好地实现信托财产的保值增值。值得注意的是,除非信托条款明确规定,受托人只能委托他人代行部分职责,而不能将所有管理信托的职责全部授权给他人。如果受托人将其所有的管理职责全部授权他人,其实质就相当于受托人辞任,这需要经过辞任程序。另外,"处理信托事务"统一改为"履行信托职责",将原法条最后一款有关受托人对他人处理信托事务的行为承担责任的规定删除,移到其他条款中。

如果允许受托人委托他人代为履行部分信托职能,那么受托人就负有谨慎选任代理人的义务,因此建议《信托法》增加如下条文:①

受托人委托第三人履行信托职责,应当按照信托目的谨慎委托适当的代理人,确定委托权限和事项,并对其进行必要和适当的监督。

受托人委托下列第三人履行信托职责的,可不适用前款规定,但是受托人知道第三人不适任、不诚实或者管理信托事务不当时,应解除对第三人的委托或者采取必要的措施,且应当通知受益人、可撤销信托的信托人:

(一)信托条款指定的第三人;

(二)信托条款规定将某项信托事务委托给信托人或者受益人指定的人,信托人或者受益人据此指定的第三人。

信托条款另有规定的,依照其规定。

这里,受托人将信托职责委托给第三人,实际上也属于履行信托职责的行为,受托人对此也要履行谨慎义务。从过程来看,受托人在选任代理人时,应符合信托目的,并明确委托权限和事项;在选任后,受托人也应对代理人进行必要和适当的监督,以保证信托的有效运行。如果信托条款明确授权受托人可以将其职责委托给某特定第三人,出于遵守信托条款的要求,受托人的选任和监督过程中的谨慎义务有所降低,受托人只有在知道第三人存在不适合担任代理人、不诚实或处理信托事务不当时,才应采取解除委托等措施,并将相应情形告知受益人,倘若是可撤销信托则还需告知信托人。具体而言,信托条款授权委托的第三人有两种情况:其一是信托条款指定的第三人;其二是信托条款对于某项信托事务给予信托人或受益人以指定权,允许信托人或受益

---

① 参见本书第三章第二节《中华人民共和国信托法》(修订建议稿)第 75 条。

人针对该项信托事务指定第三人。

至此,还建议在《信托法》第 30 条的基础上,形成一个新的条文[1],对受托人及其代理人的责任加以明确:

~~受托人应当自己处理信托事务,但信托文件另有规定或者有不得已事由的,可以委托他人代为处理。~~

受托人的代理人对信托人、受益人负有与受托人同样的义务和职责。

受托人依法将**某项**信托事务委托他人代理的,~~应当对他人处理信托事务的行为承担责任。~~ 受托人的代理人在处理该信托事务时,因违背信义义务导致信托财产或者第三人的利益受到损失的,受托人与其代理人承担连带责任。受托人承担连带责任后,可以向代理人追偿。

代理人的合理报酬、代理人为处理信托事务支付的合理费用以及因不可归责于自己的事由受到的损失,由受托人从信托财产中支付。信托条款对代理人的报酬和费用有规定的,依照其规定。信托条款没有规定的,有信托保护人的,由信托保护人决定;没有信托保护人的,由受托人决定。信托关系人对受托人决定的报酬有异议的,可以申请法院裁判。

第一,受托人的代理人是指由受托人选任的代理人,而非信托条款直接指定或授权信托人或受益人指定的代理人。受托人的代理人应与受托人一样负有对信托人、受益人同样的义务和职责。倘若代理人的义务和职责低于受托人,则无异于鼓励受托人委托代理人以减轻自己的信义义务,这与信托的基本精神不符,不利于信托财产的管理。

第二,受托人与受托人的代理人就代理人在处理信托事务时因违背信义义务导致信托财产或者第三人的利益受到损失的情况承担连带责任,受托人承担责任后可以向代理人追偿。一方面,受托人与受托人的代理人对外共同履行某一信托职责,只不过受托人是通过选任代理人的方式来履行,而代理人则是亲自履行;另一方面,代理人亲自履行信托职责,代理人违背信托义务即违背了对受托人的代理义务,故受托人在承担责任后可以向代理人追偿。

第三,代理人在处理信托事务过程中产生的合理报酬、费用和损失由受托

---

[1] 参见本书第三章第二节《中华人民共和国信托法》(修订建议稿)第 76 条。

人从信托财产中支付。代理人是受托人的代理人,以受托人的名义处理信托
事务,其合理报酬、费用和损失的支付应与受托人在处理信托事务时的合理报
酬、费用和损失的支付一致,由信托财产支付。就具体数额和方式而言,信托
条款有规定的从其规定,信托条款没有规定的首先由信托保护人决定,没有信
托保护人的方由受益人决定。这是因为这里的代理人是由受托人委托的代理
人,倘若由受托人来决定,存在受托人与代理人串通之嫌,可能对信托造成损
害。除受托人以外参与信托管理的为信托保护人,故这里优先由信托保护人
决定。此外,倘若信托关系人对报酬有异议的,也可以对此提出异议,由法院
裁判,以起到对信托受托人的监督作用。

(三) 受托人的分别管理义务

受托人的谨慎义务还隐含着受托人必须将信托财产与其个人或固有财产
相区别,与其管理的其他信托的财产相区别,分别管理,不得混同的义务。这
一义务来源于信托财产的独立性,也可以将它作为受托人的一般管理义务中
的一项事务性义务。这里把它放在谨慎义务中,以彰显其重要性。前文对信
托财产的独立性已经进行了分析,这里针对受托人的分别管理义务,重述笔者
对《信托法》相关法条的修订建议。

首先,笔者建议将《信托法》第 29 条作如下修订①:

> 受托人必须将信托财产与其固有财产分别管理、分别记账,并将不同
> ~~委托人信托~~**信托**的信托财产分别管理、分别记账。
>
> **信托财产无须转移或者信托财产的转移无须登记的,信托财产应依**
> **法予以标记,或者采取能够明确计算各项财产的方法记账,以使第三人得**
> **以从外观区分。其他法律、行政法规对受托人分别管理信托财产另有规**
> **定的,依照其规定。**
>
> **受托人违反前款规定获得的利益,归于信托财产;因此致使信托财产**
> **受到损失的,受托人虽无过失,亦应负损害赔偿责任,除非受托人能证明**
> **分别管理仍不免发生该损失。**

建议本条增加规定针对不同的信托财产采取不同的分别管理方式以及违

---

① 参见本书第三章第二节《中华人民共和国信托法》(修订建议稿)第 72 条。

反分别管理义务的后果。信托财产转移需要登记的,根据登记来区分即可;无须登记的,或者在宣言信托的情况下信托财产无须转移的,应依法标记,或采取能够明确计算各项财产的方法记账,以使第三人得以从外观区分。其他法律另有规定的从其规定。例如,我国《信托公司集合资金信托计划管理办法》第18条对集合资金信托的分别管理作出了规定,即"信托计划成立后,信托公司应当将信托计划财产存入信托财产专户"。信托财产的区分有利于维护信托财产的独立性,保证信托的顺利运行。对违反分别管理义务的后果而言,受托人因此获得的利益归入信托财产。对于受托人因此给信托财产带来的损失,即使受托人没有其他过失,也应承担损害赔偿责任。

其次,建议新增一条受托人分别管理义务的例外条款①。随着商事信托的发展,有时将不同的信托财产集中到一起投资可以利用更多的投资机会,还能达到规模经济和更好的多样化经营目的。此时一味固守分别管理义务失去意义。因此在有受托人特别授权的情况下,可将不同信托的财产共同放入同一个资产集合中,更加灵活地管理信托,更好地实现信托财产的保值增值:

受托人在信托条款特别授权的情况下,可将某一信托的财产与其他信托的财产共同放入独立的资产集合中,共同管理。

除此之外,其他条款也应联动修订。例如,建议《信托法》第16条作如下修订②,除了体现信托财产绝对独立于受托人的固有财产外,还体现出受托人需要标记和单独管理信托财产的事务性义务:

信托财产与属于受托人所有的财产(以下简称固有财产)相区别,不得归入受托人的固有财产或者成为固有财产的一部分。

受托人死亡或者依法解散、~~被依法撤销~~、被宣告破产而终止,**受托人所管理的**信托财产不属于其遗产或者清算财产。

最后,建议将《信托法》第18条拆分为两条,第一条③体现受托人将信托财产与其固有财产分别管理、不得混同的义务,第二条④体现营业受托人在同

---

① 参见本书第三章第二节《中华人民共和国信托法》(修订建议稿)第73条。
② 参见本书第三章第二节《中华人民共和国信托法》(修订建议稿)第25条。
③ 参见本书第三章第二节《中华人民共和国信托法》(修订建议稿)第26条。
④ 参见本书第三章第二节《中华人民共和国信托法》(修订建议稿)第27条。

时管理数个信托时,对每个信托的信托财产均应分别管理,不得混同:

修改后的第一条:

受托人管理~~运用、处分信托财产~~所产生的债权,不得与其固有财产产生的债务相抵销。

前款规定不影响已支付合理价款的善意相对人的合法权益。~~受托人管理运用、处分不同委托人的信托财产所产生的~~**违反前款规定进行**债权~~或~~债务~~,不得相互抵销~~**的,受益人得请求受托人承担赔偿责任。**

修改后的第二条:

~~受托人管理运用、处分信托财产所产生的债权,不得与其固有财产产生的债务相抵销。~~

受托人管理~~运用、处分~~不同~~委托人~~**信托人**的信托财产所产生的债权债务,不得相互抵销。

前款规定不影响已支付合理价款的善意相对人的合法权益。受托人违反前款规定进行债权或债务抵销的,受益人得请求受托人承担赔偿责任。

信托财产不仅独立于信托人、受托人和受益人的债权债务,而且还独立于同一受托人管理的其他信托人的债权债务。这就要求受托人在管理信托财产时对不同信托人的信托财产予以分别管理,避免混同,以保证信托财产的独立性。另外,将受托人的管理和分配两大职能加以明确,删除"运用、处分"这两个容易引起混淆的词语,增加对善意第三人的保护。

上述条文结合起来可以对受托人的谨慎义务提供相对完整的规范。

三、受托人的公平义务

信托法要求受托人尽到忠实义务,为且仅为受益人的利益行事。如果受益人为两个以上,且不同的受益人之间的利益互相冲突,则受托人应当以哪个受益人的利益为重呢?这就涉及英美信托法对受托人施加的另外一种独特的义务:公平义务(duty of impartiality)。公平义务要求受托人充分考虑信托条款中为不同受益人设定的不同利益,公正地投资、管理和分配信托财产。因此,这里的"公平"并不是绝对意义上的平等,而是根据信托条款的规定,确定不同受益人的不同利益,对不同的受益人区别对待。

英美信托之所以会有不同类型的受益人,是因为信托法对信托财产的界定非常细,将其区分为信托原物或信托本金和信托收益。在信托中,有些受益人可能只有权取得信托的收益分配,而有些受益人可能只有权取得信托的原物分配,也有些受益人可能有权同时取得信托收益与原物的分配。还有些信托设置了连续受益人,第一顺位的受益人首先享有终身信托利益,他们死后,信托利益由后继受益人享有。前述第二章第二节第三部分在分析信托财产时已经就原物与收益作了区分,这里从公平义务的角度再次对它们进行探讨。公平义务的重要性主要是因为存在不同类型的受益人且受益人之间有利益冲突,这种冲突会为受托人管理财产带来难题。为平衡不同类型的受益人之间的利益,英美法规定,受托人必须公平对待不同类型的受益人,在作出财产管理决策时,不能以牺牲某一类受益人的利益为代价,增加另一类受益人的利益。

例如,某甲以家族企业的股份设立信托,儿子为收益受益人,三个孙子为原物受益人。儿子生存期间可以取得股利股息等所有股份的收益,而三个孙子将根据一定的标准,定期定额地取得部分股份。例如,孙子年满 30 岁可以取得这些股份的三分之一,之后,剩余股份仍然作为信托财产,其收益仍由儿子取得,显然儿子此时的利益就少了三分之一。儿子与孙子的利益就有了冲突。

又如,某乙以包含上市公司股份在内的财产设立信托,由儿子为终身受益人,儿子死后,孙子为后继受益人,直到年龄最小的孙子年满 30 岁后,所有信托财产平均分给三个孙子持有。由于上市公司的股票价格不断波动,受托人应否在高位上卖出股票是一个很重要的决策。如果没有卖出,最终孙子所取得的信托财产的价值会缩水。如果卖出了,则儿子在生存期间所能取得的信托利益可能会减少。很多受托人为了履行公平义务,不得不到法庭请求法官对自己的决策给出司法指令,以免将来被诉违背受托人义务。

当信托有收益受益人和原物受益人时,受托人的公平义务尤其重要。受托人在信托投资和管理过程中,以及在将信托财产的收益分别归属于原物与收益时,必须做到信托财产产生的收益符合信托的目的,并公平处理每位受益人不同的现时利益与未来利益。[①] 具体而言,只要在一个记账阶段的收益可能会影响到受益人可以取得的信托利益分配、其消费要求或者目的,受托人就

---

① 参见美国《信托法第三次重述》第 79 条。

有义务区分信托原物和收益。① 美国每个州都颁布了原物与收益区分法,受托人应当遵守。如果根据上述要求无法满足受托人的公平义务,那么受托人有义务行使法定的调整权或者选择将信托转换为法定单位信托,或者做出衡平调整,除非受限于制定法、信托条款、信托目的或者其他情形。② 另外,信托财产会有形态上的变化。比如,信托财产最初可能是股票,后来出售后变成现金,现金又用来购买房产,信托财产的形态不断变化,但是没有改变其信托财产的性质,也不影响信托及其各方关系人的权利和义务。然而,当信托对原物与收益的分配有不同的规定时,信托财产形态变化后的资产哪些属于信托财产的原物,哪些属于信托财产的收益,就变得重要了。如何区分,取决于法律规定。一般规则是,受托人因管理信托财产而取得的收益或信托财产所产生的利润通常视为信托的收益,而由于替代原始信托财产或者将其变换形式之后而取得的财产一般视为信托原物。例如,利息、租金和现金股利等一般作为信托收益,信托所持有的本票和债券的利息通常也被当作收益,因为这是为使用信托财产而支付的价款;而销售信托财产所得收益以及因收取欠信托的债务而取得的利益一般作为信托原物,配股期权或者将该期权出售后所得价款也是信托原物的一部分。然而,认购同一家公司股票的期权属于信托原物,而认购另外一家公司股票的期权则属于信托收益。销售信托财产所得的收益通常被作为信托原物,任何利润与亏损也都属于信托原物的利润与损失。此外,前述有关单位信托的做法也是为了解决受托人的公平义务问题。

在引进英美信托法的几个亚洲国家和地区,鲜有区分信托收益与原物的做法,然而受托人的公平义务却被借鉴,例如韩国信托法就规定了受托人的公平义务:

> 当存在多个受益人时,受托人应为每个受益人的利益,公平地处理信托事务,除非信托文件另有规定。③

反观我国信托法,信托财产被界定为最初"委托人"委托给受托人的财产,

---

① 参见美国《信托法第三次重述》第109条。

② 参见美国《信托法第三次重述》第111条。

③ 参见韩国《信托》(2017年)第35条。

以及该财产的日后孳息或收益。① 对信托财产的原物与收益不加区分的原因是当时我国财产管理的需求尚处于起步阶段,比较简单;另外,真正意义上的长期家族信托还没有产生,所以尚没有原物受益人与收益受益人之分,也少有连续受益人的设置。因此,公平义务还没有纳入立法者的考量中。

笔者建议,《信托法》增加一条有关公平义务的条款②:

信托有两个以上受益人的,受托人应当公平地为各受益人的利益履行义务,不得为部分受益人的利益最大化目的而牺牲其他受益人的利益。信托条款另有规定的,依照其规定。

需要注意的是,信托人并不一定都希望对所有的受益人一视同仁,有时很可能希望偏向某个或某一类受益人。为了满足信托人的这种愿望,信托条款另有规定的从其规定,也就是说公平义务可以免除。

四、受托人的一般管理义务

信托受托人除负有上述三大义务外,还有遵照信托条款和法律③,勤勉、善意地管理信托的一般管理义务。这一义务是忠实义务与谨慎义务适用于具体情形时所派生出来的,与受托人的事务性管理职责相关,其落脚点不仅仅是依法管理信托,更重要的是在管理信托时需要充分尊重信托条款和信托目的,且这一义务并不以受托人是否收取报酬为条件。受托人的一般管理义务又叫作事务性义务,包括信托财产的托管义务、标记义务、记录义务、保密义务以及信息披露义务等。这些义务同时也是受托人的职能,前文已有部分阐述,下面只简要介绍受托人的主要事务性义务。

(一) 受托人的托管义务

受托人有义务取得、接收并妥善保管信托财产。尤其在遗嘱信托的情况下,在立遗嘱人死亡后,受托人有义务在情形允许的情况下尽快根据遗嘱向遗嘱执行人或遗产管理人要求接收信托财产。根据受托人的托管义务,受托人

---

① 参见我国《信托法》第 14 条。
② 参见本书第三章第二节《中华人民共和国信托法》(修订建议稿)第 70 条。
③ 在信托领域,信托法一般只规定默认条款,除法律规定不得变更或免除外,信托条款可以对法定要求进行更改。

不得不合理地延迟收取信托财产,应采取合理措施对信托财产取得控制并对其保护。① 至于何为不合理地延迟,何为合理的措施,取决于当时的情形。比如珠宝或价值连城的艺术品应当做好防盗安保措施,并且应购买损失险。受托人还应当检查核实遗嘱执行人交付的财产。如果遗嘱执行人违背义务导致信托财产贬值,受托人还必须追究遗嘱执行人的责任。② 我国《民法典》允许自然人设立遗嘱信托,我们很快也会遇到受托人需要从遗嘱执行人或遗产管理人处收取信托财产的情况。

(二) 受托人的信托财产标记义务

信托财产标记(标识)非常重要。如果信托财产未经标记,则信托财产无法独立,受托人的债权人有权从中获得偿付。受托人有义务将信托财产标记为信托财产,并与其自有财产相区别,因而在受托人或受益人之外的其他人所保留的记录中能够显示出其为信托财产,③同时也有义务保证信托财产与其自有财产以及其所持有的其他信托的财产相隔离,④不得将信托财产与受托人的固有财产混同。这一义务其实源自受托人的忠实义务:不得创设潜在的利益冲突。

独立标记是指,使信托财产从外观上得以被识别。将信托资金存入银行时,受托人应将其存入以受托人身份单独开立的账户。如果信托财产是土地,在土地登记簿上需要在受托人名下以受托人身份进行登记,并需要注明是哪个信托的财产。同样,登记的股票证书、共同基金账户等也都要注明受托人以受托人身份持有。仅仅注明财产是信托财产还不够,还需要注明受托人以某信托的受托人身份持有之。例如,由受托人 T 持有的信托财产的所有人应标注为:"受托人 T,依据 S 的遗嘱"或者"受托人 T,根据 S 于 XXX 日签署的信托宣言"或者"XXX 家族信托的受托人 T"。⑤ 当然,标记信托财产的方式有多种,最重要的是尽可能将财产属于信托财产这一信息的登记保留在受托人或者受益人之外的另一方的手中或者由后者控制。因此,美国的信托利益一般

---

① 参见美国《统一信托法》第 809 条。
② 参见美国《统一信托法》第 812 条。
③ 参见美国《统一信托法》第 810(c)条。
④ 参见美国《信托法第三次重述》第 84 条。
⑤ 参见美国《信托法第三次重述》第 84 条评注 d。

都在银行、投资公司、证券公司等第三方的记录中被标记为信托财产。有些动产不适合上述标记方法,比如不记名债券以及其他无须登记的资产,美国多数州都承认这些资产的所有权经交付而转移,允许受托人在不披露信托的情况下持有该资产,然而受托人必须保留记录,记录中需明确反映出财产属于信托的事实,并且受托人必须将该信托财产与属于其本人的个人财产相区别。①

　　传统英美信托法比较严格,如果受托人因没能标记信托财产而违背信托义务,则受托人对信托的任何损失都负有严格责任,即便该损失并非因疏于标记而导致。现代英美信托法改变了这一立场,只有当信托的损失是因为受托人没能标记信托财产而导致时,受托人才承担责任。② 传统英美信托法还规定,如果受托人将信托财产与自有财产混同,即便受托人没有为自己的目的利用信托财产,也视为违背了信托义务,即便信托的损失并非因该混同而造成,受托人也应承担严格责任。③ 现代英美信托法的观点是,只有当混同导致损失,受托人才在该损失范围内承担责任。④

　　然而,假如受托人同时管理多个信托,严格要求受托人不将不同信托的财产相混合既不实际,也不受人欢迎,另外这一要求对于不同信托的利益的保护也不重要。因此,除非受托人对其中某个信托有个人经济利益,否则现代信托法一般允许受托人将不同信托的财产放到同一个银行账户(但不得是受托人本人账户),允许受托人将不同的信托资金用于共同投资,只要满足每个信托的财产被独立标记的要求。⑤ 如果独立标记不可行,则受托人应保留清晰的记录,注明不同信托的各自的利益。在后一种情况下,受托人仍然必须仔细且善意行事。将不同信托的资金集中到一起进行投资可以利用更多的投资机会,还能达到规模经济与更好的多样化经营目的。但前提是,受托人必须对每一笔存款及其不同信托的持续利益保留确切的记录。

---

① 参见美国《信托法第三次重述》第84条评注 d(2)和《统一信托法》第816(7)(B)条。

② See Scott, Austin Wakeman, Fretcher, William Franklin & Ascher, Mark L., SCOTT AND ASCHER ON TRUSTS (5TH ED.) §§ 17.11.3 (Aspen Publishers 2006).

③ 参见美国《统一信托法》第810(b)条。

④ See Scott, Austin Wakeman, Fretcher, William Franklin & Ascher, Mark L., SCOTT AND ASCHER ON TRUSTS (5TH ED.) §§ 17.11.1 (Aspen Publishers 2006).

⑤ 参见美国《统一信托法》第810(d)条。

我国《信托法》规定受托人有义务对信托财产分别管理、分别记账,[①]对信托财产的标记义务却并未有细致规定。在有关受托人的分别管理义务部分,笔者已经针对《信托法》第 29 条提出了修订建议[②],其中第二款就包括受托人的信托财产的标记义务:

> 受托人必须将信托财产与其固有财产分别管理、分别记账,并将不同~~委托大~~**信托**的信托财产分别管理、分别记账。
>
> 信托财产无须转移或者信托财产的转移无须登记的,信托财产应依法予以标记,或者采取能够明确计算各项财产的方法记账,以使第三人得以从外观区分。其他法律、行政法规对受托人分别管理信托财产另有规定的,依照其规定。
>
> 受托人违反前款规定获得的利益,归于信托财产;因此致使信托财产受到损失的,受托人虽无过失,亦应负损害赔偿责任,除非受托人能证明分别管理仍不免发生该损失。

(三)受托人的记录义务

受托人有保存处理信托事务的完整记录、账簿、报告等义务。[③] 该义务要求受托人保留信托的事务性管理记录,包括重大决定和行动,以及受托人作出这些决定或采取这些行动的理由。这样可以让受益人获得信息并进行审查,并且可以保护受托人不受事后审查的干扰。[④] 我国《信托法》第 33 条也要求受托人保存处理信托事务的完整记录。

(四)受托人的保密义务与信息披露义务

受托人一方面有保密义务,不得违反信托条款和信托法的规定,将信托相关内容披露给其他不相干人士或机构,同时又有信息披露义务。信息披露义务包括初始信息披露义务和持续性信息披露义务。初始信息披露义务是指,受托人应及时通知受益人有关信托的存在及其作为受益人的身份的信息,并告知他们可以获取更多信息的权利以及有关受托人职责与义务的基本信息。

---

① 参见我国《信托法》第 29—30 条。

② 参见本书第三章第二节《中华人民共和国信托法》(修订建议稿)第 72 条。

③ 参见美国《统一信托法》第 813 条。

④ 参见美国《统一信托法》第 810(a)条和《信托法第三次重述》第 83 条评注 a(1)。

持续性信息披露义务是指,受托人应定期将信托财产的管理运用、处分及收支情况通知受益人,以保护受益人利益。

根据英美信托法,信托人无须将信托的存在或信托的内容告知受益人,但是受托人却有这一义务。美国特拉华州最高法院曾判定,未将信托的存续及其分配条款告知一位受益人的受托人违背了信义义务。虽然这个信托是任意性信托,受托人完全有权不向该名受益人分配信托利益,然而由于受托人没有向该受益人披露信托的存在,因此法院判定,受托人应向其分配一定的信托利益。[①] 可见,受托人的初始披露义务范围包括:信托的存在、信托的来源、信托的名称;受益人利益的范围和性质(比如是现时利益还是未来利益,是自由裁量利益还是附条件的利益等);受托人的姓名或名称、联系方式以及报酬信息、共同受托人的职责;以及受益人可以获知更多信息的权利,包括要求获得与信托条款相关信息的权利,或者要求信托文件副本的权利等。通常受托人可以将信托文件副本提供给"有代表性的受益人(fairly representative beneficiaries)",作为信托管理之始的初始信息披露的内容。"有代表性的受益人"通常是指,当时有权或者有资格收取信托收益或者原物分配的受益人。[②]

当受益人的身份有重大变化时,受托人有义务通知受影响的受益人。受托人有义务通知有代表性的受益人有关受托人的变动以及其他有关信托及其管理的重大变化,尤其是受益人为保护自己的利益需要知道的重要信息,受托人有义务将信托的重大发展或将要进行的重大交易向受益人披露。受托人还有义务及时回复任何受益人有关信托及其管理的信息的问询,并允许受益人基于合理理由检查信托文本、记录和财产持有情况。[③] 但是上述义务不适用于可撤销信托的受托人。当信托人仍然在世且有行为能力时,以及信托条款依法对这些义务作出变更时也不适用。[④] 受托人有义务行使合理判断以确定何时提供、向谁提供以及提供什么信息。

这种信息披露义务并不要求受托人对所有的受益人披露信息,而只须对有限的受益人披露才更合理、公正以及充分。例如,当受托人有自由裁量权决

[①] See McNeil v. McNeil, 798 A.2d 503 (Delaware 2002).

[②] 参见美国《信托法第三次重述》第82条评注。

[③] 参见美国《信托法第三次重述》第82条。

[④] 同上。

定受益人的受益权时,就不必对所有受益人披露信息。① 在其他时候,受托人只要对"有代表性的受益人"披露信息即可。值得注意的是,前述特拉华州的McNeil v. McNeil 案的判决与此相反。另外,还需要注意,信息披露并不意味着受益人被赋予了对受托人行动的否决权,但可能赋予受托人以懈怠或者超过诉讼时效为理由的抗辩权。同样,我国《信托法》第 33 条规定了受托人的保密义务以及信息披露义务,需要保密的内容包括信托事务的情况和资料,而需要披露的内容是有关信托财产的管理运用、处分及收支情况,披露对象包括"委托人"和受益人。这再次体现我国信托法对信托人的重视,以及没能对信托人去世后信托仍然存在的情形加以考虑的缺憾。

(五) 受托人的请求与抗辩义务

受托人的一般管理义务还包括代表信托提起请求、诉讼或进行抗辩的义务。受托人应采取合理的步骤执行信托的请求权,并对针对信托的请求权提出抗辩。② 在履行该职责时,谨慎的受托人应当考虑胜诉的可能性以及诉讼和执行的成本。如果诉讼成本太高,则应放弃。如果受托人没有正当理由拒绝对第三人提起诉讼,受益人有权提起派生诉讼。③ 我国信托法对此没有规定,笔者暂时没有提出增加相关条款的建议,但是将来也需要对此予以考虑。

五、受托人义务的豁免

受托人义务之重,很容易导致受托人不堪重负,从而不愿意担任受托人。后来信托人尝试将某些受托人义务予以豁免。由于信托条款是受托人履行职责的基本标尺,因此信托人可通过信托条款的规定豁免受托人的部分义务。豁免受托人义务必须是信托人的真实意思表示。倘若出现欺诈、胁迫、重大误解、显失公平等情形,则豁免义务的信托条款无效。倘若信托条款由受托人起草或提供,则须向信托人解释其性质和后果,否则信托人很可能无法注意到其中的漏洞,豁免义务的信托条款也无效。另外,信托人只可以豁免受托人的部分义务。对于受托人的谨慎义务、忠实义务、公平义务和必须为受益人的最大利益行事的义务是信义义务的基本要求,属于法定信义义务,不得豁免。因此

① 参见美国《信托法第三次重述》第 50 条评注 f。
② 参见美国《统一信托法》第 811 条。
③ 参见 In re Blumenkrantz, 824 N.Y.S.2d 884（Sur. 2006）;又见《信托法第二次重述》第 282 条评注 e。

建议在《信托法》中增加有关受托人义务的豁免的条款①：

> 信托人可以通过信托条款豁免受托人的部分义务。
>
> 基于受托人或者第三人的欺诈、胁迫，信托人的重大误解，或者受托人利用信托人处于危困状态、缺乏判断能力等情形而强行设定的豁免受托人义务的信托条款无效。
>
> 受托人起草或提供的豁免受托人义务的信托条款推定无效，除非受托人对信托人如实说明并解释其性质与后果。
>
> 除非本法有特别规定，受托人的谨慎义务、忠实义务、公平义务和必须为受益人的最大利益行事的义务不得豁免。

六、受托人的责任及其豁免

受托人的义务与责任是两件事情。受托人负有信义义务，须依据信托条款的约定和法律的规定履行管理信托和分配信托财产的职责。受托人因违背信义义务、履行信托职责不当致使信托财产受到损失的，受托人应承担相应的责任。受托人的责任包括恢复原状和予以赔偿。一般来说，可由有权监督信托的信托关系人提出请求。信托关系人通常包括信托保护人、受益人或可撤销信托的信托人。有时，即使受托人没有违背信义义务，也有可能因为受托人的地位而承担责任。因此，受托人的责任包括受托人在没有违背信托（没有违背信托目的和信义义务）时应负的责任与受托人违背信托时应负的责任。由于受托人本质上可以分为两个"人"②，一个是代表其自身的"人"，另一个是代表信托受益人的法律拟定的"人"③——后者即是"职能机构"或"职位"，受托人承担责任时，是以其个人身份承担责任还是以其职能（代表）身份承担责任必须明确。

（一）受托人未违背信托时的责任

在受托人没有违背信托时，传统英美信托法规定，受托人对信托财产的债

---

① 参见本书第三章第二节《中华人民共和国信托法》（修订建议稿）第 82 条。

② 这里的"人"系指民事主体，既包括自然人，也包括法人及其他非法人组织。

③ See Henry Hansmann & Ugo Mattei, *The Functions of Trust Law: A Comparative Legal and Economic Analysis*, 73 N.Y.U. L. REV. 434 (1998).

权人负有个人责任,清偿后有权从信托财产中得到偿付。① 然而这一古老的
规则已被新的规则取代。现在,针对信托财产有请求权的债权人可以直接从
信托中获得偿付,针对受托人个人不再有请求权。② 当然,受托人个人的债权
人对信托财产也没有请求权。③ 受托人对于在信托管理中签署的合同只有在
以下情况下才承担个人责任:(1) 受托人签署该合同的行为违背了信托条款
的规定;或者(2) 受托人的代表身份未被披露且第三人不知晓;或者(3) 合同
约定由受托人承担个人责任。对于在信托管理中的侵权行为,或者因受托人
对信托财产的所有权或者控制权而发生的债,只有当受托人个人有过错时才
需要承担个人责任。④ 换言之,现代信托法认为,受托人未违背信托时,无须
承担个人责任;只有当受托人违背信托时才需要承担个人责任。

从表面上看,传统英美法针对未违背信托的受托人也施加了个人责任,虽
然承担责任后可以从信托财产中得到偿付,但是大陆法系国家和地区较难以
接受,因此,日本 2006 年信托法允许信托人设立一种有限责任信托,这类信托
必须注册为“有限责任信托”,并在信托文件中注明受托人只承担有限责任。⑤
这种有限责任信托将受托人的责任限定在信托财产的价值范围内,⑥受托人个
人不承担信托的责任,而仅仅有责任以信托财产履行信义义务。除了侵权责任
外,受托人的其他财产将不受信托的债权人的追索。⑦ 具体而言,这种有限责任
信托是指在信托合同中规定受托人对信托的所有债务仅以信托财产为限负履行
责任,第三人不得强制执行受托人的固有财产。但受托人对信托事务的处理有
故意或重大过失时,受托人仍应对第三人所造成的损害承担损害赔偿责任。⑧
这与受托人仅在违背信义义务时才承担个人责任的现代英美信托法一致。这种
做法是为了鼓励更多的个人和机构承担受托人职责,不用担心因此会承担个人

① See Scott, Austin Wakeman, Fretcher, William Franklin & Ascher, Mark L., SCOTT AND ASCHER ON
TRUSTS (5TH ED.) §§ 26.1 - 26.7 (Aspen Publishers 2006).
② 参见美国《信托法第三次重述》第 105—106 条。
③ 参见美国《统一信托法》第 507 条。
④ 参见美国《信托法第三次重述》第 106 条。
⑤ 参见日本《信托法》第 21(2)条。
⑥ 参见日本《信托法》第 2 条。
⑦ 参见日本《信托法》第 217 条。
⑧ 参见日本《信托法》第 2、216、217、247、224 条。

责任。同时,为了保护债权人的利益,法律要求这一类信托必须登记以达到公示效果。这种改革是为了将信托作为一种商业组织供企业选择。然而,这种新型信托在日本似乎并没有很多,有学者认为这是因为信托法的管制太严格。①

我国台湾地区有关信托的规定则认为受托人按照信托文件,为受益人的利益管理或处分信托财产,故信托财产的利益或损失应归属于受益人。因此我国台湾地区所谓"信托法"第 30 条规定:"受托人因信托行为对受益人所负担之债务,仅于信托财产限度内负履行责任。"这说明受托人对受益人的责任亦为有限责任。至于受托人因管理不当或其他违背信义义务的事由,导致信托财产减少而损害受益人时,受托人仍应以自己的固有财产赔偿,对受益人或信托人负无限责任。②

然而日本和我国台湾地区有关受托人的责任仅限于信托财产限度内的规定是只对受益人的债务而言的。至于对受益人以外的第三人所负的债务,因信托财产并非法人,无法适用有限责任原则,因此受托人应就其因处理信托事务而对第三人所负的债务负责,若信托财产无法清偿,第三人可以向受托人的固有财产提出请求。③ 我国台湾地区的所谓"信托法"第 39 条规定,受托人就信托财产或处理信托事务所支出的合理税费等或负担的合理债务,可以以信托财产抵充。如果信托财产不足以清偿时,除信托文件另有规定,受托人可以向受益人请求补偿或清偿债务或提供相当的担保。④

综上,日本和我国台湾地区有关信托的规定中受托人的有限责任只是针对信托受益人而言,对于信托本身的债务仍需承担个人责任。反观英美信托法,其传统规则是受托人对信托本身的债务需要承担个人责任,而现代规则要求信托的债权人只对信托有追索权,对受托人本人没有追索权。有学者认为日本的有限责任信托是对英美信托的改革和进步,事实上英美传统信托法一直不曾要求受托人在未违背信托的情况下以个人财产向受益人偿付,其个人责任只是针对信托的

---

① See Makoto Arai, *Trust Law in Japan: Inspiring Changes in Asia*, 1922 and 2006, in Lusina Ho & Rebecca Lee, Trust Law in Asian Civil Law Jurisdictions — A Comparative Analysis 43 (Cambridge University Press 2013).

② 参见王志诚:《信托法》(第四版),台湾五南图书出版股份有限公司 2015 年版,第 246 页。

③ 同上书,第 246—247 页。

④ 参见我国台湾地区所谓"信托法"第 39—40 条。

债权人而言,并且现代英美信托法目前已经禁止信托的债权人向受托人追索,这样看来,日本的《信托法》和我国台湾地区所谓的"信托法"中有关受托人有限责任的规定不仅没有比传统英美信托法先进,反而比现代英美信托法落后了。

相比而言,我国信托法对此的规定与英美法较一致:"受托人以信托财产为限向受益人承担支付信托利益的义务。"[1]当受托人违背了管理职责,或者处理信托事务不当因而对第三人负有债务,或者因此自己遭受了损失时,此时的债务或损失应以受托人的固有财产承担。[2]

可见,在受托人未违背信义义务时不对信托的受益人和债务人承担个人责任这个问题上,英美法系国家和地区与采纳信托法的部分大陆法系国家和地区的做法基本一致。

(二) 受托人违背信托时的责任

违背信托是指受托人违背了信托目的和信义义务。确定受托人的行为是否构成违背信托非常重要。受托人管理信托时没有违背信义义务,因管理信托而取得的任何收益都须归入信托,而对信托财产的损失、贬值,或者没能取得更高收益等不负责任。[3] 而违背信义义务的受托人则须对因此给信托造成的损失承担个人责任。在美国,私人信托的受托人违背信托,有权针对受托人提起诉讼的,可以是受益人、共同受托人、继任受托人,或者一个或者多个受益人代表,有信托保护人或者其他信托监督人的,提起诉讼的可以是信托保护人或者其他信托监督人。针对公益信托的受托人违背信托提起诉讼的,是各州的检察长或者其他适当的公职官员,或者共同受托人、继任受托人,或者信托人,或者与执行信托有特殊利益的人。[4]

违背信义义务的受托人所应承担的责任,与受益人所应取得的救济,是同一件事情的两个方面。大陆法系的信托法多强调受托人的责任,而英美法系的信托法则多注重救济。有关受益人的救济问题在本节第六部分具体阐述,这里只从受托人的责任角度进行分析。

从受托人的责任方面看,如果受托人违背了信托,则需要:(1)将信托财

---

① 参见我国《信托法》第 34 条。
② 参见我国《信托法》第 37 条。
③ 参见美国《信托法第三次重述》第 99 条。
④ 参见美国《信托法第三次重述》第 94 条。

产及其利益恢复到违背信托之前的情形,并且对于没有违背信托的情况下信托财产经过适当管理将会产生的收益负责;(2)交出因违背信托而从中取得的个人利益。[①] 受托人因违背信托而产生的责任不能与受托人因从事其他不当行为而产生的利润相抵消,除非导致损失的不当行为与产生利润的不当行为构成同一个违背信托的行为。[②] 如果两个或两个以上受托人都对违背信托承担责任,则他们承担连带责任,在承担责任之后可以根据过错程度互相追偿。恶意违背信托的受托人没有追偿权,除非被追偿的受托人也恶意行事。从违背信托中取得个人利益的受托人在其取得个人利益的范围内无追偿权。[③]

我国信托法也规定,受托人利用信托财产为自己谋取利益的,须交出非法所得利益,将其归入信托财产。[④] 然而,当受托人将信托财产转为其固有财产或者将其固有财产与信托财产进行交易的,或者将不同信托人的信托财产进行相互交易时,法律却只要求受托人承担损害赔偿责任。如果信托财产没有损失,则不要求他们交出非法所得利益。[⑤] 韩国修订后的信托法则规定,即便信托财产没有遭受损失,违背义务的受托人也应当将非法所得交出。[⑥]

受托人违背信义义务的另一个后果是受托人的报酬会被取消,受托人会被解任。根据传统英美信托法,法院只能因受托人违背信托而解任受托人,以此作为一种信托的救济。现代法律中,解任受托人更容易。例如,美国《统一信托法》规定,当解任受托人系为受益人的最佳利益,且不与信托人的实质性目的相违背,那么只要所有受益人同意即可解任受托人。

鉴于上述分析,建议在《信托法》中增加以下条文[⑦],明确受托人的责任:

受托人因违背信义义务、履行信托职责不当致使信托财产受到损失的,信托保护人、受益人或者可撤销信托的信托人有权要求受托人恢复信托财产的原状或者予以赔偿。

---

① 参见美国《信托法第三次重述》第 100 条。

② 参见美国《信托法第三次重述》第 101 条。

③ 参见美国《信托法第三次重述》第 102 条。

④ 参见我国《信托法》第 26 条("受托人……利用信托财产为自己谋取利益的,所得利益归入信托财产。")。

⑤ 参见我国《信托法》第 27—28 条。

⑥ 参见韩国《信托法》第 43 条。

⑦ 参见本书第三章第二节《中华人民共和国信托法》(修订建议稿)第 48 条。

另外,笔者还建议对机构受托人的职员所应承担的责任加以规定。虽然目前《信托法》对此没有规定,但是应借鉴我国《公司法》对公司的控股股东、实际控制人、董事、监事、高级管理人员所施加的法律责任的规定。① 机构受托人的职员在损害信托利益和信托债权人利益的情形下,也应与法人受托人承担连带损害赔偿责任,这样有助于稳定信托的运营和维护受益人的利益。因此建议增加如下条文②:

> 机构受托人的控股股东、实际控制人、董事、监事、高级管理人员或者具有相当职务的其他职员违背信义义务管理信托财产或者分配信托利益,致使信托财产受到损失的,机构受托人承担责任。

> 机构受托人承担责任之后,可以要求有过错的控股股东、实际控制人、董事、监事、高级管理人员或者具有相当职务的其他职员根据其过错比例分担责任。

(三) 受托人的责任豁免

违背信义义务的受托人需要承担责任。然而,受托人经常希望免除自己的责任,而信托人甚至受益人也经常愿意免除受托人的全部或者部分责任,因为传统信托的受托人都是信托人非常信任的人,即便现代信托的受托人更多的是信托机构,也是信托人挑选出的认为是值得信任的机构,因此受托人的责任豁免在所难免。那么法律是否允许免除受托人的责任呢? 下面针对几种不同情形进行分析。

1. 信托文件中的免责条款

信托文件中有时会有免除受托人责任的免责条款。如果免责条款是由信托人写进信托文件的,早期英美判例法一般承认其效力,除非信托人在撰写信托文件时受到欺诈、胁迫或不当影响等。虽然免责条款系由受托人写入,但在写入该免责条款时受托人滥用了其与信托人之间的信任关系,则该免责条款无效。③ 后来有些法院放松了标准,认为由受托人起草的信托文件中如果有免责条款,要看受托人有没有提请信托人注意该免责条款并向后者解释该条

---

① 参见《中华人民共和国公司法》第21—23条。
② 参见本书第三章第二节《中华人民共和国信托法》(修订建议稿)第49条。
③ See Marsman v. Nasca, 573 N.E.2d 1025 (Mass. App. 1991).

款的法律后果,如果没有的话则该免责条款无效。① 这种类似于对待格式合同的原则后来被《统一信托法》采纳。② 根据该统一示范法,如果含有免责条款的信托文件是由信托公司提供的格式版本,或者由受托人主导将该条款包含到信托文件中,那么该免责条款推定无效。上述推定可以经受托人反驳抗辩而被推翻。受托人的抗辩理由包括,信托人充分理解该条款的性质并自愿同意。但是,如果在签署信托文件时信托人聘请了独立的律师,即便信托文件系由受托人提供,也会认为信托人已理解并自愿同意签署该文件,因为向信托人的律师披露免责条款就等于向信托人作了披露。③

在其他情况下是否可以通过信托条款任意免除受托人的责任呢? 比如,信托条款规定:受托人的所有行为均不受法院审查。美国特拉华州法院认为,这种完全免除受托人责任的条款无效,并认为,对受托人不施加任何法律约束义务的信托只是用了信托之名,其本质是绝对的财产让与。④ 对此,美国的判例法确认的规则是:即便免责条款有效,以下责任也不可豁免:(1)受托人因恶意,或者漠视其作为受托人的信义义务、信托条款、信托目的,或者受益人的利益而违背信托产生的责任;(2)因违背信托而获得的利益的归入责任。换言之,即便免责条款被充分披露给信托人,也不能在受托人恶意违背信托或忽视受益人的利益、漠视信托条款及信托目的时,免除受托人的责任。⑤

为防止受益人追究受托人的责任,有时信托条款中还可能包含一个无争议条款(no-contest clause),规定,一旦受益人对信托提出任何异议,则该受益人将失去受益人身份。比如,受益人可能会对信托的有效性提出异议,理由可能包括信托人缺乏行为能力、信托文件的签署有缺陷或者系伪造,或者信托因受欺诈、不当影响或者以其他不当方式设立等,受益人还可能作为债权人针对信托提出请求权。或者当信托人想将某财产作为信托财产时,受益人却主张该财产为其所有。如果信托条款规定一旦发生上述情况,受益人将失去受益

② 参见美国《统一信托法》第1008(b)条:"由受托人起草或者由受托人推动起草的免责条款因滥用信义或信任关系而无效,除非受托人能证明该免责条款在当时的情况下是公平的,并且其存在与内容已经充分传达给信托人。"《信托法第三次重述》第96条评注d中亦有类似内容。
③ 参见美国《统一信托法》第1008条的评论。
④ See McNeil v. McNeil, 798 A.2d 503 (Del. 2002).
⑤ 参见美国《信托法第三次重述》第96条及其评注c;又见美国《统一信托法》第1008(a)条。

人身份,则这个条款就是无争议条款。英美法院一般承认该条款的有效性,只要该条款不影响对信托的执行或者适当管理即可。①

2. 受益人免除受托人的责任

受益人也可以事先同意、事后追认或者豁免受托人因作为或不作为而构成违背信托的责任,但前提是在作出同意、追认或豁免声明时,受益人有行为能力,或者依法被代理,且当时受益人或者其代理人不仅知道受益人的权利,还了解受托人知道或者应该知道的与免责事务有关的所有重要事实及其意义,并且未受受托人的不当行为诱使。② 受益人一旦作出免责声明,事后不可再要求受托人承担责任。

3. 依法院指示免责

英美信托的受托人为避免违背信义义务,可以在行事之前取得衡平法院的指示。这被认为是英美信托法的一个显著特征。如果对于受托人的权力或义务有合理疑惑,或者对于信托条款的解释有争议,受托人(也包括受益人)可以申请法院就信托的管理或分配给予指示。③ 申请指示的范围可以包括:受益人的身份、受益人的利益的性质和范围、信托财产的收益与原物之间的收支比例分配,以及信托终止时受托人的分配计划是否合适等。依法院指示行事的受托人不承担因此而产生的责任。对此,日本信托法也有类似的规定。④

4. 我国信托法的规定

我国信托法目前并未明确规定信托文件是否可以免除受托人的全部或部分义务与责任。事实上,我们目前已有的信托文件都是由受托人起草的,受托人当然有动力在文件中免除自己的责任。我们也应借鉴英美信托法,不能允许受托人免除自己的所有义务与责任。有些关乎信托本旨的受托人义务,比如受托人为且仅为受益人利益管理信托的义务,以及基本的谨慎义务无论何时都不应被允许免除,一旦违背必须承担相应的责任,否则信托的有效性就应被质疑。建议在《信托法》中增加有关受托人免于承担赔偿责任的条款⑤:

---

① 参见美国《信托法第三次重述》第 96 条。

② 参见美国《信托法第三次重述》第 97 条。

③ 参见美国《信托法第三次重述》第 71 条。

④ 参见日本《信托法》第 66—69 条。

⑤ 参见本书第三章第二节《中华人民共和国信托法》(修订建议稿)第 81 条。

受托人在下列情形下可免于承担赔偿责任：

（一）受托人的行为符合信托条款规定的免责情形；

（二）受托人的行为是听从或者依赖信托保护人、信托指示人或者其他信托监督人的决定而作出的，除非受托人知道或者应当知道信托保护人、信托指示人或者其他信托监督人在作出决定时违反法律、行政法规或者违背其信义义务；

（三）受益人、可撤销信托的信托人对受托人违背信义义务的行为事先表示同意或事后予以追认的。

第一，受托人在履行信托职责时应履行信义义务，否则应承担赔偿责任，但这种赔偿责任可以通过约定的方式予以免除。信托条款是受托人履行信托职责的基本标尺，因此信托人有权通过信托条款的规定免除受托人的部分行为责任。

第二，信托保护人和信托指示人等同样负有信义义务，其中信托保护人有权影响受托人处理信托事务；信托指示人可对信托事务发出指示。如果受托人的行为是听从或者依赖信托保护人、信托指示人或者其他信托监督人的决定而作出的，则除非受托人知道或者应当知道其作出决定时违反法律、行政法规或者违背其信义义务，否则受托人可以免责。

第三，在不可撤销信托中，信托绝对独立于信托人，受托人为受益人的利益履行信托职责，倘若得到受益人的认可，则受托人对于违反信托的行为可免除赔偿责任。在可撤销信托中，可撤销信托的信托人保留对信托的控制权，故受托人倘若得到可撤销信托的信托人认可，其违反信托的行为可免除赔偿责任。

七、信托救济理论

如本书绪论所言，将受托人与受益人划进同一个圈内，如果信托财产的损失是圈外人造成的，那么受托人有法律（普通法）上的权利代表信托对圈外人进行追索；如果信托财产的损失是受托人（圈内人）造成的，那么受益人有衡平法上的权利对受托人进行追索。如果将英美法语境下的普通法的权利与衡平法的权利解释为管理权和收益权，可以说当圈外人（第三人）损害了信托利益，受托人有权追索，而当圈内人（受托人）损害了信托利益，受益人有权追索。本部分主要讨论第二种情况，即受益人针对受托人对其信托利益所造成的损害所能得到的救济。如前所述，对受益人的救济与对受托人的责任追究是同一件事情的两个方面。本部分从救济的角度分析受托人的责任。在这方面,英美法的追踪制度和推定信托制度比较有特色,二者事实上互相关联,凡通过追踪寻到的财产往往被认定为以推定信托的形式持有,以此保护受益人的利益。

(一) 信托财产的追踪

受托人因其违背信托职责、违背信义义务而应对受益人作出的救济在英美法框架下是一种衡平法救济,而取得衡平法救济的前提是普通法救济(金钱赔偿)不足以补偿受益人的损失。在信托纠纷中,衡平法救济主要包括原物返还、将信托财产恢复至受托人违背信义义务进行分配前的状态、将受益人的情况恢复至受托人违背信义义务之前的状态,以及没收受托人因违背信义义务所取得的任何收益。根据英国信托法,一旦受托人违背了信义义务,受托人不仅需要赔偿因此而带来的损失,其所得的任何利益也要悉数没收。① 事实上,没收所得收益的做法被广泛采纳。即便受益人没有蒙受损失,甚至受益人有可能获得了收益,受托人也应当承担交出所得利益的责任。如果受托人不当处置了信托财产,则信托财产的形态有可能发生变化,然而,只要可以追踪到信托财产,那么受益人即可对其行使对物权。②

英美财产法中的追踪理论包括两种情况:一种是 following,一种是 tracing。两者都是当受托人将信托财产不当处置给第三人时,受益人有权追回被不当处置的信托财产的救济措施,但前者是追踪被不当处置的原始信托财产原物,要求第三人返还并将其恢复原状,而后者是指当被不当处置的信托财产原物的形态转换后,追踪其发生形态变化后的财产,要求第三人返还。这种救济经常被认为是一种物权救济,与债权救济相对。换言之,受益人的这种权利是一种对物的权利,或者至少是一种与债权不同的权利。

在英美法实践中,信托财产被不当处置后其形态有可能发生变化,而根据追踪理论,只要能追踪到被不当处置的信托财产,无论其形态是否发生了变化,也无论

---

① See Regal (Hastings) Ltd. V. Gulliver [1942] 1 All ER 378, in Lusina Ho and Rebecca Lee, *Emerging principles of Asian trust law*, in Lusina Ho & Rebecca Lee, Trust Law in Asian Civil Law Jurisdictions — A Comparative Analysis 271 (Cambridge University Press 2013).

② See Foskett v. McKeown [2001] 1 AC 102 at 127 (per Lord Millett), in Lusina Ho and Rebecca Lee, *Emerging principles of Asian trust law*, in Lusina Ho & Rebecca Lee, Trust Law in Asian Civil Law Jurisdictions — A Comparative Analysis 276 (Cambridge University Press 2013).

发生了什么变化,受益人都有权要求持有人将其归还给信托,除非持有人是已经为其支付了对价的不知情购买人。其实这与大陆法系的物权法的规定异曲同工。

在受托人将信托财产与其个人财产或者其固有财产相混同的情况下,如何识别信托财产成为难题。英美法的追踪理论进一步细化了具体情形。例如,受托人将信托财产与其个人财产混合在一起购买股票,根据追踪理论,如果这笔投资升值,那么算作信托财产的升值;如果这笔投资贬值,则算作受托人个人财产的贬值。

(二) 信托关系的推定

追踪原则不仅可以适用于信托人自愿设立的信托,还可以适用于非因信托人自愿设立的信托。例如,无权处分财产者将财产据为己有或者不当处置给他人从而谋取私利,此时财产的真正权利人可以请求法院推定,在真正权利人与无权处分者之间成立信托关系。前者作为信托人和受益人,后者作为受托人,后者为前者的利益管理、处分财产,因此后者对前者负有信义义务,如果后者不当处置了信托财产,受益人有权请求救济。这种信托关系被称为推定信托。① 同样,在受托人违背信义义务将信托财产不当处分的情况下,传统英国法规定,受托人有责任将所获利益及用该利益所购买的资产作为受益人的利益,以推定信托持有。② 换言之,如果受托人不当处置了信托财产,只要可以追踪到信托财产,那么受益人即可以留置权或推定信托的方式对其行使对物权,除非受让人是善意第三人。③ 这时第三人甚至被称为推定信托的受托人,如果第三人破产,则该财产仍然是信托财产,不受其个人债权人或继承人的追索。因此,英国信托法赋予受益人的这种权利是一种对世权。④ 美国法

---

① 有关推定信托,本书第一章第一节第四部分有简略介绍。

② See Attorney General for Hong Kong v. Reid［1994］1 AC 324, in Lusina Ho and Rebecca Lee, *Emerging principles of Asian trust law*, in Lusina Ho & Rebecca Lee, TRUST LAW IN ASIAN CIVIL LAW JURISDICTIONS — A COMPARATIVE ANALYSIS 271, fn. 54 (Cambridge University Press 2013).

③ See Foskett v. McKeown［2001］1 AC 102 at 127 (per Lord Millett), in Lusina Ho and Rebecca Lee, *Emerging principles of Asian trust law*, in Lusina Ho & Rebecca Lee, TRUST LAW IN ASIAN CIVIL LAW JURISDICTIONS — A COMPARATIVE ANALYSIS 276 (Cambridge University Press 2013).

④ See Lusina Ho and Rebecca Lee, *Emerging principles of Asian trust law*, in Lusina Ho & Rebecca Lee, TRUST LAW IN ASIAN CIVIL LAW JURISDICTIONS — A COMPARATIVE ANALYSIS 272 – 276 (Cambridge University Press 2013).

也承认这种情况下的推定信托,以防止受托人获得不当得利。[①]

　　究其实质,推定信托并非一种由信托人自愿设立的信托,根据英国法是一种默示信托,而根据美国法,它是法院为主持公平正义,避免无权处分者的不当得利,而授予财产所有人的一种救济措施。由于信托法可以在受益人不拥有财产所有权的情况下最大限度保护财产所有人的利益,因此适用信托法原理解决这种纠纷最为合理也最为有效。由于信托纠纷不受诉讼时效限制,很多国家和地区将推定信托理论用于官员贪腐案件中,将腐败官员贪污受贿的原物和收益一并追回。对此我国也可以借鉴。

　　大陆法系国家和地区一般不采用推定信托的方式为受益人提供救济,而是允许受益人行使撤销权。我国《信托法》规定,受托人违反信托目的处分信托财产时,受益人有权申请法院撤销该处分行为,并有权要求受托人恢复信托财产的原状或者予以赔偿。[②] 同时,该法还规定,如果受托人经营信托财产得到了收益,无论是合法经营所得还是非法经营所得,收益均作为信托财产的一部分。[③] 这说明我国法律也有承认推定信托的基础。

第五节　信托的监督机制

　　英美信托制度之所以成功,其中一个重要原因是受托人与受益人之间存在着一种紧张关系。一方面,受托人有义务为受益人的最大利益行事;另一方面,受益人虽是受托人天然的监督人,却不得将自己的意愿强加于受托人,受托人有权独立决定如何管理信托财产。这种设置在家族信托中特别关键,因为这样,受托人才能为了所有受益人的利益进行独立的判断,同时又能保证对信托财产进行适当投资并加以保护,从而履行自己的职责。我国信托制度中的这种紧张关系却存在于信托人与受托人之间,而非受托人与受益人之间,因

---

① See Sitkoff & Dukeminier, WILLS, TRUSTS, AND ESTATES (10TH ED.) 396 (Wolters Kluwer Law & Business 2017).

② 参见我国《信托法》第49、22条。

③ 参见我国《信托法》第14、26条。

为我国信托法授予了信托人保留信托财产的所有权以及监督受托人的权力，信托人甚至可以撤销受托人，因此受托人对信托人负有义务。虽然受益人也被赋予了与信托人一样的监督受托人的权力，然而信托人并没有为受益人的最大利益行事的义务，这样，在信托人与受益人之间也存在着一种紧张关系，当信托人与受益人之间出现不同意见时，需要向法院寻求解决办法。

　　信托的监督人是指有权保障信托被执行者。纵观各个国家和地区的信托制度，基本都认为受益人是受托人天然的监督人。然而，受益人可能不特定、属于高龄、年幼或者尚不存在，无法或者没有能力行使监督职能，或者受益人为多数，无法作出意思表示。为制衡受托人的权限，避免受托人违背信义义务、滥用或逾越权限的事情发生，保障受益人的利益及确保信托目的的达成，有必要采取适当的内外结合的监督机制，设置可以代替受益人监督受托人及保护受益人的利益的机关。对此各个国家和地区有不同的做法。英美法系国家和地区因采判例法制度，没有制定法明确规定具体的信托监督机制，所以内涵也不明确。甚至美国的《统一信托法》根本没有提到信托监督人的名称，而只以"有权执行信托者"指代。一些大陆法系国家和地区则在制定法中明确规定了信托监督制度，然而，这些制度的性质也不清晰。仅从名称上看，这些制度属于外部监督机制还是内部监督机制有时也难以确定。

　　笔者以信托监督人的设置依据以及信托监督人是否有权介入信托管理与分配为标准，将信托的监督制度分为外部监督和内部监督两大类。外部监督人指法定的信托监督人。无论监督人的名称为何，只要其因法律规定而设立，独立于信托的三方关系人，无权介入信托管理，一旦发生受托人在履行信托职责过程中违背信义义务、给受益人的利益带来损害或潜在损害的情况，有权制止受托人并以自己的名义提起诉讼，他就是信托的外部监督人。内部监督人指意定的信托监督人。如果监督人的设置依据是信托条款，监督人有权根据信托条款授予的权限监督、制止、纠正受托人在履行信托职责过程中违背信义义务所从事的行为，或者有权介入信托的管理运行，甚至有权对受托人下达指令，以制衡受托人的行为，则其为内部监督人。内部监督人可以是信托人、受托人或者受益人。需要注意的是，正如受益人有权针对受托人提起诉讼一样，内部监督人也有权提起诉讼。

　　虽然英美信托法并未给信托的外部监督人一个特定的名称，只是以"有权

中国信托法重述

执行信托者"指代,但是在翻译时,有些亚洲国家和地区使用了"信托监察人"一词。鉴于"信托监察人"已经成为公益信托中的监督人的名称而为人所熟知,本书用"外部监督人"和"内部监督人"指代上述设置依据不同的两类监督人,而将"信托监察人"一词指代公益信托的监督人,作为内部监督人的一种类型。

一、信托的外部监督

最常见的信托外部监督机制是通过司法体系设立外部监督人。外部监督人一般独立于信托人、受托人和受益人,可以以自己的名义为受益人的利益行使权力。比如美国信托制度允许设立信托的外部监督人对信托的管理进行监督,尤其对于公益信托和没有受益人的目的信托,即设立目的是为了造福于某动物或物的信托,美国《统一信托法》要求各州的检察长担任公益信托的监督人,而对于目的信托,则要求它设置其他人担任的信托监督人来监督信托的执行。① 对于其他私人信托,其外部信托监督人一般由各州检察长担任。如果发现受托人没有依照法律或信托条款行事,则各州的检察长有权向法院提起诉讼。

此外,美国不少州的传统信托法要求衡平法院对信托进行持续监督。《统一信托法》试图减轻法院的负担,规定除非法院如此要求,否则信托不受法院的持续监管。但是法院经利害关系人的申请,或者依法律规定,可以随时干预信托的管理。如果对受托人的权力、义务或者对信托条款的解释有合理疑问,受托人或者受益人可以请求法院就信托的管理或者分配下达指示。② 法院对信托的管辖权包括任何涉及信托管理的事项,例如对信托的管理发出指示或者作出确权决定。③ 在某些情况下法院还可以自行解任受托人,包括如下情形:(1)受托人严重违背信托;(2)共同受托人之间缺乏合作以致严重损害信托的管理;(3)由于受托人不适合、不愿意或者屡次疏于有效管理信托,解任受托人对受益人最有利等。④《信托法第三次重述》也有类似的规定。法院

---

① 参见美国《统一信托法》第 110、408 条。

② 参见美国《信托法第三次重述》第 71 条。

③ 参见美国《统一信托法》第 201 条。

④ 参见美国《统一信托法》第 706 条。

有自由裁量权决定是否解任受托人,但不得滥用该权力。法院既可以经任何受益人、共同受托人或者其他利害关系人的申请解任受托人,也可以自行决定解任受托人。[1] 然而,受益人与受托人之间有矛盾并非解任受托人的理由。

我国法律对于信托的外部监督制度没有明确的规定。

二、信托的内部监督

为制衡受托人的行为,维护受益人的利益,防止因受托人违背信义义务而导致信托受到损失,很多国家和地区的信托制度允许信托人通过信托条款设立内部监督机制,补充和加强受益人对信托执行的监督。信托的内部监督人是指信托人在信托条款中设置的信托监督人。信托监督人的具体职责和监督程序依据信托条款的规定。一般来说,信托监督人可以监督受托人,并对信托管理和分配进行参与或下达指令等。

最常见的内部监督人包括信托监察人、信托保护人、信托管理人、信托指示人、受益人代表、受益人代理、信托监督人[2]等,同时,共同受托人等机制也在事实上起到了信托的内部监督作用。下面对不同国家和地区的内部监督人机制进行考察。

(一) 信托监察人

采纳信托制度的亚洲国家和地区一般采取信托监察人制度。例如,我国台湾地区为保护受益人的利益设置了信托监察人制度。

我国信托法赋予信托人和受益人对受托人进行监督的权利,同时也对公益信托设置了监察人制度。《信托法》强制性要求公益信托设置信托监察人,如果信托文件中没有指定信托监察人,将由公益事业管理机构指定。[3] 2016年的《慈善法》似乎放松了对信托监察人的强制性要求,只是规定,慈善信托的"委托人根据需要,可以确定信托监察人",并对信托监察人的具体职责作了规定:

> 信托监察人对受托人的行为进行监督,依法维护委托人和受益人的

---

[1] 参见美国《信托法第三次重述》第 37 条评注 d 以及第 94 条。

[2] 特指日本的信托监督人。

[3] 参见我国《信托法》第 64 条。

权益。信托监察人发现受托人违反信托义务或者难以履行职责的,应当
向委托人提出,并有权以自己的名义提起诉讼。①

可见,我国公益信托的监察人可以以自己的名义,为维护受益人的利益,
提起诉讼或者实施其他法律行为。② 虽然我国法律对公益信托的信托监察人
有强制性规定,然而对于包括商事信托和家族信托在内的私益信托是否需要
设置类似的信托监督人,却没有提及。为加强对信托的监督,建议将信托监督
人制度扩大到私益信托中。

我国台湾地区为保护受益人的利益也设置了信托监察人制度。我国台湾
地区所谓"信托法"第52条规定:"受益人不特定、尚未存在或其他为保护受
益人之利益认为有必要时,法院因利害关系人或检察官之申请,选任一人或数
人为信托监察人。"其目的是:"当受益人尚未存在或不特定,而信托设立后势
将发生受益权无从归属的浮动状态,为保护将来可得确定的受益人,有必要就
已发生的受益权予以保全。因现行民法体系内没有现成的制度,所以在信托
法中特别规定了信托监察人制度。"③我国台湾地区的部分学者认为,"监察人"
这种说法有待商榷,因为"信托法"中的监察人可以以自己的名义"为受益人为
有关信托之诉讼上或诉讼外之行为",因而认为信托监察人的权限性质应属于管
理权而非监督权。④ 不过,仅从我国台湾地区有关信托的规定上看,设立信托并
不一定需要设置信托监察人,而只是在发生某些特殊情况或者有需要时,才需要
通过法院指定信托监察人。依据我国台湾地区有关信托的规定,信托监察人为
保护受益人的利益而设,因此需要尽到善良管理人之注意义务,⑤其有权行使几
乎所有受益人基于受益权依法所享有的权利,例如撤销权、异议权、监督权、同
意权及终止权等。⑥ 另外,信托监察人有权从信托财产中取得相应的报酬。⑦

---

① 参见我国《慈善法》第50条。
② 参见我国《信托法》第65条。
③ 参见王志诚:"信托监督机制之基本构造——以信托财产评审委员会与信托监察人为中心",《台大法
学论丛》2003年第5期,转引自王志诚:《信托法》(第四版),台湾五南图书出版股份有限公司2015
年版,第270页。
④ 参见王志诚:《信托法》(第四版),台湾五南图书出版股份有限公司2015年版,第272页。
⑤ 参见我国台湾地区所谓"信托法"第54条。
⑥ 参见王志诚:《信托法》(第四版),台湾五南图书出版股份有限公司2015年版,第283页。
⑦ 参见我国台湾地区所谓"信托法"第56条。

因此,我国台湾地区的信托监察人与日本的信托管理人类似,只是名称不同。

(二)信托保护人

在 19 世纪早期,家族信托领域就出现了将权力授予受托人之外的其他人的做法。例如,授予终身受益人以指定权就是一个典型的例子。[①] 虽然目前这种授权第三人的做法已有数百年的历史,然而设置保护人的普及却是在 20 世纪末叶。随着离岸信托从加勒比海到南太平洋的兴起,开始出现这种保护人介入信托事务管理的情形。[②] 20 世纪 70 年代,欧美国家和地区的信托人希望对信托财产掌握更多控制权的呼声越来越高,于是一些离岸国家和地区开始创设这种信托保护人,以参与信托管理,这种做法很快在离岸法域流行起来。至 20 世纪 80 年代,"保护人"这一词汇已经可以同时指代私人信托的保护人和非慈善的目的信托的执行人。

很长时间以来,信托保护人这一名称被用来指代所有可能监督信托执行的职位或个人。然而如前所述,不同国家和地区的信托保护人的内涵并不相同,其是否被视为信义义务人也不清楚。

具体而言,信托保护人(trust protector)是指,由信托文件创设的一个与受托人不同的职位,位于保护人职位者有权参与信托的管理或者信托财产的分配,也有权决定任命或解任受托人。信托保护人既可以是个人,也可以是公司。一个信托可以设置多个保护人,一般法律对保护人的资质并无特别限制。有些国家和地区禁止受托人担任保护人。例如,巴哈马和根西岛的信托法就明确规定,保护人不能是持有信托财产的人。但是也有些国家和地区,比如安圭拉、伯利兹、库克群岛、毛里求斯、尼维斯、圣文森特岛和格林纳丁斯等,允许受托人担任保护人。在后一种情况下,保护人和受托人虽然可能由同一人担任,但二者的职责范围仍然不同。通常保护人的职责是自主行使信托所授予的权力。有时保护人的职责也可以仅仅是具有消极权利而没有积极权利,比如有权从受托人处定期取得与信托资产的投资相关的信息,但是并无权解任受托人。这样的保护人可以作为受托人与信托人或受益人之间信息传达的通道。[③]

---

① See Andrew Holden, TRUST PROTECTORS 9 (Jordan Publishing Ltd. 2011).

② See Donovan Waters QC, Foreword 1, in Andrew Holden, TRUST PROTECTORS (Jordan Publishing Ltd. 2011).

③ See Andrew Holden, TRUST PROTECTORS 2 – 6 (Jordan Publishing Ltd. 2011).

晚近以来,从离岸信托发展起来的信托保护人制度开始逐渐被英美法系国家和地区的国内信托接受。英美信托的保护人一般不是受托人,但可以是受益人或者信托人。不过实务中的信托保护人经常既不是受益人也不是信托人,而是受信托人信任的顾问或朋友或者第三人。信托保护人的授权可以很宽泛,也可以具体到变更受托人或者变更信托管理地。具有宽泛授权的保护人可以终止信托,可以为税收目的、改善管理或其他实现信托人的目的或者受益人的最佳利益而明确或变更信托条款,还可以增加或去除受益人,或者重新安排他们的受益权等。由于保护人的种类和目的各种各样,其拥有的权力也种类繁多,因此,有关保护人的作用与义务的性质很难概括,在什么情况下信托保护人是信义义务人也不清楚。在美国很少有有关信托保护人的诉讼案件上诉到上诉法院,因此有关保护人及其类似角色的概念与原则在法律上的发展几乎停滞不前。对于保护人信义责任的解释困难与日俱增。然而确定无疑的是,保护人持有的是一种或多种可以影响到受托人处理信托财产的权力。根据信托条款中表达出来的信托人的意愿以及当时的情况,这种权力可能是一种个人权力,也可能是信义权力。英美法院的态度一般是促成而非挫败信托人的意愿,无论基于政策还是基于实践,只要信托人的意愿不与信托法的强制性规则相矛盾即可。一般而言,除非信托人有明确的相反意愿,保护人的权力一般被认为是以信义义务人的身份持有,即便不如受托人那般严格。《信托法第三次重述》认为,保护人的地位应该与受托人类似。[1]

保护人不能取代受托人。通常,保护人的授权只会影响到信托管理的内部关系,比如任命或解任受托人。但是,事实上对保护人的权力并无固定的限制,因此,保护人也可以控制或者影响信托财产的投资与管理。保护人还可以取得处分权,比如指定权等。[2] 信托法本身并不要求设置保护人,信托只要有受托人和受益人即可存续。然而,由于信托保护人的灵活性及其功能范围之广,因此设置信托保护人成为离岸信托的一个共同特征。

英美信托中信托人的权力在信托设立之后基本上就消失了,而在大陆法系国家和地区,信托人的权力或多或少地保留,因此信托保护人在大陆法系国

---

① 参见美国《信托法第三次重述》第64条(报告人评议 b-d)。

② See Andrew Holden, TRUST PROTECTORS 6 (Jordan Publishing Ltd. 2011).

家和地区的需求可能并不像英美法系国家和地区的需求那么大。如果将来设立信托的目的从短期的投资理财或融资发展到代际传承或税务策划,则如何做到破产隔离和合法避税就成为一个重要问题。此时,信托人仍然掌握对信托财产的权力会挫败上述目的,而由第三人作为信托保护人的做法或许可以避免这种结果。

第三人担任信托保护人也可能出现违背信义义务的结果。英属维尔京群岛的东加勒比最高法院于 2021 年 7 月 20 日判决了一个耐人寻味的案子,事关我国某企业已故高管的海外信托,可能涉及国有资产。该信托除了有受托人外,还设定了信托保护人,且信托保护人被赋予了较大的权限。[1] 在判决书中,法官针对担任信托保护人的一位律师的行为作出了附带点评,[2]导致该判决书传入国内后,虽然该律师并非案件当事人,却吸引了几乎所有人的注意,让大家对信托保护人这一角色开始关注起来。由于此判决与之前国内法院的判决结果截然相反,且判决尚未生效,有关当事人是否会继续上诉尚未可知,因此在透彻研究相关证据之前不宜过多置评,然而信托保护人问题因此案而备受关注却无疑是一件好事。比较其他国家和地区的信托法实践,笔者建议,信托监察人可以作为公益信托监督人的代表,而信托保护人可以作为私益信托监督人的代表,可以根据具体情形授予他们不同的职能。

(三) 信托管理人

当没有人可以以受益人身份行使监督权时,日本《信托法》第 123 条允许通过信托文件指定信托管理人。信托管理人是当信托的受益人尚不存在(例如尚未出生)时选任出来的监督人,以保护受益人的利益。如果信托文件没有指定,信托管理人可由法院依利害关系人的申请选任。信托管理人有权以自己的名义行使有关信托受益人的权利,因此必须具有完全民事行为能力,并且不能由受托人担任,因为其职责是监督受托人。信托管理人有权为受益人的利益、以自己的名义进行与受益人权利有关的一切诉讼或诉讼外的行为。[3]信托管理人在行使管理权时,负有善良管理人之注意义务,应为受益人的利益,

---

[1] Zhao et al v. Endushantum Investments Co. Ltd. et al, Claim No. BVIHC (COM) 2017/0151, Eastern Caribbean Supreme Court, British Virgin Islands (2021).

[2] 附带点评(dicta)即与案件主旨不直接相关的点评。

[3] 参见日本《信托法》第 124—125 条。

诚实且公平地行使其对信托的管理权。[1] 信托管理人可以向受托人请求处理该事务的费用,还可以接受报酬。设置信托管理人的绝对条件是受益人实际不存在,一旦受益人存在,信托管理人的职责自然终止。[2]

韩国信托法也规定,当受益人不确定、是未成年或者人数众多时,为了保护受益人的利益设立信托管理人。[3] 它的规定与日本的规定大同小异。

(四) 信托指示人

近年来美国出现了一种指示信托(directed trust)。在指示信托中,受托人持有信托财产,但是在投资、分配或事务性管理方面必须听从一个第三方的指令,这个第三方叫作信托指示人(trust director),有时也叫作信托保护人或者信托顾问。与共同受托人不同的是,信托指示人并不具有信托财产的法律上的权利。比如,信托人在任命了受托人之后,可以任命一个分配小组或者投资顾问作为信托指示人,决定信托财产的投资;同时任命自己信任的却不懂投资的朋友作为信托保护人,决定投资之外的其他事项,如根据受益人的情况变更信托条款,决定终止信托,选任新的信托保护人等。[4]

随着美国信托法对信托保护人的细分,信托指示人被作为一类专门的信托监督人进行规范。美国《信托法第三次重述》规定:

> ……如果信托条款为信托人保留、或者授予第三人「对受托人」发出指示或以其他方式对受托人的某些行为进行控制的权力,则受托人有义务遵照信托条款中的该等保留或授权要求,并按照「信托人或第三人」行使该等授权时的要求行事,除非该等授权的行使将违背信托条款,或者受托人知道或者理应知道该等授权的行使将违背该等授权的持有人对受益人所负有的信义义务。

显然,设置信托指示人是对信托受托人权力的制约。

信托指示人既可以是信托人,也可以是受益人,还可以是第三人。然而,信托指示人的地位与权力、义务并不明晰。在指示信托中,信托指示人是否受

---

[1] 参见日本《信托法》第126条。

[2] 参见日本《信托法》第130条。

[3] 参见韩国《信托法》第67—70条。

[4] See Sitkoff & Dukeminier, WILLS, TRUSTS, AND ESTATES (10TH ED.) 661–664 (Wolters Kluwer Law & Business 2017).

信义义务约束、信托受托人在听从信托指示人的指示行事时是否应受信义义务的约束等很长时间都不明确。《统一信托法》认为，信托指示人也负有信义义务。其中第808(b)条规定，信托的受托人必须听从信托指示人的指示行事，除非该指示很明显与信托条款相反，或者将构成严重的对信义义务的违背。

　　2017年7月，美国统一州法委员会制定了《统一指示信托法》，试图统一多年来各州对信托指示人的规范。根据该示范法的规定，信托指示人是指由信托授予指示权者，①具体指示权包括针对信托财产的投资、管理或分配，或者有关信托管理的其他事宜的权力。根据该示范法，担任信托指示人者不能是该信托的受托人，但与受托人一样，受信义义务的约束；受托人对于遵守信托指示人的指示所采取的合理行动不负责任，除非这种做法会导致受托人从事故意的不当行为。② 因此信托指示人是为信托能够实现信托人意愿所提供的另一保障。示范法并未规定信托指示人的具体权力，而是由信托条款对其进行授权。③ 对于信托指示人的地位，示范法并未将其定位于受托人的监督人，而是规定信托指示人应遵守受托人在同样地位和类似情形中所应遵守的同样规则，也应负有与受托人相同的信义义务与责任。④ 当信托设有信托指示人时，信托的受托人应当遵守信托指示人的指示，除非遵守指示将导致受托人有意渎职，遵守指示的受托人不为因此而导致的后果负责。⑤ 示范法还规定，受托人与指示人之间负有互相向对方提供与受托人和指示人的权利或义务相关的信息。如果依赖于受托人所提供的信息行事因而违背了信托，信托指示人在该依赖范围内不负责任，除非信托指示人涉嫌有意渎职。⑥

　　有意思的是，人们预期信托指示人会监督受托人的行为，然而示范法却规定，除非信托条款中另有规定，信托指示人与受托人之间没有互相监督的义务。⑦ 因此这种内部监督制度纯粹是一种意定的制度。信托指示人制度在一些采纳信托制度的亚洲大陆法系国家和地区，比如日本，也有出现，然而在其

————————

① 参见美国《统一指示信托法》第2(9)条。
② 参见美国《统一指示信托法》第2(5)条。
③ 参见美国《统一指示信托法》第6(a)条。
④ 参见美国《统一指示信托法》第7—8条。
⑤ 参见美国《统一指示信托法》第9(a)、(b)、10(c)条。
⑥ 参见美国《统一指示信托法》第10(a)、(b)、(d)条。
⑦ 参见美国《统一指示信托法》第11条。

信托法中却并没有正式规定。我国目前在这一领域尚是空白。

（五）受益人代表与受益人代理

美国统一州法委员会于 2000 年草拟了《统一信托法》，其第三章创设了受益人代表（representation）制度，代表人既代表拥有未来权益的未出生或未确定的受益人，也代表拥有既得权益的受益人。看上去，它与日本设立的信托管理人有一定的相似之处。根据该统一示范法，当受益人为未成年人、无行为能力人、尚未出生或尚未确定者，受益人无法自己行使权利或其利益未被代表或未被充分代表，因而难以采取保护权益的手段时，法院才可以为其选任代表人。此时选任的代表人可以是与被代表人具有实质上相同利益者，但前提是代表人与被代表人之间不得有利益冲突。① 虽然代表人的行为后果与代理人的行为后果类似，但是因为受益人尚未存在或不特定时亦可设立代表人，所以代表人制度实质上与代理制度不同。受益人的代表人可以授予受托人必要或适当的权限，或禁止受托人为一定的行为，决定受托人的报酬，或者追诉受托人的责任等。除此之外，通过受益人代表制度还可以有效地解决信托管理上的问题。因此，受益人代表制度可以对信托起到一定的监督作用。我国信托法目前对此没有规定。

日本信托法则规定了一种与受益人代表制度相类似的受益人代理制度。它规定，当受益人的构成人员变化导致受益人不特定时，或者当受益人为多数，难以迅速且适当地作出一致决定时，允许选任受益人的代理人。② 根据日本信托法，受益人的代理人应被赋予监视、监督受托人的权限，并具有关于信托的意思决定权。受益人的代理人的权限与信托监察人的类似，都可以进行与受益人权利相关的诉讼及其他必要行为。然而，受益人的代理人不是以自己的名义，而是以受益人的名义行使权利。③ 受益人的代理人在行使权利时，必须明确作为受益人的代理人行事。如果受益人为多数，或者时刻变化难以把握，因而无法明确表明所代表的所有受益人时，受益人的代理人则只须明示其代理的受益人范围。

日本的受益人代理制度与美国的受益人代表制度不同。当受益人尚未存

---

① 参见美国《统一信托法》第 304—305 条。

② 参见日本《信托法》第 138 条。

③ 参见日本《信托法》第 139 条。

在时,根据美国法可以设立受益人代表,然而,根据日本法却无法设立受益人代理,因为被代理人尚未存在,但是可以设立信托管理人。因此可以推断,日本的受益人代理制度与信托管理人制度之和等于美国的受益人代表制度。

无论是受益人代表制度还是受益人代理制度,都有可能是在受益人已经特定存在时确立的,所以可能会出现受益人与受益人代表或代理人之间的权利竞合问题。美国是判例法国家,一般通过判例法对此加以处理,而日本信托法对此作了比较细致的规定,只有那些受益人和受益人代理人都可以行使的权利,且不妨碍信托事务的顺利处理的权利,才允许受益人行使。这些权利包括日本信托法第 92 条规定的起诉权、催告权、异议权、支付请求权和撤销权等各项权利以及信托条款中规定的权利。[1]

(六)日本的信托监督人

日本还允许通过信托条款指定信托监督人,但是其信托法将设立信托监督人限定为受益人是高龄者及未成年人时的情形,因高龄者或未成年人较难监视、监督受托人,所以通过选任一位第三人作为信托监督人,监视、监督受托人,保护受益人,促进特殊需求信托的发展。如果在设立信托阶段没有指定监督人,然而后来情况发生变化,受益人可能无法妥善监视、监督受托人时,法院亦可选任信托监督人。信托监督人有权为受益人的利益、以自己的名义行使日本《信托法》第 92 条所列权利。信托监督人在行使该等权利时,负有注意义务、忠实义务、公平义务。信托监督人与受益人的权利行使之间可能形成竞争关系,因此信托监督人在行使上述权利时不应妨碍信托事务的顺利处理,不应导致受益人失去行使权利的机会。[2]

需要注意的是,上述日本信托法中所设定的"信托监督人"的内涵较窄,而本书下文中的"信托监督人"是指所有有权监督受托人行为者的统称。

(七)共同受托人

很多英美法传统信托设定两个或者两个以上的共同受托人(co-trustees),如一个自然人受托人,一个机构受托人,二者可以取长补短。例如,丈夫可以任命妻子和一家信托公司作为共同受托人,由妻子负责信托的分配,信托公司

---

[1]　参见日本《信托法》第 139、92 条。

[2]　参见日本《信托法》第 137 条。

负责信托财产的投资和管理。然而即便如此,根据法律,共同受托人共同共有信托财产,对信托的管理都负有全面的义务,并且有义务阻止其他共同受托人违背信托义务。受托人之间可以互相监督、互相制衡。几乎每个国家的信托法都承认共同受托人机制。

共同受托人有根据信托条款管理信托的权利和义务。共同委托人制度在某种程度上可以作为信托的内部监督制度。每位共同受托人都负有一般受托人的忠实义务、谨慎义务、公平义务等,除非信托条款针对每位受托人规定了不同的义务。每位受托人都有权利也有义务积极、谨慎地参与信托管理的所有方面。隐含的另一个义务是共同受托人之间的合理合作义务。在特殊情况下,共同受托人在管理信托的过程中可以承担类似于公司董事会的职责。事实上信托人可以通过信托条款为不同的受托人分配不同的职责,甚至还可以任命一位特别受托人只处理一项或者几项具体事务,比如只处理税务相关事务,而对其他事务无权过问;同时,其他受托人则对税务方面的问题没有任何义务或责任。信托人还可以通过信托条款免除某些受托人的某些责任。

然而,美国法律对每一位受托人都施加了制止其他共同受托人违背信托的合理注意义务,受托人一旦发现其他共同受托人有违背信托的行为,有义务要求违背信托的受托人赔偿损失。只要信托条款没有相反规定,已经被免除责任的受托人得知某位共同受托人正在或者试图违背信托时,也有义务采取合理措施阻止这种不当行为。如果一位受托人明知其他共同受托人违背信托义务仍然允许其发生,则违背了其信义义务。受托人一旦发现其他共同受托人有违背信托义务的情形,则必须采取合理措施要求后者纠正这种违背信托的行为。即便一位受托人没有任何义务干预或怀疑,也有权针对其未参与的某信托管理事项要求其他受托人提供合理信息。①

信托有两个以上共同受托人的,共同受托人按照多数意见履行信义义务。一旦一位受托人辞任、被解任或者失去行为能力,其余受托人应共同完成信托职责,除非信托人在信托条款中明确规定受托人数量必须维持,否则不需要重新选任一位新的受托人。有时即便受托人没有缺位,为了更好地管理信托,法院也会任命额外的受托人。

---

① 参见美国《信托法第三次重述》第 81 条评注。

至于受托人是否为其他共同受托人违背信托的行为负责,一般原则是不负责,除非存在以下情况:(1) 受托人参与、默许该违背信托行为,或者参与隐瞒该行为;(2) 将信托管理不当授权给其他共同受托人,(3) 因没能行使合理的注意义务,包括没能尽力阻止违背信托行为的发生,促使共同受托人从事违背信托的行为,(4) 因疏忽没能采取合理措施寻求违背信托的救济。承担责任的共同受托人应承担连带责任。

如果一位受托人反对某项多数受托人决定采取的行为并且将其立场告知其他共同受托人,然后为避免对执行该决定造成阻碍而合理参与该行为,则该异议受托人不对该行为负责,除非该异议受托人知道该行为违背了信托。

共同受托人是最常见的一种设置,能够起到最基本的内部监督作用。我国《信托法》第31—32条针对共同受托人作了规定,要求"共同受托人应当共同处理信托事务"。但是这并未体现出共同受托人的互相监督职能。当共同受托人意见不一致时,根据"信托文件"或者由"委托人、受益人或者其利害关系人"决定,这也并没有对共同受托人施加监督、阻止其他共同受托人违背信义义务的行为的义务。然而,当一位共同受托人违反信托目的或者违背管理职责、处理信托事务不当致使信托财产受到损失的,其他受托人应当承担连带赔偿责任。这里通过对共同受托人施加责任,无形中隐含着共同受托人也有互相监督的义务。建议《信托法》修订时能明确规定共同受托人之间的监督义务,从而也将共同受托人纳入我国信托的内部监督人中。

(八) 其他监督方式

除上述几种方式外,还有几种相对较弱的方式也可以在一定程度上起到监督受托人的作用。一是授予受益人指定分配权(power of appointment)。信托人可以授权某受益人决定将信托财产的全部或者一部分分配给包括自己在内的其他受益人。比如丈夫任命妻子和信托公司作为共同受托人,同时授予妻子指定分配权,妻子可以根据情况指定信托财产的收益或原物分配给一个或多个受益人。这种方式的好处是具有指定分配权的人对(其他)受益人不负有信义义务,这样他就不受信义义务的约束,同时也不受受托人的约束,可以在一定程度上监督受托人、纠正受托人的行为,但是这也有弊端。如果夫妻系再婚,而一方或双方与前配偶有子女,那么这些子女的利益就可能无法保障。

二是私人信托公司(private trust company)。美国有些州新颁布了法律,对这些私人信托公司网开一面,实行弱监管。私人信托公司作为受托人,在家族内管理一个或多个信托。这种公司的目的仅限于作为信托的受托人为一个家族内的成员(作为受益人)运作信托。该家族成员必须确定一个治理结构,整个家族可以通过信托公司的事务性管理分支,有效控制信托资金的投资等事项,这实质上起到监督信托的作用。所有权益通常由家族成员个人拥有,家族成员还担任董事会董事,董事会可以包括外部顾问。①

私人信托公司可以将那些被指示信托或者委托代理机制分散出去的受托人职能统一起来。对于那些希望对家族企业保留控制权的家庭,或者对于那些想对家族内多个信托的分配与投资进行协调的家族而言,私人信托公司是一个不错的选择。另外私人信托公司还可以实现家族内的避税功能。②

三、我国信托的监督制度

我国《信托法》规定公益信托设置监督人,以全面监督受托人的行为,监督人有权以自己的名义提起诉讼,《信托法》却没对私益信托作出规定。另外,《信托法》也没有明确规定信托的法定监督制度,没有赋予检察官代表受益人的利益起诉的权力。虽然营业信托的受托人本身作为信托机构受到行业监管,但却没有针对具体信托的监督人设置。另外,虽然信托的其他关系人可以向法院起诉受托人违背了信义义务,然而这种法院"监督"与法院对其他民事纠纷的"监督"并没有不同。鉴于此,建议在我国《信托法》中增加单独的一章"信托监督人",并对其定义、分类、权利、义务、辞任与选任等问题加以规范。

(一) 有关信托监督人的概括条款

首先,建议在《信托法》中增加下述有关信托监督人的条款③:

---

① See Iris J. Goodwin, *How the Rioch Stay Rich: Using a Family Trust Company to Secure a Family Fortune*, 40 SETON HALL L.REV. 467, 472－77 (2010); See Alan V. Ytterberg & James P. Weller, *Managing Family Wealth Through a Private Trust Company*, 36 ACTEC L.J. 623 (2010).

② See Iris J. Goodwin, *How the Rioch Stay Rich: Using a Family Trust Company to Secure a Family Fortune*, 40 SETON HALL L.REV. 467, 468 (2010).

③ 参见本书第三章第二节《中华人民共和国信托法》(修订建议稿)第87条。

信托监督人负责监督信托受托人履行信托职责。

根据法律、行政法规负有监督受托人履行信托职责的公共信托监督人有权全面监督受托人的行为、保护受益人的利益,并有权以自己的名义提起诉讼,其具体职责与监督程序依照相关法律、行政法规的规定。

信托可以根据信托条款的规定设置信托监督人。本法中"信托监督人"指根据信托条款的规定设置的信托监督人。

信托监督人除监督受托人履行信托职责外,还有权根据信托条款的规定参与信托财产的管理与信托利益的分配、对受托人下达与信托管理或信托分配相关的指令以制衡受托人。

据此,信托监督人可以分为外部监督人和内部监督人。外部监督人一般是指通过司法体系设立的监督人,独立于信托人、受托人和受益人,比如在美国各州检察长和衡平法院都是信托的外部监督人。建议我国通过法律和行政法规设立类似的公共信托监督人,全面监督受托人的履职,保护受益人的利益。信托的内部监督人是指信托人在信托条款中设置的信托监督人。信托监督人的具体职责和监督程序依据信托条款的规定。一般来说,信托监督人可以监督受托人,并对信托管理和分配进行参与或下达指令等。

(二)信托监督人的分类与职责

关于不同的信托监督人的分类与职责,建议在《信托法》中增加下述条款[①]:

信托监督人主要包括信托监察人、信托保护人、信托指示人、受益人代表等。

信托监察人应根据信托条款和本法第 X 章的规定,全面监督公益信托受托人履行信托职责。

信托保护人应根据信托条款或者本法的规定,全面监督公益信托之外的其他信托的受托人履行信托职责,制止、纠正受托人在履行信托职责过程中违背信义义务所从事的行为,有权根据信托条款或者本法的授权参与信托管理与信托分配的决策程序、解任和选任受托人,并有权以自己的名义向人民法院提起诉讼或行使信托条款中载明的其他权利。

---

① 参见本书第三章第二节《中华人民共和国信托法》(修订建议稿)第 88 条。

信托指示人应根据信托条款或者本法的规定,就信托管理与信托分配的全部或部分内容向受托人下达指示或提供意见,并有权以自己的名义向人民法院提起诉讼或行使信托条款中载明的其他权利。

受益人代表应根据信托条款或者本法的规定,当受益人不特定、尚未存在、无完全民事行为能力、受益人成员有变化,或者其他为保护受益人的利益有必要时,代表相关受益人或者受益人群体监督受托人履行信托职责,并有权向人民法院提起诉讼或行使信托条款中载明的其他权利。

信托人可以通过信托条款设置投资顾问或者其他监督受托人履行信托职责的信托监督人。

据此,信托人既可以通过信托条款设置本条中所列举的信托监督人种类,也可以自行设置信托监督人,并对其职责进行具体规定,如设置投资顾问,要求受托人根据投资顾问的指示进行信托财产的投资等。就特点而言,信托监察人常见于公益信托,信托保护人一般全面监督受托人履行职责,信托指示人常常是有专业知识的人,受益人代表是当受益人全体无法实现对信托的有效监督时,代表受益人行使监督权者。

(三) 信托监督人的资格

首先,信托监督人承担着履行信义义务的职责,需要管理和处分信托财产,故对于信托监督人有高于一般民事主体的资质要求。除了是自然人、法人或非法人组织的要求外,信托监督人应具有完全民事行为能力。无民事行为能力人和限制民事行为能力人不具有履行信义义务的能力,不能担任信托监督人。破产人不得担任受托人。处于资不抵债境地常常意味着其管理财产的能力不足,可能不利于其履行信义义务,不能有效监督信托人,因此不能担任信托监督人。有其他不具备履行信义义务条件或存在其他可能不利于履行信义义务情形的人也不得担任信托监督人。另外,同一信托的受托人不得担任信托监督人,否则监督义务无从谈起。信托保护人、信托监察人必须是信托人、受托人和受益人以外的人,这也是信托独立性的要求,因为信托保护人、信托监察人通常具有干预信托管理和分配的权利。倘若允许信托人或受益人担任信托保护人或信托监察人,受托人将无法独立履行信托职责,信托财产仍然会由信托人或者受益人实际控制,打破权利和利益两分的信托基本架构,使得信托失去意义。受益人代表本身是受益人,但是不得与其他受益人有利益冲突。因此,建议《信托法》中增加下述有关信托监督人资格的条款①:

> **信托监督人可以是自然人、法人或者非法人组织。**
>
> **无民事行为能力人、限制民事行为能力人、破产人以及其他不具备履行信义义务条件或者存在其他可能不利于履行信义义务情形的人不得担任信托监督人。**
>
> **同一信托的受托人不得担任信托监督人。**
>
> **受益人代表可以是信托人或者一个或多个受益人,但不得与其他受益人有利益冲突。**
>
> **信托保护人、信托监察人必须是信托人、受托人、受益人以外的人。**
>
> **法律、行政法规、信托条款对信托监督人的资格另有规定的,依照其规定。**

(四) 信托监督人的权利

信托监督人的权利也应该在《信托法》中加以明确规定。首先,信托监督人有权对受托人管理信托事务进行监督,有权了解信托事务的处理情况,并在不明晰时要求受托人作出相应说明。即信托监督人根据职责要求,有权查阅、抄录或者复制相关的信托财产账目以及处理信托事务的其他文件或数据,有权了解信托财产的管理与分配情况,并有权要求受托人作出说明。其次,为了保障信托监督人履行职责,信托条款有时规定信托监督人有权取得报酬。信托条款没有规定的,由于信托监督人与受托人一样负有信义义务,则可参照有关受托人取得报酬的规定来处理信托监督人的报酬问题。因此,建议《信托法》中增加下述有关信托监督人的权利的条款②:

> **信托监督人根据信托条款所赋予的职责,有权查阅、抄录或者复制相关的信托财产账目以及处理信托事务的其他文件或数据,有权了解信托财产的管理与分配情况,并有权要求受托人作出说明。**

---

① 参见本书第三章第二节《中华人民共和国信托法》(修订建议稿)第89条。
② 参见本书第三章第二节《中华人民共和国信托法》(修订建议稿)第90条。

信托监督人有权根据信托条款的规定取得报酬,信托条款没有规定的,参照适用本法中有关受托人取得报酬的规定。

（五）信托监督人的义务

信托监督人也应对信托负有信义义务,包括谨慎义务、忠实义务、不得为利益冲突交易、公平义务、亲自监督义务等。信托监督人违背信义义务对受托人作出指示,导致信托财产遭受损失,则受托人、受益人、可撤销信托的信托人有权要求信托监督人恢复信托财产的原状或者予以赔偿。因此,建议《信托法》中增加下述有关信托监督人的义务与责任的条款[①]:

信托监督人负有信义义务。

前款规定的信义义务是指信托监督人应当遵守信托条款的规定,根据信托目的,恪尽职守,诚实信用,为受益人的最大利益对受托人履行信托职责进行监督。

信托监督人违背信义义务对受托人作出指示,致使信托财产遭受损失的,受托人、受益人、可撤销信托的信托人有权要求信托监督人恢复信托财产的原状或者予以赔偿。

（六）共同监督人

同一信托可能设置两个或者两个以上的信托监督人,即共同监督人。其中信托保护人应全面监督受托人,履行监督职责;其他信托监督人则依据不同的职责进行不同的监督,如信托指示人通过下指令的方式进行监督,受益人代表则在受托人的行为有损于受益人代表所代表的受益人群体的利益时,对该行为提出异议等。监督职责相同的信托监督人在履行监督职责时如有不同意见,信托条款有规定的从其规定,没有规定的则按照多数决的方式决定,无法达成多数意见的可申请法院作出裁判。建议《信托法》中增加下述有关共同监督人的条款[②]:

信托设置两个或者两个以上信托监督人的,信托保护人履行全面监督职责,其他信托监督人分别依其不同职责对信托的不同方面进行监督。

---

① 参见本书第三章第二节《中华人民共和国信托法》(修订建议稿)第91条。

② 参见本书第三章第二节《中华人民共和国信托法》(修订建议稿)第92条。

监督职责相同的信托监督人共同履行职责,意见不一致时,除非信托条款另有规定,否则应当以多数信托监督人的意见为准。信托监督人无法达成多数意见的,可申请人民法院作出裁判。

(七) 信托监督人的辞任与解任

最后,关于信托监督人的选任与解任也应有所规定。建议在《信托法》中增加下述有关信托监督人的辞任与解任的条款[①]:

信托监督人可以根据信托条款的规定辞任。信托条款没有规定的,参照适用本法中有关受托人辞任的规定。

信托监督人违背信义义务、怠于履行其职责、存在重大不利于信托的行为,或者有其他重大事由的,其指定人或选任人、受益人、可撤销信托的信托人可以解任信托监督人;人民法院经审查认定解任信托监督人最符合受益人的利益,也不违背信托目的的,可依信托关系人及其他利害关系人的申请将其解任。

信托监督人的辞任与受托人辞任类似,可分为依约定辞任和依申请辞任。其中依约定辞任是指,信托监督人根据信托条款辞任或经过信托关系人同意而辞任。具体而言,在可撤销信托中需要获得信托人的同意,在不可撤销信托中则要获得受益人的同意。依申请辞任则是信托监督人有正当事由时,可向人民法院提出申请。正当事由包括身患重病、常年定居国外等情形,当事人已不再适合担任信托监督人。人民法院在审查后,认为信托监督人的申请有正当理由的,应当允许信托监督人辞任。无论是依约定辞任还是依申请辞任,信托监督人均应书面通知其他信托关系人,以保证其他信托关系人采取选任新信托监督人等措施,促进信托的正常运行。

对于信托监督人的解任,分为由其指定人、信托关系人(受益人和可撤销信托的信托人)等解任和由人民法院解任。信托监督人的解任并不影响信托的正常运行。由人民法院解任则是指,依据信托关系人或其他利害关系人的申请,只要解任信托监督人最符合受益人的利益且不违背信托目的,人民法院即可解任信托监督人。

---

① 参见本书第三章第二节《中华人民共和国信托法》(修订建议稿)第 93 条。

（八）新信托监督人的选任

建议在《信托法》中增加下述关于新信托监督人的选任的条款①：

> 信托监督人拒绝或者不能担任信托监督人，或者信托监督人辞任或解任的，应根据信托条款的规定选任新的信托监督人。信托条款没有规定的，受益人、可撤销信托的信托人或者其他利害关系人可以协商指定；协商不成的，可以申请人民法院指定。

需要选任新信托监督人的情形主要包括信托监督人拒绝或不能担任信托监督人以及信托监督人辞任或解任的情形。这里没有包括未设置信托监督人的情形，因为信托监督人并非信托中的必要信托关系人。信托监督人只有在信托条款设置或法律、行政法规规定时才存在。

就选任方式而言，首先根据信托条款的规定进行选任，以尊重信托目的；信托条款若无规定则由受益人、可撤销信托的信托人或者其他利害关系人协商指定，由此可保障受益人的利益，并尊重可撤销信托的信托人的控制权，同时兼顾其他利害关系人的利益；协商不成的，可以申请人民法院指定，由此保障信托监督人选任的公平合理。

上述新增法条可以构架起我国信托监督制度，为实现信托目的，保障受益人利益，乃至推动我国信托制度的发展，起到保驾护航的作用。

第六节　债权人的保护

如前所述，英美信托制度是为了规避法律而产生，当然其对法律的规避是合法的规避，法律不允许的规避行为通过信托也不可能达成。由于对英美信托制度断章取义的理解，有人认为一旦设立信托，信托财产就独立于信托人、受托人和受益人的其他财产，就可以不受任何债权人的追索。这导致很多债权人对信托制度产生了抵触情绪，对于信托制度下的债权人保护产生了疑虑。

---

① 参见本书第三章第二节《中华人民共和国信托法》（修订建议稿）第94条。

这也阻碍了信托制度在一些大陆法系国家和地区的发展。下面主要针对民事信托的主要三方关系人的债权人的权利保护,以及信托本身的债权人的权利保护进行分析,以期正本清源。本书第二章第二节第二部分有关信托财产的独立性部分对此已有部分探讨。

一、信托人的债权人

对于信托人的债权人而言,信托财产是否具有独立性,要看信托是可撤销信托还是不可撤销信托。如果信托是不可撤销信托,当其合法设立,并且信托人对信托不具有任何权利时,信托财产完全独立于信托人的其他财产,信托人的债权人对信托财产没有任何权利。这里有两个前提:首先,信托必须合法设立。如果信托人在提出破产申请之前设立了信托,且设立信托的时间点恰好落入破产法①中所规定的不得转移财产的特定期限内,则信托的设立不合法,信托财产不独立,属于信托人的破产财产。同样,以实施犯罪为目的的信托不合法。为了逃避债务,损害其债权人的利益而设立的信托,也不合法。根据我国信托法的规定,在这些情况下,债权人有权申请法院撤销该信托。② 其次,信托人必须放弃对信托的所有权利,包括所有权、占有权、控制权等,否则信托财产不独立,信托人的债权人有权追索。如果信托是可撤销信托,是美国税法下的"让与人信托",或者叫作自益信托,则在信托人在世期间,信托财产并不独立于信托人的其他个人财产,信托人的债权人可以针对该信托的财产行使请求权。③ 不仅如此,禁止挥霍信托或自益信托的信托人,如果负有抚养子女、配偶或前配偶的义务,则受其抚养的子女、配偶或前配偶有权针对信托财产进行追索。美国纽约州的法律规定,为信托人本人的利益设立的信托对于信托人已有的债权人和未来的债权人无效。④

这与我国《信托法》规定的债权人的撤销权相类似。设立信托后信托财产独立于信托人其他财产的说法并不绝对,信托人的债权人还是能够得到相

---

① 很多国家有个人破产法。

② 参见我国《信托法》第 12 条:"委托人设立信托损害其债权人利益的,债权人有权申请人民法院撤销该信托。人民法院依照前款规定撤销信托的,不影响善意受益人已经取得的信托利益。……"

③ 参见美国《统一信托法》第 55 条。

④ 参见美国《纽约州法律汇编:遗产、权力与信托》,纽约州政府 2021 年版第 7 - 3.1 条。

当程度的保护,因为在特定情况下他们有权申请撤销信托,从而导致信托对财产的保护壳被"击穿"。为明确这一点,建议《信托法》第 12 条作如下修订①:

~~委托人~~信托人设立信托**违反相关法律、行政法规的规定,**并损害其债权人利益的,债权人有权**根据不同情形,以信托人、受托人、受益人分别或者共同为被告,**申请人民法院撤销**或部分撤销**该信托。**信托人未将信托财产转移或为其他处分给受托人的,债权人有权申请人民法院直接执行未转移的信托财产。**

信托人设立信托后对信托保留撤销权、变更权的,在该撤销权或者变更权范围内,其债权人有权申请人民法院撤销或者变更该信托。

人民法院依照~~前款~~**本条**规定撤销信托的,**受托人与受益人应将取得的信托财产或者信托利益的原物返还或等价返还给信托人,但不影响已支付合理价款的**~~善意受益人~~**相对人**~~已经取得的信托利益~~的合法权益。

本条**第一款**规定的申请**撤销**权,自债权人知道或者应当知道撤销原因之日起一年内不行使的,归于消灭。

之所以建议如此修订,是因为原条文较为粗略,未详细列明撤销信托的条件和程序。信托的撤销包括两种情况:其一,信托能否被债权人撤销,这一般是有因撤销;其二,信托能否被信托人撤销,这一般是无因撤销。

本条第一款规定了第一种情况。通常情形下,债权人可以到法院对信托的有效性提出异议,法院经审理,如果认为信托的设立的确违反了相关法律、行政法规,损害了债权人的利益的,法院会判定信托无效,信托被撤销。这意味着债权人可以在信托被撤销后从信托财产中索赔。然而,如果信托人未将信托财产转移给受托人,或者对于宣言信托等不涉及财产的转移或其他处分的,债权人可申请人民法院直接执行未转移的"信托财产"——这也是贯彻信托财产必须转移的一个规定,没有转移给受托人的信托财产本就不应具有独立性。

本条第二款源自第二种情况。信托人可以通过信托条款保留撤销或者变更信托的权力。如果信托人保留了撤销或者变更信托的权力,则信托人的债权人可以到法院提出申请,要求信托人依据信托条款无因撤销或者变更信托,

---

① 参见本书第三章第二节《中华人民共和国信托法》(修订建议稿)第 19 条。

这时信托终止,信托财产应当根据信托条款的规定归复给信托人。

需要注意两点:(1)这里涉及两种不同的撤销权,信托人的撤销权是任意的、无因的,而信托人的债权人的撤销权是强制性的、有因的;(2)债权人根据第二款的有因撤销权与根据第一款中的有因撤销权不同,即使没能满足第一款的条件,债权人也可以根据第二款的规定通过法院迫使信托人撤销信托。

在上述情况下,信托一旦被撤销,则自始无效,所有法律关系恢复到信托未设立的状态,故受托人和受益人应将信托财产或信托利益返还给信托人。但倘若善意相对人已经支付了合理价款,则其合法权益不受影响。另外,债权人的撤销权为形成权,自债权人知道或应当知道撤销原因之日起一年内不行使的归于消灭。这也与《民法典》中的债权人撤销权的除斥期间相一致。①

二、受益人的债权人

受益人的债权人对于信托财产并没有权利,但是却可能有权追索受益人的信托受益权。具体取决于受益权的性质。如果受益权是既定受益权,亦即有权从受托人处定期定额取得分配的信托利益,则受益人的债权人有权追索这部分财产,但也仅仅是可以要求法院强制受托人进行分配,并可以通过法院判决取得扣押令,要求受托人将信托利益首先分配给受益人的债权人,直至完全清偿为止。② 如果受益权并非既定,而是取决于受托人的裁量权,或者在禁止挥霍信托的情况下,即便受益人本人也无权要求受托人分配信托利益,受益人的债权人更无权追索这部分利益了。当然禁止挥霍条款根据美国法有时会因违反公共政策而无效。③ 比如为信托人本人利益设立的禁止挥霍信托无效。④ 除此,美国还有些州规定,如果信托设立的目的是为了取得某财产的收益,且没有指示受托人将该收益累积,假如该收益超出了受益人的教育与生活所需,则超出部分可以由受益人的债权人追索。⑤

我国法律试图对信托的脱法性作出限制。根据《信托法》第 47 条的规定,

① 《民法典》第 199 条、第 541 条。

② 参见美国《统一信托法》第 501 条。

③ Council v. Owens, 28 Ark. App. 49, 770 S.W.2d 193 (1989).

④ Deposit Guaranty Nat. Bank v. Walter E. Heller & Co., 204 So.2d 856 (Miss. 1967).

⑤ 参见美国《纽约州法律汇编:遗产、权力与信托》,纽约州政府 2021 年版第 7 - 3.4 条。

除非法律、行政法规或信托文件有限制性规定,否则不能清偿到期债务的信托
受益人可以用其信托受益权清偿债务。这一规定期冀能合理保护债权人的利
益,同时也兼顾善意第三人的利益。不仅如此,《信托法》第 47 条的规定还默
示对禁止挥霍信托的承认,然而,对于受益人通过禁止挥霍信托所得到的保护
是否有限制,则不明朗。另外,放弃受益权的受益人的债权人是否有权请求法
院撤销受益人的放弃决定,这一问题对受益人的债权人保护也至关重要,需要
在立法中予以明确规定。

本书第二章第三节第三部分有关受益权的分析中,针对《信托法》第 47 条
提出了修订意见,主要增加了第二款,规定了通过解除信托实现以信托受益权
清偿债务的方式,以有利于高效解决信托的存续问题,也有利于受益人的债权
人债务的清偿。此处不再赘述。

三、受托人的债权人

传统英美信托法规定,信托的受托人对信托财产只拥有法律上的权利,并没
有从中获取收益的权利,因此,信托财产绝对独立于受托人的财产,不受受托人
的债权人的追索。我国《信托法》也规定,信托财产独立于受托人的固有财产,
不得归入或将其转为受托人的固有财产或者成为固有财产的一部分[1],且信托
财产与受托人的固有财产必须"分别管理,分别记账"[2]。另外,还规定"受托
人……不得利用信托财产为自己谋取利益"[3]。因此,我国《信托法》秉承了英美
信托法中的信托财产独立于受托人的固有财产的精神。关于受托人的债权人的
权利,我国《信托法》规定,当受托人死亡或依法解散、被依法撤销、被宣告破产而
终止时,信托财产不属于其遗产或者清算财产[4],即不受受托人的债权人的追索。

笔者建议对《信托法》第 18 条作如下修订[5]:

受托人管理~~适用、处分~~信托财产所产生的债权,不得与其固有财产产
生的债务相抵销。

---

[1] 参见我国《信托法》第 16、27 条。

[2] 参见我国《信托法》第 29 条。

[3] 参见我国《信托法》第 26 条。

[4] 参见我国《信托法》第 16 条。

[5] 参见本书第三章第二节《中华人民共和国信托法》(修订建议稿)第 26 条。

前款规定不影响已支付合理价款的善意相对人的合法权益。受托人~~管理运用、处分不同委托人的信托财产所产生的~~**违反前款规定进行**债权或债务，~~不得相互抵销~~**的，受益人得请求受托人承担赔偿责任。**

四、信托的债权人

信托成立后，受托人在管理信托的过程中会代表信托与第三人进行各种交易，从而可能负债。如果受托人交易时未违背信义义务，则这些债务是信托的债务，受托人个人不承担责任。然而，如果受托人违背信义义务，则其个人应承担责任。无论是哪种情况，第三人都可以针对信托主张权利，要求受托人承担在信托管理中产生的责任，可以通过针对受托人作为其受托人的代表身份提起诉讼程序。[1]　本章第一节第五部分对此已有讨论。

在受托人代表信托进行的交易中，各个国家和地区的法律都对善意第三人设置了保护机制。例如，美国纽约州的法律规定，信托不影响向受托人支付了对价且不知信托存在的善意购买人的权利（title），也不影响因依赖于受托人表面对信托财产所拥有的所有权而授信给受托人的债权人的权利。[2]　换言之，如果受托人行事不当，将信托财产处分给这类善意第三人，则后者取得信托财产，不受信托的债权人的追索。[3]

综上，信托财产独立于信托受托人的固有财产且不受后者的债权人追索是绝对规则，除此之外，信托法对于信托人和受益人的债权人以及信托的债权人都在一定程度上提供了合理的保护。因此，在发展信托制度的过程中，不必担心债权人的合法利益得不到法律保护。

鉴于此，建议对《信托法》第 17 条进行如下修改[4]：

除因下列情形之一外，对信托财产不得强制执行：

（一）设立信托前债权人已对该信托财产享有优先受偿的权利，并依法行使该权利的；

---

① 参见美国《第三次信托法重述》第 105 条。
② 参见美国《纽约州法律汇编：遗产、权力与信托》，纽约州政府 2021 年版第 7 - 3.2 条。
③ 参见美国《纽约州法律汇编：遗产、权力与信托》，纽约州政府 2021 年版第 7 - 3.3 条。
④ 参见本书第三章第二节《中华人民共和国信托法》（修订建议稿）第 28 条。

（二）针对可撤销信托的信托人或者对信托保留控制权的信托人在其撤销权或者控制权范围内行使权利的；

（~~三~~三）受托人~~处理信托事务所~~履行信托职责产生债务，债权人要求清偿该债务的；

（~~三~~四）信托财产本身应担负的税款；

（五）信托财产没有转移给受托人的；

（~~四~~六）法律规定的其他情形。

对于依据前款针对信托财产之强制执行，受托人变更后，债权人仍得依原执行文件，以新受托人为债务人，开始或继续强制执行。

对于违反前~~款~~**第一款**规定而强制执行信托财产，~~委托人、~~受托人或者受益人有权向人民法院提出异议。

第一，该条第一款主要增加了两个可强制执行的情形：其一，在可撤销信托的情况下，可以针对信托人有撤销权或控制权的信托财产行使权利；其二，信托财产没有转移给受托人的情况下，可以针对所谓的"信托财产"行使权利。这两种情形实际上都涉及信托财产独立性的问题。信托财产之所以可以独立于信托人，本质上在于信托人放弃了对信托财产的控制，信托财产不再归属于信托人，信托财产自然也就不属于信托人的责任财产。而在可撤销信托的情况下，信托人对信托财产保留了控制权，故受信托人控制的那部分信托财产失去独立性。同样，如果信托财产不转移，仍然由信托人占有或控制，则信托财产不具有独立性，即便信托财产可以不受受托人的债权人的追索，信托人的债权人却有权要求法院强制执行信托财产，使得设立信托的目的无法实现。

第二，受托人"处理信托事务"改为"履行信托职责"后，对于受托人的职责更加明确，也强调了信义义务。

第三，该条第二款明确了强制执行的被执行人。一方面，信托财产在名义上由受托人所有，故被执行人为受托人；另一方面，受托人作为一个职位而存在，即使受托人变更，债权人仍可以依据原执行文件要求强制执行，只须以新受托人为债务人即可。

第四，第三款删除了"委托人"提出异议的主体资格，这也是信托独立性的体现，与信托财产转移给受托人的观点一致，即在通常情况下信托成立后信托独立于信托人，信托人不再对信托财产享有权利。

第三章
信托制度的重构——以立法为方向

　　我国于 2001 年颁布的《信托法》虽然并不完美,但是这部法律在当时的立法条件下为我国信托制度的正式确立起到了里程碑式的作用。[1]《信托法》的制定是为了适应当时社会经济改革和发展的现实需要,在制订过程中既考察了不同国家和地区的信托法律制度实践,同时也考虑到了我国国情。这部法律呈现出对商事信托的重视,也为民事信托留下了发展空间。《信托法》颁布之后,虽然并没有制定实施细则或者司法解释,然而陆续有与信托相关的行政法规和规章出台。如今 20 多年过去了,我国的社会经济情况发生了巨大变化,信托业务也呈现出多样化的态势,从简单的商事信托往复杂化方向发展,并且开始介入民事领域,家族信托开始萌芽,社会需求日益增长。然而,我国现有的规范信托关系的法律比较零乱。《信托法》自颁布以来较少被司法验证,实务部门也大多只遵守规范信托公司的行政法规和规章,对《信托法》避而不谈。同时,我国的资产管理发展过热,资产管理的主体与客体比较复杂,存在多头监管的情况。虽然资产管理大多涉及信托法律关系,但立法却并未将其全部纳入统一的法律体系中,对受益人的保护不到位,也给个别主体滥用信托关系造成了可乘之机。另外,在民事信托方面,信托法中的法律制度与其他民事法律制度难以衔接,一旦发生纠纷,如何确权成为难题。

---

[1] 参见卞耀武:"信托关系规范化及其现实意义",载卞耀武主编:《中华人民共和国信托法释义》,法律出版社 2002 年版,第 43 页。

在这种情况下,现有的《信托法》可能已经无法完全满足人民追求美好生活的需求。随着"遗嘱信托"被正式写入《民法典》,我国民事信托即将步入快速发展阶段,修订《信托法》的呼声越来越高。当然,信托制度的完善不应仅仅局限于对现有《信托法》条文的增减和完善,还要全面考虑信托在整个法律制度中的定位。

根据前文的分析,笔者认为,《民法典》调整信托关系的路径应当是在《民法典》总则编及其他编中增加有关信托的内容,同时修订《信托法》以及其他相关法律,共同形成信托法律规范。换言之,信托制度应当是在《民法典》统领下,由《信托法》和其他相关法律规定共同建构的一个完整体系。首先,将来修订《民法典》时应该将信托关系纳入其中,将信托财产的所有权作为一种物权加以明确规定,信托合同因其特殊性质也应作为一种有名合同予以单章规范,同时在婚姻家庭编和继承编中也应就信托关系对家庭和继承带来的影响未雨绸缪。其次,《信托法》应当全面修订,将 20 多年来信托理论与实践的发展体现出来。同时,其他相关法律也应联动修订,或者通过实施细则、司法解释对信托关系作出规范。

本书前面几章已经列举了部分建议增补或修订《民法典》《信托法》的条文,本章第一节将对《民法典》中有关信托内容的增补与修订完整列出,作为调整信托关系的统领之法,第二节对《信托法》逐条考察,形成信托法修订建议稿,供学术界和立法部门讨论与参考,第三节就信托相关的纠纷解决问题,对《仲裁法》和《涉外民事关系法律适用法》等其他法律中可能与信托相关的内容提出修改建议。

第一节　《民法典》:调整信托关系之统领法

《民法典》是调整信托关系的统领法,笔者建议,在《民法典》总则编将"商业信托"纳入非法人组织之中,并明确规定商业信托的受托人为其代表。此外,增加"信托财产权",作为民事主体的民事权利之一。同时,在物权编中的共有部分增加"总有"这种共有形态,增加因信托而发生物权变动的规定。在合同编中增加信托合同为有名合同之一,并加以具体规范。此外,在婚姻家庭编和继承编中也增加相应的内容,规范信托法律关系对婚姻家庭和继承关系带来的影响。下文是对法条修改的具体建议。因前文对重要法条的增补、修订建议已有分析说明,本节只综合列出建议增补、修订的法条,以观全貌。法条的标题系为便利而加,并非法条内容。

一、《民法典》总则编

首先,具有商业组织特点的商业信托应纳入第四章非法人组织之中,并明确商业信托的受托人为其代表;其次,在第五章中建议增补信托财产权作为民事权利之一。信托财产应界定为信托人依法转移或处分给受托人的财产及其收益。该定义体现出所有权变动以及信托财产分为原物与收益的特点。信托财产的所有权由受托人和受益人以总有的方式共有。另外,信托财产的独立性问题也应在此条中规定,《信托法》好与之呼应。

第一编 总 则
第四章 非法人组织

第102条 【非法人组织的定义】

非法人组织是不具有法人资格,但是能够依法以自己的名义从事民事活动的组织。

非法人组织包括个人独资企业、合伙企业、**为特定目的设立的商业信托**、不具有法人资格的专业服务机构等。

第105条 【非法人组织代表】

非法人组织可以确定一人或者数人代表该组织从事民事活动。

商业信托的受托人代表商业信托从事民事活动。

第五章 民 事 权 利

第125.5条 【信托财产权】

民事主体依法享有信托财产权。

信托财产包括信托人用以设立信托并依法转移或处分给受托人的财产及其收益。信托关系中的受托人和受益人以总有方式享有对信托财产的权益,信托财产的占有、使用和处分权由受托人享有,信托财产的收益权由受益人享有。

符合法律规定的信托财产权独立于信托人、受托人和受益人的个人或者固有财产。信托财产权的设立、变更、转让和终止以及信托财产权的行使应当符合本法和《中华人民共和国信托法》的规定。

二、《民法典》物权编

如前所述,有关英美信托法中的信托受益权是债权还是物权在大陆法系国家和地区一直难以确定,相当多的学者认为其实质既是债权性物权,又是物权性债权,是一种新型的财产权,难以纳入大陆法系的民法体系中。笔者建议,在《民法典》总则编中将信托财产的所有权界定为一种传统大陆法系的共有形态——总有,这样可以解决受托人与受益人之间的权利冲突。相应地,在物权编第二分编"所有权"的第八章"共有"中增加有关承认信托关系为传统"总有"关系的规定,并对总有的设立、终止等其他问题进行特别规定。在物权编的第一分编"通则"中增加一条"因信托发生物权变动"的规定,承认设立信托涉及物权变动,另外在无权占有和善意取得的情形下也增加承认推定信托的规定。

第一分编 通 则
第二章 物权的设立、变更、转让和消灭
第三节 其 他 规 定

第231.5条 【因信托发生物权变动】

因权利人设立信托将其合法所有的财产或财产权转移或处分给受托人的,其物权由受托人和受益人以总有方式持有,自相关财产或财产权转移或处分完成时发生效力。

第三章 物权的保护

第235条 【无权占有与推定信托】

无权占有不动产或者动产的,权利人可以基于推定信托关系请求返还原物以及在非法占有期间取得的所有利益;但是,应当支付善意占有人因维护该不动产或者动产支出的必要费用。

第二分编 所 有 权
第八章 共 有

第297条 【共有及其类型】

不动产或者动产可以由两个以上组织、个人共有。共有包括按份共

有、共同共有和**总有**。

第311条　【总有】

总有关系中的受托人按照法律和信托文件享有对共有的不动产或者动产的占有、使用和处分权,总有关系中的受益人享有对共有的不动产或者动产的收益权。

第312条　【总有关系的设立与终止】

权利人可以通过信托书、信托宣言、信托合同或者信托遗嘱或者其他《中华人民共和国信托法》允许的信托条款(统称为"信托条款")设立信托,为受托人和受益人创设总有关系。

在总有关系结束时,共有的动产或者不动产按照信托文件的规定确定归属。信托文件没有规定的,共有的动产或者不动产归属于剩余利益受益人;没有剩余利益受益人的,归属于信托人或者信托人的继承人。法律另有规定的,依照其规定。

第313条　【总有的特别规定】

总有关系中的受托人在对共有的不动产或者动产进行占有、使用和处分时,对受益人负有信义义务,并依法接受监督。总有关系中的受益人有权按照信托文件的规定以及《中华人民共和国信托法》的规定,对共有的不动产或者动产享有取得其收益利益和原物利益的权利。

第314条　【总有须遵守信托法要求】

总有权的设立、登记、行使、转让、继承、终止,以及对共有物的管理、分割、处分及因共有物产生的其他债权债务关系等应依照《中华人民共和国信托法》和本法的有关规定。

第九章　所有权取得的特别规定

第311条　【善意取得】

无处分权人将不动产或者动产转让给受让人的,所有权人有**权基于推定信托关系追回原物**以及在不当处分期间取得的所有利益;除法律另有规定外,符合下列情形的,受让人取得该不动产或者动产的所有权:

(一) 受让人受让该不动产或者动产时是善意;

(二) 以合理的价格转让;

(三) 转让的不动产或者动产依照法律规定应当登记的已经登记,不需要登记的已经交付给受让人。

受让人依据前款规定取得不动产或者动产的所有权的,原所有权人有权向无处分权人请求损害赔偿。

当事人善意取得其他物权的,参照适用前两款规定。

三、《民法典》合同编

虽然设立信托本身是单方法律行为,但是信托却可以通过双方契约行为完成。因此,合同信托与信托合同不同。信托合同是设立合同信托的基本法律文件,它由信托人与受托人签订,以受托人同意接收信托财产并为受益人的利益对其进行管理和分配为内容。从性质上看,信托合同是平等主体之间设立、变更、终止民事权利义务关系的协议,既与赠与合同、买卖合同、委托合同、行纪合同等有相似之处,也有其独特的特点,因此,信托合同应当作为一种典型合同规定在《民法典》合同编的分则中。建议在合同编的第二分编"典型合同"中增加"信托合同"一章。以下建议的八个条文因与现有法条之间并无前后次序之分,故采单独标号。

第三编　合　　同

第二分编　典　型　合　同

第 X 章　信　托　合　同

第一条　【信托合同的定义】

信托合同是信托人基于对受托人的信任,与受托人约定设立生前信托的合同。

信托人应当依照约定向受托人交付信托财产,受托人应当依照约定接受信托财产,并按照信托人的意愿,以自己的名义,为受益人的利益或者特定目的,持有、管理信托财产并向受益人分配信托利益。

信托合同是由信托人与受托人双方合意设立的合同,信托人承诺将聘用受托人管理其即将成立的生前信托,受托人承诺将为该即将成立的生前信托,为受益人的利益提供财产管理和财产分配服务。信托人和受托人各自的权利义务不同,但均负有依约履行合同的义务。这里强调生前信托是因为遗嘱信托在信托人死亡之后才成立,而合同的有效期一般无法超越合同当事人的生存期。另外,信托合同与信托条款不同,虽然信托条款有时包含在信托合同中,但信托条款也可以单独存在。

第二条　【信托条款的定义】

信托条款是有关受托人管理信托财产、分配信托利益、履行受托人义务等有关信托实体内容的书面或口头条款。订立信托条款是设立信托的必备要件之一。

信托人可以单独订立信托条款,也可以将信托条款纳入信托合同中,供受托人遵守。

依据信托合同有效成立的信托,信托合同终止的,信托条款根据《中华人民共和国信托法》有效的,仍然有效。

信托条款是信托得以顺利运行的指针,它决定了受托人如何管理信托财产,如何分配信托利益,如何履行受托人义务等信托实体内容。根据信托成立的方式,信托条款既可以是书面文件中的条款,也可以是口头协议中的条款。信托条款既可以被纳入信托合同,也可以存在于单独的信托书中,并且在信托合同终止后可能根据《信托法》继续有效,这是信托条款与信托合同条款最大的不同。

第三条　【信托的成立】

信托合同成立后,信托人没有依照约定交付信托财产,或者受托人不接受信托财产、拒绝担任受托人的,信托是否成立须根据《中华人民共和国信托法》确定。

信托合同的成立与信托的成立不同,因此,信托合同成立,信托未必成立,因为信托成立必须满足《信托法》所规定的要件,其中主要是信托财产的交付要件。信托合同可以是有关设立生前信托的合同,也可以是有关设立遗嘱信托的合同,只不过遗嘱信托要在信托人死亡后才可能成立,离信托合同成立的时间较远。

第四条　【受托人、受益人、信托人的请求权】

信托人不交付信托财产的,受托人和支付了合理价款的信托人之外的其他受益人有权请求信托人交付信托财产。信托人拒不交付的,应当赔偿受托人和该受益人因其违约遭受的直接损失。

受托人不接受信托财产或者拒绝担任受托人的,应当赔偿信托人因其违约造成的直接损失。

民事信托的信托人在信托财产转移之前可以撤销信托合同。

信托合同成立并不意味着信托的成立,信托合同的当事人有可能违约不成立信托或者不管理信托,此时受托人和受益人享有不同的损害赔偿请求权,但是无权迫使信托人成立信托。这里对于商事信托与民事信托的受托人和受益人的处理态度不同。商事信托的受托人和受益人为此支付了合理价款,因此他们的利益保护更有法律基础。而民事信托的受托人和受益人没有支付合理价款,并且信托人设立了信托之后在保留撤销权的情况下也可能撤销信托,因此在成立信托合同之后,尚未设立信托之前,信托人可以撤销信托合同。

第五条 【受托人义务】

受托人负有信义义务,应当遵守信托条款和《中华人民共和国信托法》的规定,为受益人的最大利益处理信托事务。受托人除依信托合同、信托条款和《中华人民共和国信托法》的规定取得报酬外,不得利用信托财产为自己谋取利益。

受托人的信义义务是信托关系区别于其他法律关系的重要特征,因此建议在信托合同章中也体现出受托人的法定义务,并明确信托合同、信托条款和《信托法》的规定均为受托人履行义务的指南。

第六条 【受托人严格遵守信托条款】

受托人应当严格按照信托条款和《信托法》的规定履行其信托职责。受托人在管理信托财产和分配信托利益时可以根据信托条款的授权行使裁量权。

信托人和受托人可以依据信托合同成立生前信托,在生前信托成立后,受托人的行为准则从信托合同转为信托条款,虽然有时二者为同一个文本,但是其性质有所不同。这是信托关系与其他合同关系不同的地方,应当明确规定。另外,受托人可以根据信托条款的授权行使裁量权也应该明确规定。

第七条　【信托合同的终止】

信托人死亡、丧失民事行为能力、终止，或者信托的唯一受托人死亡、丧失民事行为能力、终止的，信托合同终止，但构成信托条款的内容依然有效。信托合同终止不影响已经合法成立的信托的运行。

因唯一受托人死亡、丧失民事行为能力或者被宣告破产、解散，致使信托合同终止的，受托人的继承人、遗产管理人、法定代理人或者清算人应当及时通知信托人和受益人。因信托合同终止将损害信托人或者受益人利益的，在新受托人就任之前，受托人的继承人、遗产管理人、法定代理人或者清算人应当采取必要措施保护信托财产。

信托合同的任一当事人死亡或丧失行为能力，信托合同终止，然而信托是否终止需要根据《信托法》的规定来判断。一般而言，信托合同的终止不影响已经合法成立的信托的运行，除非信托条款规定信托人或者受托人的死亡导致信托终止。

第八条　【信托实体内容适用信托法】

在以信托合同设立信托阶段，信托合同当事人的行为应当遵守本法的规定。

信托成立后，信托人和受托人的权利义务、受托人处理信托事务的费用支出、信托财产的登记以及其他与信托的管理、分配相关的权利、义务受信托条款、《中华人民共和国信托法》及本法其他相关规定的约束。

这一条是为了进一步明确信托合同与信托条款在适用法律方面的不同。在信托成立前，信托合同起主导作用，在信托成立后，起主导作用的是信托条款。信托合同适用《民法典》合同编的规定，而信托条款应适用《信托法》的规定。

四、《民法典》婚姻家庭编

信托作为一种以财产为中心的制度，必定会影响家庭财产的归属与分配。因此建议在《民法典》婚姻家庭编的第三章第一节"夫妻关系"部分增加有关信托利益在夫妻共同财产与个人财产之间合理分配，以及夫妻设立个人或共同信托的相关内容。另外，在"父母子女关系和其他近亲属关系"

中增加有关家庭成员互相设立保护信托的规定,为信托财产的独立性提供保障。

第三章　家　庭　关　系
第一节　夫　妻　关　系

第1062条　【夫妻共同财产】

夫妻在婚姻关系存续期间所得的下列财产,为夫妻的共同财产,归夫妻共同所有:

(一) 工资、奖金和其他劳务报酬;

(二) 生产、经营、投资的收益;

(三) 知识产权的收益;

(四) 继承或者受赠的财产,但是本法第一千零六十三条第三项规定的除外;

(五) **基于自益信托的信托受益权所取得的信托利益;**

(六) 其他应当归共同所有的财产。

夫妻对共同财产,有平等的处理权。

自益信托是自己为自己设立的信托。如果夫妻一方为自己的利益设立自益信托,无论信托财产来源为夫妻共同财产还是个人财产,其从中取得的信托利益均应归夫妻共同财产。

第1063条　【夫妻个人财产】

下列财产为夫妻一方的个人财产:

(一) 一方的婚前财产;

(二) 一方因受到人身损害获得的赔偿和补偿;

(三) 遗嘱或者赠与合同中确定只归一方的财产;

(四) **基于他益信托的信托受益权所取得的信托利益;**

(五) 一方专用的生活用品;

~~(五)~~(六) 其他应当归一方的财产。

如果夫妻一方基于他益信托取得信托利益,意味着该信托是其他人设立的信托,一般情况下是该方的原生家庭或者家族设立的家族信托。夫妻一方是信托的受益人,考虑到家族信托一般倾向于将家族财富留给家族内的成员,因此建议规定该信托利益属于取得他益信托利益一方的个人财产。

第 1067 条　【夫妻设立个人信托、共同信托】

夫妻一方可以将其个人财产设立他益信托;设立不可撤销的他益信托的,信托财产转移给信托受托人后独立于该方的其他个人财产。

夫妻双方可以共同设立信托。可撤销信托的信托财产是夫妻共同财产的,夫妻一方有权撤销信托,信托撤销后,信托财产仍归属于夫妻共同财产;可撤销信托的信托财产是夫妻个人财产的,夫妻一方只有权撤销信托财产中自己出资部分,撤销后信托存续。夫妻一方在未行使信托撤销权前死亡,该方出资部分的信托转为不可撤销信托,另一方仍对其出资部分保留撤销权。

夫妻双方可以各自设立个人信托,也可以共同设立信托。信托财产的来源既可以是共同财产,也可以是个人财产。这一条第一款主要从信托财产的独立性进行规范。如果设立的是自益信托,或者设立的是可撤销的信托,则信托财产不独立;只有设立不可撤销的他益信托,信托财产才独立于夫妻一方或双方的其他财产。夫妻双方也可以共同设立信托。第二款规定这种情况下夫妻一方或双方撤销信托的情形。

第二节　父母子女关系和其他近亲属关系

第 1076 条　【父母子女互设保护信托】

父母可以为未成年子女或者不能独立生活的成年子女设立保护信托,由父母或者其他自然人、法人、非法人组织作为受托人,为子女的日常生活或者医疗需要管理信托财产并分配信托利益。

成年子女可以为缺乏劳动能力、重病或者生活困难的父母设立保护信托,由子女或者其他自然人、法人、非法人组织作为受托人,为父母的日常生活或者医疗需要管理信托财产并分配信托利益。

依照前两款规定设立的保护信托,在满足受益人的日常生活或者医疗需要的范围内,信托财产独立于设立信托的父母或者子女的其他财产。

本条规定可以适用于其他家庭成员之间设立的保护信托,且应当符合《中华人民共和国信托法》的规定。

现代家庭规模较小,一般以核心家庭成员为主,如果有未成年子女、失去行为能力的老人或者残障家庭成员,对他们的照护则成为家庭中最大的担忧。因此,允许设立保护信托并给予其一定的法律保障很有必要。这里建议家庭成员之间可以互相设立以信托人为第一受托人的保护信托,并明确规定信托财产独立于信托人的其他财产,以起到保护有特殊需求的家庭成员的作用。然而,对于上述财产独立性的限制在满足受益人日常生活或者医疗所需的范围内,杜绝可能有的假借设立保护信托之名,而行逃避债务之实的行为。

五、《民法典》继承编

《民法典》继承编中第 1133 条第四款增加的内容虽然提到了遗嘱信托,但并未针对信托遗嘱加以规范,也缺乏其他条款与其衔接,因此,建议将第 1133 条第四款改为有关信托遗嘱(而非仅仅提到遗嘱信托)的规定,同时在其他相应章节中补充与信托遗嘱和遗嘱信托相关的条款。

首先,在第一章"一般规定"第 1122 条"遗产的范围"中明确规定:自然人生前设立信托的,已经转移给受托人的财产不属于该自然人的遗产范围,而如果该自然人通过遗嘱设立信托,信托财产只有在其死亡后才能转移,因此,此时信托财产不属于遗产范围,应由遗嘱执行人或者遗产管理人将其转移给受托人。同时这也意味着即便自然人设立了生前信托,没有转移给受托人的那部分"信托财产"仍属于其遗产范围,除非根据遗嘱这部分财产将成为遗嘱信托的财产。具体修订建议如下。

第一章　一般规定

第 1122 条　【遗产的范围】

遗产是自然人死亡时遗留的个人合法财产。

自然人生前设立信托的,已经转移给信托受托人的财产不属于其遗产;自然人通过遗嘱设立信托的,自然人死亡后,遗嘱中所明确的相关信托财产不属于其遗产,需转移给信托受托人。信托条款或者法律另有规定的,从其规定。

依照法律规定或者根据其性质不得继承的遗产,不得继承。

另外,建议在第 1123 条中增加依照遗嘱信托办理继承的形式:

第1123条　【继承的不同形式】

继承开始后,按照法定继承办理;有遗嘱的,按照遗嘱继承或者遗赠办理;有遗赠扶养协议的,按照协议办理;**有遗嘱信托的,在遗嘱依据本法生效后,按照信托条款办理。**

在第1124条中,建议将信托受托人与其他受遗赠人加以区分,明确后者必须在60日内作出接收或者放弃受遗赠的要求不适用于信托受托人,从而与《信托法》的精神相一致。同时增加一款,规定遗嘱信托的受托人拒绝接收信托财产的,只影响该受托人的个人选择,不影响信托的成立与效力,受托人应另行选任:

第1124条　【继承人、受遗赠人和受托人接受遗嘱、遗赠】

继承开始后,继承人放弃继承的,应当在遗产处理前,以书面形式作出放弃继承的表示。没有表示的,视为接受继承。

受遗赠人应当在知道受遗赠后六十日内,作出接受或者放弃受遗赠的表示。到期没有表示的,视为放弃受遗赠,**但信托受托人除外。**

遗嘱信托自遗嘱生效后成立,受托人拒绝接受信托财产的,视为该受托人拒绝承担受托人职责,受托人另行选任,不影响信托的成立与效力。受托人的选任应遵守信托条款和《中华人民共和国信托法》的规定。

建议在有关"遗嘱继承和遗赠"的第三章标题中增加"遗嘱信托",同时,在第1133条第四款中增加"立遗嘱",从而将对遗嘱信托的规范变为对信托遗嘱的规范:

第三章　遗嘱继承、遗嘱信托和遗赠

第1133条　【遗嘱继承】

自然人可以依照本法规定立遗嘱处分个人财产,并可以指定遗嘱执行人。

自然人可以立遗嘱将个人财产指定由法定继承人中的一人或者数人继承。

自然人可以立遗嘱将个人财产赠与国家、集体或者法定继承人以外的组织、个人。

自然人可以**立遗嘱**依法设立遗嘱信托,将个人财产指定由受托人为受益人利益管理和分配。遗嘱信托应符合《信托法》的规定。

由于遗嘱信托的受托人和受益人也与遗嘱继承有利害关系,因此建议在第1140条中增加遗嘱信托的受托人、受益人以及其他利害关系人不能担任遗嘱见证人的规定:

第1140条 【遗嘱见证人】

下列人员不能作为遗嘱见证人:

(一)无民事行为能力人、限制民事行为能力人以及其他不具有见证能力的人;

(二)继承人、受遗赠人、**遗嘱信托的受托人和受益人**;

(三)与继承人、受遗赠人、**遗嘱信托的受托人和受益人有**利害关系的人。

此外,建议在第1141条中补充一款,规定,如果自然人设立了遗嘱信托,却没有给缺乏劳动能力又没有生活来源的继承人保留必要的遗产份额,则信托并不必然无效,而是应首先考察该继承人是否在信托受益人范围内;如果不在,那么需要先给该继承人留出必要份额,之后其余财产才能转移给信托受托人,这样兼顾了对特殊继承人的保护和信托的效力:

第1141条 【特留份】

遗嘱应当为缺乏劳动能力又没有生活来源的继承人保留必要的遗产份额。

被继承人将其部分或者全部遗产设立遗嘱信托,若上述继承人不在受益人范围内,或者虽然是受益人,但其受益权无法满足前款要求的,应当先从将要转移给信托受托人的财产中为其保留必要的份额后,其余财产才可以转移给信托受托人。

民事信托发展起来后,遗产管理人需要根据信托条款将部分或全部遗产转移给受托人,作为被继承人设立的遗嘱信托的信托财产,因此建议在第四章"遗产的处理"部分,在第1147条有关遗产管理人的职责中,增加根据信托条款将相关遗产转移给受托人的条款:

第四章　遗产的处理

第1147条　【遗产管理人的职责】

遗产管理人应当履行下列职责：

（一）清理遗产并制作遗产清单；

（二）根据遗嘱中的信托条款将部分或全部遗产转移给受托人；

（三）向继承人报告遗产情况；

（四）采取必要措施防止遗产毁损、灭失；

（五）处理被继承人的债权债务；

（六）按照遗嘱或者依照法律规定分割遗产；

（七）实施与管理遗产有关的其他必要行为。

相应地，在第1148条中有关遗产管理人的责任里，增加因对遗嘱信托的财产造成损害所应承担的民事责任：

第1148条　【遗产管理人的责任】

遗产管理人应当依法履行职责，因故意或者重大过失造成继承人、受遗赠人、债权人**或者遗嘱信托财产**损害的，应当承担民事责任。

鉴于信托不因受托人缺位而无效的特殊规定，建议在本章中增加下述条款，明确受托人不能或者拒绝担任受托人职责时，遗产管理人应当如何处理那部分原应转移给遗嘱信托受托人的遗产：

第X条　【受托人缺位】

遗嘱信托的受托人不能或拒绝担任受托人职责的，遗产管理人应当妥善保管信托财产，待新受托人选任后，将信托财产转移给新受托人。

虽然遗嘱信托会使得可分配遗产相应减少，然而，如果根据法律或者信托条款的规定，在信托遗嘱无效、遗嘱信托不合法、遗嘱信托没有受益人或者所有受益人都放弃受益权的情况下，信托财产应归复于被继承人，那么所涉及的财产应按法定继承办理。因此，建议在第1154条中增加第四款：

第1154条　【有遗嘱时的法定继承】

有下列情形之一的，遗产中的有关部分按照法定继承办理：

（一）遗嘱继承人放弃继承或者受遗赠人放弃受遗赠；

（二）遗嘱继承人丧失继承权或者受遗赠人丧失受遗赠权；

（三）遗嘱继承人、受遗赠人先于遗嘱人死亡或者终止；

（四）**信托遗嘱无效、遗嘱信托不合法、遗嘱信托没有受益人或者所有受益人放弃受益权，且根据法律或者信托条款信托财产应归复于被继承人**；

（五）**遗嘱无效部分所涉及的遗产**；

~~（五）~~（六）遗嘱未处分的遗产。

在《民法典》纳入遗嘱信托之后，遗嘱信托比遗赠扶养协议更能起到对有特殊情形的自然人进行照顾的作用，在前者正式取代后者之前，建议在第1158条中增加遗赠扶养信托的条款，彰显信托的独特作用：

第1158条 【遗赠扶养协议和遗赠扶养信托】

自然人可以与继承人以外的组织或者个人签订遗赠扶养协议。按照协议，该组织或者个人承担该自然人生养死葬的义务，享有受遗赠的权利。

自然人可以设立遗赠扶养信托，将信托财产转移给受托人，由其管理，并将信托财产的收益或原物按照信托条款的规定分配给受益人。该自然人死亡后，信托终止，所有信托财产及其收益归属于受益人。承担该自然人生养死葬义务的个人或者组织是遗赠扶养信托的受益人。

最后，建议在第1162条有关执行遗赠不得妨碍清偿遗赠人依法应当缴纳的税款和债务的规定中增加执行遗嘱信托的内容，同时在第1163条有关遗产的税务与债务责任中也增加遗嘱信托的内容：

第1162条 【执行遗赠或遗嘱信托】

执行遗赠**或者遗嘱信托**不得妨碍清偿遗赠人依法应当缴纳的税款和债务。

第1163条 【遗产的税务与债务责任】

既有法定继承又有遗嘱继承、遗赠、**遗嘱信托**的，由法定继承人清偿被继承人依法应当缴纳的税款和债务；超过法定继承遗产实际价值部分，由遗嘱继承人和受遗赠人按比例以所得遗产清偿；**仍不足以清偿的，超过部分以遗嘱信托财产清偿。**

第二节　《信托法》：调整信托关系之本体法

《信托法》是调整信托关系的本体法。《信托法》于 20 多年前颁布,在颁布之时有些法条高度概括,有些概念尚未厘清,已与目前我国经济及人民生活水平的发展脱节,因此笔者建议对其进行全面修订。修订的总体思路是将信托制度置于一个在《民法典》统领下,由《信托法》作为基本法、其他法律作为相关法形成的一个统一的法律体系之中,在承认信托关系的民事法律属性、厘清信托财产所有权归属的情况下,就相关内容进行修订。本节第一部分对《信托法》修订建议的总体原则进行概括说明,第二部分是具体的修订建议稿全文,法条的标题系为便利而加,并非法条内容。此外,因前文已对具体法条的修订建议有分析说明,本节只综合列出建议修订的法条,以观全貌。同样,本节的修订意在抛砖引玉,不当之处请读者和专业人士指正,最终目的是完善我国的信托法制。

一、《信托法》修订建议的概括说明

(一) 结构调整

《信托法》目前除了第一章"总则"与第七章"附则"外,其他部分分为五章,分别为"信托的设立""信托财产""信托当事人""信托的变更与终止""公益信托"。本书建议将"信托当事人"一章拆分为"信托人""受托人""受益人""受托人的义务""信托监督人"五章。首先,受益人可能是信托合同的第三方,其是否是信托合同的当事人尚不确定,至于那些由信托人通过信托书或者遗嘱单方设立的信托而言,连受托人都未必是信托的"当事人",遑论受益人了。因此,将这些主体归类为"信托关系人"比"当事人"更好。其次,信托关系人的权利义务比较复杂,建议每一类关系人单列一章进行规范。再次,受托人的义务是信托的精髓,缺之则信托不成其为信托,因此,如果将"受托人的义务"放在"受托人"一章恐无法彰显其重要地位,建议单列一章。最后,"信托监督人"也是信托关系人之一,无论在公益信托还是私益信托中都将起到重要作用,因此建议增加单独的一章进行规范。这样一来,建议稿比原法增加了四章,共有十一章。

（二）信托的定义与分类

有关信托的定义,建议将"委托人"改为"信托人"或者"信托设立人",以明确信托关系与委托代理等其他民事法律关系的不同。同时,信托宜定义为一种法律关系而非一种行为,通过设立信托的行为可以形成信托法律关系。另外,鉴于信托的独特性,信托人、受托人、受益人三方是信托关系人而非信托的当事人,需要与合同关系中的当事人地位相区别。信托的内部监督人也属于信托关系人。各方关系人除了享有权利(并负有义务)外,还可能拥有权力,比如信托人撤销信托和变更信托条款的权力,受托人在管理信托财产的过程中对信托财产进行运用和处分的权力,受益人和信托监督人对受托人的解任权力等。此外,建议信托法的适用范围修改为适用于"在中华人民共和国境内设立、变更或终止的信托关系"。

有关信托的类型,第一,以受托人取得信托财产是否支付合理价款为标准,将信托分为民事信托和商事信托。无须支付合理价款的是民事信托,反之是商事信托。同时建议承认以商业组织形式设立的商事信托,除应遵守信托法外,还需遵守其他有关规范商事组织的法律。第二,借鉴英美信托法的规定,允许信托人自行决定是否保留撤销信托的权力,并因此将信托分为可撤销信托与不可撤销信托。如果信托人没有明确表示,则商事信托推定为不可撤销,民事信托推定为可撤销。根据信托人保留的撤销权撤销信托的行为是无因撤销行为,与其他债权人有因撤销信托的行为进行区分。可撤销信托的受托人对信托人负有信义义务。第三,保留信托法中关于营业信托的规定,根据受托人是否为法律允许经营信托的信托机构或者其他法人组织,将信托区分为营业信托和非营业信托。另外,建议除了自然人和法人外,也可以允许某些非法人组织担任受托人。第四,建议允许信托人设立自己担任受托人的宣言信托,以便于家族信托的发展。但宣言信托可以限定为只能以书面形式设立。第五,建议设立推定信托制度,将非法占有他人财产或者无权处分财产者推定为信托的受托人。第六,建议承认购买金归复信托,以解决用他人资金以自己名义购买动产或者不动产时的法律关系。

（三）信托的设立方式

有关信托的设立方式,第一,建议列出设立信托的要件,包括信托人有行为能力,信托目的合法,信托财产确定,受益人确定,有负有信义义务的受托人职位,以及信托财产转移或为其他处分给受托人(宣言信托中信托财产必须依法标记)后,信托方能成立等。第二,通过书面形式设立信托。书面形式除了信托合同和信托遗嘱外,还应允许信托书的方式,因为很多家族信托通过财产所有人的单方法律行为设立。同时,建议承认通过录音录像形式或者危急情况下通过口头声明或者口头遗嘱的方式设立家族信托,这需要同时遵守《信托法》和《民法典》的规定。以书面形式设立信托的,书面形式称为信托文件,其条款称为信托条款。信托条款除了可以是独立的信托文件的条款外,还可以是其他法律文件中有关设立信托的条款或者是口头信托的内容。信托条款中除关系人和信托财产的确定性外,还应当包括信托财产的管理条款与信托利益的分配条款。第三,建议承认某些实质上形成的信托关系,即便没有按照上述设立方式设立信托,目的是为了避免某些信托关系游离于信托法之外,受托人不受信义义务约束,从而损害他人利益。第四,建议区分信托的成立与信托合同的成立。采取信托书或者信托合同等书面形式以及口头形式设立信托的,当信托财产转移或者为其他处分给受托人时,信托方才成立。遗嘱信托自遗嘱生效后成立。采取宣言形式设立信托的,自信托财产被依法标记时成立。第五,信托一经成立即生效,与信托合同的生效区分。即便信托合同不生效,信托仍然有可能依法成立(对信托的理解不应仅仅局限于商事信托的情形);然而信托遗嘱无效,遗嘱信托不成立。

(四) 信托登记

关于信托登记,建议明确规定与信托相关的登记分为信托登记与信托财产转移登记。信托财产根据其他相关法律的规定,其移转必须登记的,在完成信托登记的同时,还需要进行信托财产的转移登记。其财产移转无须登记的,只需要进行信托登记。信托登记的义务人为信托受托人,建议信托财产登记在受托人名下,并在附注中将受益人或者受益人集体登记为信托财产的总有人。信托未登记不影响信托的成立,但是不得对抗已支付合理价款的善意第三人。另外,建议设立全国统一的信托登记部门,将信托登记纳入其中,同时也应考虑到家族信托的保密性要求,对于登记的内容以及公开程度作出限制。此外,对于需要办理产权转移登记的信托财产,在从信托人处转移给受托人以及分配给受益人时,按非交易过户处理,但不得违反法律与行政法规的禁止性规定,以此限制信托的脱法性。

（五）信托财产

为顺应信托的长期性功能的需要，建议将信托财产区分为原物（本金）与收益，从而可以设立原物受益人和收益受益人。另外，建议强调信托财产的合法性和确定性，如以无法确定的财产设立信托的，自信托可以确定并依法转移或为其他处分给受托人时，信托成立。建议明确信托财产独立性并非绝对，只有当信托财产已经转移给受托人，且信托人对其不持有撤销权、变更权或者控制权的，信托财产才与信托人的其他财产相区别，与信托人的债务相隔离，不得强制执行。信托财产与受托人的固有财产相区别，与受托人的债权债务相隔离，也与其他信托的财产相区别，不得强制执行，这一点是绝对的。

（六）主要信托关系人

笔者建议将信托人、受托人、受益人以及监督人均归类为信托关系人，其中前三类是主要信托关系人。

关于信托人，可撤销信托的信托人可以根据信托条款撤销信托；信托人针对受托人的不利行为有制止权和撤销权，对信托的管理情况有知情权。商事信托的信托人的权利义务可以转让，民事信托的信托人的权利义务不得转让。信托人的权利义务不得继承。

关于受托人，需要区分作为职能机构的受托人职位和作为具体主体的受托人。除非信托条款另有规定，信托不因受托人的具体主体的缺失而无效，而应根据信托条款或者依法选任新的受托人。建议受托人范围扩大到自然人和机构受托人，后者包括法人和非法人组织。受托人的职责主要包括管理权（包括对信托财产的保管、运用、投资和处分权等）和分配权（根据信托条款将信托利益分配给受益人的权力）。受托人还可能有信托管理与分配的裁量权。受托人应受信托监督人的监督。受托人有取得报酬权以及对其所垫付的费用有优先受偿权。受托人违背受托人义务致使信托财产遭受损失的，须承担恢复原状和损害赔偿等责任。建议对机构受托人的控股股东、实际控制人、董事、监事、高级管理人员等施加法律责任，如果他们违背信义义务处分信托财产造成损失的，先由机构受托人承担责任，之后可以追究其直接责任人的责任。共同受托人共同共有信托财产，共同决定信托事务。

关于受益人，建议明确其受益权的内容与分类，并允许设置连续受益人。信托利益既包括针对信托财产现时享有的利益，也包括针对信托财产在未来才能享有的利益。因此,受益人可以是终身受益人和剩余利益受益人,也可以是原物受益人和收益受益人。在先顺位的受益人死亡,其受益权不作为其遗产或者清算财产;如果最后一位在后顺位的受益人不是剩余利益受益人,其死亡后信托利益归属于信托人或者其继承人。

(七) 受托人的义务

鉴于受托人的义务的重要性,建议将受托人的义务单列一章。受托人的一般义务是信义义务,在履行信托财产管理和信托利益分配职责时,应当遵守信托条款的规定,根据信托目的,恪尽职守,诚实信用,为受益人的最大利益处理信托事务。具体而言,受托人的主要三大义务包括谨慎义务、忠诚义务和公平义务。在家族信托中由于存在不同类型的受益人,公平义务尤其重要。除此,受托人还有其他义务,包括信托登记义务,对信托财产分别管理、亲自管理的义务,谨慎选任代理人的义务,报告义务,保存信托事务管理记录的义务,保密义务以及以固有财产承担责任的义务等。受托人的部分义务可以豁免,但是谨慎义务、忠诚义务、公平义务和必须为受益人的最大利益行事的义务不得豁免。另外,共同受托人之间互相监督,承担连带责任。

(八) 信托监督人

首先,建议将信托监督人制度从公益信托扩大适用到家族信托。信托监督人可以分为外部监督人和内部监督人。信托监督人在不同的国家和地区有不同的名称,也有不同的分类。建议在法律上统一其实质性内容,在实践中仍然可以有不同的名称。信托监督人是信托关系人,负有信义义务,有权介入信托的管理、信托财产的分配,甚至有权对受托人下达指令以制衡受托人。信托监督人违背信义义务致使信托财产遭受损失的,受益人和可撤销信托的信托人有权要求信托监督人恢复信托财产原状或者予以赔偿。

其次,建议明确信托监督人的类型。信托监督人主要包括公益信托监察人、信托保护人、信托指示人、受益人代表等。除信托监察人只监督公益信托外,其他类型的监督人监督私益信托。信托保护人全面监督受托人,有权制止、纠正受托人在履行信托职责过程中违背信义义务所从事的行为,有权根据信托条款或者法律授权参与信托财产的管理与分配、解任和选任受托人,并有权以自己的名义起诉。信托指示人根据授权,就信托财产的管理、分配向受托人下达指示或者提供意见,并有权以自己的名义起诉。受益人代表在受益人不特定、尚未存在、无完全民事行为能力、受益人成员有变化等情况下代表相关受益人或者受益人群体监督受托人管理信托等行为,并有权提起诉讼。还应允许信托人设置其他类型的信托监督人,为未来的发展留下空间。

同一信托的受托人不得担任信托监督人。受益人代表不得与其他受益人有利益冲突。信托保护人、公益信托监察人必须是信托人、受托人、受益人以外的人。

(九) 信托的变更与终止

可以变更信托的情况包括:(1) 信托人保留变更信托条款的权力;(2) 因设立信托时未能预见到的特别事由,致使信托条款的规定不利于实现信托目的或者不符合受益人的利益;(3) 受益人对信托人或者其他共同受益人有重大侵权行为;(4) 经全体受益人同意,但不得违背信托人设立信托的目的与意愿。变更信托,不得损害已支付合理价款的善意第三人的合法权益。

可以撤销信托或者解除信托的情况包括:(1) 信托人通过信托条款保留了撤销信托的权力;(2) 信托人是唯一受益人;(3) 全体受益人对信托人有重大侵权行为;(4) 经全体受益人同意,但不得违背信托人设立信托的目的与意愿。撤销或者解除信托不得损害已支付合理价款的善意第三人的合法权益。如需信托人、信托保护人或者受托人与受益人协商变更或者解除信托的,如各方无法达成一致意见,任何一方可以向法院申请变更或者解除信托。

信托终止的情形包括:(1) 信托条款规定的期限届满或者终止事由发生;(2) 信托的存续违反信托目的;(3) 信托目的已经实现或者不能实现;(4) 信托被依法解除;(5) 信托人依据信托条款撤销信托;(6) 信托依法被第三人撤销;(7) 信托财产的价值低于一定数额以至于无法覆盖信托运行成本,受托人解除信托;(8) 单一受托人与单一受益人因混同而成为同一人;(9) 法院依信托关系人申请或者因特别事由解除信托。信托终止时,信托财产归属于信托文件规定的信托财产的剩余利益受益人;信托文件未规定的,归属于信托人或者其遗产。信托终止后,法院依法对信托财产进行强制执行的,以权利归属人为被执行人,但执行范围不超过权利归属人取得的信托财产剩余利益。信托终止,受托人有权请求给付报酬、从信托财产中获得补偿,可以向信托财产的权利归属人提出请求、留置信托财产或者向人民法院申请对信托财产强制执行。

(十) 公益信托

建议将作为"公益事业管理机构"的具体部门确定为"受托人所在地县级

以上人民政府民政部门",以防止各机构之间对于监管职责的推诿。同时,应明确公益事业管理机构负责"对公益信托的受托人履行信托职责进行监督并对公益信托活动给予支持",以厘清其职责所在。另外,借鉴《慈善法》的相关规定,将当前《信托法》中公益信托的"审批制"修改为"备案登记制",以便利公益信托的设立和发展。具体而言,公益信托应由受托人向公益事业管理机构登记而非由后者批准;而信托条款变更、信托终止以及依照近似原则变更信托目的等,应经信托监察人认可后,报公益事业管理机构备案。信托监察人在公益信托中承担十分重要的监督职责,建议在条文中明确其资格认定、任免、权利和职责等问题。公益信托的终止事关相关受益人的核心利益,因此建议在原条文基础上明确终止事由和终止程序。信托监察人需对公益信托终止事由是否实际存在进行审核,认可无误后报公益事业管理机构备案。针对公益信托受托人存在不实记载财务数据、阻碍公益事业管理机构检查、瞒报事实、虚假公告等行为,明确监管机构和相应罚则。

以上是对《信托法》修订建议的概括说明,下面是具体的法律修订建议稿,以抛砖引玉,供学者和立法部门参考。

二、《信托法》修订建议稿

中华人民共和国信托法(修订建议稿)①

第一章　总　　则

第一条　【信托法的目的】

原法条

第一条　【信托法的目的】

为了调整信托关系,规范信托行为,保护信托当事人的合法权益,促进信托事业的健康发展,制定本法。

修改后的法条

第一条　【信托法的目的】

为了调整信托关系,规范信托行为,保护信托关系人的合法权益,制

---

① 本修订建议稿的初稿由高凌云与研究生赖雪金、蒋佳颖、齐冠云、郑家豪五人经分头研究、数次长会讨论后形成,并经高凌云反复修改后确定。

定本法。

第二条 【信托的定义及信托关系人】

原法条

第二条 【信托的定义及信托关系人】

本法所称信托,是指委托人基于对受托人的信任,将其财产权委托给受托人,由受托人按委托人的意愿以自己的名义,为受益人的利益或者特定目的,进行管理或者处分的行为。

修改后的法条

第二条 【信托的定义及信托关系人】

本法所称信托,是指信托人基于对受托人的信任,将其财产或财产权转移或为其他处分给受托人,由受托人按信托人的意愿,以自己的名义,为受益人的利益或者特定目的,进行管理和分配所产生的法律关系。

本法所称信托人,是指信托设立人。前款中"信托人的意愿"是指信托条款中所表达的信托人的意愿。

信托人、受托人、受益人、根据信托条款设置的信托监督人及其他与信托有直接利害关系或者基于信托关系而取得权利义务者统称为信托关系人。

第三条 【信托法的基本原则】

原法条

第五条 【信托法的基本原则】

信托当事人进行信托活动,必须遵守法律、行政法规,遵循自愿、公平和诚实信用原则,不得损害国家利益和社会公共利益。

修改后的法条

第三条 【信托法的基本原则】

信托关系人进行信托活动,必须遵守法律、行政法规,遵循自愿、公平和诚实信用原则,不得违背公序良俗[①]。

第四条 【信托法的适用范围】

原法条

[①] 信托法是民法的特别法,因此应遵循《民法典》中的基本原则。《民法典》第 8 条规定:"民事主体从事民事活动,不得违反法律,不得违背公序良俗。""公序良俗"相比于"国家利益和社会公共利益"的表述,更能体现私法属性,具有主体平等和私法自治的特点。

第三条　【信托法的适用范围】

委托人、受托人、受益人(以下统称信托当事人)在中华人民共和国境内进行民事、营业、公益信托活动,适用本法。

修改后的法条

第四条　【信托法的适用范围】

在中华人民共和国境内设立、变更或终止的信托关系,适用本法。法律、行政法规另有规定的,依照其规定。

第五条　【民事信托与商事信托】

原法条

无

修改后的法条

第五条　【民事信托与商事信托】

受托人为取得信托财产应支付合理价款的信托为商事信托;受托人在取得信托财产时无须支付合理价款的信托为民事信托。

以商业组织形式设立的商事信托,除需要遵守本法的规定外,还需要遵守调整商事法律关系的法律、行政法规的规定。

第六条　【可撤销信托与不可撤销信托及推定原则】

原法条

无

修改后的法条

第六条　【可撤销信托与不可撤销信托及推定原则】

信托条款可以规定信托人是否有权撤销信托或者变更信托条款。

本法中"信托条款"指书面信托文件的条款和口头信托条款。

信托条款没有明确信托是否可撤销或者可变更的,受托人为取得信托财产支付了合理价款的信托为不可撤销或者不可变更信托;受托人没有为取得信托财产支付合理价款的信托为可撤销或者可变更信托。

可撤销信托的受托人对信托人负有信义义务。

可撤销信托的信托人是自然人的,在符合其他法律、行政法规的条件下,自信托人死亡之时,信托转为不可撤销信托。

依据本条撤销的信托,自撤销之日起终止。

第七条 【营业信托与非营业信托】

原法条

第四条 【营业信托】

受托人采取信托机构形式从事信托活动,其组织和管理由国务院制定具体办法。

修改后的法条

第七条 【营业信托与非营业信托】

受托人为信托机构或者法律允许经营信托的其他法人或非法人组织的信托是营业信托;受托人为自然人或者其他非以经营信托为业的法人或非法人组织的信托是非营业信托。

信托机构或者法律允许经营信托的其他法人或非法人组织从事信托活动,其组织和管理由国务院制定具体办法。

自然人或者其他非以经营信托为业的法人或非法人组织担任受托人的,其他法律、行政法规有特别规定的,依照其规定。

第八条 【宣言信托】

原法条

无

修改后的法条

第八条 【宣言信托】

信托人可以通过书面形式设立自己担任受托人的民事信托,但信托人不得为唯一受益人。

第九条 【推定信托】

原法条

无

修改后的法条

第九条 【推定信托】

非法占有他人财产的,人民法院可以依法推定信托关系成立,非法占有者在非法占有期间取得的利益与原始财产均归属于合法所有人或者合法占有人。

无权处分财产的,人民法院可以依法推定信托关系成立,无权处分者因不当处分取得的利益与原始财产均归属于合法所有人或者合法占有人,但是支付了合理价款的善意第三人的合法权益不受影响。

第十条 【购买金归复信托】

原法条

无

修改后的法条

第十条 【购买金归复信托】

用他人资金以自己名义购买动产或者不动产,如无相反证据证明是赠与行为,视为购买金归复信托成立,购买者为受托人,出资人为受益人,享有所购买财产的最终利益,但不得违反强制性法律规定。

第二章 信托的设立

第十一条 【设立信托的要件】

原法条

第六条 【信托目的必须合法】

设立信托,必须有合法的信托目的。

第七条 【信托必须有确定且合法的财产】

设立信托,必须有确定的信托财产,并且该信托财产必须是委托人合法所有的财产。本法所称财产包括合法的财产权利。

修改后的法条

第十一条 【设立信托的要件】

设立信托,应当具备下列条件:

(一)信托人有设立信托的行为能力并作出设立信托关系的意思表示;

(二)有合法的信托目的;

(三)有确定或者可以确定的信托财产;

(四)有确定或者可以确定的受益人或受益人范围;

(五)有负有信义义务的受托人职位;

(六)信托财产由信托人依法转移或为其他处分给受托人。设立宣言信托的,信托财产应依法独立标记。

第十二条 【设立信托的方式及适用的法律】

原法条

第八条 【设立信托的方式】

设立信托,应当采取书面形式。

书面形式包括信托合同、遗嘱或者法律、行政法规规定的其他书面文件等。

采取信托合同形式设立信托的,信托合同签订时,信托成立。采取其他书面形式设立信托的,受托人承诺信托时,信托成立。

第十三条 【遗嘱信托的设立】

设立遗嘱信托,应当遵守继承法关于遗嘱的规定。遗嘱指定的人拒绝或者无能力担任受托人的,由受益人另行选任受托人;受益人为无民事行为能力人或者限制民事行为能力人的,依法由其监护人代行选任。遗嘱对选任受托人另有规定的,从其规定。

修改后的法条

第十二条 【设立信托的方式】

设立信托,应当采取书面形式、录音录像形式或者法律、行政法规规定的其他形式。在危急情况下可以通过口头声明、口头遗嘱设立信托。

书面形式包括信托书、信托合同、信托遗嘱或者法律、行政法规规定的其他书面文件等。

设立生前信托,应当遵守本法的规定以及《中华人民共和国民法典》的相关规定。设立遗嘱信托,应当遵守本法的规定以及《中华人民共和国民法典》中有关遗嘱及继承的规定。

采取录音录像形式设立信托或者在危急情况下通过口头声明、口头遗嘱设立信托的,应符合《中华人民共和国民法典》的相关要求。

没有采用以上形式,但实质上形成了本法规定的信托关系的,视为信托成立。

第十三条 【信托条款需载明事项】

原法条

第九条 【信托文件需载明事项】

设立信托,其书面文件应当载明下列事项:

(一)信托目的;

(二)委托人、受托人的姓名或者名称、住所;

（三）受益人或者受益人范围；

（四）信托财产的范围、种类及状况；

（五）受益人取得信托利益的形式、方法。

除前款所列事项外，可以载明信托期限、信托财产的管理方法、受托人的报酬、新受托人的选任方式、信托终止事由等事项。

修改后的法条

第十三条 【信托条款需载明事项】

通过书面文件设立信托，其书面文件的条款应当载明下列事项：

（一）信托目的；

（二）信托人的姓名或者名称、住所；

（三）受托人的姓名或者名称、住所，或者受托人的选任标准、方法；

（四）受益人或者受益人范围；

（五）信托财产或者信托财产的范围、种类及状况；

（六）受托人管理信托财产的形式、方法；

（七）受托人分配信托利益以及受益人取得信托利益的形式、标准或方法。

通过口头方式设立信托，其口头条款应包含上述内容，并由确定的证据证明。

除第一款所列事项外，信托条款可以载明信托期限、受托人管理信托财产与分配信托利益的裁量权及其标准、受益人的类型、受益人的受益权是否可以自主或者被动转让、信托财产的收益或支出在信托财产原物和收益中如何分配、受托人的报酬、信托终止事由等事项。

第十四条 【信托的成立】

原法条

第八条 【设立信托的方式】

设立信托，应当采取书面形式。

书面形式包括信托合同、遗嘱或者法律、行政法规规定的其他书面文件等。

采取信托合同形式设立信托的，信托合同签订时，信托成立。采取其他书面形式设立信托的，受托人承诺信托时，信托成立。

修改后的法条

第十四条　【信托的成立】

采取信托书形式设立信托的,自信托书签署后,信托人按照信托书的条款,将信托财产转移或为其他处分给受托人时,信托成立。

采取合同形式设立信托的,自信托合同生效后,信托人按照信托合同的约定,将信托财产转移或为其他处分给受托人时,信托成立。

采取遗嘱形式设立信托的,自遗嘱生效后,信托成立。

采取其他书面形式或者录音录像形式设立信托的,自书面或者影音文件完成后,信托人按照文件内容,将信托财产转移或为其他处分给受托人时,信托成立。

采取宣言形式设立信托的,自信托财产被独立标记时,信托成立。

采取口头形式设立信托的,自信托财产被转移或为其他处分给受托人时,信托成立。口头信托的设立应符合本法和《中华人民共和国民法典》的规定,其条款应当有确定的证据证明。

第十五条　【信托的效力】

原法条

无

修改后的法条

第十五条　【信托的效力】

信托一经成立即生效。

信托遗嘱无效的,信托不成立。信托书、信托合同等其他设立信托的文件无效的,如果根据本法已成立实质性的信托关系,则信托成立,无效的信托条款不作为据以设立信托的文件。

第十六条　【信托登记】

原法条

第十条　【信托登记】

设立信托,对于信托财产,有关法律、行政法规规定应当办理登记手续的,应当依法办理信托登记。

未依照前款规定办理信托登记的,应当补办登记手续;不补办的,该信托不产生效力。

修改后的法条

第十六条　【信托登记】

设立信托,应当办理信托登记。

对于信托财产,有关法律、行政法规规定其转移应当办理登记手续的,应当依法办理该信托财产转移的登记:

(一)信托财产为不动产的,在转移给受托人时,应在不动产登记簿和不动产证书上登记在受托人名下,并在附注中将受益人或受益人集体登记为信托财产的总有人。其他法律、行政法规有特别规定的,依照其规定。

(二)信托财产为需要登记的动产的,应参照前款登记。

第一款中规定的信托登记机关为全国统一的信托登记中心;第二款中规定的登记机关为相关法律、行政法规所规定的登记机关。

信托登记义务人为信托受托人。受托人变更时,新受托人应当进行变更登记。信托人应配合受托人完成信托登记。

未依照本条规定办理信托登记或者信托财产转移登记的,应当补办登记手续;不补办的,该信托不得对抗已支付合理价款的善意第三人。

信托财产按照信托条款分配给受益人时,如依法需要办理产权转移登记,则按非交易过户处理,但不得违反本法与其他法律、行政法规的禁止性规定。

信托登记机关对所登记的信托内容负有保密义务,未经依法申请不得公开。法律、行政法规另有规定的,依照其规定。

法律、行政法规对公益信托登记另有规定的,依照其规定。

第十七条　【信托无效情形】

原法条

第十一条　【信托无效情形】

有下列情形之一的,信托无效:

(一)信托目的违反法律、行政法规或者损害社会公共利益;

(二)信托财产不能确定;

(三)委托人以非法财产或者本法规定不得设立信托的财产设立信托;

（四）专以诉讼或者讨债为目的设立信托；

（五）受益人或者受益人范围不能确定；

（六）法律、行政法规规定的其他情形。

修改后的法条

第十七条　【信托无效情形】

有下列情形之一的,信托无效:

（一）信托目的违反法律、行政法规或者违背公序良俗；

（二）信托人以非法取得的财产、无权处分的财产或者本法规定不得设立信托的财产设立信托；

（三）受益人为依法不得受让特定财产权的人；

（四）法律、行政法规规定的其他情形。

信托部分无效不影响其他部分效力的,其他部分仍然有效。

第十八条　【信托无效的后果】

原法条

无

修改后的法条

第十八条　【信托无效的后果】

信托无效且信托财产已完成转移的,受托人应将信托财产原物返还或等价返还给信托人。返还前信托财产产生收益的,收益应一并返还。受益人已经取得信托利益分配的,应将其原物返还或等价返还给信托人。

本条规定不影响已支付合理价款的善意相对人的合法权益。

第十九条　【信托人的债权人的撤销权/变更权】

原法条

第十二条　【委托人的债权人的撤销权】

委托人设立信托损害其债权人利益的,债权人有权申请人民法院撤销该信托。

人民法院依照前款规定撤销信托的,不影响善意受益人已经取得的信托利益。

本条第一款规定的申请权,自债权人知道或者应当知道撤销原因之日起一年内不行使的,归于消灭。

修改后的法条

第十九条　【信托人的债权人的撤销权/变更权】

信托人设立信托违反相关法律、行政法规的规定,并损害其债权人利益的,债权人有权根据不同情形,以信托人、受托人、受益人分别或者共同为被告,申请人民法院撤销或部分撤销该信托。信托人未将信托财产转移或为其他处分给受托人的,债权人有权申请人民法院直接执行未转移的信托财产。

信托人设立信托后对信托保留撤销权、变更权的,在该撤销权或者变更权范围内,其债权人有权申请人民法院撤销或者变更该信托。

人民法院依照本条规定撤销信托的,受托人与受益人应将取得的信托财产或者信托利益的原物返还或等价返还给信托人,但不影响已支付合理价款的善意相对人的合法权益。

本条规定的申请撤销权,自债权人知道或者应当知道撤销原因之日起一年内不行使的,归于消灭。

第三章　信　托　财　产
第二十条　【信托财产的范围】

原法条

第十四条　【信托财产的范围】

受托人因承诺信托而取得的财产是信托财产。受托人因信托财产的管理运用、处分或者其他情形而取得的财产,也归入信托财产。法律、行政法规禁止流通的财产,不得作为信托财产。法律、行政法规限制流通的财产,依法经有关主管部门批准后,可以作为信托财产。

修改后的法条

第二十条　【信托财产的范围】

信托财产包括信托财产原物(本金)及其收益。

信托人用以设立信托并依法转移或处分给受托人的财产是信托财产原物。受托人在管理信托财产过程中取得的财产,属于信托财产原物的收益。信托财产原物的收益也归入信托财产。

第二十一条　【信托财产的合法性】

原法条

第七条 【确定的信托财产】

设立信托,必须有确定的信托财产,并且该信托财产必须是委托人合法所有的财产。本法所称财产包括合法的财产权利。

第十四条 【信托财产的范围】

受托人因承诺信托而取得的财产是信托财产。受托人因信托财产的管理运用、处分或者其他情形而取得的财产,也归入信托财产。法律、行政法规禁止流通的财产,不得作为信托财产。法律、行政法规限制流通的财产,依法经有关主管部门批准后,可以作为信托财产。

修改后的法条

第二十一条 【信托财产的合法性】

信托财产必须是信托人合法所有且有权处分的财产。

法律、行政法规禁止流通的财产,不得作为信托财产。

法律、行政法规限制流通的财产,依法经有关主管部门批准后,可以作为信托财产。

第二十二条 【信托财产的确定性】

原法条

第七条 【确定的信托财产】

设立信托,必须有确定的信托财产,并且该信托财产必须是委托人合法所有的财产。本法所称财产包括合法的财产权利。

修改后的法条

第二十二条 【信托财产的确定性】

信托财产必须是确定或者可以确定的财产。

以无法确定的财产设立信托的,自财产可以确定并依法转移或为其他处分给受托人时,信托始成立。

第二十三条 【信托财产与信托人的其他财产相区别】

原法条

第十五条 【信托财产的破产隔离】

信托财产与委托人未设立信托的其他财产相区别。设立信托后,委托人死亡或者依法解散、被依法撤销、被宣告破产时,委托人是唯一受益人的,信托终止,信托财产作为其遗产或者清算财产;委托人不是唯一受益人的,信托存续,信托财产不作为其遗产或者清算财产;但作为共同受益人的委托人死亡或者依法解散、被依法撤销、被宣告破产时,其信托受益权作为其遗产或者清算财产。

修改后的法条

第二十三条　【信托财产与信托人的其他财产相区别】

已经转移或为其他处分给受托人的信托财产或者已依法标记、公示的宣言信托的信托财产与信托人未设立信托的其他财产相区别。其他法律、行政法规有不同规定的,依照其规定。

第二十四条　【信托财产与信托人的债务隔离】

原法条

第十五条　【信托财产的破产隔离】

信托财产与委托人未设立信托的其他财产相区别。设立信托后,委托人死亡或者依法解散、被依法撤销、被宣告破产时,委托人是唯一受益人的,信托终止,信托财产作为其遗产或者清算财产;委托人不是唯一受益人的,信托存续,信托财产不作为其遗产或者清算财产;但作为共同受益人的委托人死亡或者依法解散、被依法撤销、被宣告破产时,其信托受益权作为其遗产或者清算财产。

修改后的法条

第二十四条　【信托财产与信托人的债务隔离】

除本法第十九条规定的情形外,不可撤销信托的信托财产不受信托人的债权人追索。

不可撤销信托的信托人不是信托受益人或者不是唯一受益人的,信托人死亡或者依法解散、被宣告破产时,信托存续,信托财产不作为其遗产或者清算财产;作为共同受益人的信托人的信托受益权,可以作为其遗产或者清算财产,信托条款或者法律、行政法规另有规定的除外。

可撤销信托的信托人是法人或者非法人组织的,信托人依法解散、被宣告破产时,信托终止,信托财产作为其清算财产。可撤销信托的信托人是自然人的,信托人死亡之前没有撤销信托的,信托人的债权人在信托人有权撤销信托的范围内对信托财产有请求权。信托人的债权人得到偿付后信托财产有剩余的,或者信托人的债权人自知道或者应当知道其针对信托财产的请求权之日起一年内不行使的,信托存续,信托财产或者剩余信托财产不再受信托人的债权人的追索,且不作为信托人的遗产。

无论信托是否为不可撤销信托,信托人死亡或者依法解散、被宣告破产时,信托人是唯一受益人的,信托终止,信托财产作为其遗产或者清算财产。

第二十五条 【信托财产与受托人的固有财产相区别】

原法条

第十六条 【信托财产独立于受托人的固有财产】

信托财产与属于受托人所有的财产(以下简称固有财产)相区别,不得归入受托人的固有财产或者成为固有财产的一部分。受托人死亡或者依法解散、被依法撤销、被宣告破产而终止,信托财产不属于其遗产或者清算财产。

修改后的法条

第二十五条 【信托财产与受托人的固有财产相区别】

信托财产与属于受托人所有的财产(以下简称固有财产)相区别,不得归入受托人的固有财产或者成为固有财产的一部分。

受托人死亡或者依法解散、被宣告破产而终止,受托人所管理的信托财产不属于其遗产或者清算财产。

第二十六条 【信托财产与受托人的债权债务相隔离】

原法条

第十八条 【信托财产的债权债务隔离】

受托人管理运用、处分信托财产所产生的债权,不得与其固有财产产生的债务相抵销。

受托人管理运用、处分不同委托人的信托财产所产生的债权债务,不得相互抵销。

修改后的法条

第二十六条 【信托财产与受托人的债权债务隔离】

受托人管理信托所产生的债权,不得与其固有财产产生的债务相抵销。

前款规定不影响已支付合理价款的善意相对人的合法权益。受托人违反前款规定进行债权或债务抵销的,受益人得请求受托人承担赔偿责任。

第二十七条　【信托财产的债权债务隔离】

原法条

第十八条　【信托财产的债权债务隔离】

受托人管理运用、处分信托财产所产生的债权,不得与其固有财产产生的债务相抵销。

受托人管理运用、处分不同委托人的信托财产所产生的债权债务,不得相互抵销。

修改后的法条

第二十七条　【信托财产的债权债务隔离】

受托人管理不同信托人的信托财产所产生的债权债务,不得相互抵销。

前款规定不影响已支付合理价款的善意相对人的合法权益。受托人违反前款规定进行债权或债务抵销的,受益人得请求受托人承担赔偿责任。

第二十八条　【对信托财产的强制执行】

原法条

第十七条　【信托财产的强制执行】

除因下列情形之一外,对信托财产不得强制执行:

(一) 设立信托前债权人已对该信托财产享有优先受偿的权利,并依法行使该权利的;

(二) 受托人处理信托事务所产生债务,债权人要求清偿该债务的;

(三) 信托财产本身应担负的税款;

(四) 法律规定的其他情形。

对于违反前款规定而强制执行信托财产,委托人、受托人或者受益人有权向人民法院提出异议。

修改后的法条

第二十八条　【对信托财产的强制执行】

除因下列情形之一外,对信托财产不得强制执行:

(一) 设立信托前债权人已对该信托财产享有优先受偿的权利,并依法行使该权利的;

(二) 针对可撤销信托的信托人或者对信托保留控制权的信托人在其撤销权或者控制权范围内行使权利的;

（三）受托人履行信托职责产生债务，债权人要求清偿该债务的；

（四）信托财产本身应担负的税款；

（五）信托财产没有转移给受托人的；

（六）法律规定的其他情形。

对于依据前款针对信托财产之强制执行，受托人变更后，债权人仍得依原执行文件，以新受托人为债务人，开始或继续强制执行。

对于违反第一款规定而强制执行信托财产，受托人或者受益人有权向人民法院提出异议。

第四章　信托人

第二十九条　【信托人资格】

原法条

第十九条　【委托人资格】

委托人应当是具有完全民事行为能力的自然人、法人或者依法成立的其他组织。

修改后的法条

第二十九条　【信托人资格】

信托人应当是具有完全民事行为能力的自然人、法人或者非法人组织。其他法律、行政法规对信托人有特别规定的，依照其规定。

第三十条　【信托人对信托的撤销权与变更权】

原法条

第二十一条　【委托人调整信托财产管理方法的权利】

因设立信托时未能预见的特别事由，致使信托财产的管理方法不利于实现信托目的或者不符合受益人的利益时，委托人有权要求受托人调整该信托财产的管理方法。

修改后的法条

第三十条　【信托人对信托的撤销权与变更权】

可撤销信托、可变更信托的信托人可以依据信托条款的规定撤销信托或者变更信托条款。

不可撤销信托、不可变更信托，因设立信托时未能预见的特别事由，致使信托条款的规定不利于实现信托目的或者不符合受益人的利益时，信托人可以依据本法第九十六条的规定变更信托。

信托条款另有规定的,依照其规定。

变更信托,不得损害已支付合理价款的善意相对人的合法权益。

第三十一条　【信托人对受托人不利行为的制止权和撤销权】

原法条

第二十二条　【委托人撤销受托人不利行为的权利】

受托人违反信托目的处分信托财产或者因违背管理职责、处理信托事务不当致使信托财产受到损失的,委托人有权申请人民法院撤销该处分行为,并有权要求受托人恢复信托财产的原状或者予以赔偿;该信托财产的受让人明知是违反信托目的而接受该财产的,应当予以返还或者予以赔偿。

前款规定的申请权,自委托人知道或者应当知道撤销原因之日起一年内不行使的,归于消灭。

修改后的法条

第三十一条　【信托人对受托人不利行为的制止权和撤销权】

可撤销信托、可变更信托的信托人有确切证据证明受托人的行为违反法律、行政法规或者信托条款的规定,将导致信托财产受到损失的,有权请求受托人停止该行为。

在管理信托过程中,可撤销信托、可变更信托的受托人的行为违背信义务,致使信托财产受到损失的,未经信托人事先同意、事后追认,该行为无效,信托人有权要求受托人恢复信托财产的原状,并将其所得利益归于信托财产,或者要求受托人承担损害赔偿责任。

本条规定不影响已支付合理价款的善意相对人的合法权益。

本条规定的制止权、撤销权,自信托人知道或者应当知道撤销事由之日起一年内不行使的,归于消灭。

第三十二条　【信托人的知情权】

原法条

第二十条　【委托人了解信托情况的权利】

委托人有权了解其信托财产的管理运用、处分及收支情况,并有权要求受托人作出说明。

委托人有权查阅、抄录或者复制与其信托财产有关的信托账目以及处理信托事务的其他文件。

修改后的法条

第三十二条 【信托人的知情权】

信托人有权了解信托财产的管理情况,并有权要求受托人作出说明。

信托人有权查阅、抄录或者复制与信托财产有关的信托账目以及受托人履行信托职责的其他文件或数据。

不可撤销、不可变更信托的信托人行使前两款权利,将不当干预信托的管理或者可能损害受益人利益的,受托人有权拒绝。

第三十三条 【信托人的义务】

原法条

无

修改后的法条

第三十三条 【信托人的义务】

信托人应配合受托人办理信托登记,并应履行信托条款中规定的其他义务。

第三十四条 【信托人的权利与义务的转让与继承】

原法条

无

修改后的法条

第三十四条 【信托人的权利与义务的转让与继承】

受托人为取得信托财产支付了合理价款的信托,信托人的权利与义务依信托条款规定的方法或者经受托人与受益人同意,可以转让给第三人。信托有两个以上信托人的,任何信托人的权利与义务的转让应获得其他信托人的同意。

民事信托的信托人的权利义务不得转让。

信托人的权利义务不得继承。

第五章 受 托 人

第三十五条 【信托不因受托人缺失而无效】

原法条

无

无

326

修改后的法条

第三十五条　【信托不因受托人缺失而无效】

除非信托条款有明确规定,信托不因具体某个主体不能或者拒绝担任受托人而无效或终止。

受托人缺失时,根据信托条款或者本法的规定另行选任。

第三十六条　【受托人资格】

原法条

第二十四条　【受托人的范围】

受托人应当是具有完全民事行为能力的自然人、法人。

法律、行政法规对受托人的资格另有规定的,从其规定。

修改后的法条

第三十六条　【受托人资格】

受托人可以是自然人、法人或者非法人组织。

无民事行为能力人、限制民事行为能力人、破产人以及其他不具备履行信义义务条件或者存在其他可能不利于履行信义义务情形的人不得担任受托人。

法律、行政法规对受托人的资格另有规定的,依照其规定。

第三十七条　【受托人的选任】

原法条

第四十条　【新受托人选任】

受托人职责终止的,依照信托文件规定选任新受托人;信托文件未规定的,由委托人选任;委托人不指定或者无能力指定的,由受益人选任;受益人为无民事行为能力人或者限制民事行为能力人的,依法由其监护人代行选任。原受托人处理信托事务的权利和义务,由新受托人承继。

修改后的法条

第三十七条　【受托人的选任】

信托人可以通过信托条款指定受托人,或者规定选任受托人的方法和标准。

被指定的受托人不能或者拒绝担任受托人的,应根据信托条款的规定重新选任受托人。信托条款没有规定的,由信托人重新选任。信托人不指定、无能力指定或者信托人已死亡的,由信托保护人选任。没有信托保护人的,由其他有权选任受托人的信托监督人或者全体受益人共同选任。受益人之间就选任受托人不能达成一致意见的,利害关系人可以申请人民法院指定受托人。受益人为无民事行为能力人或者限制民事行为能力人的,依法由其监护人选任或向人民法院申请指定受托人。

第三十八条 【受托人的职责】

原法条

第二十五条 【受托人的义务】

受托人应当遵守信托文件的规定,为受益人的最大利益处理信托事务。

受托人管理信托财产,必须恪尽职守,履行诚实、信用、谨慎、有效管理的义务。

第三十四条 【受托人向受益人支付信托利益的义务】

受托人以信托财产为限向受益人承担支付信托利益的义务。

修改后的法条

第三十八条 【受托人的职责】

受托人应根据信托条款和本法的规定,履行对信托财产的保管、运用、投资、处分等信托管理职责。

受托人应根据信托条款的规定,以信托财产为限履行向受益人分配信托利益的信托分配职责。

信托条款授予受托人管理裁量权的,受托人应在该裁量权范围内履行信托管理职责;信托条款授予受托人分配裁量权的,受托人应在该裁量权范围内履行信托分配职责。受托人行使裁量权不得违背信义义务。

第三十九条 【受托人取得报酬的权利】

原法条

第三十五条 【受托人取得报酬的权利】

受托人有权根据信托文件的约定取得报酬。信托文件未作事先约定的,经信托当事人协商同意,可以作出补充约定;未作事先约定和补充约定的,不得收取报酬。

约定的报酬经信托当事人协商同意,可以增减其数额。

修改后的法条

第三十九条 【受托人取得报酬的权利】

受托人有权根据信托条款的规定取得报酬。信托条款规定了信托报酬的数额或者计算方法的,按照其规定的数额或者计算方法确定受托人的报酬。信托条款未事先规定受托人报酬,或者未事先规定信托报酬的数额或者计算方法的,经信托关系人协商同意,可以作出补充约定;未作事先约定或补充约定的,不得收取报酬。

信托条款规定的报酬经受托人与可撤销信托的信托人或者不可撤销信托的受益人协商同意,可以增减其数额。

若规定的报酬依当时的情形或者因情势变更显失公平的,经信托人、受托人或者受益人申请,人民法院可予以调整。

法律、行政法规有其他规定的,依照其规定。

第四十条 【受托人违背信义义务不得请求报酬】

原法条

第三十六条 【受托人违反信托目的不得请求报酬】

受托人违反信托目的处分信托财产或者因违背管理职责、处理信托事务不当致使信托财产受到损失的,在未恢复信托财产的原状或者未予赔偿前,不得请求给付报酬。

修改后的法条

第四十条 【受托人违背信义义务不得请求报酬】

受托人违背信义义务管理信托财产、分配信托利益不当,致使信托财产受到损失的,在未恢复信托财产的原状或者未予赔偿前,不得请求给付报酬。

第四十一条 【受托人的优先受偿权】

原法条

第三十七条 【受托人因所付费用的优先受偿权】

受托人因处理信托事务所支出的费用、对第三人所负债务,以信托财产承担。受托人以其固有财产先行支付的,对信托财产享有优先受偿的权利。

受托人违背管理职责或者处理信托事务不当对第三人所负债务或者

自己所受到的损失,以其固有财产承担。

修改后的法条

第四十一条 【受托人的优先受偿权】

受托人因履行信托职责所支出的费用、对第三人所负债务以及非因自身过失遭受的损失,以信托财产承担。受托人以其固有财产先行垫付的,对信托财产享有优先受偿的权利。

信托财产不足以清偿上述债务或者补偿上述费用或损失的,受托人得向受益人、可撤销信托的信托人请求清偿或补偿,或要求其提供价值相当的担保。受益人放弃受益权的除外。

受托人根据前两款享有权利的,在其权利未获满足前,有权留置信托财产。受益人或可撤销信托的信托人在合理期间内仍未清偿或补偿的,受托人可以解除信托,并及时通知信托关系人。

第四十二条 【受托人的辞任】

原法条

第三十八条 【受托人的辞任】

设立信托后,经委托人和受益人同意,受托人可以辞任。本法对公益信托的受托人辞任另有规定的,从其规定。

受托人辞任的,在新受托人选出前仍应履行管理信托事务的职责。

修改后的法条

第四十二条 【受托人的辞任】

受托人可以根据信托条款的规定辞任。

信托条款没有规定的,不可撤销信托的受托人经受益人同意、可撤销信托的受托人经信托人同意,可以辞任。

受托人有正当事由的,法院可依受托人申请,允许其辞任。

受托人辞任的,应书面通知其他信托关系人。

第四十三条 【受托人的解任】

原法条

第二十三条 【委托人解任受托人】

受托人违反信托目的处分信托财产或者管理运用、处分信托财产有重大过失的,委托人有权根据信托文件的规定解任受托人,或者申请人民法院解任受托人。

修改后的法条

第四十三条 【受托人的解任】

受托人违背信义义务、不能有效履行信托职责或者有其他重大事由的,可以依照信托条款的规定解任受托人;人民法院经审查认定解任受托人最符合受益人的利益,也不违背信托目的的,可依信托监督人、共同受托人、受益人或者可撤销信托的信托人之申请,解任受托人。

第四十四条 【原受托人卸任后的权利义务】

原法条

第三十八条 【受托人的辞任】

设立信托后,经委托人和受益人同意,受托人可以辞任。本法对公益信托的受托人辞任另有规定的,从其规定。

受托人辞任的,在新受托人选出前仍应履行管理信托事务的职责。

第四十一条 【原受托人卸任后的义务】

受托人有本法第三十九条第一款第(三)项至第(六)项所列情形之一,职责终止的,应当作出处理信托事务的报告,并向新受托人办理信托财产和信托事务的移交手续。

前款报告经委托人或者受益人认可,原受托人就报告中所列事项解除责任。但原受托人有不正当行为的除外。

第四十二条 【共同受托人职责终止、信托财产管理】

共同受托人之一职责终止的,信托财产由其他受托人管理和处分。

修改后的法条

第四十四条 【原受托人卸任后的权利义务】

受托人辞任或被解任的,在新受托人选出前,有信托保护人的,应由信托保护人代行受托人职责;没有信托保护人的,辞任或被解任的受托人仍应履行信托职责。

原受托人应将信托财产转移给新受托人。原受托人应履行的信托职责由新受托人承继。原受托人可以从信托财产获得信托报酬、费用补偿和损失补偿的,有权向新受托人或者其他共同受托人提出请求。原受托人根据本款提出的请求得到满足前,有权留置相应的信托财产。

原受托人因其履行信托职责的行为依本法第四十八条负有责任的，或者作为原法人受托人的控股股东、实际控制人、董事、监事、高级管理人员或者具有相当职务的其他职员依第四十九条负有责任的，新受托人有权请求人民法院撤销原受托人的该行为，并有权要求原受托人恢复信托财产的原状或者予以赔偿。

本法第十章对公益信托受托人卸任后的权利义务有不同规定的，依照其规定。

第四十五条 【受托人的职责终止】

原法条

第三十九条 【受托人的职责终止】

受托人有下列情形之一的，其职责终止：

（一）死亡或者被依法宣告死亡；

（二）被依法宣告为无民事行为能力人或者限制民事行为能力人；

（三）被依法撤销或者被宣告破产；

（四）依法解散或者法定资格丧失；

（五）辞任或者被解任；

（六）法律、行政法规规定的其他情形。

受托人职责终止时，其继承人或者遗产管理人、监护人、清算人应当妥善保管信托财产，协助新受托人接管信托事务。

修改后的法条

第四十五条 【受托人的职责终止】

受托人有下列情形之一的，其职责终止：

（一）死亡或者被依法宣告死亡；

（二）被依法宣告为无民事行为能力人或者限制民事行为能力人；

（三）被宣告破产；

（四）依法解散或者法定资格丧失；

（五）辞任或者被解任；

（六）法律、行政法规或者信托条款规定的其他情形。

受托人因发生前款第（一）、（二）项情形导致其职责终止的，信托保护人应当临时保管信托财产，没有信托保护人的，受托人的继承人、法定代理人、遗产管理人、监护人、或者财产代管人应当临时保管信托财产,及时通知可撤销信托的信托人、受益人有关受托人职责终止的情况,并为信托财产和信托事务的移交采取必要的措施。

法人受托人因发生前款第(三)、(四)项情形导致其职责终止的,信托保护人应当临时保管信托财产,没有信托保护人的,由清算人、破产管理人承担上述职责。

法人受托人合并或分立后,其受托人职责不终止,由合并或分立后承继其权利义务的法人承担。

第四十六条　【新旧受托人交接】

原法条

第四十条　【新受托人选任】

受托人职责终止的,依照信托文件规定选任新受托人;信托文件未规定的,由委托人选任;委托人不指定或者无能力指定的,由受益人选任;受益人为无民事行为能力人或者限制民事行为能力人的,依法由其监护人代行选任。原受托人处理信托事务的权利和义务,由新受托人承继。

第四十一条　【原受托人卸任后义务】

受托人有本法第三十九条第一款第(三)项至第(六)项所列情形之一,职责终止的,应当作出处理信托事务的报告,并向新受托人办理信托财产和信托事务的移交手续。

前款报告经委托人或者受益人认可,原受托人就报告中所列事项解除责任。但原受托人有不正当行为的除外。

修改后的法条

第四十六条　【新旧受托人交接】

受托人有本法第四十五条第一款第(三)至(六)项所列情形之一,职责终止的,应当作出处理信托事务的清算报告,并向新受托人办理信托财产和信托事务的移交手续。

前款报告经信托保护人、受益人或者可撤销信托的信托人认可,原受托人就报告中所列事项解除责任;但原受托人有不当行为的除外。信托财产如属其转移依法应登记的财产,原受托人应协助新受托人办理信托财产变更登记。

第四十七条 【原受托人的债务履行】

原法条

无

修改后的法条

第四十七条 【原受托人的债务履行】

原受托人有义务以其固有财产履行债务的,不因新受托人承继而免除。

第四十八条 【受托人的责任】

原法条

无

修改后的法条

第四十八条 【受托人的责任】

受托人因违背信义义务、履行信托职责不当致使信托财产受到损失的,信托保护人、受益人或者可撤销信托的信托人有权要求受托人恢复信托财产的原状或者予以赔偿。

第四十九条 【机构受托人职员的责任分担】

原法条

无

修改后的法条

第四十九条 【机构受托人职员的责任分担】

机构受托人的控股股东、实际控制人、董事、监事、高级管理人员或者具有相当职务的其他职员违背信义义务管理信托财产或者分配信托利益,致使信托财产受到损失的,机构受托人承担责任。

机构受托人承担责任之后,可以要求有过错的控股股东、实际控制人、董事、监事、高级管理人员或者具有相当职务的其他职员根据其过错比例分担责任。

第五十条 【共同受托人】

原法条

第三十一条 【共同受托人】

同一信托的受托人有两个以上的,为共同受托人。

共同受托人应当共同处理信托事务,但信托文件规定对某些具体事务由受托人分别处理的,从其规定。

共同受托人共同处理信托事务,意见不一致时,按信托文件规定处理;信托文件未规定的,由委托人、受益人或者其利害关系人决定。

修改后的法条

第五十条　【共同受托人】

同一信托的受托人有两个以上的,为共同受托人。

共同受托人为受益人利益共同共有信托财产。信托条款另有规定的,依照其规定。

共同受托人应当共同处理信托事务,但信托条款规定对特定事务由受托人分别处理的,依照其规定。

第五十一条　【共同受托人决定信托事务的方法】

原法条

第三十一条　【共同受托人】

同一信托的受托人有两个以上的,为共同受托人。

共同受托人应当共同处理信托事务,但信托文件规定对某些具体事务由受托人分别处理的,从其规定。

共同受托人共同处理信托事务,意见不一致时,按信托文件规定处理;信托文件未规定的,由委托人、受益人或者其利害关系人决定。

修改后的法条

第五十一条　【共同受托人决定信托事务的方法】

共同受托人根据信托条款的规定履行信托职责。

信托条款没有规定的,不涉及专业判断的事务性行为由多数受托人决议决定,需要行使专业判断的重大投资、处分等管理行为由全体受托人一致决定;受托人意见达不到法定要求时,信托为可撤销信托的,由信托人决定;信托为不可撤销信托的,由信托保护人决定;没有信托保护人的,应经受益人全体同意;受益人意见不一致的,受托人不得从事该行为。

第五十二条　【共同受托人的诉讼地位】

原法条

无

修改后的法条

第五十二条 【共同受托人的诉讼地位】

信托条款对共同受托人职责分工另有规定的,各受托人就其分担的职责,在针对信托财产的诉讼中可以分别作为原告或者被告。第三人不知道或者非因重大过失不知道受托人有职责分工的,可以将全体共同受托人作为被告。

第六章 受 益 人

第五十三条 【受益人的定义】

原法条

第四十三条 【受益人的定义】

受益人是在信托中享有信托受益权的人。受益人可以是自然人、法人或者依法成立的其他组织。

委托人可以是受益人,也可以是同一信托的唯一受益人。

受托人可以是受益人,但不得是同一信托的唯一受益人。

修改后的法条

第五十三条 【受益人的定义】

受益人是享有信托受益权的人。受益人可以是自然人、法人或者非法人组织。

信托人可以是受益人,也可以是同一信托的唯一受益人。

受托人可以是受益人,但不得是同一信托的唯一受益人。

第五十四条 【受益权的定义与分类】

原法条

无

修改后的法条

第五十四条 【受益权的定义与分类】

信托受益权是受益人依据信托条款取得信托利益的权利。信托利益包括受益人针对信托财产享有的现时利益,也包括受益人针对信托财产在未来才能享有的利益。

受益人享有的信托受益权在受益人死亡时终止的,为终身受益权;受益人享有的信托受益权在受益人死亡时持续的,为剩余利益受益权。

受益人所取得的信托利益是信托财产原物利益的,受益人享有的信托受益权为信托财产原物受益权;受益人所取得的信托利益来自信托财产原物的收益利益的,受益人享有的信托受益权为信托财产收益受益权。

第五十五条　【受益权的起始日期】

原法条

第四十四条　【受益权的生效日期】

受益人自信托生效之日起享有信托受益权。信托文件另有规定的,从其规定。

修改后的法条

第五十五条　【受益权的起始日期】

受益人自信托成立之日起享有信托受益权。信托条款另有规定的,依照其规定。

第五十六条　【连续受益人】

原法条

无

修改后的法条

第五十六条　【连续受益人】

信托条款可以指定有先后顺位的连续受益人。在先顺位的受益人依据信托条款的规定在特定时间段取得信托利益,在后顺位的受益人依据信托条款的规定在特定的未来时间或者未来时间段取得信托利益。

有连续受益人的信托,在先顺位的受益人死亡或者依法解散、被宣告破产的,其信托受益权不作为其遗产或者清算财产,而归属于在后顺位的受益人。最后一个在后顺位的受益人如果不是信托的剩余利益受益人,其死亡或者依法解散、被宣告破产的,信托财产归复于信托人或者信托人的继承人。信托条款另有规定的,依照其规定。

第五十七条　【受益人的权力与权利】

原法条

第四十九条　【受益人享有与委托人相同的权利】

受益人可以行使本法第二十条至第二十三条规定的委托人享有的权利。受益人行使上述权利,与委托人意见不一致时,可以申请法院作出裁定。

受托人有本法第二十二条第一款所列行为,共同受益人之一申请法院撤销该处分行为的,法院所作出的撤销裁定,对全体共同受益人有效。

修改后的法条

第五十七条 【受益人的权力与权利】

受益人根据信托条款和本法规定的条件和程序,有权变更受托人、变更信托条款、解除信托。

受益人可以行使本法第三十一条和第三十二条规定的信托人享有的权利。受益人行使上述权利,与可撤销信托的信托人意见不一致时,应听从信托人的意见;与不可撤销信托的信托人意见不一致时,有信托保护人的,由信托保护人决定;没有信托保护人的,可以申请法院裁判。

第五十八条 【共同受益人】

原法条

第四十五条 【共同受益人】

共同受益人按照信托文件的规定享受信托利益。信托文件对信托利益的分配比例或者分配方法未作规定的,各受益人按照均等的比例享受信托利益。

修改后的法条

第五十八条 【共同受益人】

共同受益人按照信托条款的规定享受信托利益。信托条款对信托利益的分配比例或者分配方法未作规定的,同一顺位的共同收益受益人按照均等比例享受信托财产收益利益;同一顺位的共同原物受益人按照均等比例享受信托财产原物利益。

第五十九条 【共同受益人一致行动】

原法条

无

修改后的法条

第五十九条 【共同受益人一致行动】

在作出可能影响其他受益人的信托利益的意思表示时,应按照信托条款规定的程序和方法决定。信托条款没有规定的,民事信托的共同受益人应当经全体受益人一致同意,商事信托的共同受益人应按照法律、行政法规或者信托条款的规定,举行受益人大会进行商议和表决。信托条款另有规定的,依照其规定。

第六十条　【放弃受益权及其归属顺序】

原法条

第四十六条　【放弃受益权及其归属顺序】

受益人可以放弃信托受益权。

全体受益人放弃信托受益权的,信托终止。

部分受益人放弃信托受益权的,被放弃的信托受益权按下列顺序确定归属:

(一) 信托文件规定的人;

(二) 其他受益人;

(三) 信托人或者其继承人。

修改后的法条

第六十条　【放弃受益权及其归属顺序】

受益人可以通过书面形式放弃全部或部分信托受益权,但不得损害第三人的合法权益。信托条款另有规定的,依照其规定。

放弃信托受益权的决定不可撤销。

受益人放弃受益权的,不影响在放弃受益权之前根据信托条款应取得的信托利益以及应承担的税收等相应的附随义务与责任。

部分受益人放弃信托受益权的,被放弃的信托受益权应根据信托条款的规定进行分配。信托条款没有规定的,被放弃的受益权为信托的收益受益权或者终身受益权且信托有原物受益人或者剩余利益受益人的,应由信托持有,最终按照信托条款的规定分配给原物受益人或者剩余利益受益人;被放弃的受益权为信托的原物受益权或者剩余利益受益权的,应由其他原物受益人或者剩余利益受益人按照其受益权比例享有。信托没有原物受益人或者剩余利益受益人的,被放弃的受益权应归复于信托人或者其继承人。商事信托被放弃的受益权应按照该受益人死亡或解散时其受益权的归属确定其归属。

全体受益人放弃信托受益权的,信托终止。

第六十一条 【受益权用于清偿受益人债务】

原法条

第四十七条 【受益权用于清偿受益人债务】

受益人不能清偿到期债务的,其信托受益权可以用于清偿债务,但法律、行政法规以及信托文件有限制性规定的除外。

修改后的法条

第六十一条 【受益权用于清偿受益人债务】

受益人不能清偿到期债务的,其信托受益权可以用于清偿债务,但法律、行政法规以及信托条款有限制性规定的除外。

受益人根据信托条款享受全部信托利益时,在只能用信托财产才能偿清受益人的债务且债务偿清后,信托财产不足以实现信托目的,或者基于其他必须的原因,法院可以根据受益人或者利害关系人的请求,解除信托。

第六十二条 【受益权的转让、继承与剥夺】

原法条

第四十八条 【受益权的转让和继承】

受益人的信托受益权可以依法转让和继承,但信托文件有限制性规定的除外。

修改后的法条

第六十二条 【受益权的转让、继承与剥夺】

受益人的信托受益权可以依法转让,但信托条款有限制性规定的除外。

剩余信托利益受益权可以依法继承,但信托条款有限制性规定的除外。终身受益权不可继承。

受益人的信托受益权依法转让和继承的,应当适用《中华人民共和国民法典》的相关规定。

信托条款规定对信托的有效性提出异议的受益人丧失受益权的,该条款在符合本法规定的情况下有效。

本条允许的信托条款的限制性规定不得违背公序良俗。

第六十三条 【以受益权设立质权】

原法条

无

修改后的法条

第六十三条　【以受益权设立质权】

受益人的信托受益权之上可以设立质权,但其性质不允许设立质权,或者信托条款有限制性规定的除外。

依照前款设立质权的,应符合《中华人民共和国民法典》中有关权利质权的规定,并应依法变更信托登记。

以受益权设立质权的,未经登记,不得对抗已支付合理价款的善意第三人。

第六十四条　【以受益权设立信托】

原法条

无

修改后的法条

第六十四条　【以受益权设立信托】

受益人的信托受益权之上可以设立信托,但其性质不允许设立信托,或者信托条款有限制性规定的除外。以信托受益权设立信托的,应符合本法的规定。

第七章　受托人的义务

第六十五条　【受托人的一般义务】

原法条

第二十五条　【受托人的义务】

受托人应当遵守信托文件的规定,为受益人的最大利益处理信托事务。受托人管理信托财产,必须恪尽职守,履行诚实、信用、谨慎、有效管理的义务。

修改后的法条

第六十五条　【受托人的一般义务】

受托人负有信义义务。

信义义务是指受托人在履行信托职责时,应当遵守信托条款的规定,根据信托目的,恪尽职守,诚实信用,为受益人的最大利益处理信托事务。

第六十六条　【受托人的谨慎义务】

原法条

第二十五条 【受托人的义务】

受托人应当遵守信托文件的规定,为受益人的最大利益处理信托事务。

受托人管理信托财产,必须恪尽职守,履行诚实、信用、谨慎、有效管理的义务。

修改后的法条

第六十六条 【受托人的谨慎义务】

受托人应当根据信托目的、信托条款、受益人利益以及信托的其他条件,谨慎、有效地履行信托职责。

需要行使专业判断的受托人应当运用其专门知识和技能履行信托职责。

其他法律、行政法规对受托人谨慎义务另有规定的,依照其规定。

第六十七条 【受托人的忠实义务】

原法条

第二十六条 【受托人不得利用信托财产谋私利】

受托人除依照本法规定取得报酬外,不得利用信托财产为自己谋取利益。

受托人违反前款规定,利用信托财产为自己谋取利益的,所得利益归入信托财产。

修改后的法条

第六十七条 【受托人的忠实义务】

受托人不得利用信托财产及与信托财产有关的信息为自己或者受益人以外的其他人谋取利益。

前款规定不影响作为共同受益人之一的受托人以受益人身份享有信托利益。

受托人违反本条规定,利用信托财产及与信托财产有关的信息为自己或受益人以外的其他人谋取利益的,所得利益归入信托财产;造成信托财产损失的,应当以其固有财产承担赔偿责任。

第六十八条 【受托人不得从事利益冲突交易的义务】

原法条

第二十七条 【受托人不得损害信托财产】

受托人不得将信托财产转为其固有财产。受托人将信托财产转为其固有财产的,必须恢复该信托财产的原状;造成信托财产损失的,应当承担赔偿责任。

第二十八条　【受托人不得自我交易、相互交易】

受托人不得将其固有财产与信托财产进行交易或者将不同委托人的信托财产进行相互交易,但信托文件另有规定或者经委托人或者受益人同意,并以公平的市场价格进行交易的除外。

受托人违反前款规定,造成信托财产损失的,应当承担赔偿责任。

修改后的法条

第六十八条　【受托人不得从事利益冲突交易的义务】

除非法律另有规定,受托人及其关联人不得实施下列行为:

(一) 将信托财产转为固有财产,或者将固有财产转为信托财产,除非信托财产因继承、合并或者其他概括继承转为受托人的固有财产;

(二) 将本信托财产转为其他信托的财产,或者将其他信托的财产转为本信托的财产;

(三) 为担保受托人或者其关联人应以固有财产履行的债务,在信托财产上设定担保物权;

(四) 同时作为第三人的代理人达成有关信托财产的交易;

(五) 以其固有财产与信托财产进行交易或者将不同信托人的信托财产相互交易;

(六) 购买受益人的信托利益;

(七) 从事其他与信托有利益冲突的行为。

受托人违反前款规定,利用信托财产为自己谋取利益的,所得利益归入信托财产;造成信托财产损失的,应当以其固有财产承担赔偿责任。

第六十九条　【受托人不得从事利益冲突交易义务的例外】

原法条

无

修改后的法条

第六十九条　【受托人不得从事利益冲突交易义务的例外】

有下列情形的,本法第六十八条规定不适用:

(一) 信托条款允许受托人或者其关联人实施第六十八条第一款的

（四）、（五）、（六）项规定之行为，且以公平的市场价格进行交易的；

（二）受托人或者其关联人或代理人实施前述行为经受益人或者可撤销信托的信托人的事先同意或事后追认，且以公平的市场价格进行交易的；但信托条款规定受托人不得实施该行为的除外；

（三）受托人认为有正当理由，且实施前述行为不违背信托职责和信义义务的。

第七十条 【受托人的公平义务】

原法条

第二十五条 【受托人的义务】

受托人应当遵守信托文件的规定，为受益人的最大利益处理信托事务。

受托人管理信托财产，必须恪尽职守，履行诚实、信用、谨慎、有效管理的义务。

修改后的法条

第七十条 【受托人的公平义务】

信托有两个以上受益人的，受托人应当公平地为各受益人的利益履行义务，不得为部分受益人的利益最大化目的而牺牲其他受益人的利益。信托条款另有规定的，依照其规定。

第七十一条 【受托人的登记义务】

原法条

第十条 【信托登记】

设立信托，对于信托财产，有关法律、行政法规规定应当办理登记手续的，应当依法办理信托登记。

未依照前款规定办理信托登记的，应当补办登记手续；不补办的，该信托不产生效力。

修改后的法条

第七十一条 【受托人的登记义务】

受托人应当依法办理信托登记。

信托财产的转移依法应登记的，受托人还应当办理信托财产转移登记。

第七十二条　【受托人对信托财产分别管理的义务】

原法条

第二十九条　【受托人对信托财产分别管理】

受托人必须将信托财产与其固有财产分别管理、分别记账,并将不同委托人的信托财产分别管理、分别记账。

修改后的法条

第七十二条　【受托人对信托财产分别管理的义务】

受托人必须将信托财产与其固有财产分别管理、分别记账,并将不同信托的信托财产分别管理、分别记账。

信托财产无须转移或者信托财产的转移无须登记的,信托财产应依法予以标记,或者采取能够明确计算各项财产的方法记账,以使第三人得以从外观区分。其他法律、行政法规对受托人分别管理信托财产另有规定的,依照其规定。

受托人违反前款规定获得的利益,归于信托财产;因此致使信托财产受到损失的,受托人虽无过失,亦应负损害赔偿责任,除非受托人能证明分别管理仍不免发生该损失。

第七十三条　【受托人对信托财产分别管理义务的例外】

原法条

无

修改后的法条

第七十三条　【受托人对信托财产分别管理义务的例外】

受托人在信托条款特别授权的情况下,可将某一信托的财产与其他信托的财产共同放入独立的资产集合中,共同管理。

第七十四条　【受托人亲自管理的义务】

原法条

第三十条　【受托人亲自管理与委托管理】

受托人应当自己处理信托事务,但信托文件另有规定或者有不得已事由的,可以委托他人代为处理。

受托人依法将信托事务委托他人代理的,应当对他人处理信托事务的行为承担责任。

修改后的法条

第七十四条 【受托人亲自管理的义务】

受托人应当自己履行信托职责,但在下列情形下,可以委托他人代为履行部分信托职责:

（一）信托条款明确规定受托人可以委托他人代为履行信托职责的;

（二）为实现信托目的,委托他人代为履行信托职责是必要且适当的;

（三）受托人有不得已事由,必须委托他人代为履行信托职责的。

第七十五条 【受托人谨慎选任代理人的义务】

原法条

无

修改后的法条

第七十五条 【受托人谨慎选任代理人的义务】

受托人委托第三人履行信托职责,应当按照信托目的谨慎委托适当的代理人,确定委托权限和事项,并对其进行必要和适当的监督。

受托人委托下列第三人履行信托职责的,可不适用前款规定,但是受托人知道第三人不适任、不诚实或者管理信托事务不当时,应解除对第三人的委托或者采取必要的措施,且应当通知受益人、可撤销信托的信托人:

（一）信托条款指定的第三人;

（二）信托条款规定将某项信托事务委托给信托人或者受益人指定的人,信托人或者受益人据此指定的第三人。

信托条款另有规定的,依照其规定。

第七十六条 【受托人及其代理人的责任】

原法条

第三十条 【受托人亲自管理与委托管理】

受托人应当自己处理信托事务,但信托文件另有规定或者有不得已事由的,可以委托他人代为处理。

受托人依法将信托事务委托他人代理的,应当对他人处理信托事务的行为承担责任。

修改后的法条

第七十六条　【受托人及其代理人的责任】

受托人的代理人对信托人、受益人负有与受托人同样的义务和职责。

受托人依法将某项信托事务委托他人代理的,受托人的代理人在处理该信托事务时,因违背信义义务导致信托财产或者第三人的利益受到损失的,受托人与其代理人承担连带责任。受托人承担连带责任后,可以向代理人追偿。

代理人的合理报酬、代理人为处理信托事务支付的合理费用以及因不可归责于自己的事由受到的损失,由受托人从信托财产中支付。信托条款对代理人的报酬和费用有规定的,依照其规定。信托条款没有规定的,有信托保护人的,由信托保护人决定;没有信托保护人的,由受托人决定。信托关系人对受托人决定的报酬有异议的,可以申请法院裁判。

第七十七条　【受托人的报告义务】

原法条

无

修改后的法条

第七十七条　【受托人的报告义务】

受托人每年应定期将履行信托职责的情况,根据信托条款的规定,报告信托保护人、相关受益人、可撤销信托的信托人。

可撤销信托的信托人死亡或者依法解散、被宣告破产的,受托人应向相关受益人报告。

经其他利害关系人的申请,受托人亦应允许其查阅、抄录或者复制本条规定的文件或数据,除非该申请非为必要。

第七十八条　【受托人保存信托事务管理记录的义务】

原法条

第三十三条　【受托人保存信托事务管理记录】

受托人必须保存处理信托事务的完整记录。

受托人应当每年定期将信托财产的管理运用、处分及收支情况,报告委托人和受益人。

受托人对委托人、受益人以及处理信托事务的情况和资料负有依法保密的义务。

修改后的法条

第七十八条 【受托人保存信托事务管理记录的义务】

自担任受托人时起,受托人必须保存处理信托事务的完整记录,自信托终止之日起至少保存十五年。

其他法律、行政法规对信托记录保存时间另有规定的,依照其规定。

第七十九条 【受托人的保密义务】

原法条

第三十三条 【受托人保存信托事务管理记录】

受托人必须保存处理信托事务的完整记录。

受托人应当每年定期将信托财产的管理运用、处分及收支情况,报告委托人和受益人。

受托人对委托人、受益人以及处理信托事务的情况和资料负有依法保密的义务。

修改后的法条

第七十九条 【受托人的保密义务】

受托人对信托人、受益人以及履行信托职责的情况和资料负有依法保密的义务。

第八十条 【受托人以固有财产承担责任的义务】

原法条

无

修改后的法条

第八十条 【受托人以固有财产承担责任的义务】

受托人违背信义义务履行信托职责的,对第三人所负债务或者自己所受到的损失,以其固有财产承担;对信托财产造成的损失,以其固有财产赔偿。

第八十一条 【受托人免于承担赔偿责任】

原法条

无

修改后的法条

第八十一条　【受托人免于承担赔偿责任】

受托人在下列情形下可免于承担赔偿责任：

（一）受托人的行为符合信托条款规定的免责情形；

（二）受托人的行为是听从或者依赖信托保护人、信托指示人或者其他信托监督人的决定而作出的，除非受托人知道或者应当知道信托保护人、信托指示人或者其他信托监督人在作出决定时违反法律、行政法规或者违背其信义义务；

（三）受益人、可撤销信托的信托人对受托人违背信义义务的行为事先表示同意或事后予以追认的。

第八十二条　【受托人义务的豁免】

原法条

无

修改后的法条

第八十二条　【受托人义务的豁免】

信托人可以通过信托条款豁免受托人的部分义务。

基于受托人或者第三人的欺诈、胁迫，信托人的重大误解，或者受托人利用信托人处于危困状态、缺乏判断能力等情形而强行设定的豁免受托人义务的信托条款无效。

受托人起草或提供的豁免受托人义务的信托条款推定无效，除非受托人对信托人如实说明并解释其性质与后果。

除非本法有特别规定，受托人的谨慎义务、忠实义务、公平义务和必须为受益人的最大利益行事的义务不得豁免。

第八十三条　【共同受托人的一般义务】

原法条

第三十一条　【共同受托人】

同一信托的受托人有两个以上的，为共同受托人。

共同受托人应当共同处理信托事务，但信托文件规定对某些具体事务由受托人分别处理的，从其规定。

共同受托人共同处理信托事务，意见不一致时，按信托文件规定处理；信托文件未规定的，由委托人、受益人或者其利害关系人决定。

修改后的法条

第八十三条 【共同受托人的一般义务】

信托有两个以上受托人的,每个受托人均应勤勉履行其信义义务,监督其他受托人履行信托职责的行为,并不得委托其他人就信托事务作出决定,但是信托条款另有规定或者受托人有不得已事由的除外。

第八十四条 【共同受托人对信托的连带赔偿责任】

原法条

第三十二条 【共同受托人连带责任】

共同受托人处理信托事务对第三人所负债务,应当承担连带清偿责任。第三人对共同受托人之一所作的意思表示,对其他受托人同样有效。

共同受托人之一违反信托目的处分信托财产或者因违背管理职责、处理信托事务不当致使信托财产受到损失的,其他受托人应当承担连带赔偿责任。

修改后的法条

第八十四条 【共同受托人对信托的连带赔偿责任】

共同受托人中的一人或者多人在履行信托职责时,因违背信义义务而依本法应当对信托承担责任的,违背信义义务的受托人应承担责任,其他共同受托人应承担连带责任。

连带责任人承担责任后,有权向该受托人追偿。违背信义义务的受托人为两个以上的,其责任份额根据各自责任大小确定;难以确定责任大小的,平均承担责任。

持有异议的受托人根据多数受托人的决议履行信托事务,并在履行前或履行时已经通知其他受托人其所持异议的,该受托人不对此行动承担责任。

第八十五条 【共同受托人对第三人的连带清偿责任】

原法条

第三十二条 【共同受托人的连带责任】

共同受托人处理信托事务对第三人所负债务,应当承担连带清偿责任。第三人对共同受托人之一所作的意思表示,对其他受托人同样有效。

共同受托人之一违反信托目的处分信托财产或者因违背管理职责、处理信托事务不当致使信托财产受到损失的,其他受托人应当承担连带赔偿责任。

修改后的法条

第八十五条　【共同受托人对第三人的连带清偿责任】

共同受托人履行信托职责对第三人所负债务,除非法律另有规定,应由信托财产承担。

共同受托人中的一人或者多人在履行信托职责时,因违背信义义务而对第三人承担债务的,违背信义义务的受托人应承担清偿责任,其他受托人应承担连带清偿责任。第三人对共同受托人之一所作的意思表示,对其他受托人同样有效。

连带责任人承担责任后,有权向违背信义义务的受托人追偿。违背信义义务的受托人为两人或两人以上的,其责任份额根据各自的责任大小确定;难以确定责任大小的,平均承担责任。

信托条款对不同受托人的职责有区分的,各受托人在履行信托职责过程中依该条款对第三人承担的债务,不适用前款。

第三人实施产生该债务的行为时并不知道或者非因重大过失而不知道信托条款对不同受托人的职责有所区分的,其他受托人不得以信托条款的职责区分对抗第三人。

持有异议的受托人根据多数受托人的决议履行信托职责,并在履行前或履行时已经通知其他受托人其所持异议的,该受托人不对此行动承担责任。

第八十六条　【共同受托人离任后其他受托人的义务】

原法条

无

修改后的法条

第八十六条　【共同受托人离任后其他受托人的义务】

共同受托人之一终止其义务的,由其他受托人履行信托职责,直至新受托人继任为止;若无新受托人继任的,其他受托人自该受托人职责终止时承继该受托人的权利义务。信托条款另有规定的,依照其规定。

第八章　信托监督人
第八十七条　【信托监督人的设置】

原法条

无

修改后的法条

第八十七条　【信托监督人的设置】

信托监督人负责监督信托受托人履行信托职责。

根据法律、行政法规负有监督受托人履行信托职责的公共信托监督人有权全面监督受托人的行为、保护受益人的利益,并有权以自己的名义提起诉讼,其具体职责与监督程序依照相关法律、行政法规的规定。

信托可以根据信托条款的规定设置信托监督人。本法中"信托监督人"指根据信托条款的规定设置的信托监督人。

信托监督人除监督受托人履行信托职责外,还有权根据信托条款的规定参与信托财产的管理与信托利益的分配、对受托人下达与信托管理或信托分配相关的指令以制衡受托人。

第八十八条　【信托监督人的分类与职责】

原法条

无

修改后的法条

第八十八条　【信托监督人的分类与职责】

信托监督人主要包括信托监察人、信托保护人、信托指示人、受益人代表等。

信托监察人应根据信托条款和本法第十章的规定,全面监督公益信托受托人履行信托职责。

信托保护人应根据信托条款或者本法的规定,全面监督公益信托之外的其他信托的受托人履行信托职责,制止、纠正受托人在履行信托职责过程中违背信义义务所从事的行为,有权根据信托条款或者本法的授权参与信托管理与信托分配的决策程序、解任和选任受托人,并有权以自己的名义向人民法院提起诉讼或行使信托条款中载明的其他权利。

信托指示人应根据信托条款或者本法的规定,就信托管理与信托分配的全部或部分内容向受托人下达指示或提供意见,并有权以自己的名义向人民法院提起诉讼或行使信托条款中载明的其他权利。

受益人代表应根据信托条款或者本法的规定,当受益人不特定、尚未存在、无完全民事行为能力、受益人成员有变化,或者其他为保护受益人的利益有必要时,代表相关受益人或者受益人群体监督受托人履行信托职责,并有权向人民法院提起诉讼或行使信托条款中载明的其他权利。

信托人可以通过信托条款设置投资顾问或者其他监督受托人履行信托职责的信托监督人。

第八十九条 【信托监督人的资格】

原法条

无

修改后的法条

第八十九条 【信托监督人的资格】

信托监督人可以是自然人、法人或者非法人组织。

无民事行为能力人、限制民事行为能力人、破产人以及其他不具备履行信义义务条件或者存在其他可能不利于履行信义义务情形的人不得担任信托监督人。

同一信托的受托人不得担任信托监督人。

受益人代表可以是信托人或者一个或多个受益人,但不得与其他受益人有利益冲突。

信托保护人、信托监察人必须是信托人、受托人、受益人以外的人。

法律、行政法规、信托条款对信托监督人的资格另有规定的,依照其规定。

第九十条 【信托监督人的权利】

原法条

无

修改后的法条

第九十条 【信托监督人的权利】

信托监督人根据信托条款所赋予的职责,有权查阅、抄录或者复制相关的信托财产账目以及处理信托事务的其他文件或数据,有权了解信托财产的管理与分配情况,并有权要求受托人作出说明。

信托监督人有权根据信托条款的规定取得报酬,信托条款没有规定的,参照适用本法中有关受托人取得报酬的规定。

第九十一条 【信托监督人的义务与责任】

原法条

无

修改后的法条

第九十一条 【信托监督人的义务与责任】

信托监督人负有信义义务。

前款规定的信义义务是指信托监督人应当遵守信托条款的规定,根据信托目的,恪尽职守,诚实信用,为受益人的最大利益对受托人履行信托职责进行监督。

信托监督人违背信义义务对受托人作出指示,致使信托财产遭受损失的,受托人、受益人、可撤销信托的信托人有权要求信托监督人恢复信托财产的原状或者予以赔偿。

第九十二条 【共同监督人】

原法条

无

修改后的法条

第九十二条 【共同监督人】

信托设置两个或者两个以上信托监督人的,信托保护人履行全面监督职责,其他信托监督人分别依其不同职责对信托的不同方面进行监督。

监督职责相同的信托监督人共同履行职责,意见不一致时,除非信托条款另有规定,否则应当以多数信托监督人的意见为准。信托监督人无法达成多数意见的,可申请人民法院作出裁判。

第九十三条 【信托监督人的辞任与解任】

原法条

无

修改后的法条

第九十三条 【信托监督人的辞任与解任】

信托监督人可以根据信托条款的规定辞任。信托条款没有规定的,参照适用本法中有关受托人辞任的规定。

信托监督人违背信义义务、怠于履行其职责、存在重大不利于信托的行为，或者有其他重大事由的，其指定人或选任人、受益人、可撤销信托的信托人可以解任信托监督人；人民法院经审查认定解任信托监督人最符合受益人的利益，也不违背信托目的的，可依信托关系人及其他利害关系人的申请将其解任。

第九十四条　【新监督人的选任】

原法条

无

修改后的法条

第九十四条　【新监督人的选任】

信托监督人拒绝或者不能担任信托监督人，或者信托监督人辞任或解任的，应根据信托条款的规定选任新的信托监督人。信托条款没有规定的，受益人、可撤销信托的信托人或者其他利害关系人可以协商指定；协商不成的，可以申请人民法院指定。

第九章　信托的变更与终止

第九十五条　【信托的连续性】

原法条

第五十二条　【信托的连续性】

信托不因委托人或者受托人的死亡、丧失民事行为能力、依法解散、被依法撤销或者被宣告破产而终止，也不因受托人的辞任而终止。但本法或者信托文件另有规定的除外。

修改后的法条

第九十五条　【信托的连续性】

信托不因信托人或者受托人的死亡、丧失民事行为能力、依法解散或者被宣告破产而终止，也不因受托人的辞任而终止。但本法或者信托条款另有规定的除外。

第九十六条　【信托的变更】

原法条

第二十一条 【委托人调整信托财产管理方法的权利】

因设立信托时未能预见的特别事由,致使信托财产的管理方法不利于实现信托目的或者不符合受益人的利益时,委托人有权要求受托人调整该信托财产的管理方法。

第五十一条 【委托人变更受益人的条件】

设立信托后,有下列情形之一的,委托人可以变更受益人或者处分受益人的信托受益权:

(一)受益人对委托人有重大侵权行为;

(二)受益人对其他共同受益人有重大侵权行为;

(三)经受益人同意;

(四)信托文件规定的其他情形。

有前款第(一)项、第(三)项、第(四)项所列情形之一的,委托人可以解除信托。

修改后的法条

第九十六条 【信托的变更】

设立信托后,有下列情形之一的,可以变更受益人或者变更信托条款:

(一)信托人在信托条款中保留变更信托条款的权力;

(二)不可变更信托,因设立信托时未能预见的特别事由,致使信托条款的规定不利于实现信托目的或者不符合受益人的利益;

(三)受益人对信托人有重大侵权行为;

(四)受益人对其他共同受益人有重大侵权行为;

(五)经全体受益人同意,但不得违背信托人设立信托的目的与意愿;

(六)信托条款规定可以变更信托的其他情形。

有前款第(一)项所列情形的,信托人有权变更信托。

有前款第(三)项所列情形的,信托人或者其继承人、信托保护人、受托人可以变更信托。有前款第(二)、(四)至(六)项所列情形之一的,信托人、信托保护人或者受托人经与其他受益人协商同意,可以变更信托。

信托变更的,受托人应及时通知其他利害关系人。

变更信托,不得损害已支付合理价款的善意第三人的合法权益。

第九十七条　【信托的解除】

原法条

第五十条　【委托人是唯一受益人的，可解除信托】

委托人是唯一受益人的，委托人或者其继承人可以解除信托。信托文件另有规定的，从其规定。

修改后的法条

第九十七条　【信托的解除】

设立信托后，有下列情形之一的，可以撤销或解除信托：

（一）信托人在信托条款中保留撤销信托的权力；

（二）信托人是唯一受益人；

（三）全体受益人对信托人有重大侵权行为；

（四）经全体受益人同意，但不得违背信托人设立信托的目的与意愿；

（五）信托条款规定的其他情形。

有前款第（一）、（二）项所列情形的，信托人或者其债权人有权撤销信托。

有前款第（三）项所列情形的，信托人或者其继承人、信托保护人或者受托人可以解除信托。

有前款第（四）、（五）项所列情形的，信托人、信托保护人或者受托人经与受益人协商同意，可以解除信托。

信托被撤销或者被解除的，受托人应及时通知其他利害关系人。

撤销或者解除信托，不得损害已支付合理价款的善意第三人的合法权益。信托条款另有规定的，依照其规定。

第九十八条　【通过法院变更或解除信托】

原法条

无

修改后的法条

第九十八条　【通过法院变更或解除信托】

根据本法第九十六条和第九十七条的规定，需要信托人、信托保护人或者受托人与受益人协商变更或解除信托的，如各方无法达成一致意见，任何一方可向法院申请变更或解除信托。

第九十九条 【信托终止的情形】

原法条

第五十三条 【信托终止的情形】

有下列情形之一的,信托终止:

(一)信托文件规定的终止事由发生;

(二)信托的存续违反信托目的;

(三)信托目的已经实现或者不能实现;

(四)信托当事人协商同意;

(五)信托被撤销;

(六)信托被解除。

修改后的法条

第九十九条 【信托终止的情形】

有下列情形之一的,信托终止:

(一)信托条款规定的信托期限届满或者终止事由发生的;

(二)信托的存续违反信托目的的;

(三)信托目的已经实现或者不能实现的;

(四)信托被依法解除的;

(五)信托人依据信托条款撤销信托的;

(六)信托根据本法第十九条被撤销的;

(七)信托财产的价值低于一定数额以至于无法覆盖信托运行成本或者出现本法第四十一条规定情形,受托人解除信托的;

(八)单一受托人与单一受益人因混同而成为同一人的;

(九)法院依信托关系人申请或者因特别事由解除信托的。

有前款第(四)—(六)项所列情形,受托人为接受信托财产支付了合理价款的,应赔偿受托人所受损失。

信托条款另有规定的,依照其规定。

第一百条 【信托终止的时间点】

原法条

第五十五条 【信托终止的时间点】

依照前条规定,信托财产的归属确定后,在该信托财产转移给权利归属人的过程中,信托视为存续,权利归属人视为受益人。

修改后的法条

第一百条　【信托终止的时间点】

信托财产的归属确定后,信托财产的权利归属人、其他受益人、信托保护人或者其他信托监督人对清算报告表示无异议前,信托视为存续,权利归属人视为受益人。

第一百零一条　【信托终止时的财产归属】

原法条

第五十四条　【信托终止的财产归属顺序】

信托终止的,信托财产归属于信托文件规定的人;信托文件未规定的,按下列顺序确定归属:

(一)受益人或者其继承人;

(二)委托人或者其继承人。

修改后的法条

第一百零一条　【信托终止时的财产归属】

信托终止的,信托财产归属于信托条款规定的信托财产的剩余利益受益人;信托条款未规定的,归属于信托人或者其继承人,按照《中华人民共和国民法典》的规定处理。

第一百零二条　【信托终止后受托人的清算义务】

原法条

第五十八条　【信托终止后受托人的清算义务】

信托终止的,受托人应当作出处理信托事务的清算报告。受益人或者信托财产的权利归属人对清算报告无异议的,受托人就清算报告所列事项解除责任。但受托人有不正当行为的除外。

修改后的法条

第一百零二条　【信托终止后受托人的清算义务】

信托终止的,受托人应当作出处理信托事务的清算报告。信托终止时取得信托财产剩余利益的权利归属人、其他受益人、信托保护人或者其他信托监督人对清算报告无异议的,受托人就清算报告所列事项解除责任;但受托人有不正当行为的除外。

信托财产的权利归属人、其他受益人和信托监督人在收到清算报告一个月内未对清算报告提出异议的,视为无异议。

第一百零三条 【信托终止后的执行】

原法条

第五十六条 【信托终止后的执行】

信托终止后,法院依据本法第十七条的规定对原信托财产进行强制执行的,以权利归属人为被执行人。

修改后的法条

第一百零三条 【信托终止后的执行】

信托终止后,法院依据本法第二十八条的规定对原信托财产进行强制执行的,以权利归属人为被执行人,但执行范围不超过权利归属人取得的信托财产剩余利益。

第一百零四条 【信托终止后受托人的权利】

原法条

第五十七条 【信托终止后受托人的权利】

信托终止后,受托人依照本法规定行使请求给付报酬、从信托财产中获得补偿的权利时,可以留置信托财产或者对信托财产的权利归属人提出请求。

修改后的法条

第一百零四条 【信托终止后受托人的权利】

信托终止或受托人的职责终止的,受托人依照本法规定行使请求给付报酬、从信托财产中获得补偿的权利时,可以向信托财产的权利归属人提出请求,如果权利归属人不能或者拒绝偿付,受托人可以留置信托财产或者向人民法院申请对信托财产强制执行。

第十章 公 益 信 托

第一百零五条 【公益信托单独适用】

原法条

第五十九条 【公益信托单独适用】

公益信托适用本章规定。本章未规定的,适用本法及其他相关法律的规定。

修改后的法条

第一百零五条　【公益信托单独适用】

公益信托适用本章规定。本章未规定的,适用本法其他章节及其他相关法律的规定。

第一百零六条　【公益信托的定义】

原法条

第六十条　【公益信托的定义】

为了下列公共利益目的之一而设立的信托,属于公益信托:

(一) 救济贫困;

(二) 救助灾民;

(三) 扶助残疾人;

(四) 发展教育、科技、文化、艺术、体育事业;

(五) 发展医疗卫生事业;

(六) 发展环境保护事业,维护生态环境;

(七) 发展其他社会公益事业。

修改后的法条

第一百零六条　【公益信托的定义】

信托目的为下列一个或者多个公共利益目的,且受益人为不特定的社会公众的信托,属于公益信托:

(一) 预防或救济贫困;

(二) 扶老、救孤、恤病、助残、优抚;

(三) 预防或救助自然灾害、事故灾害和公共卫生事件等突发事件;

(四) 发展教育、科技、文化、艺术、体育事业;

(五) 发展医疗卫生事业;

(六) 发展动植物或者环境保护事业,防治污染和其他公害,保护和改善生态环境;

(七) 发展社会服务事业;

(八) 发展其他社会公益事业。

第一百零七条　【国家鼓励公益信托/公益事业管理机构】

原法条

第六十一条 【国家鼓励公益信托】

国家鼓励发展公益信托。

修改后的法条

第一百零七条 【国家鼓励公益信托/公益事业管理机构】

国家鼓励发展公益信托。

公益信托依法享受税收优惠。

公益事业管理机构由受托人所在地县级以上人民政府民政部门担任。公益事业管理机构应对公益信托的受托人履行信托职责进行监督并对公益信托活动给予支持。

第一百零八条 【公益信托的设立与登记】

原法条

第六十二条 【公益信托受托人的设立】

公益信托的设立和确定其受托人,应当经有关公益事业的管理机构(以下简称公益事业管理机构)批准。

未经公益事业管理机构的批准,不得以公益信托的名义进行活动。

公益事业管理机构对于公益信托活动应当给予支持。

修改后的法条

第一百零八条 【公益信托的设立与登记】

公益信托的设立及其受托人、信托监察人的确定,应当采取书面形式。

公益信托受托人自信托成立之日起三十个工作日内应向有关公益事业管理机构申请办理信托登记。

公益事业管理机构应依法对信托目的进行审查,未通过审查的,不得办理登记。公益事业管理机构应在三十个工作日内完成审查,并将登记结果及时通知受托人。

未依照本条规定办理公益信托登记的,不得以公益信托名义进行活动和享受税收优惠。

有关信托财产转移的登记,适用本法第十六条的一般规定。

第一百零九条 【信托财产使用的公益性】

原法条

第六十三条　【信托财产使用的公益性】

公益信托的信托财产及其收益,不得用于非公益目的。

修改后的法条

第一百零九条　【信托财产使用的公益性】

公益信托的信托财产及其收益,必须用于信托登记时所确定的公益目的。

第一百一十条　【公益信托受托人的任免】

原法条

第六十六条　【公益信托受托人的辞任】

公益信托的受托人未经公益事业管理机构批准,不得辞任。

第六十八条　【公益信托受托人的变更】

公益信托的受托人违反信托义务或者无能力履行其职责的,由公益事业管理机构变更受托人。

修改后的法条

第一百一十条　【公益信托受托人的任免】

公益信托的受托人可以由信托人通过信托条款指定的慈善组织或信托公司担任。

公益信托的受托人可以根据信托条款的规定辞任。信托条款没有规定的,非有正当理由不得辞任。

公益信托的受托人违背信义义务、不能有效履行信托职责,或者因依法解散、被宣告破产等原因无能力履行受托人职责,或者有其他重大事由的,信托监察人可以依信托条款解任受托人;信托条款没有规定的,信托监察人、受益人或者其他利害关系人可以申请人民法院解任受托人。人民法院经审查认定解任受托人最符合受益人的利益,也不违背信托目的的,可解任受托人。

公益信托受托人辞任、被解任的,信托监察人应当依法选任新的受托人。新选任的受托人应当自继任之日起七日内,向公益事业管理机构备案。

第一百一十一条　【公益信托监察人的设置】

原法条

第六十四条 【公益信托监察人】

公益信托应当设置信托监察人。

信托监察人由信托文件规定。信托文件未规定的,由公益事业管理机构指定。

修改后的法条

第一百一十一条 【公益信托监察人的设置】

公益信托应当设置信托监察人。

信托监察人及其选任方法由信托条款规定;信托条款未规定的,受托人、利害关系人或公益事业管理机构可以请求法院指定。

第一百一十二条 【公益信托监察人的资格认定】

原法条

无

修改后的法条

第一百一十二条 【公益信托监察人的资格认定】

公益信托监察人必须具有完全民事行为能力。

公益信托监察人必须是信托人、受托人、受益人以外的人。

第一百一十三条 【公益信托监察人的职责】

原法条

第六十五条 【公益信托监察人的权利】

信托监察人有权以自己的名义,为维护受益人的利益,提起诉讼或者实施其他法律行为。

修改后的法条

第一百一十三条 【公益信托监察人的职责】

公益信托监察人应当对受托人履行信托职责进行监督。为实现信托人的意愿并依法维护受益人的利益,信托监察人有权以自己的名义向法院提起诉讼或行使信托条款中载明的其他权利。

第一百一十四条 【公益信托监察人的权利】

原法条

第六十五条 【公益信托监察人的权利】

信托监察人有权以自己的名义,为维护受益人的利益,提起诉讼或者实施其他法律行为。

修改后的法条

第一百一十四条　【公益信托监察人的权利】

公益信托监察人有以下权利：

（一）公益信托的受托人严重违背信义义务、不能有效履行信托职责或者有其他重大事由时，解任受托人；

（二）为维护受益人的利益，以自己的名义，提起诉讼或者实施其他法律行为；

（三）法律规定应向受益人发出的任何通知，必须一并发给信托监察人；

（四）检阅、认可受托人定期报告的信托事务处理情况、财务状况报告以及公益信托终止时受托人作出的信托事务的清算报告；

（五）根据信托条款的规定或请求法院依照其职责范围、信托财产状况酌情认定报酬；

（六）信托条款中载明的其他权利。

第一百一十五条　【公益信托监察人的辞任和解任】

原法条

无

修改后的法条

第一百一十五条　【公益信托监察人的辞任和解任】

公益信托监察人有正当理由且得到信托人同意或人民法院许可时，可以辞任。

公益信托监察人严重违反信托条款或信托目的、违背信义义务、怠于履责、存在重大不利于信托之行为，或者有其他重大事由的，其指定或选任人可以解任信托监察人；依信托关系人或者利害关系人的申请，人民法院经审查认定解任公益信托监察人最符合受益人的利益，也不违背信托目的的，可以解任公益信托监察人。

公益信托监察人辞任或被解任后，依照本法第九十四条之规定选任新的信托监察人。

第一百一十六条　【公益信托事务须受监管、检查】

原法条

第六十七条 【公益信托事务须受监管、检查】

公益事业管理机构应当检查受托人处理公益信托事务的情况及财产状况。

受托人应当至少每年一次作出信托事务处理情况及财产状况报告，经信托监察人认可后，报公益事业管理机构核准，并由受托人予以公告。

修改后的法条 【无变化】

第一百一十六条 【公益信托事务须受监管、检查】

公益事业管理机构应当检查受托人处理公益信托事务的情况及财产状况。

受托人应当至少每年一次作出信托事务处理情况及财产状况报告，经信托监察人认可后，报公益事业管理机构备案，并由受托人予以公告。

第一百一十七条 【公益信托条款的变更】

原法条

第六十九条 【变更公益信托条款】

公益信托成立后，发生设立信托时不能预见的情形，公益事业管理机构可以根据信托目的，变更信托文件中的有关条款。

修改后的法条

第一百一十七条 【公益信托条款的变更】

公益信托成立后，发生设立信托时不能预见的情形，致使原信托条款中部分条款不利于信托目的实现的，受托人可以向信托监察人提供有关条款的变更意见，经信托监察人认可后，变更信托条款，并报公益事业管理机构备案。

第一百一十八条 【公益信托终止事由及其报告】

原法条

第七十条 【公益信托终止事由及其报告】

公益信托终止的，受托人应当于终止事由发生之日起十五日内，将终止事由和终止日期报告公益事业管理机构。

修改后的法条

第一百一十八条 【公益信托终止事由及其报告】

公益信托在发生以下事由时，受托人应当于发生之日起十五日内，将

事由和发生日期报告信托监察人。经信托监察人认可后,可申请公益信托终止,并报公益事业管理机构备案:

（一）信托条款规定的终止事由发生;

（二）信托目的已经实现或者不能实现;

（三）信托的存续违反信托条款规定的公益目的;

（四）信托被依法解除;

（五）信托财产的价值低于一定数额以至于无法覆盖信托运行成本。

第一百一十九条　【公益信托的清算报告】

原法条

第七十一条　【公益信托的清算报告】

公益信托终止的,受托人作出的处理信托事务的清算报告,应当经信托监察人认可后,报公益事业管理机构核准,并由受托人予以公告。

修改后的法条　【无变化】

第一百一十九条　【公益信托的清算报告】

公益信托终止的,受托人作出的处理信托事务的清算报告,应当经信托监察人认可后,报公益事业管理机构备案,并由受托人予以公告。

第一百二十条　【公益信托的近似原则】

原法条

第七十二条　【公益信托的近似原则】

公益信托终止,没有信托财产权利归属人或者信托财产权利归属人是不特定的社会公众的,经公益事业管理机构批准,受托人应当将信托财产用于与原公益目的相近似的目的,或者将信托财产转移给具有近似目的的公益组织或者其他公益信托。

修改后的法条

第一百二十条　【公益信托的近似原则】

公益信托终止,没有信托财产权利归属人或者信托财产权利归属人是不特定的社会公众的,受托人可以根据公益信托本质所反映的通常目的,拟定与原公益目的最接近的公益目的,经信托监察人认可后,报公益事业管理机构备案,并将信托财产转移给具有此目的的公益组织或者其他公益信托。

第一百二十一条 【公益信托的争议解决】

原法条

第七十三条 【起诉公益事业管理机构的主体】

公益事业管理机构违反本法规定的,委托人、受托人或者受益人有权向法院起诉。

修改后的法条

第一百二十一条 【公益信托的争议解决】

公益事业管理机构违反本法规定的,信托人、受托人或者信托监察人有权向法院起诉;受托人违反本法或者信托条款规定的,信托监察人、信托人、受益人或者利害关系人有权向人民法院起诉;信托监察人违反本法或者信托条款的规定的,受托人、受益人或者利害关系人有权向法院起诉。

第一百二十二条 【对公益信托受托人的罚则】

原法条

无

修改后的法条

第一百二十二条 【对公益信托受托人的罚则】

公益信托的受托人有以下行为的,由公益事业管理机构予以警告,责令限期改正;有违法所得的,由民政部门予以没收;对直接负责的主管人员和其他直接责任人员处以二万元以上二十万元以下罚款:

(一) 账簿、财产目录或者收支计算表有不实记载;

(二) 拒绝、妨碍或规避公益事业管理机构的检查;

(三) 向公益事业管理机构作出不实的申报或隐瞒事实;

(四) 怠于公告或为不实的公告;

(五) 违反公益事业管理机构的监督命令。

信托公司违反本法规定的,银行业监督管理机构可以依法采取相应的行政处罚和监管措施。

第十一章 附 则

第一百二十三条 【本法实施日期】

原法条

第七十四条 【本法实施日期】

本法自 2001 年 10 月 1 日起施行。

修改后的法条

第一百二十三条 【本法实施日期】

本法自 202＿＿年＿＿月＿＿日起施行。

第三节 调整信托关系的其他相关法

近年来家族信托开始在我国兴起,随着"遗嘱信托"被正式写入《民法典》,2021 年两会期间又有数位代表不约而同提出发展家族信托制度的提案,①标志着我国民事信托即将步入快速发展时期。家族信托兴起后,国内以及涉外信托纠纷将会出现。一般而言,信托外部纠纷的解决与其他交易纠纷类似,并没有太多特殊之处;然而,信托内部纠纷则具有特殊的信托色彩。通观其他国家的情况,信托纠纷除了通过诉讼解决外,还可以通过仲裁解决;另外,信托纠纷的解决仅仅依赖于国内法的解决机制并不够,由于跨国、跨法域信托的出现,信托纠纷的解决也越来越依赖于冲突法机制。本节将从信托纠纷的仲裁解决机制和冲突法解决机制两方面进行分析,并针对我国《仲裁法》和《涉外民事关系法律适用法》提出具体的修法建议,以与《民法典》《信托法》一起构成我国的信托法制。

一、信托纠纷的仲裁解决机制

(一)信托仲裁新问题

即便在英美法系国家,信托仲裁也是一个比较新的问题。

---

① 例如全国人大代表、中国银保监会信托监管部主任赖秀福提出进一步完善我国家族信托税收政策的建议(参见新浪财经网站:https://finance.sina.com.cn/trust/roll/2021-03-08/doc-ikknscsh9197575.shtml,于 2021 年 5 月 9 日访问),全国政协委员、中国证监会原主席、深圳高等金融研究院理事肖钢提出尽快修订《信托法》、完善信托基本法律制度的提案(参见搜狐网站:https://www.sohu.com/a/455710974_100013881,于 2021 年 5 月 9 日访问)。

英美信托在漫长的发展历史中出现过很多纠纷,一般包括受托人、受益人与圈外人的外部纠纷,以及受托人与其他信托关系人之间的内部纠纷。通过法院解决信托纠纷是英美信托法的传统做法。然而在信托关系中,受益人的利益是从信托人自由处置其私有财产的权利中派生出来的,因此,私人信托的实质是有条件的赠与,受益人的利益受限于信托人所设置的条件,而纠纷解决方式也可以作为条件之一。[1] 例如,信托人为了避免受益人针对受托人提起诉讼所带来的花费,或者为了避免向社会曝光家族隐私,在信托文件中可能会增加一个强制仲裁条款,选择用仲裁的方式来解决信托纠纷。这种做法是否会得到法院的认可,各个国家和地区的信托法学界看法不一。

美国《统一信托法》允许信托条款包含诉讼外的其他纠纷解决方式,[2]然而判例法却并不一致。例如,亚利桑那州和加利福尼亚州的法院认为,受益人必须自愿参加仲裁。未经受益人同意,信托人不可以单方面剥夺信托受益人到法院起诉的权利。[3] 这也从侧面证明了信托是一种单方法律行为,受托人和受益人只是信托的关系人,无须受托人或受益人的同意,信托即可成立。然而正因为此,在设立信托的文件中如果含有仲裁条款,该条款可能会因为没有相对人的同意而无效。当然,信托合同需要合同的双方当事人同意,因此信托合同中的仲裁条款能够约束信托人与受托人,然而信托合同是否能约束受益人,则取决于各个国家和地区的法律对第三人受益合同的规定。2008 年和 2016 年,美国的亚利桑那、佛罗里达、密苏里等州先后颁布了制定法,推翻了上述判例,允许信托人在信托条款中指定仲裁作为解决信托人与受益人之间有关信托管理或者信托分配等问题的方法。[4] 2013 年,得克萨斯州法院通过判例强制执行了一个针对信托受托人的仲裁条款,并推理说,受益人的请求权只能是强制执行由信托人在信托条款中所确定的利益,其中就包括仲裁条款。

---

[1] See Sitkoff & Dukeminier, WILLS, TRUSTS, AND ESTATES (10TH ED.) 623 (Wolters Kluwer Law & Business 2017).

[2] 参见美国《统一信托法》第 816 条评注。

[3] See Schoneberger v. Oelze, 96 P.3d 1078 (Ariz. App. 2004); McArthur v. McArthur, 168 Cal. Rptr.3d 785 (App. 2014).

[4] See Ariz. Rev. Stat. § 14-10205; Fla. Stat. § 731.401 (2016); Mo. Rev. Stat. § 456.2-205 (2016); N.H. Rev. Stat. § 564-B:1-111A (2016); S.D. Codified Laws § 55-1-54 (2016), Sitkoff & Dukeminier, WILLS, TRUSTS, AND ESTATES (10TH ED.) 623 (Wolters Kluwer Law & Business 2017).

仲裁对信托的好处显而易见。除了可以允许争议双方选择专业的仲裁员通过最合适的程序来解决纠纷外,仲裁对信托还有独特的优势。首先,家族信托对于隐私非常看重,而仲裁能够在纠纷发生后最大限度保护家族隐私不对外公开。其次,由于信托财产形态多样,所处的物理位置也不一样,经常跨越不同法域,因此通过诉讼解决信托纠纷,往往需要在不同地区的法院提起多重信托诉讼,处理同一个信托的不同信托财产的纠纷。通过仲裁可以使所有纠纷在同一个仲裁机构得到解决。这两个优势对于信托纠纷的解决非常重要。

2009 年,国际商会为信托纠纷设计了专门的仲裁条款,于 2018 年对其进行了如下修订①:

> 所有因本信托而起或与本信托相关的纠纷……应依据国际商会仲裁规则,经由一名或多名依据该规则指定的仲裁员(的参与)作出终局解决。

> 信托人、初始受托人、初始保护人以及其他初始权利人兹同意本仲裁条款的规定,每一位继任受托人、保护人和其他权利人以依据本信托行事或同意行事的方式,也同意或者应当被视为已经同意本仲裁条款的规定。

> 任何根据本信托主张或接受利益或权利的受益人应受或者应当被视为已经同意受本仲裁条款规定的约束。

> 在遵守本信托的适用法律和其他可能适用的保密义务的前提下:

> (1) 仲裁程序,包括程序正在进行、已经进行或即将进行的事实,均为私密且保密;且

> (2) 仲裁机构作出的裁决或决定,或者当事方之间达成的任何和解协议均应保密且不应向任何人披露,除非法律要求披露,或者根据任何监管部门、政府部门或证券交易所的规则、要求或请求应当披露,或者在信托的管理中有必要或者应当披露,或者为了实施或执行裁决或决定有必要或者应当披露,且披露不得超出必要范围。

该仲裁条款有几点值得注意。第一,它强调了信托仲裁的私密性与保密性,不仅仲裁程序保密,连仲裁正在进行、已经进行或者即将进行的事实也属于保密信息,这对于看重隐私保护的信托来说至关重要。第二,由于信托是信

---

① International Chaber of Commerce, ICC Arbitration Clause for Trust Disputes, available at: www.iccwbo. org.

托人所采取的单方法律行为,因此,仲裁条款如何约束受托人和受益人颇费思量。该条款采取的方法是,虽然受托人和受益人并非设立信托的当事人,但是,只要受托人依据信托条款行事,或者受益人依据信托条款接受信托利益,则该行为本身即表明受托人和受益人同意接受该仲裁条款的约束。

纵观其他大陆法系国家和地区,一般通过司法途径来解决信托纠纷。包括我国在内的一些大陆法系国家和地区的信托法一般将信托认定为合同,如果信托合同中包含仲裁条款,根据一般的法律原则,只要符合仲裁法的规定,则仲裁条款应当有效。如果将来信托法理论有所突破,也可以参照国际商会的精神对信托文件中的仲裁条款采取灵活的态度。因此下文对我国《仲裁法》提出修改建议。

(二)《仲裁法》修改建议

鉴于上述分析,建议在《仲裁法》第三章"仲裁协议"部分增加下述条款:

第三章 仲 裁 协 议

第 X 条 【信托仲裁条款】

信托人可以在信托条款中规定有关信托的争议解决方式。

规定有关信托的争议应通过仲裁方式解决的信托条款,在信托非以合同方式设立的情况下,对接受受托人职位任命的受托人和接受信托利益分配的受益人有效。

二、信托纠纷的冲突法解决机制[1]

信托制度的影响在世界范围内越来越大,很多大陆法系国家和地区也引进了信托制度,近年来在信托领域出现了国际化浪潮。1985 年的《海牙信托公约》为缺少本土信托法的国家和地区承认信托以及选择信托的准据法方面提供了指引。[2] 欧盟也于 1999 年颁布了其境内统一信托法起草基础的《欧洲信托法原则》(Principles of European Trust Law)。[3] 在这种情况下,涉外信托

---

[1] 参见高凌云著:"我国家族信托的法律适用问题",《上海对外经贸大学学报》2022 年第 3 期。

[2] 参见徐孟洲主编:《信托法》,法律出版社 2006 年版,第 3 页。

[3] 参见 D.J. Hayton, S.C.J.J. Kortmann, H.L.E. Verhagen (ed.), PRINCIPLES OF EUROPEAN TRUST LAW (Kluwer Law International, 1999),转引自新井诚著:《信托法(第四版)》,刘华译,中国政法大学出版社 2017 年版,第 32 页。

以及跨国、跨法域的信托日益增多,跨国信托纠纷也逐渐出现,国内法已经不足以解决信托纠纷。各法域在引进英美信托制度时均对其进行了各具特色的修改。如前所述,我国《信托法》对英美信托最主要的修改在于对其信托财产权利分置制度的否定以及对信托人给予的过度保护。我国信托法与英美信托法和其他大陆法系国家和地区的信托法存在的诸多差异,无疑会导致潜在的法律冲突。因为个人和家庭财富经常跨境流动,而信托关系是涉及至少两个主体的、以财产为中心的法律关系,信托关系人或者信托财产都有可能位于不同的国家或地区,一旦发生纠纷,就会产生涉外信托关系的承认与法律适用问题。

　　例如,英美信托法要求信托设立人将信托财产转移给受托人,由受益人享有信托财产的衡平法利益,《海牙信托公约》也将信托设立人称为"财产授予人",①日本、韩国的信托法也要求信托财产转移给受托人,而我国《信托法》只要求信托设立人将财产权"委托给"受托人,从而信托设立人也被称为"委托人"。假如在我国成立的一个没有转移信托财产的信托或者"委托人"对信托持有控制权的信托涉及某英美法系国家或地区的法律,那么域外法院未必会将这种架构识别为信托关系。再如,中国内地公民甲在中国香港设立家族信托,由开曼群岛的信托公司乙作为受托人,为移居美国的私生子丙的利益管理持有。这里,甲是信托设立人,乙是受托人,丙是受益人,分别涉及中国内地、中国香港地区、开曼群岛和美国的法律。如果甲的长子丁居住于中国内地,因其继承权被该信托全部或部分剥夺而对信托提出异议,则哪个国家或地区的法律适用于与该信托相关的某特定问题就成为首先需要解决的问题。如果信托文本中包含法律适用条款,该条款是否有效以及在什么情况下法院可以对其置之不理,此时就需要从有关信托的法律适用法中寻找解决因跨境财富转移而导致的法律冲突的法律框架。

(一)《涉外民事关系法律适用法》评析

　　我国于2011年4月1日起正式施行的《中华人民共和国涉外民事关系法律适用法》(以下简称《涉外民事法律适用法》)②从前瞻的高度对信托适用的法律作出了规范。事实上早在2000年中国国际私法协会就研究设计出《中华

①　参见《海牙信托公约》第2条。
②　2010年10月28日第十一届全国人民代表大会常务委员会第十七次会议通过。

人民共和国国际私法示范法》，并参考 1985 年的《关于信托的法律适用及其承认公约》，以信托人的意思自治为原则，以最密切联系原则为补充，对于信托的法律适用和管辖权问题制作了示范条文。该示范条文的精神最终被《涉外民事法律适用法》所借鉴。① 不过在示范法中有关信托的条款在"物权"部分，但最终的《涉外民事法律适用法》将其放到"民事主体"部分，其中的原因也与对信托定位的理解有关。

我国《涉外民事法律适用法》第 17 条规定：

> 当事人可以协议选择信托适用的法律。当事人没有选择的，适用信托财产所在地法律或者信托关系发生地法律。

这一条彰显了当事人意思自治原则，同时也提供了法律适用的默认规则。然而，这条规定过于笼统，存在不少问题。②

1. 信托关系人选择适用法律之悖论

《涉外民事法律适用法》第 17 条规定由"当事人""协议选择信托适用的法律"。从表面上看，它采纳了国际私法中通行的意思自治原则，然而，如前文所述，信托的当事人往往只有信托人，受托人可能是信托合同的当事人，而受益人最多是信托合同的第三方受益人。

如果由信托人、受托人和受益人协议选择信托适用的法律，他们可以协议选择适用法的时间点往往是信托据以生效的信托文件的成立时间。以遗嘱信托为例，当遗嘱人依法订立信托遗嘱时，信托并没有成立，除了遗嘱人作为"准信托设立人"外，也没有其他信托"当事人"，无法通过"协议"确定将来可能根据该遗嘱设立的信托的适用法律。当遗嘱信托最终设立时，作为信托设立人的立遗嘱人已经死亡。即便订立遗嘱时，立遗嘱人已与愿意将来担任遗嘱信托受托人者达成了关于信托适用法律的协议，但是因为此时并无信托成立，他们之间就将来可能成立也可能不成立的信托的准据法达成的协议是否有效也存疑，因为此时"当事人"之间达成的协议并无任何效力或意义。至于受益人，由于他们并不是信托的"当事人"，因此无法参与信托适用法律的"协议"；

① 参见黄进："中国涉外民事关系法律适用法的制定与完善"，《政法论坛》2011 年第 3 期。
② See Lingyun Gao, *Comments on the Chinese Law of Conflict of Laws Applicable to Trusts: In Comparison with the US Law and the Hague Convention*, 7 FUDAN JOURNAL 483 (2014).

当受益人是无行为能力人或限制行为能力人,甚至是尚未出生的胎儿时,在实务中更是无法操作。又如,当受益人甲参与了适用法律的选择后,因遗嘱人变更遗嘱将遗嘱信托的受益人从甲变更为乙,这时甲参与"协议选择"的适用法律可能未必对乙有效。

因此,《涉外民事法律适用法》第17条允许信托"当事人""协议"确定信托适用的法律在家族信托的实务中很难操作。事实上,由中国国际私法学会起草的《中华人民共和国国际私法示范法》①第91条规定,信托"适用信托财产授予人在设定或者证明信托财产存在的书面文件中明示选择的法律"。这一规定更加符合信托的实际情况,将信托的适用法的选择权授予信托设立人。遗憾的是,这一条并未被《法律适用法》吸纳。

2. 强制性规定与社会公共利益限制

《涉外民事法律适用法》第17条并未明确限制"当事人"对信托适用法的选择权,然而《涉外民事法律适用法》的"一般规定"部分规定,"中华人民共和国法律对涉外民事关系有强制性规定的,直接适用该强制性规定","外国法律的适用将损害中华人民共和国社会公共利益的,适用中华人民共和国法律",②说明在我国法律有强制性规定时,不允许当事人选择适用外国的法律;在其他情况下不允许当事人选择适用损害我国社会公共利益的外国的法律,但对"社会公共利益"却并无确切定义。

长久以来,英美法系国家和地区积累了丰富的信托冲突法经验。例如,美国《统一信托法》规定,信托条款的解释与有效性应根据信托条款中所指定的法律来确定,除非信托条款中对适用法律的指定有悖于最密切联系地的"强公共政策(strong public policy)"。③ 然而这种"强公共政策"例外与我国法律规定的"社会公共利益"例外一样宽泛,在实际操作中的检测标准并不明晰,只是对信托设立人自行选择信托的适用法律施加了原则性限制。要适用上述限制,首先应明确如何确定"最密切联系地"及其法律,其次还应确定什么是"强公共政策",这中间需要法官自由裁量的空间较大。其实,在采纳了该《统一信托法》的美国的35个州内,有7个州并未吸收该条规定,而决定对信托的法

① 参见中国国际私法学会:《中华人民共和国国际私法示范法》,武汉大学出版社2001年版。
② 参见《涉外民事法律适用法》(2010年)第4—5条。
③ 参见美国《统一信托法》第107条第1款。

375

律适用选择条款完全适用,绝对尊重信托设立人对适用法律的选择,不考虑最密切联系地是否有任何强公共政策。也有 6 个州根本不尊重信托的法律适用选择条款,而规定必须适用本州的实体法。① 目前美国的信托法和冲突法学者正在探讨起草一个统一法文本,用"强制性法律规定"来替代"强公共政策",即信托的适用法律条款不应与最密切联系地的强制性法律规定相悖,否则无效。

这意味着很多富豪设立的离岸或域外信托必须符合上述规则。1996 年美国纽约州有一个案件,法院判决一个指定离岸国家的法律为适用法的离岸信托应适用美国的法律。在此案中,某公司的独任股东为其公司借款提供保证,在意识到公司经济状况恶化且已拖欠还款的两个月后,他在泽西岛设立了一个离岸宣言信托,自己担任独任受托人和主要受益人。信托条款规定信托适用的法律为泽西岛法律,并意图将对信托解释的排他管辖权赋予泽西岛的法院。然而,信托人(同时也是主要受益人)本人、其债权人以及其他受益人都是美国居民,且其债权人与泽西岛没有任何联系。破产法院首先承认联邦法和纽约州的冲突法都尊重信托条款中指定的适用法,然而,针对信托有效性的法律适用,信托人并没有多大自由,因为美国法长久以来都认为,允许财产所有人为其自身利益在其财产上设立某种其债权人不可追索的利益的做法有悖于公共政策。另外,纽约州法还规定,当法律选择条款对债权人等第三人可能造成损害时无效。因此,法院最终认为,该信托因违背公共政策而无效,事实上"击穿"了这个离岸信托。②

然而这并非意味着所有的域外信托都会被否定。2012 年美国加利福尼亚州(加州)也有一个案件,信托设立人在夏威夷州设立了一个可撤销信托,由夏威夷州的一家信托公司担任机构受托人。信托文件中包含"禁止挥霍条款",禁止受益人转让其收益利益,也禁止受益人的债权人对信托财产进行追索。信托设立人死后,其子(居住于加州)成为信托受益人,后来提出破产申请,债权人试图追索信托财产。加州法院一般尊重信托对适用于信托文件解释的法律的指定,也不要求所指定的法律与信托有任何联系。加州采纳了《冲

---

① See Thomas P. Gallanis, *The Use and Abuse of Governing-Law Clauses in Trusts: What Should the New Restatement Say?* 103 Iowa L.Rev. 1711 (2018).

② See In re Portnoy, 201 B.R. 685 (1996).

突法第二次重述》的观点,生前信托的有效性依据信托设立人所指定的适用于信托有效性的法律确定,只要该法律的适用不违反与信托有最密切联系地的强公共政策即可。此案中,当信托设立人设立信托时,受托人和信托设立人居住于夏威夷州,其资产也位于夏威夷州,其中一位受益人也居住于夏威夷州并且一直在那里居住了 70 多年。另外,信托由夏威夷州的一家机构受托人管理。这些连接点证明,信托设立人选择夏威夷州的法律作为信托适用的法律是合理的。鉴于夏威夷州与信托有实质性联系,除非所选择的法律有悖于加州的基本政策,否则应适用信托设立人选择的法律。法官特别指出,仅仅加州的法律与其他州的法律不同这一点并不符合公共政策例外的要求。①

《海牙信托公约》也高度重视当事人意思自治,规定信托设立人可以选择任何国家的法律作为信托适用的法律。② 从表面上看,信托人可以选择与其没有任何联系的国家的法律作为信托的准据法;然而,《海牙信托公约》又规定,如果所选择的国家或地区的法律中并没有信托法,或者如果该国不承认信托设立人所设立的信托类型,则法院可以拒绝承认信托设立人对适用法的指定。③《海牙信托公约》也规定了公共秩序例外原则。④

我国《涉外民事法律适用法》规定的"社会公共利益"例外与美国《统一信托法》中的"强公共政策"例外类似,都有含义不确切、标准不明晰的问题,然而《涉外民事法律适用法》规定的"强制性规定"例外与美国学者正在提议的"强制性法律规定"却不是一回事。后者是指信托设立人选择的适用的法律不得违背最密切联系地的强制性法律规定,而前者是指,如果我国法律有强制性规定必须适用我国法律,则当事人不得在信托条款中选择适用其他国家或地区的法律,否则这种选择无效。二者语境完全不同。在宽泛的"公共政策"或"社会公共利益"例外与更加精准的"强制性法律规定"例外原则之间,显然后者更具确定性,较易适用。

3. 确定准据法的默认规则

在信托关系人没有作出选择时如何确定信托关系的准据法是一个更重要

① See In re Zukerkorn, 484 B.R. 182 (2012).
② 参见《海牙信托公约》第 6 条。
③ 参见《海牙信托公约》第 5、13 条。
④ 参见《海牙信托公约》第 18 条。

的问题,因为在实践中这种没有约定适用法律的情况比比皆是,当事人往往事后发生纠纷了才寻求救济。我国《涉外民事法律适用法》第17条规定的默认规则是:"当事人没有选择的,适用信托财产所在地法律或者信托关系发生地法律。"这一默认规则存在一些显而易见的问题。首先,"信托财产所在地法律"和"信托关系发生地法律"是并列关系,即法官在判案时可以自由裁量决定二者取其一。根据该条的规定,即便是不动产信托的纠纷,法官理论上也可以决定不适用不动产所在地的法律,而选择适用信托关系发生地的法律,这在理论上和实践中有悖于一般涉及不动产的纠纷适用不动产所在地法律的原则。[①]其次,什么是"信托关系"、什么是"信托关系发生地",如何确定、有何标准,该条未说明。尤其是信托关系的发生,有学者认为是指信托关系的成立。[②] 前文分析了我国信托法对信托合同的成立与信托的设立未加区分,因此信托关系的发生既可能指"信托合同的成立",也可能指"信托财产的转移或移交",还可能指"信托管理的开始"。在这种情况下,由法官自由裁量选择适用法律是一种简单的处理方式,却未必符合信托法及一般国际私法的原则。有些学者建议,此时应适用与信托有最密切联系地的法律,并应依尽量使信托有效的法律来解决纠纷,[③]笔者认为这更加合理。

相比而言,英美国家和地区的信托冲突法在总结了信托在其历史发展中所出现的问题之后作出了有针对性的规范。如果当事人没有作出适用法律的选择,或者当事人的选择被判无效,英美信托的准据法将由法院确定。首先,英国和美国对动产信托和不动产信托、生前信托和遗嘱信托的法律适用区别对待。其次,这些国家允许对信托的解释、管理和实质有效性等适用不同的法律(*dépeçage*,也可称为"分割"适用)。比如,根据英国1987年的《信托承认法》,对于信托的解释,如系遗嘱信托,适用遗嘱人所选择的法律,通常是遗嘱人立遗嘱时的住所地法;如系生前信托,不动产信托适用不动产所在地法,动产信托适用当事人明确指定的法律,如无明确指定,或者如果对法律的选择无

---

① 参见《海牙信托公约》第36条。

② 参见万鄂湘主编:《〈中华人民共和国涉外民事关系法律适用法〉条文理解与适用》,中国法制出版社2011年版,第134页。

③ 参见房沫:《信托法律适用规则建构与剖析》,载教育部人文社会科学研究基地、武汉大学国际法研究所主办:《武大国际法评论》(第四卷),武汉大学出版社2006年版,第158页。

效,则由法院推定适用与信托有最密切联系的法律。无论是生前信托还是遗嘱信托,只要涉及信托的管理,统统适用信托管理地法。①

　　美国的信托法律适用法也相对复杂。作为美国各州有关法律冲突判例法总结之大成,1934 年的《冲突法重述》采纳了属地原则,1971 年的《冲突法第二次重述》采纳了更加灵活的"最密切联系地"原则,目前冲突法第三次重述正在进行中。美国各州对冲突法重述的上述原则自行选择,经过修正纳入其州内立法中,但也有很多州从两部冲突法重述中选取了一些原则加以混合。作为美国各州立法范本的《统一信托法》则规定,当信托条款中没有指定适用的法律时,有关信托条款的含义和有效性的确定应适用与该问题事项有最密切联系地的法律,②基本上采纳了《冲突法第二次重述》的标准。

　　美国《冲突法第二次重述》共有 14 章,其中第 10 章专门规定关于信托的冲突法规则,包括两节,第一节关于动产信托,共有 9 个条款③,第二节关于不动产信托,共有 7 个条款④,基本上囊括了信托法律冲突的不同方面。历史上,当信托文件中没有包含明示的法律选择条款时,美国的法院适用信托管理地和信托财产所在地的法律支持信托的有效性。然而,如果根据上述法律,信托无效,但是根据信托设立人的住所地法信托有效,法院可能会适用其住所地法,以期尽量实现信托设立人的预期。⑤ 现今的美国法也大同小异。《冲突法第二次重述》列出了法院在确定适用法时应考虑的一系列因素和政策,其中包括:

　　(1) 州际与国际体系的需要,

　　(2) 法院地的相关政策,

---

① 转引自房沫:《信托法律适用规则建构与剖析》,载教育部人文社会科学研究基地、武汉大学国际法研究所主办:《武大国际法评论》(第四卷),武汉大学出版社 2006 年版,第 168 页。

② 参见美国《统一信托法》(Uniform Trust Code)第 107 条。

③ 包括法院对信托管理的监督、信托条款的解释、通过遗嘱设立的动产信托的有效性、生前设立的动产信托的有效性、通过遗嘱设立的动产信托的管理、生前设立的动产信托的管理、受益人利益转让的限制、针对动产利益行使信托赋予的指定分配权以及通过遗嘱指定动产利益的分配权之构成。

④ 包括法院对信托管理的监督、信托条款的解释、土地信托的有效性、土地信托的管理、对受益人利益转让的限制、针对土地利益行使信托赋予的指定分配权以及通过遗嘱指定不动产利益的分配权之构成。

⑤ See Robert Allen Sedler & Roger Cramton, SUM & SUBSTANCE OF CONFLICT OF LAWS (Center for Creative Educational Services 1987).

（3）其他利益相关州的相关政策以及这些州在确定某特定问题时的相关利益，

（4）对合理期待的保护，

（5）某特定法律领域背后的基本政策，

（6）结果的确定性、可预测性与统一性，以及

（7）在确定和适用准据法时的容易程度。①

多重因素考量的目的是为了适用与当事人及其争议有最密切联系的法律。② 具体而言，根据美国《冲突法第二次重述》，要确定信托关系的适用法律，需要区分信托是生前信托还是遗嘱信托，还要区分信托是动产信托还是不动产信托。

凡信托涉及不动产，对信托文件的解释适用信托文件所指定的法律，③如无指定，则适用不动产所在地法院"所适用"的法律。其他所有事项，包括信托的有效性④、信托的管理⑤以及信托受益人的受益权转让的限制⑥等，如果当事人指定无效，均适用不动产所在地法院"所适用"的法律，多数情况下为法院地法。⑦

对于动产信托，则区分信托文件的解释、信托的有效性、信托的管理以及受益权转让等几个方面规定不同的原则。具体如下：

（1）信托文件的解释适用信托文件中指定的法律，如无指定，则凡涉及信托管理事项者均适用信托管理地法律，其他事项则适用信托设立人意图适用之法律，⑧这里显然涉及法院的推定。

（2）关于信托的有效性，对遗嘱信托和生前信托区别对待。

对于遗嘱信托，凡涉及信托遗嘱的有效性问题适用遗嘱人死亡时的住所地法；如果仅涉及信托条款的效力，则其法律适用的首要原则是不得与遗嘱人

① 参见美国《冲突法第二次重述》第6条。
② 参见美国《冲突法第二次重述》第6条评注c。
③ 参见美国《冲突法第二次重述》第277条。
④ 参见美国《冲突法第二次重述》第278条。
⑤ 参见美国《冲突法第二次重述》第279条。
⑥ 参见美国《冲突法第二次重述》第280条。
⑦ 参见美国《冲突法第二次重述》第277条及第278条评注a。
⑧ 参见美国《冲突法第二次重述》第268条。

死亡时的住所地的强公共政策相悖。① 在此前提下,如遗嘱人指定了信托适用的法律,则适用该法律,前提是其与信托有"实质性联系"。② 与信托有实质性联系地一般是指信托的管理地、遗嘱人死亡时受托人的营业地或住所地、遗嘱人死亡时的住所地,或者受益人的住所地。③ 如无指定,则适用遗嘱人死亡时的住所地法,除非根据该法信托无效,而根据信托的管理地法信托有效时,法院可以适用信托管理地法。④ 后者体现了美国法院倾向于判定遗嘱信托有效从而保护遗嘱人的预期的态度。如果适用某一法律将会导致信托无效,美国法院可能会认为该法不应适用,因为"信托设立人不可能希望签署一份全部或部分无效的(信托)文件"。⑤ 这对于遗嘱人已经死亡因而无法对无效的信托作出补正的情况而言,无疑是对遗嘱人意愿最大的尊重。

对于生前信托的有效性问题,当信托设立人指定了适用的法律时,则适用该法律,其前提是该法律与信托有实质性联系,且不得违背与信托有最密切联系地的强公共政策。⑥ 如无指定,则适用与信托有最密切联系地的法律。⑦ 这里,美国法对信托设立人选择有关动产的生前信托的适用法律施加了限制,包括适用的法律之辖区必须与信托有实质性联系,且适用该法不得违背与信托有最密切联系地的强公共政策。⑧ "最密切联系地"一般是指信托设立人作出的希望信托将在某地管理的意思表示中提到的信托管理地。如果信托设立人没有作出上述意思表示,法院会考虑适用信托文件签署地、呈交地、信托财产所在地、信托设立人当时的居所地以及受益人的居所地的法律。⑨

(3) 对于信托的管理,无论是遗嘱信托还是生前信托,均适用遗嘱人或者信托设立人指定适用于信托管理的法律,⑩如无指定,"遗嘱信托的管理适用

---

① 参见美国《冲突法第二次重述》第 269 条。

② 同上。

③ 参见美国《冲突法第二次重述》第 269 条评注 f。

④ 同上。

⑤ 参见美国《冲突法第二次重述》第 270 条评注 d。

⑥ 参见美国《冲突法第二次重述》第 270 条。

⑦ 参见美国《冲突法第二次重述》第 270 条与美国《统一信托法》第 107 条第二款。

⑧ 参见美国《冲突法第二次重述》第 270(a)条。

⑨ 参见美国《冲突法第二次重述》第 270 条评注(c)。

⑩ 参见美国《冲突法第二次重述》第 271—272 条。

遗嘱人死亡时的住所地法,或者,如果信托的管理地与遗嘱人死亡时的住所地不一致的,则适用信托管理地法;①而生前信托则适用与信托的管理有最强的实质性联系地的法律。"②

（4）有关受益人的受益权转让的限制及其受益权是否可被其债权人追及的问题,在遗嘱信托的情况下,适用遗嘱人死亡时的住所地法,除非遗嘱人明确表示信托将在另一州管理,此时应适用另一州的法律;在生前信托的情况下,适用信托设立人明确指定的信托管理地的法律,如无指定,则适用与信托的管理有最强的实质性联系地的法律。③

在前述几种情况下,美国冲突法都有"实质性联系"的要求。2013年美国联邦破产法院判决的一个案件对"实质性联系"作了较好的阐述。该案中一名华盛顿州的地产商人因嗅出金融危机的端倪,于2008年9月在阿拉斯加州设立了一个资产保护信托,将大部分资产放入信托,以期将来逃避债权人的追索。这一类资产保护信托一般在离岸国家比较盛行,在美国只有少数州对这一类信托予以保护,因此这名商人选择在允许资产保护信托的阿拉斯加州设立该信托,并在信托条款中写明阿拉斯加州的法律是信托适用的法律。后来该商人提起破产申请,其债权人试图追索信托财产。破产法院认为,如果阿拉斯加州与信托有实质性联系,则选择阿拉斯加州的法律作为信托适用的法律是有效的。在判断信托是否与阿拉斯加州有实质性联系时,法院考虑了三个因素:受托人或者信托设立人是否居住于该州、信托财产是否位于该州、受益人是否居住于该州。经过分析,法院认为,上述三个因素都不利于信托设立人,信托设立人和受益人都不居住于阿拉斯加州,信托财产也不位于阿拉斯加州,信托与阿拉斯加州的唯一联系是受托人之一是一名阿拉斯加州居民,以及信托的管理地是阿拉斯加州。因此,法院判定,没有建立实质性联系,因而信托无效。④

纽约州信托法规定,当非纽约州居民设立的信托规定适用纽约州法时,纽约州的法律适用于该信托的生效、有效性以及对下述信托财产的处分条款的

---

① 参见美国《冲突法第二次重述》第271条。
② 参见美国《冲突法第二次重述》第272条。
③ 参见美国《冲突法第二次重述》第273条。
④ See In re Huber, 493 B.R. 798 (2013).

解释：（1）在信托设立时任何位于纽约州的信托财产；（2）动产，无论位于哪里，如果受托人是居住于纽约州或者在纽约州成立或者授权经营商业，或者是在纽约州有办公室的联邦银行的分行。①

综上可以看出，美国对信托的适用法律的默认规则在体现当事人意思自治的同时，也对其意思自治施加了适当的限制，尤其当信托财产是不动产时，大部分情况下适用不动产所在地法，信托设立人不能自由选择。同时也能看出，美国法律对信托的法律冲突采取了分割适用不同法律的原则，这值得我们借鉴。

《海牙信托公约》采纳了美国尊重信托设立人意愿的做法，规定信托适用的法律是信托设立人所选择的法律，前提是该选择的法律必须明示或默示地写在信托条款中。② 虽然公约并未区分动产信托和不动产信托，但是也允许信托所涉不同方面适用不同的法律，规定"信托的某一可分割事项，特别是管理事项，可受不同法律调整"。③ 因此，信托设立人选择的法律可以适用于信托的有效性、解释、效力以及管理等不同的方面。④

不过，公约对信托设立人的适用法律选择权也作了限制。首先，信托设立人所选择的适用法律不得与公共政策相悖⑤，或者不得在财政事务上损害各个国家和地区对财税事项的权力⑥。其次，信托设立人所选择的适用法律必须对所涉及的信托或者信托类别有明确规定，否则该法律选择无效。⑦ 之所以有这条规定，是因为该公约的目的是为了促进目前仍没有设立信托制度的国家和地区承认在其他国家或地区依据当地的信托法设立的信托。如果信托的设立人选择的信托适用的法律是一个没有信托法的国家或地区的法律，或者是一个不承认某种类型信托的国家或地区的法律，那么，这个国家或地区的法律就不能作为该信托适用的法律，而要采取默认规则。

《海牙信托公约》的默认规则是与信托"有最密切联系的法律"。在确定

---

① 参见美国《纽约州法律汇编：遗产、权力与信托》，纽约州政府 2021 版第 7 - 1.10 条。

② 参见《海牙信托公约》第 6 条。

③ 参见《海牙信托公约》第 9 条。

④ 参见《海牙信托公约》第 8 条。

⑤ 参见《海牙信托公约》第 18 条。

⑥ 参见《海牙信托公约》第 19 条。

⑦ 参见《海牙信托公约》第 6 条。

与信托有最密切联系的法律时应考虑信托设立人所指定的信托管理地、信托财产所在地、受托人的居住地或营业地,以及信托的目的及其实现地等因素。①

相比而言,我国信托制度的发展时间较短,实务中的法律冲突问题还没有出现,因此,前瞻性地研究英美法系国家和地区在此方面的一些规定是必要的。我国《涉外民事法律适用法》第 17 条的规定太过笼统,不具备操作性,既没有将选择信托适用法的权利明确授予信托设立人,没有限制所涉及的信托类别,也没有分别规范与信托相关的不同方面。相反,该条似乎授权所有信托关系人,包括受托人和受益人,都可以通过协商选择信托适用的法律。这不仅影响信托设立人处置其财产的自由,而且在法律选择程序上也无法操作,因此有必要进行修正和完善。

(二)《涉外民事关系法律适用法》修订建议

我国《涉外民事法律适用法》从前瞻的高度对信托法律适用进行了规范,并为跨国与涉外信托的发展与纠纷解决起到了铺路架桥的作用,然而也存在不少问题。在对《涉外民事法律适用法》第 17 条进行仔细分析之后,笔者认为《涉外民事法律适用法》应当与《信托法》同步修订。第一,建议将有关信托的法律适用条款单独分节加以规定。第二,建议有关信托的法律适用采取分割适用原则,针对信托条款的解释、信托的有效性、信托财产的管理等问题,就该信托是涉及动产利益的信托还是涉及不动产利益的信托、是商事信托还是民事信托、是生前信托还是遗嘱信托,根据不同的规则确定其适用的法律。第三,应坚持当事人意思自治与最密切联系原则并重,建议采取有限制的意思自治与最密切联系原则相结合的原则,要求当事人所指定或选择的法律必须与信托有实质性联系,同时将最密切联系原则作为当事人未指定或未有效指定适用法律时的默认规则。具体法条增补建议如下:

第 X 节　信　　托

第一条　【信托的解释】

信托条款的解释适用信托文件指定适用于信托解释的法律。

如无指定或者指定无效,不动产信托条款的解释适用不动产所在地法,动产信托条款的解释适用信托管理地法。

---

① 参见《海牙公约》第 7 条。

第二条　【信托的有效性】

不动产信托的有效性适用不动产所在地法。

动产信托的有效性适用信托文件中指定适用于信托有效性的法律（指定地法），前提是指定地必须与信托有实质性联系，且适用该指定地法不违反与信托有最密切联系地的强制性法律规定或者社会公共利益。

如无指定或者指定无效，通过遗嘱设立的动产信托的有效性适用遗嘱人死亡时的住所地法。如果根据遗嘱人死亡时的住所地法信托无效，而根据信托管理地法信托有效，则适用信托管理地法。通过其他方式设立的动产信托的有效性适用与信托有最密切联系地法。

第三条　【信托的管理】

有关不动产信托的管理，只要不动产一直受信托控制，适用不动产所在地法。

有关动产信托的管理适用信托文件指定适用于信托管理的法律；如无指定或者指定无效，遗嘱信托适用信托管理地法，生前信托适用与信托的管理有最实质性联系地法。

第四条　【信托财产的债务隔离】

有关不动产信托的信托财产是否可以被信托设立人的债权人追索，只要不动产一直受信托控制，适用不动产所在地的法律。

有关动产信托的信托财产是否可以被信托设立人的债权人追索，适用信托管理地法或者信托设立人设立信托时的住所地法，但不得违反与信托有最密切联系地的强制性法律规定或者社会公共利益。

第五条　【信托受益人利益的转让】

有关不动产信托的受益人利益是否可以转让或者被其债权人追索，只要不动产一直受信托控制，适用不动产所在地法。

有关动产的遗嘱信托的受益人利益是否可以转让或者被其债权人追索，适用遗嘱人指定的信托管理地法；如无指定，适用遗嘱人死亡时的住所地法。有关动产的生前信托的受益人利益是否可以转让或者被其债权人追索，适用信托文件指定的适用于信托管理的法律；如无指定，适用与信托的管理有最实质性联系地法，但不得违反与信托有最密切联系地的强制性法律规定或者社会公共利益。

第六条 【与信托有实质性联系地法和最密切联系地法】

与信托有实质性联系地法一般是指信托的管理地法、遗嘱人死亡时受托人的营业地或住所地法、遗嘱人死亡时的住所地法,或者受益人的住所地法。

与信托有最密切联系地法一般是指信托设立人设立信托或者订立信托遗嘱时的住所地法、遗嘱信托的遗嘱人死亡时的住所地法、受益人的住所地法、信托文件指定的信托管理地法、信托财产在信托设立之前的所在地法、信托财产交付地法、信托文件的签署或交付地法、受托人的住所地或者营业地法,并应考虑信托的目的及其实现地等因素。

第七条 【先决问题】

通过信托合同或者信托遗嘱设立信托的,其信托遗嘱或者信托合同的有效性适用本法中有关遗嘱与合同的适用法律规定。信托遗嘱无效,遗嘱信托亦无效。信托合同无效,信托未必无效。

余 论

　　我国的信托制度是在借鉴英美信托制度和其他大陆法系国家和地区的信托制度的基础上发展起来的,在确立之初具有非常鲜明的特点。随着时代的进步与经济的发展,人民生活水平持续提高,从个人财富管理的需求到对国家资本市场繁荣的期待都日益增长,这些都对信托制度的发展提出了更高的要求。因此,我们应当从一个更高的站位来审视我国的信托制度,并深入研究其他国家和地区的信托制度,去其糟粕,取其精华,为完善我国的信托制度所用。

　　英美信托制度历经数百年的发展,形成了一个涉及监护法、继承法、财产法、慈善法、年金法、救济法以及破产法等不同法律部门的复杂体系,涉及的法律关系往往需要多个法律进行调整。美国涉及信托制度的示范法就有好几部。例如,1964 年的《统一受托人权力法》对受托人的权力作了扩大解释;1969 年的《统一遗产检验法》将信托管理纳入其中;1986 年的《统一法定反永续规则》对影响信托存续的普通法中的反永续规则作了修改;1994 年的《统一谨慎投资人法》更新了信托投资法。另外,1931 年颁布、1962 年和 1997 年先后修订的《统一原物与收益法》也是一部被美国各州广泛采纳的示范法,它规定了如何将投资收益在终身受益人和剩余利益受益人之间进行分配。2000 年的《统一信托法》是第一部对全美国各州的信托法进行全面、系统法典化的示范法,该示范法吸收了美国信托法中通行的普通法规则,还对现有法律进行了更新或者改革。除了统一示范法外,美国的《信托法重述》也历经修订。信托法第一次重述和第二次重述均由 Scott 教授主持编撰,分别于 1935 年和 1959 年出版,信托法第三次重述共有四卷,出版于 2003 年至 2012 年间,吸收了普通法中通行的信托规则,然而对于个别问题,如受益人的债权人对信托财产的权利以及信托的变更与终止等,却采取了与传统信托法和《统一信托法》不同的立场。

可以看出,即便在信托制度颇为发达的美国,对信托法的修订与变革也一直在进行中。律师和银行持续敦促各州立法者颁布法律,规范那些统一示范法所遗漏的内容,以使本州能够在信托业务方面具有竞争力,吸引更多的信托资金。他们关注的内容与我国信托业界所关心的内容并不完全相同。他们主要关注:永久信托的有效性,自益的财产保护信托问题,为解决信托财产的原物与收益区分是否应允许受托人采取单位信托制度,是否应豁免受托人分散投资的义务和向受益人提供信息的义务,是否可以免除指示信托的受托人的责任,以及是否允许受托人利用倾注信托将一个信托的财产置入另一个信托中等。可以看出,在任何国家和地区,信托制度都需要与时俱进,适应时代的发展。在信托制度尚不完善的我国更应如此。而研究和变革信托法最困难的是要研究信托法的整个体系,而非仅仅考察其中一项制度。

我国信托法立法的初衷是为了"规范信托业的无序行为",①促进商事信托和公益信托的发展,民事信托或家族信托当时并未纳入立法者的重点考量范围,因此我国信托法存在着重商事信托、轻民事信托的情况。虽然民事信托并未被排除在外,然而很多规则并未考虑到民事信托、家族信托的特殊情形。近年来信托制度已经成为我国金融创新的一块高地。经过 20 多年的发展,业界已经意识到信托除了可以作为金融与慈善工具之外,在财富传承方面也有着广大的空间。近年来家族信托在我国开始萌芽,普惠信托的理念渐入人心,信托关系在不久的将来会日益普遍,信托会成为人民群众财产管理与财富传承的重要工具。

我国 20 多年前制定的《信托法》,其很多条款已经不再适应社会经济的发展,尤其无法满足日益增长的家族财富传承与管理需求。例如,前文提到我国《信托法》对信托财产权利分置制度的否定以及对信托设立人给予的过度保护,导致信托关系与委托代理关系的混淆,同时给财产所有人一种无论其对信托财产如何掌控,信托财产都能绝对独立的错觉。在遗嘱信托已经正式写入

---

① 参见江平、周小明:"论中国的信托立法",《中国法学》1994 年第 6 期。

《民法典》之后,包括遗嘱信托在内的家族信托将会快速发展。这类信托在信托设立人去世后一般会持续存在,委托代理关系必须终止,如果信托财产不转移,则这在理论上和实践中都无法自洽。

二十多年来,我国《信托法》至今没有实施细则,也从未修订过。我国规范信托的法律制度并不完善,司法机关在审理有关信托的案件时,也多适用其他法律,较少援用《信托法》。如果只是为了发展商事信托而设立信托制度,那么目前的信托制度也许足矣,因为在金融商事领域,监管历来严格,政策变动也频繁,有问题可以随时纠正。近年来国家对商事信托的监管越来越严格,政策红利也越来越少,所以各大信托公司、财富管理机构和律师事务所开始转向家族信托,而慈善信托也开始兴盛起来。家族信托涉及家庭关系与社会的和谐稳定,这一领域更需要稳定的法律。因此,我国《信托法》必须修订,并且在修订时必须同时注重商事信托与民事信托。

我国信托的定位一直比较模糊,很多人认为信托是一种商事组织,认为信托法属于商法或金融法范畴,然而法律却没有明确赋予信托以商主体地位;《民法典》也没有特别规范民事信托。另外,广义的信托作为一种民事权利义务关系,不仅包括信托中各方当事人之间的关系,还包括很多具备信托关系特征而未被称为信托的其他类似的民事法律关系。因此,作为一种民事法律关系,信托不应继续游离于《民法典》之外。

笔者主要从信托的民法规制入手考察了信托制度的特点和优势。经过研究分析,笔者认为,无论是民事信托还是商事信托,其涉及的信托关系都是民事法律关系,应受《民法典》调整。其中备受争议的信托财产所有权问题,笔者尝试提出以传统大陆法中的"总有"制度来解决,即信托财产的所有权应由受托人和受益人以"总有"形式共有,以此解决长期以来大陆法系学者认为信托制度涉嫌"双重所有权"的问题,同时也与民法的所有权共有制度完美衔接。鉴于此,笔者得出信托制度应在《民法典》统领下,由《信托法》及其他相关法律共同组成的法律体系进行调整的结论,并对《民法典》和《信托法》的修改完善提出了具体的建议。除此之外,笔者认为,其他相关法律也应同步修订,并对《涉外民事关系法律适用法》和《仲裁法》提出了修订建议。

事实上,需要联动修订的不止这些法律,税法、破产法、与不动产交易与登记相关的法律等也需要联动修订。例如,如何将信托人对信托财产收益的纳税义务与其对信托财产的控制相结合？如何在不留法律漏洞的前提下，促进信托财产中不动产的非交易过户制度的确立，为信托财产的平稳转移提供条件？如何处理公益、私益性质兼而有之的信托的税收问题？然而囿于种种限制，笔者将这些问题留待日后继续研究。

信托制度的功能非常强大，值得研究的内容极为丰富，远远不是几本书或者几篇文章所能囊括的。如前文所述，跨国信托纠纷在我国已经出现，如何应对这些纠纷已经成为我们司法部门需要面对的现实问题。除了修订法律外，我国还应考虑积极参与国际上有关信托准据法与承认等公约的谈判，促进类似国际文件朝对我国有利的方向发展，并最终考虑加入其中，充分利用其有利的方面，以促进我国信托制度的发展。

主要参考文献

中文著作：

［英］波洛克：《普通法的精神》，杜苏译，商务印书馆 2016 年版。

卞耀武主编：《中华人民共和国信托法释义》，法律出版社 2002 年版。

高凌云：《被误读的信托——信托法原论》，复旦大学出版社 2021 年版。

何宝玉：《信托法原理研究》，中国政法大学出版社 2005 年版。

沈达明：《衡平法初论》，对外经济贸易大学出版社 1997 年版。

王清、郭策：《中华人民共和国信托法条文诠释》，中国法制出版社 2001 年版。

［日］新井诚：《信托法（第四版）》，刘华译，中国政法大学出版社 2017 年版。

徐孟洲主编：《信托法》，法律出版社 2006 年版。

于海涌：《英美信托财产双重所有权在中国的本土化》，中国政法大学出版社 2011 年版。

张淳：《中国信托法特色论》，法律出版社 2013 年版。

张军建：《信托法纵横谈——写在我国信托法修改之前》，中国财政经济出版社 2016 年版。

赵廉慧：《信托法解释论》，中国法制出版社 2015 年版。

［日］中野正俊著：《信托法判例研究》，张军建译，中国方正出版社 2006 年版。

周小明：《信托制度比较法研究》，法律出版社 1996 年版。

朱少平、葛毅主编：《中国信托法——起草资料汇编》，中国检察出版社 2002 年版。

中文论文：

高凌云："收益权信托之合法性分析——兼析我国首例信托诉讼判决之得失"，《法学》2015 年第 7 期。

高凌云："我国家族信托的法律适用问题"，《上海对外经贸大学学报》2022 年第 3 期。

洪艳蓉："论基金托管人的治理功能与独立责任"，《中国法学》2019 年第 6 期。

江平："民法典：建设社会主义法治国家的基础"，《法律科学》1998 年第 3 期。

江平、周小明："论中国的信托立法"，《中国法学》1994 年第 6 期。

姜雪莲："信托受托人的忠实义务"，《中外法学》2016 年第 1 期。

李宇："论作为法人的商业信托"，《法学》2016 年第 8 期。

刘士国、高凌云、周天林："信托登记法律问题研究"，《政府法制研究》2009 年第 1 期。

刘燕："大资管'上位法'之究问"，《清华金融评论》2018 年第 4 期。

刘正峰："财产独立管理委托的信托性质与信托制度融入民法典研究——从财产管理委托的类型化分析展开"，《北方法学》2014 年第 6 期。

楼建波："信托财产关系与物权法原则的冲突——兼论信托财产关系的民法典表达"，《交大法学》2019 年第 2 期。

楼建波、姜雪莲："信义义务的法理研究——兼论大陆法系国家信托法与其他法律中信义义务规则的互动"，《社会科学》2017 年第 1 期。

［日］能见善久："日本新信托法的理论课题"，赵廉慧译，《比较法研究》2008 年第 5 期。

王涌："论信托法与物权法的关系——信托法在民法体系中的问题"，《北京大学学报》2008 年第 6 期。

王涌："让资产管理行业回归大信托的格局"，《清华金融评论》2018 年第

1 期。

余辉："信托法发展中的一个重要阶段——英国 1536 年《用益法》颁布之前用益制的发展",《华东政法学院学报》2004 年第 1 期。

赵廉慧："财产权视野中的物权法定原则",《洪范评论》2008 年第 10 辑。

赵廉慧："我国遗嘱继承制度背景下的遗嘱信托法律制度探析",《法学杂志》2016 年第 8 期。

钟瑞栋："信托财产权、信托法与民法典",《甘肃政法学院学报》2007 年第 2 期。

孙静："德国信托法探析",《比较法研究》2004 年第 1 期。

[日] 中野正俊:《中国民事信托发展的可能性》,《法学》2005 年第 1 期。

英文文献:

English, David M., The Uniform Trust Code (2000): Significant Provisions and Policy Issues, 67 *Mo. L. Rev.* 143 (2002).

Gallanis, Thomas P., The Use and Abuse of Governing-Law Clauses in Trusts: What Should the New Restatement Say? 103 *Iowa L.Rev.* 1711 (2018).

Gao, Lingyun, The Development of Private Trusts in Mainland China: Legal Obstavcles and Solutions, 4 *Trusts & Trustees* 350 (2014).

Gao, Lingyun, Comments on the Chinese Law of Conflict of Laws Applicable to Trusts: In Comparison with the US Law and the Hague Convention, 7 *Fudan J. Hum. Soc. Sci.* 483 (Springer 2014).

Goffe, Wendy S., Oddball Trusts and the Lawyers Who Love Them or Trusts for Politicians and Other Animals, 46 *Real Prop. Tr. & Est. L.J.* 543 (2012).

Langbein, John H., Reversing the Nondelegation Rule of Trust-Investment Law, 59 *Mo. L.Rev.* 105 (1994).

Langbein, John H., The Twentieth-Century Revolution in Family Wealth Transmission, 86 *Mich. L. Rev.* 722 (1988).

Langbein, John H., The Contractarian Basis of the Law of Trusts, 105 *Yale L.J.* 625 (1995).

Schwarcz, Steven L., Alchemy of Asset Securitization, 1 *Stan. J.L. Bus. & Fin.* 133 (1994).

Schwarcz, Steven L., Commercial Trusts as Business Organizations: Unraveling the Mystery, 58 *Bus. Law.* 559 (2003).

Bogert, George T., *Trusts* (6th ed.) (West Group 1987).

Diamond, Walter H. & Diamond, Dorothy B., *International Trust Laws and Analysis* (Warren, Gorham & Lamont 2000).

［美］杰西·杜克米尼尔、斯坦利·M.约翰松：《遗嘱、信托、遗产（案例举要影印系列）》，中信出版社 2003 年版。

Edwards, Richard & Stockwell, Nigel, *Trusts ad Equity* (Law Press 2003).

Hayton, David J., *The Law of Trusts* (Law Press China 2004).

Ho, Lusina, *Trust Law in China* (Sweet & Maxwell Asia 2003).

Ho, Lusina & Lee, Rebecca, *Trust Law in Asian Civil Law Jurisdicions* (Cambridge University Press 2013).

Iwobi, Andrew, *Essential Trusts* (3rd ed.) (Wuhan University Publishing House 2004).

Lupoi, Maurizio, *Trusts, A Comparative Study* (Cambridge University Press 2001).

Scott, Austin Wakeman, Fretcher, William Franklin & Ascher, Mark L., *Scott and Ascher on Trusts* (5th ed.) (Aspen Publishers 2006).

Sitkoff & Dukeminier, *Wills, Trusts, and Estates* (10th ed.) 400 (Wolters Kluwer Law & Business 2017).

Vollmar, Valerie J., Amy Morris Hess & Robert Whitman, *An Introduction to Trusts and Estates* (Thomson West 2003).

后　记

　　放下笔,忽然感觉自己无比幸运。一个已经发展了二十多年的制度仍然有空间让卑微的我再次提出一些自己的见解,恐怕除了信托这一领域外,也没有其他制度能这样宽容了。二十年足以让任何一个制度成熟到油头粉面;只有信托,历经二十余载,归来仍是少年。

　　其实,在写完《被误读的信托》之后,就我自己的所知,对于信托,想说的、能说的,都说得差不多了。其他那些超出了自己能力范围的,本不应再继续纠缠。我虽是随性之人,然而做事较真,经常容易纠结在一些细枝末节上,缺乏宏大的角度,不具备抽象的指点江山的能力,唯愿踏踏实实做好每件手头的事情。然而《民法典》的颁布与《信托法》的迟迟未能修订,让我又起心动念。尤其近年来陆续参与了一些有关信托法基础理论与修法研究的重要课题,深感《信托法》的修订至关重要,因此便不顾自己才疏学浅,贸然探索起法条的具体修订模式来。

　　《被误读的信托》主要从信托制度的英美法本源进行探讨,而《中国信托法重述》的目的则是在比较研究的基础上试图形成对我国信托制度的现状与未来理想化状态的描述。除了英美法外,本书对部分大陆法系国家和地区的信托法也做了一定考察,对我国《民法典》《涉外民事关系法律适用法》《仲裁法》中涉及信托制度的条文提出了补充、修改建议,尤其斗胆对我国《信托法》条文提出了逐条修订建议,将其从现有的70多个条文补充扩展到120多条。

　　法条的修订建议是非常专业的高难度任务,需要集集体之力方能完成。本书中有关《信托法》的法条修订建议部分是笔者与学生赖雪金、蒋佳颖、齐冠云和郑家豪四位同学反复讨论后的结果。讨论从他们还在求学期间延续到他们毕业并踏上了工作岗位之后。有好几个周末,我们从早上八点钟开始逐条讨论,直到晚上八九点钟才意犹未尽地结束,中间叫外卖匆匆扒几口饭后继续讨论。除了这样全天候、系统性的讨论外,其他时间较短的专题性讨论会更是无计其数。中间还邀请了我以前的学生谷莎和钟佳康律师参加,他们根据自己丰富的实务经验提出了宝贵的建议。我还曾计划请国内的信托法大家对修订建议的草稿进行审查批评,因疫情原因最终没能做到。因此,虽经数次批删,本书提出的修订建议仍然非常粗浅,目的仅为抛砖引玉,以推动我国《信托法》的修订以及我国信托制度的完善。

本书稿中的法条修订意见,有些是在参考其他专家学者的观点的基础上提出的,或已经过部分学者的思考和论辩;而有些意见,比如,将"总有制度"借鉴到信托制度中,将信托的撤销分为"有因撤销"和"无因撤销"等,则是本书稿第一次提出,尚未经大范围讨论,亟待信托法领域的学者与同仁们予以批判。这里我要感谢我的同事李世刚教授。在为信托财产所有权的归属苦恼时,我拨通了世刚的电话,向他描述了我理想中的信托财产所有权的模样——感谢世刚的启发,那次谈话的结果让我大胆决定借用古日耳曼法中的"总有"关系来给信托财产这匹野马套上笼头,并在上海财经大学和上海市法学会金融法研究会于 2023 年 12 月 2 日举办的"第六届两岸信托法治学术研讨会"的发言中第一次公开了这一观点,引起与会专家学者的注意,并得到了香港大学的何锦璇教授与李颖芝教授、华东政法大学的吴弘教授、中国政法大学的王涌教授、赵廉慧教授等民法、信托法领域的著名学者的鼓励与肯定。然而,激活这个沉睡已久的制度并不容易,还期待各位前辈、先贤与先进不吝赐教。

这些年来,我经常回顾自己为何会在人生的这一阶段聚焦在信托法的学习和研究上。刚回国工作时,有兴趣、有能力进行研究的领域不少,偏巧在信托法领域想说的话最多,是因为接触到当时一些因"敢先吃螃蟹"而风靡一时的信托实务让我深切体会出信托机制在国内被"误读"的情况。感谢实务界的试水为我的研究提供解剖范本,让我更清楚地看到信托制度需要从理论上"扶正"。然而,不善口头表达的我在与人面对面讨论时,经常还没来得及完整表达出自己的观点就被人打断,却又从不好意思打断别人,于是只能拿起笔。就这样机缘巧合,我在信托法的边缘游走了这许多年,也亲眼见证了国内学界和实务界对信托的认识转变。除了传统的商事信托律师外,国内现在已经出现了能从事真正的跨境信托业务的、具有复合背景的信托法律人才。

我能在国际法学科的教学之余研究信托法,首先要感谢复旦大学法学院提供的优良的学术环境,它让我们能够深刻领悟习近平法治思想胸怀天下的宏阔视野、加快涉外法治工作的战略布局,以及充分运用法治思维和法治方式应对挑战、防范风险的要求,从而为我们比较信托法的研究指明了方向。

此外,仍要感谢 Vollmar 老师在信托法领域为我启蒙。关于其他信托法专家对我的研究学习所提供的帮助和鼓励,我已在《被误读的信托》的"后记"与"第二版前言"中表示了感谢。这里想提一下 2019 年,我作为纽约大学的 Hauser Global Senior Fellow 在美国访问,其间我为本书的研究与写作再次拜访了数位美国信托法专家,把十多年来缠绕在心头的一些剪不断理还乱的有关信托法的疑难问题悉数向他们请教,他们的耐心回答与讨论也促成了本书的最终成稿,在此我要再次向这些学者和老师们表示谢意。

2019 年 4 月中旬,我去拜访耶鲁法学院的 Lanbein 老师。我们见面后,从第二句话起就开始了问题讨论,等到访谈结束,已经过去了两个半小时。午餐时间我们的讨论也没有停下,我向服务生借了笔和纸,边吃边说边在菜单背面记笔记。当时蓝老师刚退休,换到一间新的办公室。在谈到某个观点时蓝老师想找他的文章,却因刚搬办公室而找不到。我默默地递上去一篇,问:是不是这篇?蓝老师说正是。要做访谈,功课当然要做足,老师的所有文章我都看过、划过、记过笔记,我事先也把自己发表的英文信托法文章和之前不久翻译的信托法英文版发给老师。后来跟纽约大学的一位老师聊天时说到此事,她很吃惊,说蓝老师很忙,一般不太欢迎别人约谈。我这才意识到蓝老师对我网开了一面。

不仅如此,蓝老师那天还把我介绍给同在耶鲁法学院任教的 Hansmann 教授。我非常喜欢韩老师和一位意大利学者合写的一篇比较信托法论文,可惜一直无缘得识。韩老师拄着拐杖在办公室门口欢迎我这个不速之客,这时蓝老师介绍说:第一,她的英文非常好;第二,她有 full JD——大概意思是这人既懂美国的法律,语言交流也无障碍,应该可以谈得深一点儿。然后就留下我和韩老师继续聊。韩老师是公司法学者,虽然写了那篇著名的比较信托法文章,却一再谦虚地告诉我说他不懂英美法的传统信托。就这样我们又聊了一个多小时,我越聊越敬佩,感觉遇到了宝藏。

那段时间,我还拜访了杜克大学法学院的 Schwarcz 老师。自从 2015 年我组织我的学生们翻译了西老师有关资产证券化的文集之后,我一直关注西老师的研究动向,也学习从商法学者的角度看信托。2019 年上半年我在纽约做研究,与西老师联系,说有些问题想向他请教。他回复说:你来给我们"全球资本市场研究中心"做个讲座吧。于是我就飞到北卡,把我想问的问题放到了讲座中。事实证明我的决定非常正确,因为我在讲座中提出的问题都得到了西老师充分的答复。

在纽约,我还有幸与卡多佐法学院的 Sterk 老师访谈,我在纽约大学的导师 Upham 老师百忙之中也从华盛顿广场移驾到 Sterk 老师的办公室一起讨论。那次我们就信托财产不转移的可能性和合法性谈了一个半小时,两位老先生异口同声地认为,如果不要求信托财产转移,那么就得确立一种不可撤销的代理制度才行,否则设立信托的目的就无法实现。

还有哈佛法学院的 Sitkoff 教授。2007 年春天我第一次到哈佛法学院短访,在与安守廉副院长共进午餐时,聊到我正在研究信托法,安教授皱眉说:哈佛法学院居然没有教师教信托法……等到 2009 年夏天我再访哈佛,得知他们已经从纽约"挖"了一位年轻的信托法学者过来,并且帮我约了时间会面。可惜当时他正好外出旅行,我们只是通了邮件,他把他参与起草的美国统一信托实体法的草稿发给我。几年后 Sitkoff 教授的研究如日中天,他成为美国信托法领域的知名学者,并且横跨家族信托与商事信托领域,参与美国统一信托法律文件的起草工作,与其他学者一道,在引领美国信托法的发展。直到 2019 年我们终于在一次会议上见面,他饶有兴味地回答了我向他请教的几个信托法问题。

2019 年的访学十分高效,其实也是源于自己十多年的积累。如果对英美信托法不了解,那么在访谈时可能对有些问题提不到点子上,也听不懂英美法学者的弦外之音。曾经与日本的新井诚教授探讨过日本信托法的问题,我心里其实就有些没底,因为我不懂日语,对日本的法律制度也所知甚少,幸亏他们的信托制度是参照英美信托制度而来,否则我完全不敢跟日本的信托法学者对话。这个问题在遇到法国和德国的学者时更加突出,因为他们的"信托"制度与英美信托差异较大,不懂法语和德语其实都是障碍。最近看到海因·克茨教授著的《英美信托与德国信托的比较法研究》的中译本才从中发现了一些熟悉的内容。反思自己,如果不是当初学习过英美信托法,如果对法律英语的把握不够准确,甚至如果信托法起源于某个非英语国家或地区,我此生都无法做任何有关信托法的研究。

国内有很多学者除了英语之外,精通德语、法语甚至日语,因此在研究用这些语言写成的信托法文献时如鱼得水,在这一领域取得了可圈可点的成就,令我终生难以望其项背。信托法的发展,要靠这些更渊博睿智的学者以及更有理想的同仁。我需要向他们学习的地方很多很多。在本书的写作过程中,我阅读了很多国内外学者撰写的有关信托法的著作和文章,还尽可能地与多位国内外信托法学者当面或通过其他方式请教,同时也与自己的学生不断探讨。这期间收获良多。在此感谢我在本书写作过程中所参考的所有文献作者以及所有为我提供思路的学者同仁。在学习和研究信托法的路上,我只做了很少一点儿,却已经得到了太多的鼓励,比起其他学者的勤奋与深邃而言,我非常汗颜。

在此尤其要感谢徐孟洲教授、周小明博士和赵廉慧教授拨冗为拙著写序。儒雅而谦逊的徐老师堪称我国信托法学界的泰山北斗,他的信托法著作一直引领着年轻人跨入信托的大门,他也一直关心着中青年学者对信托法的学习和研究。周博士是我国信托法领域横跨学界和实务界的专家,得到江平教授的真传,他的信托法专著也是我国年轻人学习信托的必读文献。而赵老师多年来一直在信托法领域笔耕不辍,其发布在 InlawweTrust 公众号上的有关信托法的文章常常一针见血,令人拍案叫绝。

还要感谢北京大学的甘培忠教授、楼建波教授和同济大学的倪受彬教授。我有幸曾蒙德高望重的甘老师指导点拨,醍醐灌顶;曾听宽厚睿智的楼老师以文论道,茅塞顿开;曾与江淮才子倪老师切磋学术,惺惺相惜。还要感谢中国慈善联合会慈善信托委员会主任、原中华人民共和国信托法、投资基金法执笔起草人蔡概还先生,蔡先生的论著高屋建瓴,令人收获良多。

这些年来我经常拜读这几位师长先贤们有关信托法的著作或论文,也经常在各种信托法学术会议上聆听他们的高见,这次他们欣然为本书写下序言或推荐语,给了我莫大的鼓励与支持。

除了之前提到的赖雪金、蒋佳颖、齐冠云和郑家豪同学(现在他们已分别在不同的工作岗位担任律师和法务工作）为本书中《信托法》法条的修订建议做出了重大贡献外，近年来我的其他学生在学习信托法的过程中收集的资料，对本书的写作也提供了一定的帮助，这些同学包括丁伯韬、沈刘杰、曾巧、黄慧、吴璇、李睿琦、王景逸、张君菡、蔡翼邦等，尤其李睿琦同学还帮忙细心调整本书中的法条修改标注格式，在此一并表示感谢。

最后也是最重要的，本书之所以能够出版，离不开复旦大学出版社张炼老师的辛勤编辑。张老师对待每一本书都认真而敬业，一丝不苟，每每提出非常有价值的建议。感谢张老师为本书注入的心血！

然囿于本人的时间、精力与能力，本书必定存在很多错误或不当之处，敬请读者朋友不吝赐教。

本书稿完成之后，我有关信托法的写作或许会暂时告一段落，然而我对信托的研究不会停止，也不能停止，因为信托关系存在于时间的每个节点，也充满了世界的各个角落，值得我们终身去研究。从某种意义上说，我们每人都是受托人，接受托付，成为自己身心的所有人，受益人不仅是这副皮囊，还有家人、朋友、同事和整个社会。如何做好尽职调查，如何尽到信义义务，如何为受益人的最佳利益管理好这一"信托原物"，或许是我下一个研究主题。

期待着我们在未来相见。

高凌云

2024 年夏于江湾

图书在版编目(CIP)数据

中国信托法重述/高凌云著. --上海：复旦大学
出版社,2024.9.(2025.8 重印) -- ISBN 978-7-309-17547-9

Ⅰ. D922.282.4

中国国家版本馆 CIP 数据核字第 2024LE9600 号

中国信托法重述

高凌云　著

责任编辑/张　炼

复旦大学出版社有限公司出版发行

上海市国权路 579 号　邮编：200433

网址：fupnet@ fudanpress. com　http://www.fudanpress.com
门市零售：86-21-65102580　团体订购：86-21-65104505
出版部电话：86-21-65642845
常熟市华顺印刷有限公司

开本 787 毫米×1092 毫米　1/16　印张 25.75　字数 408 千字
2024 年 9 月第 1 版
2025 年 8 月第 1 版第 2 次印刷

ISBN 978-7-309-17547-9/D・1197
定价：78.00 元